임종국 평전

# 임종국 평전

ⓒ 시대의창, 2006

**초판 1쇄**   2006년 11월 12일 발행
**2판 1쇄**   2013년 12월 15일 발행
**3판 1쇄**   2023년  5월 18일 발행
**4판 1쇄**   2025년 12월 22일 발행

**지은이** 정운현
**펴낸이** 김성실
**제작** 한영문화사

**펴낸곳** 시대의창   **등록** 제10 - 1756호(1999. 5. 11)
**주소** 03985 서울시 마포구 연희로 19 - 1
**전화** 02)335 - 6121   **팩스** 02)325 - 5607
**전자우편** sidaebooks@hanmail.net
**페이스북** www.facebook.com/sidaebooks
**트위터** @sidaebooks

ISBN  978 - 89 - 5940 - 881 - 8 (03990)

# 임종국 평전

정운현 지음

시대의창

## 임종국 선생의 생애와 저술 활동, 사상에 대한 총체적 해설

마침 학계에서는 인문학에 대한 긴급 동의와 이를 둘러싼 논쟁이 간헐적으로 이어지고 있다. 어느 시기보다도 풍성한 연구비와 온갖 편리한 기기를 이용한 연구 풍토 속에서 인문학자들이 요구하는 게 무엇일까를 생각하노라면 분단 시대 최대의 인문학자였던 임종국 선생의 연구 방식이 새삼 위대하게 떠오른다. 복사기도 없어서 그 길고 독해하기 어려웠던 낡은 자료에서 일일이 한 자 한 자 옮겨 필사했던 궁핍 속의 연구가 오늘의 친일파 청산의 학문적 초석이 되었음을 상기하지 않을 수 없다. 인문학의 위기가 아니라 인문학 정신의 위기가 아닌가 하고.

임종국 선생이야말로 탁월한 인문학자였다. 선생은 일찍이 문사철文史哲의 장벽뿐 아니라 사회과학의 철옹성까지 허문 채 근대 민족사를 총체적으로 조망하며 친일파 청산만이 분단과 반민주주의와 침략 전쟁 이데올로기에 종지부를 찍을 수 있다는 인문 정신의 싹을 틔웠다. 이제 선생의 평전이 그 후학인 정운현 학형의 노고로 발간된 건 우리 모두의 큰 기쁨이자 성과다.

'민족 감정'은 냄비 달아오르듯 너무나 뜨거우나 '민족의식'은 초라하리만큼 허약하고, 남의 나라 잘못에는 비이성적인 격분까지 하면서도 정작 자신의 과오는 입 쓱 닦은 채 전혀 반성의 기미를 보여주지 않는 게 우리의 자화상은 아닐까. 특히 일본과의 관계에서 이런 경향은 너무나 명백히 드러나 한일 문제를 더욱 어지럽히기도 한다.

중요한 한일 경기 중계 때면 독립운동이라도 할 기세로 밤새워 응원하고 나서는 이튿날 아침에 일제 상품(조선 침략에 앞장섰던 기업의 계승사 제품도 포함)을 아무런 망설임 없이 사서 쓴다든가, 독도나 역사 교과서 왜곡 문제만 대두하면 울분과 비판의 사자후獅子吼로 펄펄 달아오르다가도 정작 일본이 저토록 방자한 이유는 국내의 친일파 때문이라며 '친일파 청산'을 거론하면 슬그머니 꼬리를 내리고 마는 게 바로 그 단적인 예다.

칼 야스퍼스는 이렇게 말했다. "다른 사람을 죽이는 행위를 막기 위해 생명을 바치지 않고 팔짱을 끼고 구경만 했다면 이것은 바로 내 자신의 죄라고 생각한다. 그런 일이 벌어진 다음에도 내가 아직 살아 있다는 것은 씻을 수 없는 죄가 돼 나를 덮는다."(주섭일,『대전환기의 세계와 한반도』,『사회와 연대』에서 재인용) 살아남은 자들의 참회와 임무를 강조한 말이다.

선진국의 표본인 유럽 여러 나라들에 민주주의가 정착하여 인권과 평화, 사회복지를 이룩한 바탕에는 야만적인 침략 전쟁이나 반민주, 반인륜적인 나치 침략의 이데올로기가 남긴 후유증 처리가 철저했기 때문에 가능했음을 지나쳐서는 안 된다. 오늘의 번영된 유럽이 과거사 청산을 얼마나 철저히 했던가는 나치 침략 후유증 심판 때 인구 10만 명당 아래와 같은 조사 대상 숫자가 그 처절성을 입증해준다.

프랑스 94명, 덴마크 374명, 네델란드 419명, 벨기에 596명, 노르웨이 633명.

이렇듯 가혹한 심판을 내렸건만 그들은 지금도 나치 가담자를 반인륜적 범죄로 분류하여 법률적인 시효를 두지 않은 채 여전히 응징한다.

흔히들 독일은 전후 보상과 사죄를 철저히 했으나 일본은 하지 않았다고 하는데, 이건 독일이 더 인도적이어서가 아니라 위에서 보듯이 유럽 전체가 과거사 청산을 철저히 감행했기에 독일로서도 그렇게 하지 않으면 유럽에서 고립될 수밖에 없기 때문에 취한 조처였다. 이 말은 곧 오늘의 일본이 왜 저토록 반역사적인 행위를 되풀이하려 하느냐에 대한 반문으로 이어져야 하며, 여기서 바로 '문제는 우리 한국'에 있음을 직시해야 한다는 논리로 귀결된다.

친일파는 일제의 강제 개항 이후 1945년 8월 15일 일제의 패망까지 반민족 행위를 자행했던 세력을 지칭하는 개념이었으나, 오늘에도 이를 청산하지 못하고 후세로 넘기게 되면 그 범주가 확대되어야 할지 모른다. 즉 '광복 직후부터 친일파 청산을 직간접적으로 반대했던 모든 행위'까지도 '광의의 친일파 동조자'로 확대 해석될 여지도 없지 않다. 이미 친일 행위 당사자들은 거의 생존하지 않은데도 그 역사적인 심판조차 과감하게 실현하지 못하는 풍토가 계속된다면 이는 분명히 '반민족 행위 처벌 방해죄'가 성립될 수밖에 없다.

오늘날 문제 삼아야 할 쟁점은 친일파 청산 그 자체에 못지 않게 오히려 친일파 청산 반대 세력에 대한 연구와 평가다. 친일 행위 당사자들은 인간의 수명의 한계로 사라질 수밖에 없으나, 차세대의 친일 행위 옹호론은 기묘한 이념과 해괴한 논리적 구조로 승계되어 정치, 경제, 사회, 교육, 언론, 문화, 종교 등 모든 분야로 침투 확산하기 때문이다.

더구나 친일 행위 옹호론의 차세대로의 전이는 일반적으로 독재와 분단 고착화, 침략 전쟁, 쿠데타 등등 온갖 반역사적인 행태에 대한 직간접적인 지원으로 그 논리적 귀착점이 닿는다는 점을 명심해야 한다.

분단 고착화(1950) 이후 친일파 문제를 본격적으로 제기하여 오늘의 청산 의지로 확산시킨 기폭제 역할을 했던 임종국 선생은 그 뛰어난 재능에도 불구하고 『친일문학론』이란 저술 때문에 친일파가 지배하던 세상에서 생계조차 어려워 건강을 해친 채 오로지 이 문제만 연구하던 중 비참하게 타계했다. 선생의 유지를 받들어 민족문제연구소(초대 소장 김봉우)가 창설되었고, 선생이 정리했던 여러 인명록과 자료들이 고스란히 후학들에게 전수되었다는 점에서는 불행 중 다행이었다. 그러나 만약 선생이 아직도 생존하셨다면 친일파 청산 연구가 얼마나 효율적이었을까를 생각하면 안타깝기 그지없다.

선생이 끼친 이 분야의 연구 업적을 고려하면 무엇인들 못 하랴만 세상은 예나 이제나 각박하여 이제껏 마땅한 전기 하나 제대로 꾸리지 못한 궁한 처지였던 차에 역시 친일파 연구라면 선생의 뒤를 이을 정열로 활동에 열심인 정운현 학형이 『임종국 평전』 집필을 다짐하여 주변에서 여간 고맙게 여기지 않았다.

빈약한 자료와 증인들조차 상당수가 작고해버려 평전 집필이 여간 궁색하지 않음을 다들 염려했는데 정운현 학형은 연구자이자 언론인의 두 기능을 두루 발휘하여 독특한 평전을 완성시키게 되었다.

『임종국 평전』은 정운현 학형이 "지난 (2006년) 9월 2일~17일까지 16일간 오한홍 전 『옥천신문』 대표(현 『여의도통신』 대표)의 자택(충북 옥천군 동이면 석탄리 640번지 안터마을)에 머물면서" 집필했는데, 그는 "오가는 날을 빼고 실제 집필 기간 14일 동안에 총 1129매를 집필했다"고 밝혔다. 흥미로운 일은 저자가 "체류 5일째 되던 날 문득 「집필 일기」를 써보면 재밌겠다는 생각이 떠올라 그날부터 쓰기 시작한 것으로, 그날 이전 것은 소급해서" 「집필 일기」를 남겼다는 점이다.

　　하루에 16시간 정도를 집필하면서 평균 80~90매를 썼는데, 그 와중에 틈틈이 '재미로' 이 일기를 썼다. 참고로 필자가 머문 방('초근당')은 사랑채 끝에 붙었는데, 툇마루 앞에는 두어 평 크기의 연못이 그 뒤로는 산책로가 난 동산이 자리해 글쓰기에는 더없이 좋은 환경이었다. 게다가 넓은 마당, 닭장, 텃밭, 황토방, 개 네 마리, 개구리, 풀벌레 소리, 달님, 어둠, 찾아오는 손님 등과 더불어 필자는 체류 기간 동안 너무도 '행복한 글쓰기'를 했다. 말하자면 이 집필 일기는 『임종국 평전』의 제조 일지(?)인 셈인데, 그때의 추억들을 독자 여러분과 나누고 싶다. (―「집필 일기」 중에서)

　　그러니까 「집필 일기」와 함께 읽으면 이 평전은 마치 액자소설을 대하는 느낌이다. 더구나 첫 장면을 임 선생의 3남 정택 씨와 경남 창녕을 찾아가는 기행체로 시작했기에 더더욱 장르 넘나들기가 느껴진다. 얌전한 연구자의 평전이라기보다는 임종국 선생의 생애와 저술 활동, 사상에 대한 총체적인 해설을 겸한 전기에다 오늘의 친일 문제를 보는 입장까지도 개관해준다는 점에서 이 저서를 읽는 부가가치는 높아진다.

　　학형은 「책 머리에」서 "보름간의 '행복한 글쓰기'였다. 초근당에서 아침을 맞고, 초근당에서 둥근 보름달과 함께 별구경을

했다. 밤이 늦도록 초근당 뒷산 풀벌레·반딧불이와 벗하고, 낮
이면 툇마루 앞 연못에서 붕어·개구리와 신경전을 벌이기도 했
다"고 약간의 한량기를 발휘하지만 읽어가노라면 여간 노심초
사하지 않았음을 느낀다.

학형은 평전의 형식에서 다분히 실험적인 요인을 가미한다.
액자소설 같다는 말은 아래의 글에서 느껴진다.


우선, 글쓰기 방식. 집필에 앞서 나는 최근에 출간된 평
전 6, 7권을 읽었다. 글쓰기 방식이나 편집 체제 등을 참고
할 요량이었다. 결론적으로 말해 나는 틀을 좀 달리해 보기
로 마음먹었다. 우선 기존의 평전들의 문투를 좀 가볍고 경
쾌한 형태로 바꿔보기로 했다. 그래서 평전이 무거운 '위인
전'이기보다는 읽기 편하고 재밌는 내용을 추구하기로 했다.
나는 과감히 나를 1인칭 화자話者로 삼고 독자들의 길잡이로
나서기로 하였다. 이를 위해 우선 내가 스토리텔러로 나서
고, 중간중간에 증언자들의 증언을 적절히 엮었다. 다시 말
해 이번 평전을 한 인간을 탐구해 가는 이야기책으로 꾸며
보기로 했다. 이번 집필에 앞서 관계자 30명가량을 인터뷰
해 놓아 '거리'는 충분했다. 또 지난 2004년『실록 군인 박정
희』를 집필하면서 이미 그런 경험을 했다. (「책 머리에」중에서)


예를 들면 9월 8일(금) 일기에 "어제 잠자러 황토방으로 건
너가다가 보름달에 취해 마당에서 한참 서성였다. 누워서 시상

이 떠올라 구상했던 것을 복기해둔다"면서 자신의 시를 한 수 적어두었다. 시가 대단해서가 아니라 그 뒤에다 "오전에는 임 선생의 시詩 해설을 썼다. 복사할 당시 시가 어려워 보였는데 이 제 보니 모두 이해(풀이)가 된다. 놀라운 일이다. 데뷔 당시 그의 시는 밝았다"는 논평이 붙었다는 점이다. 만약 서울에서 집필했 다면 임종국의 시 세계를 지나칠 뻔했던 대목이다. 현장이란 반 드시 역사적 내역이 보관된 곳만이 아니라 우리들이 살아가며 추구했던 곳이 다 역사적 현장성을 지닌다는 교훈이다.

학형은 평전 제1부를 「잘못 끼워진 첫 단추-방황과 좌절의 시절」에서 시작했는데, 그야말로 발품을 팔아서 얻은 생생한 정 보들로 그득하다. 설중매를 태몽으로 가졌던 생모에 대한 증언 이나 농업학교 진학, 계정식의 서울음악전문학원 수학 경력, 한 국전쟁 와중에 3년간 경찰을 지냈던 비화, 그리고 고시 공부와 등록금이 없어 대학 중퇴하기까지를 다룬 제1부는 이 책의 노 른자위에 해당한다.

제2부는 고시의 꿈을 일찌감치 접은 채 '이상 연구'에 몰두한 시기부터 시인으로 등단, 결혼 생활의 첫 파국, 화장품 외판 등 등으로 이어졌던 간고한 시기를 다뤘으며, 제3부는 1960년대 중반부터 1970년대까지를, 그리고 제4부는 1980년대 이후부 터 작고한 시기와 그후 최근까지 야기된 친일파 청산 문제와 관 련된 각종 쟁점을 임종국 선생의 관점에서 옹호해준다.

이 평전을 위하여 학형은 이선숙(첫 부인, 1933년생, 1968년 이혼,

경기 일산 거주), **이연순**(두 번째 부인, 1947년생, 서울 거주), **임종철**(바로 아래 남동생, 1933년생, 전 서울대 상대 교수, 서울 거주), **임순화**(둘째 여동생, 1941년생, 서울 거주), **임경화**(막내 여동생, 1946년생, 경기도 수원 거주), **임지택**(장남, 1961년생, 학원 강사, 경기도 일산 거주), **임수연**(장녀, 1969년생, 주부, 충북 음성 거주), **임정택**(삼남, 1974년생, 회사원, 경기도 일산 거주) 등 직계 가족 전체를 밀착 취재했다.

지인, 선후배 등의 증언록도 만만찮다.

**김난희**(조지훈 선생 부인, 1922년생, 서울 거주), **박희진**(고대문학회서 같이 활동, 시인, 대학 동문), **인태성**(고대문학회서 같이 활동, 시인, 대학 동문), **신근재**(전 『고대신문』 편집국장, 대학 동문, 전 동국대 교수), **윤광모**(피난 시절 대구서 같이 자취 생활, 일신사 대표), **허창성**(『친일문학론』 출판, 평화출판사 회장), **박노준**(대학 후배, 「흘러간 성좌」 같이 연재, 전 한양대 교수), **김윤식**(도서관서 같이 자료 수집, 문학평론가, 전 서울대 교수), **염무웅**(신구문화사 직장 후배, 문학평론가, 영남대 교수), **조정래**(『한강』서 '임종국' 실명 등장), **원선자**(신구문화사 직장 동료, 전 신구대 교수), **권용태**(전 국회도서관 직원, 시인), **노동은**(한국음악사 전공, 중앙대 음대학장), **김대기**(천안서 '지평서원' 경영, 말년 5년을 시봉), **이근성**(전 『중앙일보』 문화부 기자), **서화숙**(『한국일보』 선임기자), **김승태**(『친일파총사』 공동 집필 참여, 전 독립기념관 자료과장), **이명화**(『친일파총사』 공동 집필 참여), **강경수**('대병지서'의 후신인 현 대병파출소장), **김광근**(현 신구문화사 상무) 등 여러분의 도움으로 평전은 풍요로워졌다.

학적부와 성적표까지 두루 소개한 이 평전으로 이제 임종국의 안개는 상당 부분 걷혔다. 이제 평전을 바탕 삼아 임종국 선생의 사상사적 천착을 비롯한 각종 연구가 지속되기를 바라며, 아울러 선생을 기리는 각종 행사와 사업이 더 활발해지기를 기대해 본다.

임헌영 | 문학평론가, 민족문제연구소 소장

# 어지러운 시국에 더욱 그리운 임종국 선생

얼마 전 시대의창 출판사에서 『임종국 평전』 3쇄 출간을 예고하면서 수정할 사항이 있으면 보내달라고 했다. 초판 출간 후 독자들이 지적해온 오탈자 내용을 전해주고 나서 생각해보니 이참에 개정판을 내는 게 좋겠다 싶었다. 선생의 만 60평생을 추적하는 과정에서 엔간한 내용은 다 짚어보았다. 되돌아 생각해보면 선생의 평전 집필은 별다른 어려움이 없었다. 우선 앞서 두 차례나 선생의 약전略傳을 쓴 적이 있는 데다 틈틈이 선생 관련 자료를 모아오고 있던 터였다. 게다가 무엇보다도 선생이 남긴 글이 많고 또 유족이나 지인 등 생전에 선생과 교류했던 분들이 거의 다 생존해 있어서 나는 고작 발품을 팔기만 하면 됐다.

그런데 딱 한 가지 확인하지 못한 것이 있었다. 선생이 말년에 건강 악화로 2명의 소장학자들과『친일파총사』발간 계획을 세웠는데 그 내용의 전말을 알 수 없었다. 물론 당시 선생과 책 출간 계약을 맺었던 두 사람을 만나보긴 했지만 계약서를 보지 못했다. 세 사람 누구도 당시의 계약서를 갖고 있지 않았다. 할 수 없이 이 내용은 당시 언론 보도를 통해 개략적인 언급에 그쳐야 했다. 그런데 평전 출간 2년 뒤인 2008년 계약 당사자 가운데 한 사람인 김승태 선생이 우연히 계약서를 찾아냈다. 비로소『친일파총사』발간 계획의 전모를 알게 됐고 이번 개정판에 이를 소개한다.

근자에 선생을 떠올리게 하는 일들이 적지 않았다. 이명박-박근혜로 이어진 보수 정권의 역사 분탕질이 그것이다. 근거도 미약하고 바르지도 않은 역사관으로 우리 근현대사를 제 입맛대로 뜯어고치려는 작태가 그것이다. 이들은 심지어 친일과 독재의 역사마저 옹호, 미화하려 들고 있다. 한마디로 가당찮은 짓이다. 역사란 모름지기 사실을 기록하고 제대로 해석하는 것이 기본이다. 그러나 이들은 그런 기본조차 깡그리 무시한 채 역사를 마치 소설 쓰듯 하려 한다. 이는 역사를 두려워하지 않고 역사에서 교훈을 찾지 못한 탓이다. 선생이 지금 살아계셨으면 작금의 현실을 두고 뭐라 통박痛駁하셨을지 궁금하다.

선생이 가신 지 어언 사반세기가 지났다. 이제 며칠 뒤면 선생의 24주기(2013년 11월 12일)이다. 올해로 84세인 선생의 동년배 가운데는 생존자도 적지 않다. 이분들을 보면 선생께서 조금 더 사셨으면 얼마나 좋았을까 하는 아쉬움이 크다. 써야 할 책도 더 남아 있었고 다른 해야 할 일도 많이 있었다. 그러나 비록 천수를 누리지는 못했지만 선생이 남긴 글과 올곧은 정신은 우리 역사에 오래도록 기억되고 또 평가될 것이다. 옛말에 나라가 어지러우면 어진 선비가 그립다고 했는데 요즘 새삼 그 말이 생각난다.

2013년 11월

서대문 독립공원 우거에서

정운현

초판 서문

# 임종국 선생을 탐구해가는 행복한 글쓰기

보름간의 '행복한 글쓰기'였다.

초근당에서 아침을 맞고, 초근당에서 둥근 보름달과 함께 별구경을 했다. 밤이 늦도록 초근당 뒷산 풀벌레, 반딧불이와 벗하고, 낮이면 툇마루 앞 연못에서 붕어, 개구리와 신경전을 벌이기도 했다.

'평생을 중뿔난 짓'만 하면서 살다간 그를 찾아가는 길은 즐겁고도 가슴 아픈 기억의 장#이었다. 격동기에 태어나 애초에 첫 단추가 잘못 끼워진 삶을 시작했고, 이후 어쩔 수 없는 상황을 만나, 홀로 고행의 길을 가야 할 수밖에 없었던 그. 나는 집필 기간 동안 두어 차례 쉬 잠을 이루지 못했다. 학비가 없어 대학을 중도에 그만두면서 좌절하던 그, 역저『친일문학론』이 안 팔려 후속 작업을 포기하려 하던 그, 50대 중반에 중학교 휴학 중인 둘째 아들을 데리고 서울서 자취 생활을 하면서 6개월 간 도서관에서 자료를 조사하던 그, 바로 그의 그런 모습 때문 이었다.

돌이켜보면 자료 수집이나 인터뷰, 집필 과정에서 큰 어려 움은 없었다. 최종 자료 점검에 3~4개월이 걸린 것 말고는 그 밖에 힘든 일은 거의 없었다. 임 선생의 가족들로부터 적극적인 도움(증언, 사진 제공 등)을 받았고, 증언자가 대다수 살아 있어서 나는 겨우 시간을 내고 다리품만 팔았을 뿐이다. 그가 쓴 책도 많고, 글도 많아 참고할 자료도 넉넉했다. 나와 같은 시대를 산 당대의 인물을 집필 대상으로 삼은 점도 행운이라면 행운이다. 특히 인터넷이 큰 도움이 됐다. 집필 중에도 늘 인터넷을 켜놓 고 작업했는데 이곳저곳 몇 군데만 뒤지면 거의 모든 게 해결되 었다. 모든 걸 발품을 팔아 손수 베껴야 했던 그와는 딴판인 환 경이었다.

한편 나는 이번 평전을 쓰면서 몇 가지 '작은 시도'를 해보 았다.

우선, 글쓰기 방식. 집필에 앞서 나는 최근에 출간된 평전 6, 7권을 읽었다. 글쓰기 방식이나 편집 체제 등을 참고할 요량 이었다. 결론적으로 말해 나는 틀을 좀 달리해 보기로 마음먹었 다. 우선 기존의 평전들의 문투를 좀 가볍고 경쾌한 형태로 바 꿔보기로 했다. 그래서 평전이 무거운 '위인전'이기보다는 읽기 편하고 재밌는 내용을 추구하기로 했다. 나는 과감히 나를 1인 칭 화자話者로 삼고 독자들의 길잡이로 나서기로 하였다. 이를 위해 우선 내가 스토리텔러로 나서고, 중간중간에 증언자들의 증언을 적절히 엮었다. 다시 말해 이번 평전을 한 인간을 탐구해 가는 이야기책으로 꾸며보기로 했다. 이번 집필에 앞서 관계자 30명가량을 인터뷰해 놓아 '거리'는 충분했다. 또 지난 2004년 『실록 군인 박정희』를 집필하면서 이미 그런 경험을 했다.

그리고 이번 평전에서 나는 내 나름의 '평'評을 아끼지 않았다. 어느 방송사 코미디 프로에서 개그맨들이 '뉴스가 뉴스다워야 뉴스지' 하듯이 '평전은 평전다와야 한다'고 생각한 때문이다. 나는 앞서 출간된 대다수의 평전들이 '전'傳은 넘쳐나는 데 비해 '평'評은 부족하다고 생각해온 터였다. 이번 평전에서 그의 업적이나 탁견에 대해서는 아낌없는 찬사를 보냈다. 그러나 그의 판단 실수, 사실 관계의 오류, 납득하기 어려운 주장, 또 아쉬운 대목이 발견될 경우 가차 없이 비판을 가하거나 또는 반론을 폈다. 다만 '비판을 위한 비판'은 하지 않았음을 덧붙인다. 나의 이번 '임종국 비판'은 후일 내가 비판대에 오를지라도 각오하고 한 작업이다.

끝으로, 평전의 초고를 가족 등 관계자들에게 사전에 보여주었다. 동생 종철 씨, 첫 부인 이선숙 씨, 여동생 순화·경화 씨, 삼남 정택 씨, 그리고 5년여 그를 시봉한 김대기 씨 등 여섯 명이 그들이다. 더러 평전 출간 후 필자와 유족들 간의 불화를 보아온 터였다. 제3자가 보기에 그건 아름다워 보이지 않았다. 그런데 이런 내 생각은 예상대로 적중했다. 무엇보다도 우선 정확한 평전을 쓰는 데 큰 도움이 됐다. 많은 사람들이 관심을 갖고 교열을 봐줬다. 나는 이들이 지적한 부분 가운데 타당한 사실은 망설임 없이 최종적으로 모두 반영했다. 첫 부인 이선숙 씨의 경우 편집자 출신답게 본문의 오·탈자까지 잡아주기도 했다.

나로서는 이번이 세 번째 쓰는 '임종국 탐구'인 셈이다. 그의 타계 1주기를 맞아 지난 1990년 김삼웅(현 독립기념관장), 이헌종 씨와 공동으로 『친일파』를 펴낼 때 100매 분량으로 그의 약전略傳을 1차로 썼고, 8년 뒤인 1998년 '아웃사이더 13인'의 삶을 묶은 『세상은 그를 잊으라 했다』(삼인 펴냄)에서 다시 그를 200매 분량으로 소개했다. 그리고 다시 그로부터 8년 뒤에 제대로 된 평전을 내놓게 되었다. 이번 평전 집필로 나는 해묵은 숙제를 겨우 마친 기분이다.

14일간의 집필 기간 동안 나는 좀 과장해서 말하면, 『임종국 평전』에 버금가는(?) 「집필 일기」(뒷부분 '부록' 편에 첨부)를 같이 썼다. 시시콜콜한 일들까지도 세세히 기록하면서 하루 종일 내가 살아 있음을 확인하였다. 또 글쓰기의 회열도 동시에 만끽했다. 지렁이 잡아 닭 주고, 틈나면 마당에서 자전거를 타고, 그래도 틈나면 뒷산으로 산보를 나갔다. 진돗개 아롱이 새끼들과 놀며, 저녁마다 삼겹살 파티를 하였고, 그리고 툇마루 앞 연못에서 붕어 낚시를 하였다. 또 비 오는 저녁이면 똑! 똑! 떨어지는 처마의 낙숫물 구경을 하였고, 맑은 날이면 밤마다 풀벌레 소리와 둥근달을 품에 안고 잤다.

벌써 안터마을의 '초근당'이 그립다. 아롱이 새끼들은 잘 자라는지, 텃밭의 배추는 얼마큼 자랐는지, 알을 품었던 암탉은 무사히 병아리를 깠는지, 또 연못의 붕어는 요즘 얼굴을 보여주는지, 풀벌레는 요새도 밤새 울어대는지 등등…. 이 모두가 나로선 그립고, 또 보고 싶은 게다. 마치 꿈에서라도 한번 보고 싶었던 '그'의 모습처럼.

2006년 9월

옥천 안터마을 초근당에서

정운현 씀

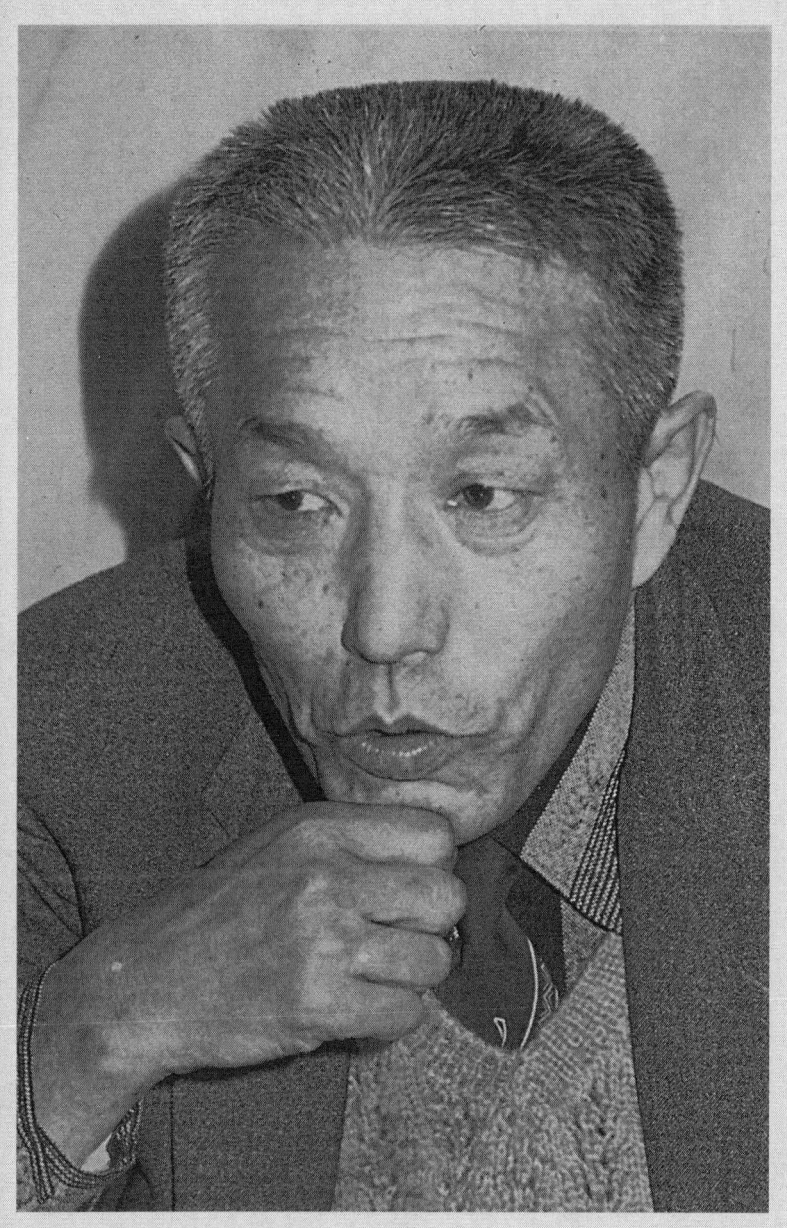

**임종국**林鐘國 **선생** [ 1929년 10월 26일~1989년 11월 12일 ]

# ┃ 차 례 ┃

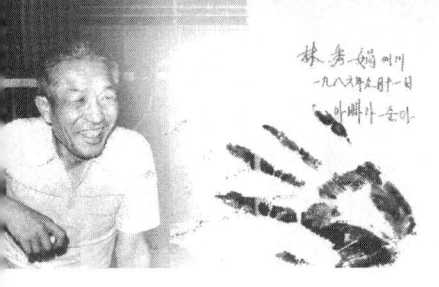

임종국 평전

# 임종국 평전

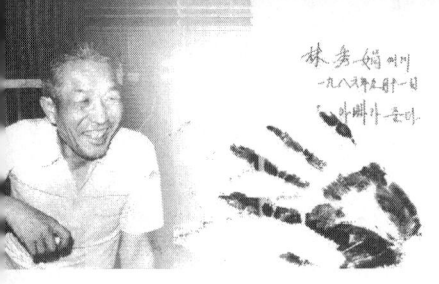

임종국 평전

일 러 두 기

1. 책표지, 본문에 배치한 사진은 저자와 유족의 소장 및 이미 발표된 자료를
   모은 것이다. 아울러 증언자와 집필 현장 사진은 저자가 촬영했다.
2. 책·잡지·관보·신문은 겹낫표「 」로, 작품·논문·성명서·선언문·통신문·포고
   문·강령 등은 낫표「 」로 표시했다.
3. 각주는 통상 본문 하단에 위치하지만 이 책은 내용 흐름상 괄호 안의 흐린
   문장으로 처리했다.

## 제 1 부

# 잘못 끼워진 첫 단추
## - 방황과 좌절의 시절

"민족 백 년의 제단祭壇 앞에 허물 있는 자 허물을 벗어 도약의 제수祭需로 바칠 것이며, 허물 없는 자는 그것을 음복飲福하되 결의를 다져야 할 것이다."

- 『친일논설선집』 머리말 중에서

# '2'를 찾아 3남 정택과 '여행'을 떠나며

서울에서 출발해 경남 창녕–합천–충남 천안을 당일치기로 다녀오기에는 먼 길이다. 3남 정택에겐 더욱 그러했다. 첫아이를 임신해 만삭이 된 아내를 두고 일요일 하루 종일 집을 비운다는 게 마음에 부담이 됐을 터다. 그러나 출발 하루 전날 정택(1974년생, 회사원, 경기도 일산 거주)은 동행하겠다는 뜻을 내게 알려왔다. 나는 미안하고도 고마운 마음이 들었다.

물난리가 끝나고 더위가 기승을 부리던 지난 8월 20일, 나는 새벽 4시 30분 정각에 정택과 만나기로 약속한 독립문 사거리 인근 영천시장 건널목에 도착했다. 정택이 타고 온 차를 찾아 두리번거리며 인근 자판기에서 율무차 한 잔을 뽑아들자 그 순간 정택이 타고 온 차가 눈에 들어왔다. 정택은 집이 코앞인 나보다 먼저 와서 기다리고 있었다. 일산서 출발했으니 나보다 한 시간은 먼저 일어났을 게다.

차에 오르면서 나는 "내 일이지만 부친 일이기도 하니 기쁜 마음으로 다녀오자"고 했더니 그는 이미 그리 마음먹고 나왔다는 듯한 표정을 지었다. 율무차를 다 마시고 나자 차는 출발했다. 그의 궤적을 찾아 나선 나와 3남의 '여행'은 그렇게 시작됐다.

빈속으로 출발한 두 사람은 경부고속도로 망향휴게소에서 각자 우동 한 그릇을 비웠다. 이윽고 먼동이 트기 시작했다. 참으로 오랜만에 만나는 '아침 6시'였다. 태풍이 막 소멸된 주말 이른 아침은 날씨가 맑았고, 우리 두 사람의 기분도 상쾌했다. 둘다 보고픈 사람을 그리며 그를 찾아가는 길이었기 때문이리라.

우리 둘을 태운 '9인승' 차는 텅 빈 고속도로를 힘차고도 가뿐하게 내달렸다. 당일치기여서 나는 메모장과 디지털카메라를 담은 가방 하나만 달랑 챙겨 나섰다. 그런데 운전석 뒷자리에 보니 그런 가방이 하나 더 보였다. 웬 가방이냐고 했더니 카메라를 넣어왔다고 했다. 설명은 안 했지만 나와 동행하면서 아버지의 흔적을 담고자 한 뜻인 듯했다(실제 정택은 곳곳에서 나보다 더 열심히, 그리고 더 많은 사진을 찍었다).

정택과는 이미 몇 번 얼굴을 본 사이라 서먹하지는 않다. 그러나 이렇게 밀폐된 공간에 둘이 마주하기는 처음이다. 먼 거리를 다녀오자면 심심풀이로라도 얘깃거리가 필요한데, 오늘 이 자리는 이야기하기에 더없이 좋은 여건이었다.

정택의 부친, 그러니까 내가 쓰고자 하는 인물에 대해선 이미 파악한 사항이 적지 않지만 이번 만남에서 새로 알게 된 사실도 적지 않았다. 어쩌면 내가 정택보다 그의 아버지에 대해 더 많이 아는지도 모른다. 그런데 정작 자녀들은 그를 어떻게 보았을까 하는 점이 내내 궁금했다. 그래서 첫 마디로 먼저 아버지에 대한 기억을 더듬어보라고 가볍게 물어보았다. 말문은 그리 어렵지 않게 터졌다. 머리 속에서의 작문이 아니라 마치 누에가 실을 뽑듯 정택은 말을 이어갔다.

"학교 갔다 오면 늘 원고 쓰시는 모습뿐이었습니다. 또래의 다른 아이들은 부모님께 어리광을 부리곤 했는데 나는 아버지에게 어리광을 부려본 기억이 전혀 없어요. 아버지였지만 가까이 하기 어려울 정도로 어려운 분이었습니다. 가족들에겐 가히 절대적인 존재였죠."

정택이 부친이 돌아가신 1989년까지 16년을 같이 산 기억의 편린 하나는 이랬다. 이번 평전 집필로 정택의 모친, 즉 그의 아내를 청량리 인근에서 다시 만났다. 이 여사(이연순, 1947년생, 59세, 서울 거주)는 말끝마다 남편을 일러 '임 선생님' 또는 '우리 임 선생님'이라고 했다. 여느 아내들처럼 '정택이 아빠' 또는 '수연이 아빠' 이런 식이 아니었다. 30년을 같이 살고, 세 아이를 낳은 사이지만 남편과의 사이에선 그 뭔가의 어려움, 혹은 '쉽지 않음'이 존재한다는 사실을 어렴풋이 느꼈다(물론 이 여사는 남편과 열여덟 살의 나이 차이, 또 두 번째 결혼 상대였음을 감안하기로 한다).

정택의 말에 따르면, 어머니는 아버지에게 거의 '절대 복종'이었다고 한다. 부친은 모친에게 잔소리를 더러 했는데, 어떤 때는 조선 시대 얘기부터 시작해서 몇 날 며칠간 잔소리를 이어갔다고 했다.

아내와 3남의 얘기를 종합해 보면 그는 가족에게 그리 살갑고 따뜻하게 대하지는 않았던 모양이다. 비단 가족들뿐 아니라 주변에서 지켜본 사람들도 그 점은 대개 그렇게 얘기했다. 그러나 열에 열 모든 구석이 다 그랬을까? 누구에게나 한 구석에는 따뜻한 정

아내 이연순 씨

은 있는 법. 그도 역시 그랬다. 정택도 그것을 인정했다.

"가끔 서울 나들이를 다녀오시면 빈손으로 오시는 법이 없었습니다. 늘 제과점에 들러 과자를 사오시곤 했죠. 또 내가 음악적 재능이 있다고 판단하셨는지 모르지만 아버지께서는 나를 당신 무릎에 앉혀서 첼로나 클래식 기타를 가르쳐 주시곤 했어요. 그럴 땐 깊은 정이 느껴지기도 했죠."

어렵기만 했던, 어떤 면에서는 '남과 같은' 아버지, 경제적으로는 쪼들려 아이들에게 궁색해 보였던 아버지, 그래서 기억의 저편에서는 더러 원망의 대상이 되기도 했던 아버지. 그런 아버지에 대한 '평가'는 과연 어땠을지가 궁금했다. 열여섯에 아버지를 여읜 아들에게는 다소 가혹한 질문이었지만 우선은 내 궁금증을 풀 요량으로 다시 물었다.

종국과 3남 정택. 1974년생인 정택의 나이로 봐 천안으로 내려간 직후의 사진으로 보인다.

"집안의 가난에 대해서는 별 불만은 없었습니다. 다만 같은 또래들처럼 TV를 시청하지 못하고 또 친척집을 거의 가지 못해서 그런 점은 조금 불만이었습니다. 우리 아버지가 훌륭한 분이라는 사실은 초등학교 시절부터 알았습니다. 학기 초 학교에서 학생 인적 사항을 파악할 때 부모 직업란에 '문학평론가' '시인'이라고 적었던 기억이 납니다. 중학교 들어가서는 '역사학자'라고 적어서 냈습니다. 담임선생님들은 아버지가 누군지를 잘 몰랐지만 나는 그때부터 아버지가 어떤 분이라는 것을 어렴풋이 알았고, 또 자랑스럽게 생각했습니다"

# 어렵기만 했던, 그러나 자랑스런 아버지

한편 아들과 아내에 비해 딸에게는 종국도 대하는 게 좀 남달랐다. 장녀 수연(1969년생, 충북 음성 거주, 두 딸의 엄마)은 얘기가 좀 다르다. 수연은 우선 아버지에게 귀염을 받고 자랐다. 그러다보니 아버지에 대해서는 그리움만으로 가득했다. 전화 통화를 마칠 무렵 수연은 "모처럼 아버지 얘기를 하니까 눈물이 나려고 한다"고 했다. 수연의 말이다.

"어릴 때 나는 아버지에게 어리광도 부리고 귀염을 받고 자랐습니다. 그건 내가 첫째 딸이어서 그랬던가 봅니다. 아버지는 외부에 특강을 가시거나 출판사에 볼일을 보실 때는 늘 나를 데리고 다니셨습니다. 언젠가 배재대에 따라 간 기억이 납니다. 또 천안 삼룡동 시절 집이 외지다 보니 과외 받기가 어렵게 되자 아버지께서 직접 영어를 가르쳐 주셨습니다. 언젠가 겨울에 눈이 많이 와서 등교가 어려울 정도였는

장녀 수연이 첫돌 기념 사진

데 아버지가 집 아래 저수지 밑에까지 눈을 치워주시기도
했죠. 아버지가 앞에서 빗자루로 눈을 치우면 우리는 그 뒤
를 졸졸 따랐습니다. 평소 내색을 잘 안 하시는 성격이지만
자상하신 면도 많았습니다.

　또 하루는 아버지께서 정택에게 먹물을 갈도록 시키신
뒤 그걸 손바닥에 묻히시더니 당시 막 출간된 『한국문학의
민중사』 속표지 백지에 손도장을 찍어 주시며 '나중에 내가
생각나면 보라'고 하시더군요. 전 아직도 그 '선물'을 잘 보관
하고 있습니다. 물론 아버지가 하시는 일 때문에 가족들이
힘들기도 했죠. 누구보다도 특히 어머니가 힘드셨죠. 그런
아버지와 같이 사는 여자는 누구나 힘들었겠구나 하고 생각

해요. 아버지가 이룩한 성과가 있다면 그건 어머니가 뒷받침을 잘 하신 때문입니다."(수연과의 대화는 9월 중순 전화로 나누었다.)

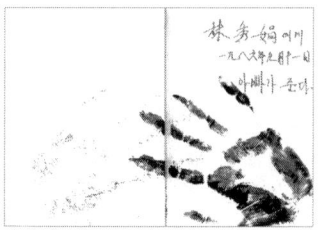

종국이 장녀 수연에게 준 손도장과 글귀

정택과 그렇게 도란도란

얘기를 나누는 사이에 차는 대전-구미-서대구를 지나 경남 방면으로 빠지는 88고속도로를 달렸다. 이곳은 경부선보다 도로가 더 한산했다. 마치 우리가 도로를 전세 낸 느낌이었다. 간밤에 비가 온 듯 도로는 촉촉하고 바람도 시원했다.

시나브로 달린 차는 어느새 창녕 읍내 입구에 도달했다. 시간대는 새벽, 아침을 지나 오전이었다. 창녕은 이런저런 일로 몇 번 방문해서 낯설지는 않다. 차에서 보니 저만치 화왕산이 눈에 들어왔다. 또 저기 앞 네거리를 돌아 오른쪽으로 가면 옛날 버스 정류장이 있었던 기억도 떠올랐다. 창녕은 서울에 비견하면 동洞 하나 크기도 안 되는 그런 작은 곳이다.

흔히 인걸이 태어난 곳이라면 산세가 어떻고, 물이 어떻고들 하지만 그가 태어난 곳은 소도시의 읍내. 따라서 그런 걸 따지고 말고 할 구석조차 없어 보인다. 경상남도 내에서도 창녕은 외진 곳이다. 물산도 그리 넉넉하지 못한 곳에 속한다. 그래서 같은 도 내 여러 군 가운데서도 뒷줄에 속한다.

그런 사례 가운데 하나. 일제 때 군수를 지낸 이항녕(1915년생,

91세, 전 홍익대 총장, 서울 거주)의 경우다. 경성제대 졸업 후 1939년 고등문관 시험에 합격한 그는 1년간 시보 생활을 마치고 1941년 첫 보직으로 경남 하동군수 발령을 받았다. 때는 일제가 '15년 전쟁' 막바지에 인력과 물자 공출을 압박하던 시기였다. 그러나 이 군수가 도道에서 지시한 공출 등 소기의 성과를 이룩하지 못하자 총독부는 이듬해 그를 창녕군수로 발령을 냈다. 말하자면 군세郡勢가 약한 곳으로 그를 '좌천'시킨 셈이다.

창녕은 근세 이후 인물도 손에 꼽을 정도다. 혹자는 창녕 출신 전국권 명사로 친일파 연구에 평생을 바친 임종국과 인권 변호사 출신의 박원순(1956년생, 현 서울시장)을 겨우 꼽기도 한다.

한편 이곳 창녕에서의 우리의 과제는 그의 태胎자리, 즉 생가(터)를 찾아내는 일이었다. 나는 처음엔 그냥 의례적으로 몇 줄 태생지를 언급하고 지나갈까 생각했었다. 그러나 명색이 평전을 쓰면서 그의 생가터를 직접 눈으로 보지 않고 쓴다는 게 아무래도 마음에 걸려 결국 찾아보기로 마음먹었다. 그런데 오고 보니 참 잘했다는 생각이 들었다.

정택은 몇 년 전에 시제時祭를 지내러 아버지 고향에 갔다가 삼촌(종철, 전 서울대 상대 교수, 1933년생)에게 부탁하여 부친의 생가 터를 찾아가 본 적이 있다고 했다. 당시 삼촌도 오랜 세월이 지난 탓에 그곳을 찾는 데는 오랜 시간을 필요로 했다고 한다. 그런데 정택도 그곳을 다시 찾는 건 쉽지 않아 보였다. 소도시 읍내의 골목집인데다 한번 슬쩍 지나친 곳을 그리 뚜렷하게 기억하기란 쉽지도 않았다.

정면의 녹색 대문집이 그가 태어난 생가로, 옛집은 헐리고 이 집은 새로 지은 것이다.

승합차 그 큰 차로 이 골목 저 골목을 20여 분간 뒤지고 다닌 끝에 겨우 생가터를 찾아냈다. 언젠가 부친 생가터 사진이라며 보내준 그 파란 대문집이 마침내 우리 둘 눈앞에 들어왔다. 나는 디지털카메라와 메모장을 챙겨 차에서 내렸다. 정택은 큼직한 카메라를 들고 마치 사진기자처럼 내 뒤를 따라 내렸다.

그의 부친(문호)의 제적등본에 따르면, 그는 창녕군 창녕면 교동 202번지에서 출생했다. 현재 202번지는 -1, -2, -3 등 셋으로 나뉘었다. 파란 대문집, 즉 그가 태어난 집은 202-3번지, 그 뒷집은 202-2번지. 과거에 집터였던 202-1번지는 집이 헐리고 대신 밭이 들어섰다. 그가 태어난 202-3번지도 집이 헐리고 1층 양옥집이 새로 지어졌다.

집주인 말로는 1989년에 새로 지었다고 했다. 바로 그 뒷집, 즉 202-2번지의 집 절반은 옛 모습 그대로다. 이 집은 과거 그의 큰집이 살던 곳이다. 철대문 사이로 들여다보니 오른쪽 문간방은 새로 지었으나 정면으로 보이는 안채는 옛 모습을 간직했다. 이 집은 초창기 창녕 천도교 교당으로 사용됐던 곳이다. 종철이 한국전쟁 때 피난 와서 공부를 하며 지낸 집은 이 집 정남쪽 맞은편 언덕에 있던 고모네 집이다.

# 평범했던 그의 태胎자리, 경남 창녕읍

그 당시 이곳에서 천도교 포교 활동을 했던 그의 부친은 이 일대에서 지식인이자 명망가로 통했던 모양이다. 그런 증언이 여럿 나왔다.

인근에 사는 전직 교사 출신의 김대주 씨(1926년생)는 "임문호 씨는 성격도 무던하고 인격자였으며, 지식인이었다"고 평했다. 그와는 동향이자 그의 동생 종철의 고교(보성고) 동기생인 성대경 씨(1933년생, 전 성균관대 교수, 현 친일반민족행위진상규명위원회 위원)는 "임문호 선생은 창녕 지역에서 명망가로 불렸으며, 일제 때 신간회 등에서 활동하기도 했다"고 증언했다.

실제로 그의 부친 임문호(1900~1972)는 서울로 유학해 학교 (오성중)를 마쳤으며, 『동아일보』 기자와 천도교 총부의 고위 간부직을 여럿 맡기도 했다(임문호의 이후 사회 활동이나 친일 행적 등에 대해서는 뒤에서 다시 거론하기로 한다).

그의 태자리에 온 만큼 이제 주인공 임종국林鍾國(1929~1989)

의 집안 내력을 살펴보자. 나주 임씨 족보와 바로 아래 남동생 종철(1933년생, 전 서울대 상대 교수), 둘째 여동생 순화(1939년생, 서울 거주)의 증언 등을 참고로 재구성해 보면, 그는 조선 중기의 문신 겸 시인이었던 백호 임제林悌의 12세손이다. 시조인 고려 시대 대장군 임비林庇로부터 치면 29세손인 셈이다.

부친 임문호

이 집안이 창녕에 거처를 정한 것은 8대조祖부터. 그의 조부(임병곤) 시절 때만 해도 집안 살림은 넉넉한 편이었다. 증조부(봉상)는 아들 둘(병조, 병곤)을 두었는데, 다시 병조는 기규起圭를, 병곤은 문규文圭를 낳는 등 각각 아들 하나씩을 두었다(그런데 이들은 나주 임씨 족보에 기규, 문규로 이름이 올랐으나 실제 호적에는 모두 기호起虎, 문호文虎로 바꿔서 사용했다).

그런데 맏이인 기규는 후사가 없었다. 그래서 동생인 그의 부친 문규(문호)는 아들 넷 가운데 둘째 종국을 큰집에 양자로 보낼 요량이었다. 하지만 결론부터 앞세우면 둘째 종국 대신 넷째 종한(1934~1995)이 큰아버지 양자로 족보에 올랐다. 이는 종국과 큰어머니와의 불화가 원인이었다.

하나 놀라운 사실은 창녕에 뿌리를 뒀던 그의 부친조차 제적등본에 따르면, 본적이 '서울시 종로구 낙원동 109번지'라는 점이다. 이는 부친 문호의 불행한 개인사 때문이다.

1914년 창녕공립보통학교를 졸업한 그의 부친은 서울로 유학을 와 보성중학을 다니다가 오성중학교를 졸업(1918년)했다. 그러고는 신학문을 배우러 일본으로 유학 가기 위해 부산에 들렀다가 거기서 천도교인 신용구를 만났다. 바로 이 대목에서 그의 인생이 바뀌었는데 결국 그는 일본 유학을 포기하고 천도교에 입문한다. 물론 그가 유학을 포기한 데는 홀로 된 고향의 모친의 권유 때문이기도 했다. 이후 서울서 하숙 생활을 하던 그는 1918년 '서울 처녀' 이홍순(1902~1964)을 만나 결혼을 하게 되었고, 이듬해 장남 종원(1919~1986)을 낳았다.

그러나 두 사람 사이는 결혼 초부터 원만치 못해 보였다. 그의 부친은 고향의 홀어머니를 모시면서 고향으로 돌아가서 포교 활동을 할 생각이었다. 그러나 아내 이홍순의 생각은 달랐다. 한번도 경험해보지 않은 시골 생활에 대해 적잖은 두려움을 가졌던 모양이다. 당시 창녕은 전깃불도 들어오지 않을 정도로 벽지인 데다 시어머니(박경모)의 시집살이가 무척이나 호되기도 했다. 결국 이홍순은 서울 친정으로 짐을 싸서 올라가버렸다. 그러고는 남편에게 서울로 올라와서 함께 살든지, 아니면 이혼을 하자며 최후통첩을 보내왔다.

양자택일의 기로에 선 그의 부친은 홀어머니를 버릴 수 없어 결국 이혼(1924년 9월)을 택했다. 그러나 양반 출신이라는 체면 때문에 고향에서 이혼을 할 수 없었던 문호는 본적을 서울 처가 주소(서울 종로구 낙원동 109번지)로 옮기고 거기서 이혼을 했다(그의 부친이 본적을 서울로 옮긴 이유와 관련해 종철은 "당시 일제가 실제 거주지로 본적을 옮기도록 장려했다"고 말했다).

종철은 큰어머니에 대해 "인물도 곱고 좋은 분이었다. 그런데 시골살이에 적응하지 못한 데다 어린 딸을 잃고 시집살이도 힘들어 더 이상 견디지 못했던 듯싶다"고 회고했다.

# 첫 부인과 원만치 못했던 그의 부친

임문호, 이홍순 두 사람 사이에서는 장남 종원 외에도 종옥이라는 딸이 하나 더 있었는데 종옥은 1922년 2월에 태어나 이듬해 9월에 사망했다. 이홍순은 임문호와 이혼한 후 서울 친정으로 올라오면서 자신이 낳은 종원을 데리고 와서 키웠다.

이 집안의 장남이자 그의 이복형인 종원은 경성고보(5년제, 경기중학교)를 나와 공직자 생활을 했다. 종원은 성북구청장(9대, 1965년 4월~68년 5월)을 거쳐 마포구청장(17대, 1968년 5월~69년 3월)을 끝으로 오랜 공직 생활에서 물러났다.

종원이 마포구청장을 물러난 이듬해 이른바 '와우아파트 붕괴 사고'(1970년 4월 8일)가 터졌다. 겉으론 멀쩡하던 아파트가 하루아침에 무너지면서 아파트 주민 15세대 66명과 아파트 밑에 있던 민가 3동의 주민들이 파묻힌 대형 사고였다. 이 사고로 피해 주민 가운데 33명은 사망하고 중상 19명, 경상 21명의 인명 피해가 났다. 사고 원인은 부실 공사 때문이었다. 종원은 이미

남동생 종한의 결혼식(1969년) 당시 가족 사진. 앞줄에 앉은 어른은 왼쪽부터 이복형 종원, 부친, 고모부, 뒷줄 오른쪽 끝이 종국.

퇴직한 데다 부실 공사에 책임이 없어 관계 공무원들이 줄줄이 구속되는 와중에도 다행히 화를 면했다. 종원은 말년에 파킨슨 병으로 고생하다가 생을 마쳤다.

한편 첫 부인과의 불화로 갈등은 계속 됐지만 그의 부친 문호는 천도교인으로서 착실히 활동을 전개했다. 1923년 천도교 종학원을 졸업한 그는 천도교 활동의 전위 단체인 천도교 청년당의 중앙 이사로 선출(1928년 4월 6일)되기도 했다. 그는 최린이 주도한 천도교 신파의 핵심 간부 가운데 하나였다.

그 무렵 그는 같은 천도교인인 평안북도 벽동 출신 김영환(나중에 천도교 청우당 황해도당 당수 역임)을 통해 그의 처제 김태강

(1905~1965)을 소개받았다. 그 당시 천도교는 이남보다는 황해도, 평안도 등 이북 지역에서 강세를 보였었는데, 당시 서울에 거주하던 김영환은 교인 수련강도회에서 만난 청년 임문호를 보고 그의 인품에 호감을 느껴 고향에 있는 처제를 소개했다.

수풍댐 바로 위 평북 벽동서 소학교를 나온 김태강은 평양 서문여고 부설 교원양성소를 수료하고 당시 보통학교(현 초등학교) 교사로 활동했다. 그때는 중학교 졸업장만으로도 보통학교 교사 자격증을 취득했다. 김태강은 당시로선 벽동에서 신학문을 배운 몇 안 되는 신여성이었다.

둘째 여동생 순화에 따르면, 어릴 적 어머니의 꿈은 만주로 가서 독립군이 되어 빼앗긴 나라를 되찾는 거라고 했다. 당시 인근 초산, 벽동 등지에서 교원 생활을 할 때 이곳저곳에서 중매가 들어왔으나 마땅한 배필감을 만나지 못해 때를 놓친 당시로선 스물네 살의 노처녀였다.

두 사람은 1929년 4월 창녕 읍내 만옥정의 천도교 창녕교구 마당에서 황토를 깔고 최초로 신식 결혼식을 올렸다. 그보다 몇 달 앞서 당시 관습대로 신랑 임문호는 벽동으로 장가를 가고, 신부 김태강은 학교일을 정리하고 창녕으로 시집을 왔다. 그리고 그해 10월 26일 첫아이 종국이 태어났다.

# '설중매'를 태몽에서 본 모친

흔히 유명 인사들의 경우 자서전이나 전기에서 용이나 호랑이 등 영물靈物을 보았다는 식의 태몽을 더러 언급한다. 물론 그들의 모친이 실제 태몽을 꾸었고, 또 그 사실을 기록했을 터다. 종국의 경우도 모친이 태몽을 꾸었다고 한다. 막내 여동생 경화가 언젠가 그에게 듣고 전해준 얘기다.

"모친은 큰오빠를 가졌을 때 꿈에 설중매雪中梅(눈 속에 핀 매화)를 보았다고 하셨죠. 눈이 하얗게 덮힌 벌판에 흐드러지게 핀 하얀 매화꽃을 보았다고 오빠가 듣고 전해주었어요. 그런데 이 흰 매화꽃에 대한 오빠의 해석이 독특해 아직도 기억이 납니다.

오빠는 어머님의 태몽에 대해 '흰 매화는 고결하고 은은한 향기가 있어 추운 겨울 풀 한 포기 없는 벌판에 피어나면 사람들은 '우와!' 하면서 감탄사를 연발하지. 그러나 날씨가 풀려 따뜻해져 이 꽃 저 꽃 다 피고 호박꽃조차 피면 그때는 흰 매화에 대한 감탄의 정도가 줄어든다. 친일 문학 분야의 연구도 불모지와 같았던 때에는 내가 한 일이 돋보이지만 세월이 지나 너도나도 한 가지씩 들고 나오면 그땐 그 가치가 떨어질 게야'라고 했습니다.

막내 여동생 경화 씨

그때 오빠는 어머님의 태몽을 두고 '내 운명인가 싶다'며 자조적으로 얘기했죠. 오빠의 성품은 정말 흰 매화처럼 고결한 데가 있었습니다."

흰 매화 꿈을 꾸고 종국을 낳은 김태강의 젊었을 때의 풍모를 보고자 한다면 다음의 일화를 들어 보자.

임문호가 김영환에게 소개받은 김태강을 만나기 위해 초산에서 택시를 타니 택시 기사가 어디로 가냐고 묻기에 벽동에 사는 김태강 처녀를 만나러 간다고 했다. 그랬더니 택시 기사는 김태강이 참 대단한 사람이라며 칭찬을 아끼지 않았다.

내용인 즉 어느 날 독립군이 인근에 잠입했다는 정보를 입수한 일경이 집집마다 검색을 하던 중 김태강의 하숙집 문을 불시에 열었다고 한다. 이에 놀라서 깬 김태강이 "당신네 일본인은 항상 우리를 야만인이라고 하면서 문명인인 당신들은 밤중에 남의 처녀 방을 인기척도 없이 열어 제치느냐"며 어찌나 호통을 쳤던지 그 경찰들이 싹싹 빌고 다음날 서장에게 보고하였는데, 서장이 군수에게 그 이야기를 하고 평소 김태강을 귀하게 여기던 군수가 그 소문을 내 초산 사람들은 그 일화를 전해 듣고는 모두 속 시원해했다고 한다. 그러면서 그 택시 기사는 임문호에게 "참 장가를 잘 든다"고 다시 한번 치하했다고 한다(순화 증언).

한편 종국은 겨우 세 살 되던 해인 1932년 여름 부친을 따라 일본으로 건너갔다. 당시 천도교 일을 보던 부친이 일본 고베神戶교구로 발령이 났기 때문이다. 이들 일가족이 일본에 머문 기간은 그리 오래지 않았고 만 1년 만에 다시 한국(당시는 조선)으로 돌아왔다. 일본에 머물던 시절 바로 아래 동생(종철)이 태어났다 (1933년 2월 1일생). 셋째 동생 종한은 다시 그 이듬해인 1934년 서울 원서동에서 태어났다. 종한이 창녕이 아닌 서울서 태어난 이유는 부친이 서울 교구로 발령이 나 일본서 곧바로 서울로 올라왔기 때문이다.

임문호, 김태강 두 부부는 그런 대로 원만한 사이였다. 지식 수준도 비슷한데다 두 사람을 맺어준 사람도 남이 아니었다. 남편 임문호는 아내를 앞세우고(김태강은 1965년 사망) 7년 뒤 아내 곁으로 갔다. 슬하엔 4남 3녀를 두었다.

장남 종국(1929~1989, 『친일문학론』 등 저자, 2남 1녀)
차남 종철(1933~생존, 전 서울대 상대 교수, 1남 1녀)

3남 종한(1934~1995, 출판계 종사, 1남 2녀)

4남 종욱(1937~1939, 3세 때 요절)

장녀 신화(1939~생존, 강원도 거주)

차녀 순화(1941~생존, 서울 거주)

3녀 경화(1946~생존, 경기도 수원 거주)


　한편 일본서 돌아와 졸지에 서울 생활을 시작한 그의 집안은 그리 넉넉하지 못했다. 우선 고향과 달리 서울엔 삶의 터전이 전혀 없었다. 또 천도교 일을 보는 그의 부친은 당장 수입이 없었고, 모친 역시 평북 벽동서 교사직을 퇴직하고 와 전업주부 상태였다.

　당시 남편을 도와 천도교 여성 단체에서 중간 간부로 활동하고 있던 그의 모친은 남편이 수입이 없어 가계를 꾸려나갈 수 없자 팔을 걷어부쳤다. 평소 외향적이고 매사에 적극적인 성격의 그의 모친은 급기야 생활의 방편으로 1937년 신설동 71번지에 '동대문약국'을 열었다. 약국이라고는 하나 전문적인 약 조제보다는 약품 판매상이라고 보는 게 적절하다. 모친의 약국 사업은 가계에 큰 도움이 됐다.

# 서울 종로 일대에서 보낸 어린 시절

반면 그의 부친의 경우는 달랐다. 사업 수완도 없는 사람이 사업을 벌여 그나마 몇 푼 있는 돈마저 날리기 일쑤였다. 김태강과 결혼 직전 포목상을 하다가 큰 빚을 져 김태강이 10년간의 교사 생활을 마치고 받은 퇴직금 500원을 빚 갚는 데 소진하기도 했다.

그 무렵 그의 부친이 사업을 하나 벌려 놓았다. 부친은 친구 두 사람과 함께 종로2가 구 시립종로도서관 자리 맞은편(현 인사동 입구 인사문화마당 인근)에서 양약 도매상을 개업했다. 3인 공동의 '합자회사 불로不老제약'이 그것이다.

1933년 여름 일본에서 귀국한 이후 1938년 모친의 약국 개업으로 신설동으로 이사할 때까지 그들은 원서동, 소격동, 재동, 계동, 화동, 삼청동 등 종로 일대 전셋집을 전전했다. 종철은 "그 무렵 삼청동 산에서 놀던 기억이 난다. 평균 한 집에서 1년 정도 살았던 기억이 난다"고 말했다.

종국·종철·종한 삼형제는 어린 시절을 서울 종로에서 보냈다. 그런 인연으로 종국은 1936년 4월 재동심상소학교(현 재동초등학교)에 입학했다. 그 당시 소학교는 6년제여서 졸업은 1942년 3월에 했다. 그 자신이 남긴 소학교 시절의 기록이 없어 역시 같은 학교를 다닌 바로 아래 동생 종철에게 그의 소학교 시절을 들어봤다. "형은 소학교 시절 부급장(부반장)을 지냈을 정도로 공부를 잘했다. 수재들이 들어가는 경기중학에 충분히 추천받을 수 있었다"고 회고했다(당시 일제는 초급학교의 명칭을 심상소학교 → 소학교 → 국민학교로 여러 번 개칭했다. 황국신민 양성에 목적을 두었던 '국민학교'라는 명칭은 해방 50주년 이듬해인 지난 1996년 논란 끝에 현 '초등학교'로 바뀌었다).

좀 더 구체적인 내용을 확인하기 위해 종국의 소학교 시절 학적부를 떼어봤다. 동생 종철의 증언은 일부 맞기도 했고 틀리기도 했다. 먼저 인적 사항을 옮겨보면 다음과 같다.

〈본인〉
- 아동 씨명: 林鍾國
- 생년월일: 소화 4년 10월 26일
- 본적: 경성부 낙원동 109번지
- 현주소: 경성부 재동정町 28번지
- 입학년월일: 소화 11년 4월 6일
- 입학 전 경력: 無
- 졸업년월일: 소화 17년 3월 18일

〈보호자〉

- 본적: 경성부 낙원동 109번지
- 현주소: 경성부 재동정 28번지
- 씨명: 林文虎
- 직업: 천도교 사무원
- 아동과의 관계: 父(장남)

〈가정〉

- 신분: 귀족( ), 양반( ), 상민(○)
- 가족 직업/자산/생활 상태: 동산 300원, 부동산 1000
  원, 연수입 1000원
- 교육 정도: 부 - 중등학교, 모 - 없음
- 종교: 천도교
- 보호자 희망: 중등학교

여기서 한두 가지 언급하고 넘어갈 대목이 눈에 띈다. 우선
두 사람의 창씨개명創氏改名 관련 사항이다. 징병제 실시를 앞두
고 일제는 1940년 2월 조선인에게 일본식으로 이름을 고치도
록 강요했다. 이른바 창씨개명이다.

학적부에 따르면, 임종국과 부친 임문호는 일단 창씨개명은
하지 않았다. 재동초등학교에서 학교 측의 도움을 받아 그의 동
기생 학적부를 살펴본 바에 따르면, 그의 동기생 상당수는 일본
식 이름으로 창씨개명을 했다. 특히 그의 성씨, 즉 임林 씨의 경

氏名　林鍾國

生年月日　昭和四年一〇月二二日

本籍　宮城存棄園洞一〇九番地

第一學年　學業成績
第二學年
第三學年
第四學年
第五學年
第六學年

科目　修身　國語　算術　國史　地理　職業　圖畵　唱歌　体操　工　計　均次　行定

在學中ノ出席及缺席

現住所　宮城存甫洞一ト人番地

入學年月日　昭和一一年四月七日

卒業年月日　昭和年　月　日

入學前ノ經歷　無

選學年月日　昭和年　月　日

選學ノ理由

保護者
　本籍　宮城存棄園洞一〇九番地
　現住所　宮城存甫洞二ト八番地
　職業　天道敎事務員
　氏名　林文虎
　兒童ノ關係　父（長男）

身體ノ狀況

| | 第一學年 | 第二學年 | 第三學年 | 第四學年 | 第五學年 | 第六學年 |
|---|---|---|---|---|---|---|
| 身長 | | | | 120. | 126.8 | 133.0 |
| 體重 | | | | 235 | 25.5 | 23.5 |
| 胸圍 | | | | 61. | 69.0 | |
| 高血 | | | | 72.1 | 72.6 | 115.3 |
| 栄養狀態 | | | | | | |

（以下身體檢査項目略）

종국의 재동소학교 시절의 학적부 표지

우 일본식으로 부르면 '하야시'はやし(당시 '창씨'創氏를 하지 않고 그냥 사용하기도 했다)가 되는데(한국인 성씨 가운데는 임林 이외에도 남南(미나미), 류柳(야나기), 계桂(가쓰라) 등 일본인도 사용하는 성씨가 있다) 그의 성씨 '林' 옆에 '린'リン이라는 일본식 음音만 적혔다(당시 재동소학교 학생들의 학부모 상당수가 이른바 '있는 집안'이어서 창씨개명을 피해가기 어려웠다. 그런데 그것과는 별개로 종국의 부친 문호는 당시 친일 성향의 천도교 신파 간부였는데 창씨개명을 하지 않았다는 점이 조금은 의외다. 다만 이를 두고 임문호가 창씨개명을 정면으로 반대했다고 보기는 어렵다).

두 사람의 본적은 동일하게 '경성부 낙원동 109번지'다. 그러나 두 사람은 이곳에 실제 거주하지 않았다. 앞서 언급한 대로 이 번지는 임문호의 첫 부인 이홍순의 친정집 주소다. 이홍순은 아들 종원을 데리고 이곳에 살았다. 또 종국의 현주소란에는 '경성부 재동정 28번지'를 지우고 '신설정 71번지'로 고쳐져 있다. '주소 이동'란에는 2학년 때(1937년) 3월 25일 신설정 71번지로 이사한 것으로 나와 있어 1938년에 신설동으로 이사했다는 종철의 증언과는 1년 차이가 난다.

또 '신분'란에 귀족, 양반, 상민常民 구분이 된 점도 흥미롭다[종국의 중조부(임봉상)는 진사에 합격해(1885년) 조선 시대로 친다면 적어도 양반 계급에는 드는 집안이다]. 당시 부친의 재산이 동산, 부동산 합쳐서 1300원, 연수입이 1000원이었다면 적어도 외형상으로는 중류 가정이었다.

# 우수한 성적에 건강했던 소학교 시절

'아동 학적부'에는 이밖에도 6학년 전 과정의 학업 성적과 신체 발달 상황, 집안 환경, 품행 등이 소상히 언급돼 그의 유년기를 유추하는 데 귀중한 자료가 되었다. 그럼 먼저 성적부터 살펴보자.

석차, 즉 반에서의 등수를 보면, 1학년 75명 중 5등, 2학년 72명 중 5등, 3학년 72명 중 11등, 4학년 74명 중 36등, 5학년 76명 중 26등, 6학년 석차는 기록이 없다. 1, 2학년 때는 7개 과목 70점 만점에 63점, 평균 9점을 기록해 최상위권이다. 그래서 모두 성적우수상을 받았다. 3학년 때는 8개 과목에 70점, 평균 8.6점으로 다소 떨어졌다. 4, 5학년 때는 더욱 떨어져 중위권을 맴돌았다(6학년 당시의 석차 기록이 없지만 과목별 성적(11개 과목에 총점 98점 획득)으로 볼 때 상당히 회복한 것으로 보인다).

과목별로 보면, 10점 만점을 받은 경우가 1학년 때 두 과목(조선어, 산술), 6학년 때 두 과목(지리, 이과)이다. 반면 가장 낮은 점

수인 6점을 받은 경우는 '직업' '수공'手工이 한 번씩이다. 출결 사항은 1년 평균 240여 일 출석 가운데 결석 일수는 1학년 8일, 3학년 7일, 4학년 7일, 5학년 2일, 6학년 2일 등이다. 2학년 때는 결석한 날이 없다. 결석은 모두 '병'病으로 기록됐다.

성적만큼 흥미롭고 또 눈여겨 볼 대목은 '아동의 환경 및 관찰 사항/상벌/훈계/기타' 항목이다. 글씨 필체로 봐서는 2, 3학년 담임선생님이 같은 사람으로 보였고 나머지는 모두 다른 사람들인 듯한데 놀라울 정도로 전 학년 동안의 내용이 상세했다. 참고로 1, 3, 5, 6학년분을 요약해 소개한다.

〈1학년〉

- 가정: 부모 모두 천도교인으로 인텔리 계급이며, 견고한 사상과 교육관을 가짐. 생활은 청빈. 곤란해서 전셋집 생활.

- 성질: 기질은 담즙膽汁형으로 침정沈靜하고 사고思考적이며, 두뇌가 명석하여 판단·추리력이 풍부함.

- 행위: 독실, 각근恪勤하고 겸손해서 우울해 보이고 대인大人의 면모도 보임.

- 언어: 능변이며 명료, 상품上品(품위 있다'는 뜻임)임.

- 감수성: 강함.

- 지능: 지력, 재능이 풍부하고 성적도 우수함.

- 신체 : 중中, (?)가 약하고 머리는 거대함.

〈3학년〉

- 신체: 체질은 양호하며 건강함.
- 성질: 침정沈靜, 사고적이며 냉철함. 판단, (?)에 강함.
- 행위: 면밀, 인내하며 확실히 정직함.
- 언어: 능변이며 요령 있게 명료함.


〈5학년〉

- 성행 개평: 온순하며 구론口論이 많고 다변임. 기억력이 좋아 국사 과목의 이해가 빠름.
- 신체 상황 및 기타 소견: 건강함.
- 가정 환경: 부친은 약방不老을 경영하는데 가게는 종로에 위치. 동생은 2학년에 재학.


〈6학년〉

- 성행 개평: 성격은 온순하고 정직함. 다변이며 독서가 취미임. 산수 과목이 다소 열세였으나 급속히 진보를 이뤄 성적이 좋아짐.
- 신체 상황 및 기타 소견: 건전하면서도 활동은 민활하지 않고 도약 운동 때는 여정餘程을 앞두고 노력을 하면서 눈물을 흘리며 괴로워함.
- 가정 환경: 부친은 약국을 하면서 의정부에서 평산平山 목장을 경영함. 먼 거리에서 통학함. 졸업 후에는 경농京農 수의축산과에 합격함.

그의 소학교 시절을 한마디로 요약하면 지능이 우수하고 침착한 성격의 소유자였다는 점이다. 또 그 시절 그가 능변 또는 다변이었다는 대목이다(그의 대학 친구 윤광모는 "종국이는 내성적인 성격의 소유자였지만 학생회장에 출마한 친구의 찬조 연설은 물론 고대 모의국회에서 더러 연설을 하기도 했다. 특히 조리 있고 체계적인 연설로 유명했다"고 증언했다. 평소 소심하고 내성적인 성격의 그가 강단에서 대중을 상대로 연설을 했다는 점은 조금 의외다).

1학년 때는 사는 게 어려웠으나 부친이 불로약국을 하면서 조금은 형편이 폈던 모양이다. 또 부친은 그가 소학교 재학 시절 당시 이미 '견고한 사상' 즉 친일 성향을 보였다. 6학년 때 그가 '먼 거리에서 통학'한 이유는 1937년 그의 집안이 신설동으로 이사한 때문이다. 1943년경 이들 가족은 다시 경기도 양주군 노해면 창동(이른바 '도봉리 집')으로 이사했다. 그런 연유로 1939년 재동소학교에 입학했던 동생 종철은 졸업은 창동국민학교에서 했다.

# 잘못 끼워진 첫 단추, '농고' 진학

한편 여기서 꼭 눈여겨 볼 대목은 그의 졸업 후의 행로다. 전체적으로 볼 때 그는 인문계, 그것도 명문고를 갈 성적은 됐었다. 그의 동생 종철은 앞에서 "형은 소학교 시절 부급장(부반장)을 지냈을 정도로 공부를 잘해 수재들이 들어가는 경기중학에 충분히 추천받을 수 있었다"고 증언했다. 실제로 1, 2학년 땐 최상위권에 들어 성적우수상을 받기도 했고, 4, 5학년 때는 조금 부진했으나 마지막 6학년 때는 다시 이를 만회하기도 했다.

그러나 그가 진학한 학교는 경기중학이 아니라 경성공립농업학교(지금은 폐교된 서울농고의 전신) '수의축산과'였다. 그의 재능과는 한참 거리가 있는 진학임이 분명한데 여기엔 필시 곡절이 있을 듯싶다. 그 궁금증을 동생 종철이 명쾌히 풀어줬다. 결론을 앞세우면 바로 부친의 사업 실패 때문이었다. 이 잘못 끼운 단추 하나로 인해 이후 종국의 인생 역정은 완전히 딴판이 되고 마는데, 그의 부친은 이를 예상이나 했을까.

바로 아래 동생 종철 씨

그의 부친이 친구 두 사람과 함께 종로2가에서 개업한 '불로제약'은 예상만큼 영업이 시원치 않았다. 고민 끝에 세 사람은 결국 1941년 이를 폐업키로 결정하고 자산 처리에 나섰다. 당시 불로제약은 세 곳에 부동산을 자산으로 보유했었다. 첫째, 회사 건물과 부지, 둘째 월곡동 농지 3만 평, 셋째 도봉동 땅 8만 평 등이 그것이다.

당시 시세로 이들 세 곳의 부동산은 액수가 비슷했는데 부친은 이 가운데서 도봉동 땅을 희망했고, 결국 이를 차지했다. 1942년 늦여름 부친은 아내와 아들 3형제를 데리고 이곳을 답사했다. 종철은 "그때 돌아오는 길에 메뚜기를 잡아 꿰어온 기억이 선명하다"고 말했다. 이듬해(1943년) 11월 종철·종한이 재동학교에서 창동학교로 전학했다.

한편 부친이 이곳 도봉리 땅을 희망한 데는 나름의 이유가 있었다. 부친은 이 땅을 토대로 농촌청년교육과 천도교 포교를 해볼 작정이었다. 그리고는 농장의 이름을 '귀일歸一농장'이라고 지었다(이는 천도교의 모토인 동귀일체同歸一體에서 따왔다). 그리고는 장남격인 종국을 '수석보좌관'으로 삼을 생각이었다. 1942년 3월 종국이 재동소학교를 졸업하자 부친은 그를 농업학교로 진학시켰다. 그로선 인생의 전환점이 된 '농고 진학'을 두고 동생 종철은 이렇게 회고했다.

"형은 농고 대신 인문계로 진학했으면 남들처럼 무난하게 관리나 회사원 생활을 했겠죠. 그런데 형이 농고로 진학하면서 인생이 완전히 꼬였습니다. 해방이 안 됐으면 형은 농고를 나와 '가나안농군학교' 교장과 같은 사람이 됐을지도 모르죠."

그의 인생에서 농고 진학은 장래의 진로만이 아닌 큰 문제였다. 그는 겁이 많고 소심해 농고에서 실습하고 배우는 과목들을 제대로 적응이나 할지 알 수 없었기 때문이다.

학교에서 봄철 모내기 실습 때의 일이다. 다른 학생들은 별 무리없이 줄을 맞춰 모를 심는데 비단 그에게만 문제가 생겼다. 바로 논의 거머리 때문이었다. 요즘은 농약 때문에 거머리가 거의 사라졌지만 1970년대까지만 해도 모내기할 때 모 심는 사람 종아리에 붙어 피를 빠는 거머리를 쉽게 볼 수 있었다. 그런데 종국은 거머리가 무서워 모 한 줌 심고 한 쪽 다리 들어 거머리 붙었나 살펴보고 다시 모 한 줌 심고 다른 쪽 다리를 들어 살피곤 했다. 그러다보니 친구들간에는 '겁쟁이 바보'라고 놀림감이 되었고, 일본인 교사한테서도 '못난 놈'이라는 핀잔과 함께 꿀밤을 얻어맞곤 했다. 흔히 요샛말로 학교에서 '왕따'를 당한 셈이다. 그런 종국의 소심한 성격을 동생 종철은 아직도 어제 일처럼 뚜렷이 기억했다.

# 가축 예방주사도 놓지 못한 소심한 성격

　　"어릴 때 개구리를 잡아 항문에 보릿대를 끼워 불면 개구리의 배가 풍선처럼 커집니다. 나는 더러 그런 장난을 하면서 자랐는데 형은 한 번도 그런 장난을 한 적이 없어요. 도봉리에 살 때 집에 닭을 100여 마리 키웠습니다. 더러 닭을 잡을 일이 생기면 형은 닭 모가지를 못 따서 늘 그 일은 내가 맡아서 하곤 했죠. 형이 다닌 학과가 수의축산과다 보니 더러 말한테 주사를 놓기도 하는데 형은 팔뚝만한 주사기에 질려 한 번도 말에게 주사를 놓지 못했습니다. 그러다보니 동물 수술은 엄두도 내지 못했죠. 농고 시절은 형으로선 대단히 고통스러운 시간이었습니다."

　　그의 소심하고 나약한 성격은 나이가 들어서도 마찬가지였다. 3남 정택도 동생 종철과 유사한 증언을 했다. "천안 요산재 시절 아버지는 겁이 많아서 키우던 염소, 돼지에게 예방주사도 제대로 놓지 못했다"고 말했다. 한 사람의 고유한 성정이 세월이 지난다고 갑자기 어디로 가겠는가. 그는 농고에 대한 좋지 않은 기억 때문인지 이를 정확히 밝히길 꺼리기도 했다.

1980년대 후반(일자 미상) CBS 라디오의 「오늘을 생각하며」 프로에서 그는 후배 문학평론가 임헌영과 대담을 가졌다. 얘기 중에 임헌영이 "다니던 중학교가 어느 중학교였습니까?"라고 묻자 "뭐 쪼그마한 데를 댕겼습니다. 허허!" 하며 얼버무리고 말았다(경성공립농업학교는 이후 청량상고, 청량기공, 경기기공을 거쳐 현재 서울시립대로 그 맥이 이어졌다. 서울시립대 학적 팀에 그의 학적을 조회했더니 해당 연도 입학자 명부에는 이름이 있으나 이름 위에 붉은 줄이 쳐져 있다고 했다. 담당자는 중퇴자여서 그런 모양이라고 했다. 유감스럽게도 해당 연도 제적부가 없어 3년간 고통 속에 다닌 그의 농업학교 시절을 자세히 확인할 수 없었다).

그런 그에게 농고 생활을 탈출할 수 있는 절호의 기회가 찾아왔다. 바로 뜻밖에 찾아온 8·15 해방이 그것이었다. 해방은 35년간 일제의 압제 아래 고통 받던 조선인들에겐 더없이 큰 기쁨이었지만 그에겐 지옥 같던 농고를 탈출할 하나의 기회가 되었다. 이제 그는 더 이상 학교를 다니지 않을 요량이었다. 해방한 달 전인 1945년 7월 초급중학 3학년 과정을 수료한 그는 이후 학교에 나가지 않았다.

해방을 맞아 세상은 어수선한 분위기였지만 그에겐 새로운 전기가 될 중요한 시기였다. 평소 독서광이었던 그는 도서관을 찾아 페스탈로치를 탐독하는 등 모종의 입시 준비에 부산했다.

경성사범학교 교기|校旗

그리고는 두 달 뒤인 1945년 9월 경성공립사범학교(약칭 경성사범) 본과에 입학했다[종철에 따르면, 당시 경성사범은 용산 인근에 자리했다. 두 형제는 경원선을 타고 통학을 했는데, 창동에서 같이 열차를 타면 종철은 청량리에 내려 학교(보성고)로 가고, 종국은 서빙고를 거쳐 용산에 내렸다고 한다]. 그는 교사가 되기로 결심했다.

경성사범은 1922년에 설립된 초등교원 양성 기관으로, 일제 강점기에 세워진 최초의 관립 사범학교였다. 매년 졸업식에는 조선총독이 참석하였으며, 평상시에도 조선총독과 2인자인 정무총감이 시찰차 수시로 학교를 방문할 정도로 학교 위상이 높았다. 1929년 평양과 대구에 사범학교가 추가로 설립되기 이전에는 조선 내 유일한 관립 사범학교였으며, 이 무렵 조선인 학생수는 전체 학생수의 25퍼센트 정도였다(김성학, 「경성사범학교 학생 훈육의 성격」, 1999, 경희대 교육문제연구소).

# 해방, 경성사범 진학 그리고 독서회 사건

　농고를 탈출한 후 희망 속에 출항한 그의 '사범학교호'는 예상
과 달리 순항하지 못했다. 그의 이력서에 따르면, 이듬해(1946년)
5월 본과 제1학년을 중퇴했다. 입학한 지 불과 9개월 만에 중도
하차한 셈이다. 재주가 많은 반면 집념이 좀 부족하다는 평을
평소 받아온 그였지만 이건 너무했다는 생각이 들 정도다. 그러
나 그 남모를 속사정을 알고 보면 이해가 가는 면도 없지 않다.
모처럼 생기발랄한 기분으로 들어간 사범학교에서 그는 뜻밖
의 '복병'을 만났다. 다음은 종철이 들려준 얘기다.

　평소 독서에 취미가 있던 그는 사범학교 입학 후 '독서회'에
가입했다. 처음엔 그냥 교양독서를 하는 모임이려니 생각했는
데 시간이 지나면서 보니 그게 아니었다. 이른바 1980년대 운
동권 학생들의 '공부 모임'과 비슷한 형태였는데 상당히 강한 좌
익 이념 서클이었다. 그런 것을 알지 못하고 가입한 그로선 적

잖은 충격이었다. 그래서 그는 모임에서 탈퇴하겠다는 의사를 밝혔다. 그런데 돌아온 대답은 "그럼 잘가!"라는 인사가 아니라 '테러 협박'이었다. 독서회 회원들은 "공산당에 가입하지 않으면 죽이겠다"고 노골적으로 협박을 하고 나왔다.

해방 직후 남한 사회에는 좌우익이 혼재한 가운데 지식인 사회 곳곳에 좌익 세력이 침투해 있었다. 심지어 군 내부에도 좌익 세포 조직이 거미줄처럼 질서정연하게 그물을 쳐놓은 상태였다. 당시 초급 장교였던 박정희 전 대통령이 좌익 조직의 간부를 지낸 일도 이 무렵이다. 이 건으로 해서 박 전 대통령은 군사재판에서 무기징역을 선고받기도 했다.

독서회원들로부터 신변의 위협을 받자 '겁쟁이' 종국이 취한 태도는 무엇이었을까? 다름 아닌 제2의 '등교 중단'이었다. 일단 신변의 위협은 피해 보자는 속셈이었겠지만 이 일로 그는 다시는 경성사범 근처에도 가지 않았다. 교사의 꿈은 이렇게 해서 막을 내리고 말았다(경성사범은 현재 서울대 사범대로 그 맥이 이어졌다. 그의 경성사범 시절 학업 성적이나 생활 태도 등을 알아보기 위해 서울대 사범대 측에 문의한 결과, 1945년과 46년 졸업자의 경우 학적부가 남아 있으나 그처럼 중퇴자는 기록이 없다고 했다).

이번 취재 과정에서 만난 그를 잘 아는 사람들은 그의 탁월한 재능을 한결같이 얘기했다. 기본적으로 머리가 좋고 재능이 다양했다. 고려대 재학 시절엔 '3천재'의 하나로 불리우기도 했다. 철학의 신일철, 어학의 민영빈, 그리고 사학의 임종국이 그들이다.

말년의 종국. 책꽂이에 쌓인 카드가 친일 인명 카드들이다.

　그가 타계한 지 한 달여 뒤인 지난 1989년 12월 중순 나는 천안 구성동 그의 집을 방문했다. 부인에게 문상을 한 뒤 나는 그의 집필실을 보여 달라고 부탁했다. 두어 평 되는 방으로 들어서자 오른편으로 서가가 하나 자리했는데, 예의 낯익은 총독부 관보 같은 자료들이 제본돼 있었다. 자료들은 어림잡아 1000권 정도도 안 돼 보이는 분량이었다. 그래서 다른 방을 보여달라고 했더니 부인은 이게 남편이 소장했던 책의 전부라고 했다. 순간 나는 내 귀를 의심했다. 대체 이 정도 분량의 자료를 가지고 그런 책들을 써냈단 말인가. 정말로 믿어지지 않았다.

　창문 쪽으로는 작은 책상이 하나 자리했다. 그 위에는 3단짜리 책꽂이가 보였는데, 거기에는 우리 또래가 중학교 때 영어

단어를 외우기 위해 사용했던, 한 쪽 귀퉁이에 동그란 철제 링이 달린 '카드'가 빼곡했다. 이것이 바로 후일 민족문제연구소에서 『친일인명사전』 편찬 작업에 기초 자료로 활용됐던 '인명 카드' 원본인 셈이다.

나는 잠시 몇 장을 살펴보기로 했다. 먼저 아주 유명한 거물급 친일파 몇 명을 골라서 꺼내 보고 다음엔 손에 잡히는 몇을 꺼내 보았다. 거물급 친일파들을 빼고는 나머지 모두 이름과 생몰 연대, 대표적인 친일 행적 한둘 정도가 기록됐을 뿐 거의 빈 칸이었다. 나는 다시 한번 놀라지 않을 수 없었다. 대체 그는 신인가, 사람인가. 그는 그 모든 사실들을 자신의 머릿속에 넣어 두었음이 분명했다. 그는 그런 두뇌의 소유자였다.

# 프로급 수준의 악기 연주 실력

그의 여러 재능 가운데서 음악에 대한 재능을 아는 사람은 그리 많지 않다. 놀랍게도 그는 다루지 못하는 악기가 거의 없을 정도로 악기 연주에 능했다. 천안 요산재 시절 어려운 형편에도 그는 기타, 첼로, 아코디언 등을 소유했다. 기분이 좋은 날엔 막내 아들 정택을 무릎에 앉히고는 기타 연주법을 가르쳤다. 그렇게 무릎에서 배운 솜씨가 늘어 정택이 기타를 치면 그는 아코디언으로 아들의 연주를 받쳐주며 합주를 하기도 했다. 정택은 그런 인연으로 공군 군악대에서 테너 색소폰을 불다가 제대했다. 그가 연주하는 모습을 본 주변 사람들은 한둘이 아니다. 그리고 다들 놀라워했다고 한다. 천안 시절 5년여 그의 집에서 같이 살았던 막내 여동생 경화(1946년생, 경기도 수원 거주)에 따르면, 클래식 기타는 수준급이었고, 첼로 역시 뛰어났다고 한다. 다음은 경화의 증언이다.

아내 연순과의 신혼초 집으로 손님들을 불러 잔치 도중 기타 연주를 하는 종국.

"밤에 수연(종국의 장녀)과 누워서 자려고 하면 오빠는
「*Moon light Sonata*」를 기타곡으로 편곡해 마루에서 연주했
습니다. 밤에 불을 끄면 달빛이 마루에 그득했는데 오빠는
기타로「월광 소나타」를 잘도 키셨고,「금지된 장난」,「알함
브라의 궁전」등이 주 레퍼토리였습니다.

또 첼로를 잘 해서「아르페지오 소나타」도 하셨고, 랄로
의「첼로 협주곡」등을 좋아했습니다. 상상의「백조」며, 또
차이코프스키의「비창」을 같이 들을 땐 '난 여기 이 부분이
좋아'라 했습니다."

경화는 언젠가 오빠가 사준 랄로의「첼로 협주곡」과「아르페

지오 소나타」카세트를 지금도 간직하고 있다. 그의 사후 경화는 그것을 들으며 오빠 생각에 한없이 울었다고 했다. 수원 자택으로 방문했을 때 경화는 그 추억의 카세트 테이프를 내게 보여주었다.

종국은 악기 연주는 물론 음악 감상도 좋아했다. 특히 고전음악을 좋아했고, 랄로, 차이코프스키, 브람스, 쇼팽의 음악을 좋아했다. 반면 오페라 아리아는 관심이 없었다. 언젠가 경화가 나비부인의 「어떤 개인 날」을 들어보겠냐고 하자 그는 "난 오~ 하는 것은 싫어"라고 말했다고 한다. 평소 그가 좋아하는 음악은 잔잔하면서 속으로 속으로 접어들면서 결코 튀지 않는, 있는 듯 없는 듯하면서도 내면의 정열이 가득한 그런 음악이었다. 경화는 "랄로의 「첼로 협주곡」에는 오빠의 성품이 들어 있는 듯하다"고 말했다. 경화는 오빠의 음악적 재능은 모친의 영향이 적지 않았다고 했다. 보통학교 교사를 지낸 모친 역시 음악에 재능을 보였고, 학교에서 풍금을 연주했는데 그런 것이 은연중에 아들에게 영향을 주었으리라는 얘기다.

그의 연주 솜씨는 거의 프로급 수준이었다. 수상 경력도 있다. 경화가 대학을 다닐 때 즈음(1970년도로 추정됨)이었다. 하루는 모 방송사에서 주최한 클래식 기타 경연대회에서 2등상을 타왔다(MBC인 듯해서 「MBC 사사社史」를 뒤졌으나 관련 기록이 없었다). 그래서 경화가 "오빠 실력이면 1등을 할 텐데 왜 2등을 했느냐"고 물었더니 "다들 젊은 사람이고 나이든 사람은 나밖에 없더라. 그리고 떨려서 실력 발휘가 제대로 안 되더라"며 머쓱해했다.

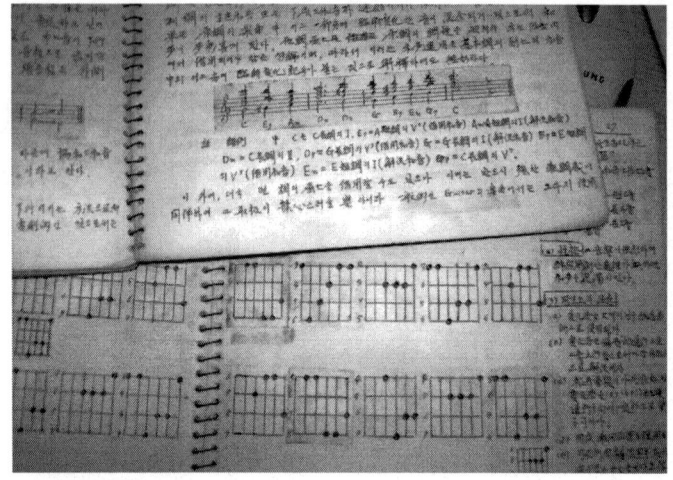

종국이 기록한 악보 등 메모.

그는 머리가 비상해서 웬만한 악보는 다 볼 줄 알았고, 편곡까지도 가능했다. 그가 남긴 유품 중 이런저런 내용을 기록한 노트가 20여 권 되는데 그 중 악보집도 여러 권 된다. 음악에 문외한인 내가 봐도 그의 음악에 대한 이해를 가늠할 정도였다.

그러면 농고, 사범학교 '중퇴생'인 그가 대체 언제, 어떤 경위로 음악에 대해 이 정도의 재능을 쌓았을까 하는 의문점이 생긴다. 역시 동생 종철이 그 궁금증을 풀어주었는데, 계기는 '사범학교 중도 하차'였다. 경성사범을 때려치우고 1년 가까이 집에서 빈둥거리던 종국은 어느 날 모친에게 음악 공부를 하겠다고 선언했다. 이 일로 모친과 그 사이에는 불화가 돋아났다. 모친은 그가 농업학교를 다니다 중도에 그만둔 건 참 잘한 일이라고 생각했었다. 남편이 장남 한테는 맞지도 않는 농고에 보내 아들의 인생을 망치고 있다고 평소 생각했기 때문이다.

그러다가 장남이 다시 경성사범에 들어가 선생을 하겠다고 하자 모친은 그마저도 그리 탐탁해 보이지 않는 눈치였다. 그러나 선생질은 농업학교 나와 농사를 짓는 일보다는 낫

기타를 연주하고 있는 종국.

겠다 싶어 '차선' 정도로 여겼다. 그런데 이번엔 다시 장남이 난데없이 음악을 하겠다고 하니 이건 도저히 받아들일 수 없었다. 모친은 내심 장남이 관료가 돼 벼슬을 하길 바랐다. 차남 종철이 상대(서울대)에 진학하겠다고 했을 때도 모친은 차라리 법대 가서 고시 합격해 창녕군수가 됐으면 하는 바람이었다.

# 계정식의 '서울음악전문학원'서 수학

그는 끝내 모친의 반대를 무릅쓰고 1947년 3월 당시 서울 원서동 로터리에 있던 '서울음악전문학원' 첼로과에 입학했다 (그는 자필 이력서에 '서울음악전문학원'이라고 기록했으나 동생 종철은 당시 엔 '계정식음악학원'이라고 들은 기억이 난다고 했다). 이 학원의 원장은 바이올리니스트 계정식(1904~1977)이었다. 그의 음악적 재능을 키워낸 서울음악전문학원은 어떤 곳이었는지가 궁금했다. 나 는 교보문고에 가서 한국음악사 코너를 살피기도 하고 인터넷 을 검색하기도 했다.

인터넷에서 우연히 한국음악사 전문가인 노동은(중앙대 음대 학장) 교수의 「경성음악전문학원은 어떤 곳이었나?」라는 논문을 찾아냈다. 바로 이거다 싶었다. 앞머리의 '경성'京城과 '서울'이 다르긴 했지만 '경성'이 '서울'의 일제 때 이름이고 보면 그게 그 거 아닐까 싶었다. 그러나 서초동 국립중앙도서관으로 달려가 그 논문을 복사해서 손에 든 순간 나는 눈앞이 캄캄했다. 요새

모 방송사 코미디 프로에서 인기를 끌고 있는 코너인 '이건 아니 잖아' 말 그대로였다.

논문에 따르면, '경성음악전문학원'은 바이올린 연주가이자 작곡가로 활동한 김재훈이 1838년에 개교, 1942년에 폐교된 음악학교였다. 그래서 나는 그날 저녁 평소 알고 지내는 사이인 노동은 교수에게 전화를 걸었다.

노 교수는 '서울음악전문학원'이라는 이름은 한국 음악사를 전공한 자신도 처음 들어본다며 되레 지적 호기심을 나타냈다. 노 교수가 모른다면 내 궁금증을 풀기란 어려운 노릇이다. 일단 해방 전후 한국 음악계를 훑어보았다. 당시 음악계는 현제명 등 일제하 친일 성향의 인사들이 주류를 이루었다. 일제 말기인 1943년 4월 경성대화숙 내에 경성음악연구원(대표 현제명, 교무 김성태)이 설립됐는데 시대적 상황으로 봐 이곳은 '음악 보국'을 위한 전위 단체로 보인다. 그런데 이런 곳이 해방 후 다시 한국 음악계의 주류가 되는 걸 보고 나는 적잖이 놀랐다.

서울대 음대 홈페이지에 따르면, 현제명은 해방이 되자 그 해 12월 문교부 「전문학교령」에 의거, 경성음악연구원을 '경성음악학교'로 재설립하고는 자신이 초대 교장에 취임했다. 이듬해 8월 22일 경성음악학교는 서울대 예술대학으로 승격, 개편됐고 초대 예술학부장에는 다시 현제명이 취임했다. 현제명 없는 한국 음악계는 당시로선 상상할 수 없는 상황이었다. 이런 상황에서 '서울음악전문학원'의 등장은 어떤 의미일까? 이에 대해 노 교수는 "현제명 반대파들이나 정치적으로 소외된 사람들이 세웠을 가능성이 크다"고 분석했다(종철에 따르면, 당시 종국은 우수한 음악적 재능으로 계정식 원장으로부터 칭찬을 듣기도 했다).

한편 종국은 음악 공부에서도 '중퇴자' 꼬리표를 떼지 못했다. 입학한 지 10개월 만인 1947년 12월 서울음악전문학원 '제2학년 중퇴'로 끝내고 말았다(10개월 다닌 걸 '2학년 중퇴'라고 한 걸 보면 이곳은 5개월 또는 6개월 단위를 한 학년으로 쳤던 모양이다. 음악학원에 다닐 당시 종국은 5촌 당고모의 신세를 많이 졌다. 당시 창신동에 살았던 그의 당고모는 연건동 네거리에서 식당을 하면서 종국을 많이 챙겨주었다). 중퇴 원인은 모친과의 갈등 때문이었다. 장남이 하라는 공부는 안하고 음악을 한다고 돌아다니자 모친은 화가 난 나머지 "종국이넌 큰아버지 양자나 가라"며 구박을 해댔다. 모친의 얘기가 허튼소리는 아니었다. 큰집에 후사가 없어 종국이 양자로 가기로 집안에선 얘기가 돼 있던 상황이었다.

종국은 모친의 얘기를 고깝게 들었던지 이내 음악학원을 그만두고 보따리를 챙겨 진주 큰집으로 내려가고 말았다. 다시 '무위도식' 낭인 생활이 시작됐다. 큰집으로선 팔자에 없는 아들이 생겼으니 일단 종국에게 잘해 줬을 터다. 그러나 진주 생활도 여의치 못했던 모양이다. 그의 한 형제는 "큰아버지가 통도 크지 않고 자상하지도 않은데다 큰어머님이 친정만 챙겨 정을 붙이지 못했다"고 추측했다. 그의 '큰집살이'는 1년여 만에 또다시 막을 내렸다. 그 즈음 사회적으로는 대한민국 정부가 수립돼 군청, 경찰서 등 각 분야에서 신규 채용이 붐을 이루었다.

이 무렵 그의 가족들은 참으로 힘든 나날을 보낸다. 서울 생활을 하다가 부친이 서울 인근 경기도 양주군 노해면 도봉리 소재 땅을 매입, 1943년 이곳으로 이사하면서 시골 생활이 시작됐다. 애초에 농군도 아닌데다 천도교 일에 관여했던 부친은 1년 대부분을 서울서 지내다가 늦가을이나 되면 나타나곤 했다. 그러다보니 농사일, 집안일은 모두 모친 몫이었다. 모친 역시 막내딸로 태어나 귀하게 자란데다 전직이 교사여서 농사일이 손에 익지도 않았다. 무능한 남편에, 그런 속에 장남은 뜻대로 자라주지 않고, 또 돌볼 자식은 여럿이니… 모친의 노고가 이루 말할 수 없었다.

# 도봉리 집으로 찾아든 식객들

　비단 집안일뿐 아니라 부친의 이름을 앞세워 찾아오는 식객도 한둘이 아니었다. 가을걷이가 끝나고 김장도 끝나고 찬바람이 불기 시작하면 부친은 서울 생활을 접고 도봉리로 내려왔다. 부친이 귀가한 후 2, 3일이 지나면 그때부턴 나그네들이 들이닥치기 시작했다. 여름철이면 그래도 서울서 비비고 지내기라도 하지만 추운 겨울이 닥쳐오면 이들은 갈 데가 그리 마땅치 않았다. 요즘처럼 지하철에서 노숙을 할 형편도 못됐다.

　종철은 "식객 가운데 한 사람인 박갑동 씨는 그곳에서 겨울을 여러 해 보냈는데 무위도식했다"고 기억했다. 박씨 외에도 여러 해 머문 식객으로 김석지·석종 형제가 있었는데, 김 씨 형제는 농사일도 거들어주었다. 특히 석종은 흙벽돌로 집을 지을 때 거의 혼자서 도맡아 일을 했다고 종철은 기억했다(순화는 식객 가운데 '김국태'라는 사람도 있었다고 말했는데, 그 사람에 대한 종철의 증언은 다르다. 종철은 "김국태는 우리 밭 1000평 정도를 빌려 양계 사업을 하던 사람

도봉리 시절 가족 사진. 왼쪽부터 경화(중1), 한 사람 건너 모친, 신화, 순화.

으로, 당시 우리집은 서원내書院川―현재 도봉동 한신아파트 자리―에 자리했고, 김국태 씨 양계장은 성균관대 야구장 서쪽 끝에 위치했다"고 증언했다).

식객들은 추운 겨울 동안 도봉리 집에서 그런 대로 편안한 생활을 하며 보냈다. 그러다가 해동하고 봄이 돌아오면 제일 먼저 서울행 바람을 잡는 사람은 그의 부친이었다. 부친은 모친에게 "여보, 서울 가게 여비 좀 주오!" 하고 손을 벌렸다. 이미 그 시대 남정네들에게 염치라는 건 없었다. 궁벽한 시골에 현금이 있을 리 만무하다.

결국 봄부터 여름까지 뙤약볕에서 어린 자녀들을 데리고 농사지어 재여 놓은 콩 팔고, 깨 팔아서 몇 푼 장만하면 남편은 그걸 받아들고는 횅하니 서울로 가버리곤 했다. 사랑방 주인이 떠난 마당에 식객들도 별수 없었다. 그러면 그 넓은 토지엔 다시 모친과 종철·종한 형제와 어린 딸들만 내팽개치듯 남겨졌다. 그 무렵 큰아들은 공부한다고 서울로 나가 있었다. 장남 종국이 경성사범과 음악학원을 전전하던 바로 그 무렵이다.

천도교 일 본답시고 도봉리 집과 서울을 오가며 거지반 '반半 건달'처럼 지내던 부친은 모친에게 도움이 되기는커녕 늘 재만 저지르곤 했다. 한 번은 이런 일도 있었다. 해동하면 아내 졸라 여비 얻어서 서울 간 부친이 다시 집으로 오는 때는 '하지감자'를 캘 무렵이었다. 모친은 그걸 팔아 몇 푼 목돈이 생기면 그걸로 겨우 가용을 쓰곤 했다.

그런데 꼭 그때쯤이면 다시 부친이 찾아와 손을 벌렸다. 돈이 필요하면 아내가 챙겨줄 때까지 가만히 있든지 해야 하는데, 감자 시세도 제대로 모르면서 혼자 나서서 중간상인에게 속아 싼 값에 밭떼기로 팔아치우고 말았다. 그리고는 집안엔 한 푼도 안 주고 그 길로 돈을 갖고 서울로 가버렸다. 집에 남은 아내와 어린 자녀들은 대체 뭘 먹고 살라는 건지 그런건 그의 부친의 안중엔 없었다. 그런 상황에서도 아내는 남편과 큰아들에게 정성을 다했다. 아들은 서울서 하숙하느라 고생한다고, 남편은 나랏일·교회일 하느라 고생한다고 닭 삶고 떡 해서 머리에 이고 비포장길 30리를 걸어 서울로 향하곤 했다(한국전쟁 발발 이전까지 도봉리 집에는 모친과 2남 3녀가 살았다. 종국도 경성사범 시절에는 더러 도봉리 집에서 기차 통학을 하기도 했다).

해방이 되자 정당과 정치 단체가 우후죽순처럼 생겨났다.

이에 자극받아 천도교에서도 포덕 86년(1945년) 9월 14일 천도교청우당을 부활하였다. 천도교청우당은 단지 종교적 활동만이 아니라 '신국가 건설'과 같은 정치적 활동도 염두에 두었다. 천도교청우당 본부는 같은 날 각 부서 책임자를 선정하였는데 임문호는 12명의 위원 가운데 한 사람으로 선출됐다.

천도교 내 신·구파 간의 갈등 끝에 구파가 분립을 결정한 이듬해 5월 천도교청우당 확대중앙위원회에서 임문호는 다시 상임위원으로 선출됐다. 이 무렵 천도교청우당은 170개 당부와 15만 당원을 보유했다. 천도교청우당은 정치 이념으로 계급 해방을 주장했다. 즉 대지주와 자본가를 본위로 한 구경제 제도를 개혁하고, 그 토대 위에 전 민족의 생활 문제를 근본적으로 해결할 만한 신경제 제도를 수립하자고 주장했다(『천도교청년회80년사』, 천도교청년회중앙본부, 2000).

이런 가운데 1946년 초 천도교 구파가 이승만과 제휴하여 미군정 내에서 정치적 영향력을 행사하려 하자 천도교 신파가 주도하던 천도교청우당 내 일부 청년들은 사회주의자와의 제휴를 모색하였다. 그해 2월 조선인민당과 조선공산당을 중심으로 한 33개 단체, 398명의 대표가 참석하여 민주주의민족전선을 결성하였을 때 천도교청우당 대표 10명이 여기에 참가하였다.

1947년 이승만과 한민당 계열의 인사들이 반탁운동을 전개하면서 단독정부 수립을 기도하자 천도교청우당은 성명을 통해 단독정부 수립 반대와 남북통일정부 수립을 촉구했다. 그러나 미군정의 지원 아래 단독정부가 수립된 후 1949년 12월 26일 천도교청우당은 「정당에 관한 규칙」에 의거하여 정리, 해체되었다. 이로써 천도교청우당 간부로 있던 임문호는 잠시 대외 활동을 접을 수밖에 없었다.

한반도 거의 전역을 전쟁터로 만들었던 한국전쟁은 이 집안이라고 비켜가지 않았다. 다행히 가족 중에 희생자는 없었지만 삶의 터전이 크게 망실되고 그로 인해 이후의 사람에서 큰 고통을 겪어야 했다. 한국전쟁 발발 초기 이 집안의 상황을 종철의 증언으로 들어보자.

"6·25 발발 당일 형(종국)을 제외한 2남 3녀 모두 집에 있었습니다. 부모님은 서울 (천도)교당에 가셨다가 오후에 귀가하셨죠. 26일(월) 막내를 제외하고 모두 등교했습니다. 서울로 학교를 갔던 남형제들은 모두 일찍 귀가했죠. 모친은 낮부터 피난을 가자고 요구했습니다. 그러나 부친은 '국군의 해주 점령' 라디오 방송을 이유로 피난을 거부하다가 집 근처에 박격포탄이 떨어지자 그제서야 피난을 가기로 결심하셨습니다. 그날 밤 경원선(창동), 경춘선(월곡)을 따라 피난하던 우리 가족들은 월곡역에서 밤을 새우고 이튿날 새벽 서울에 도착했습니다. 경운동 천도교당에 들른 다음 와룡동 부친 친지 댁에서 1박을 했는데 그날까지 도강편渡江便을 못 얻었죠. 28일 새벽 탱크 굉음에 깨어 창덕궁 앞으로 가보니 인민군 탱크병이 "총독부가 어느 방향이냐"고 시민들에게 묻는 모습을 보았습니다. 부모님이 교당에 다녀오신 후 점심을 먹고 우리 가족은 와룡동—원남동 로터리—명륜동—돈암동—길음동—수유리—창동을 거쳐 도봉동 집으로 다시 돌아왔습니다. 오는 길에 인민군 시체는 못 보았죠. 모두 치운 듯했습니다. 그러나 전사자나 부상병들이 흘린 듯 보이는 검붉은 핏자국을 보기도 했죠. 반면 국군의 시체는 도처에 그대로 방치돼 있었습니다. 가장 처참한 장면을 목격하기도 했는데, 수유3거리에서 탱크에 치여 상체가 흔적도 없고, 골반 이하 두 다리만 붙어 있는 시체였습니다. 또 집 근처 웅덩이 물 속에 마치 배에 바람 든 개구리처럼 불어 있던 국군 시체를 본 적도 있었죠."

# 한국전쟁 중에 경남 합천서 3년간 경찰관 생활

한국전쟁이 나기 1년 전쯤의 일이다. 여동생 순화는 종국이 평소 애지중지하던 첼로를 산산조각내고 집을 뛰쳐나간 일을 기억했다. 아마 종국이 음악학원을 다니다 때려치우고 진주 큰집으로 보따리를 싸서 내려가던 시점인 듯하다. 그 이후 소식이 없다가 어느 날 순화는 큰오빠(종국)로부터 부모님에게 온 반가운 편지 한 통을 받았다. 고향 창녕에 가서 지내다가 경찰에 들어가 잘 근무하고 있으니 걱정하지 마시라는 내용이었다.

이번 취재 과정에서 그에 관한 여러 자료들을 입수했지만 그 가운데서도 가장 손꼽을 만한 자료는 그가 경찰 재직 시절 자필로 쓴 이력서였다. 이 이력서는 경찰 관계자의 도움을 받아 입수했는데, 상태도 좋을뿐더러 스스로 자신의 지난 행적에 대해 날짜까지 자세히 기록한 내용이어서 그의 궤적을 따라잡는 데 큰 보탬이 됐다. 그가 자필로 기록한 경찰 근무 당시의 기록을 옮겨 본다.

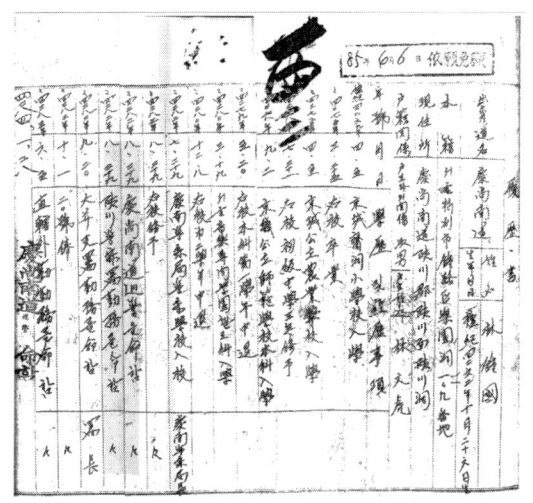

종국이 자필로 쓴 이력서. 끝 부분에 경찰 근무 기록이 보인다.

1949. 7. 29    경남 경찰국 경찰학교 입학

1949. 8. 29    경남 경찰국 경찰학교 수료

경상남도 순경을 명함

합천경찰서 근무를 명함

1949. 9. 20    합천경찰서 대병지서 근무를 명함(20호봉)

1950. 6        직할외근 근무를 명함

1952. 4. 6     의원면직

이력서로 보면 그는 3개월 모자라는 3년간 경찰 근무를 한 셈이다. 당시에는 지방 경찰국에서도 경찰관 양성을 했던 모양이다. 교육 기간은 불과 1개월이었다. 첫 발령은 합천경찰서였으나 이내 관할 대병大幷지서로 옮겨 근무하다가 한국전쟁이 나자 외근을 한 것으로 돼 있다. 실제 그는 공비 토벌에도 참가했었다. 동생 종철은 "형이 카빈총 들고 공비 잡으러 다녔다"고 말했다.

이력서에는 없지만 종철에 따르면, 종국은 인근 삼가三嘉지서에서도 근무하기도 했다.

> "언젠가 형이 삼가지서에 근무할 때 정복차림으로 순찰을 나갔답니다. 그런데 미 공군이 형을 인민군인 줄 알고 폭격을 했죠. 그런데 용케 화를 면해 지서로 복귀했더니 지서에서는 '임 순경이 죽은 줄 알았는데 용케 살아 왔네'라며 반기고는 '조상묘를 잘 써서 살았나'라고 하더랍니다."

그의 경찰 입문 동기는 정확하지 않다. 그 자신이 기록으로 남기지도 않았고, 주변 사람들에게도 경찰 경력을 말하길 꺼려했다. 부인 이 여사는 "남편이 남 앞에 대놓고 과거에 경찰관 생활을 했다는 사실을 말하길 꺼려했다. 한국전쟁이 동족간의 싸움이었고, 그런 상황에서 빨갱이 토벌에 나선 게 말하기가 좀 그랬던 모양"이라고 증언했다.

3남 정택은 부친이 경찰관을 지낸 사실조차 몰랐다. 천안 시절 그가 막내 여동생 경화에게 들려준 경찰관 시절 얘기 속에서 겨우 추측할 뿐이다. 대략 요약하자면, 음악 공부 때문에 모친과 갈등 끝에 큰집으로 '피신'을 했는데 그곳에서조차 정을 붙이지 못하자 그 괴팍한 성격에 경찰로 '도망'을 간 게 아닐까 싶다 (해방 직후 친일 경력자들이 가장 많았던 집단 가운데 하나가 바로 경찰이었다. 나중의 일이지만 '친일 연구가'로 일생을 바친 그가 한때나마 경찰에 자진해서 찾아가 근무했다는 사실은 아이러니가 아닐 수 없다).

물론 그의 육십 평생에서 3년간의 경찰관 경력은 그리 큰 비중을 차지하지는 않는다. 다만 거머리가 무서워 모심기조차 힘들어 했던 그가 해방 직후 격동기에 경찰관을 '징집'도 아닌 '자원'을 했다는 점은 그의 또 다른 면모 하나를 엿보게 한다. 그런 점에서 그의 경찰관 경력은 시사하는 바가 있다. 입문 동기는 정확하지 않으나 종국이 경화에게 들려준 경찰 시절의 일화는 적지 않다. 여름밤이면 그는 툇마루에서 경화를 앉혀 놓고 이런 저런 얘기 끝에 경찰 근무 시절 얘기를 자주 들려주곤 했다. 이 분야의 유일한 증언 같아 조금 길지만 옮겨 본다.

"오빠는 꿈에 인민군만 보면 현실에서도 꼭 인민군을 보았다고 했습니다. 그래서 정찰을 나갈 때면 간밤 꿈에 인민군을 보았는지 먼저 생각해보고 보았으면 비번으로 빠지고 안 보았으면 아주 용감하게 선두에 서서 정찰을 했다고 합니다.

어느 날 또 수색을 나간다고 하는데 몸도 안 좋고 꿈자리도 안 좋아서 지붕 위에 올라가 잠을 잤는데 한참 자다가 웅성거리는 소리가 나서 깨어보니 수색나간 동료들이 머리가 터지고 팔과 다리에 부상을 입은 채 돌아왔더랍니다. 산 밑도로를 따라 수색을 했는데 바로 위에서 빨치산들이 총을 겨눈 것을 미처 보지 못해 습격을 당하고 만 셈이죠.

또 어느 날 (지서)서장과 같이 마을 순찰을 나갔는데 서장이 왔다고 해서 마을 사람들이 닭 잡고 술을 내와 아주 잘 먹고 밤에 자는데 오빠는 (왠지 불안해서) 이집 저집 장소를 바꿔 잤다고 했습니다. 그런데 갑자기 꽝! 하는 폭발 소리가 나서 달려가 보니 서장이 자는 방에 빨치산이 수류탄을 던져 서장은 머리가 터져 골이 밖으로 나왔는데 그 양이 엄청나더라고 했습니다."

여기서 잠깐 한 가지 언급하고 넘어가자. 막내 여동생 경화가 이런 내용을 들은 건 그렇다고 치고 어떻게 이렇게 소상히 그 내용을 기억하느냐는 점이다. 그건 경화가 종국 오빠한테 들은 얘기를 그날그날 일기로 메모해 두었기 때문이다. 일전에 수원 집으로 찾아갔을 때 경화는 내게 그때 메모한 여러 권의 노트를 보여 주었다. 경화의 증언은 계속된다.

"또 이런 일도 있었죠. 인민군이 총공격을 해오자 너무 무섭고 떨려서 방공호에 들어가 하늘에다 총 한 방을 쏘고는 동료들과 같이 들고 뛰었다는 겁니다. 밤이 되어 산속은 칠흑같이 어두웠습니다.

어두운 산길에도 오빠 일행은 뿔뿔이 흩어진 동료들을 찾아 내려왔는데, 어느새 날이 밝아오더랍니다. 그때 저 앞

20대 초반 3년간 경찰로 근무했던 합천을 다시 찾은 종국(왼쪽).
당시 이곳은 합천댐 공사중이었으며, 뒤로 보이는 정자는 용문정(1984년 촬영).

에 사람이 오길래 동료인줄 알고 암구호를 댔는데 알고 보
니 인민군이어서 그 자리에서 붙잡히고 말았답니다.

산으로 끌려가 인민군 대장 앞에 무릎이 꿇렸는데 대장
이 순경 노릇 한 게 잘한 일이냐고 묻기에 잘못했다고 했더
니 밥을 주더라는 겁니다. 그래서 애들이 밥이나 먹이고 죽
이려나 싶어 죽기 전에 실컷 먹어두자며 배불리 먹었는데
죽이기는커녕 그냥 가라고 하더랍니다. 설마 하는 생각에
진짜로 안 죽이냐고 했더니 빨리 가라고 했답니다. 그때 오
빠는 고맙다는 인사를 하고는 걸음아 날 살려라! 하고 냅다
뒤도 안 돌아보고 달려왔죠.

그 길로 밤에는 길로, 낮에는 산속에서 잠을 자며 걸어서

고향 창녕까지 오는데 그때는 병도 안 났다고 했습니다. 목이 말라 논물을 마시려고 보니 군데군데 소똥이 둥둥 떠 있는데도 깨진 사발을 주워 그 물을 떠먹었는데 이질은커녕 배앓이도 없었답니다.

고향에 오니까 죽은 줄 알았던 조카가 살아서 돌아왔다며 (성산면 큰집에서) 닭을 고아 먹이고 쌀밥을 해줘 그걸 먹었는데 오히려 병이 나서 한 달을 아팠다고 했죠."

노골적으로 자신이 경찰관이었다고 밝히지는 않았지만 그가 젊은 시절을 회고한 글에서 당시를 언급한 대목이 나온다(그는 글 속에서 '피난'을 '패주'敗走라고 적었다). 그는 피난길에서 죽어 나 자빠진 젊은이들의 시체를 보면서 위정자들에게 분노를 느낀 나머지 "나라꼴을 이 지경으로 만든 사람들을 찾아내서 간이라도 씹기 전에는 죽어도 눈이 안 감길 것 같은 분노였다"고 격분해 했다. 아마 당시 군부의 부패상을 단적으로 보여준 '국민방위군 사건' 같은 권력층의 부패와 비리를 두고 한 얘기가 아닌가 싶다.

# 피난길에 싹튼 '고시 공부'의 꿈

 

 

 

나중에 그는 대학갈 때 정치학과를 지망했는데 이는 고시를 봐 판검사나 벼슬을 할 요량이었다. 그리고 그런 생각은 피난길에서 목격한 처참한 장면을 보고 자기가 위정자가 되어 세상을 바로잡아 보겠다는 야심에서 생겨난 소망이었다.

"판검사를 향한 나의 꿈은 원래 6·25 피난길에서 싹튼 것이었다. 전북 장수군에서 경남 함양군으로 넘어가는 경계에 육십령 고개가 있다. 남덕유산과 북덕유산을 가르는 곳으로 요즘 화제가 되고 있는 수기『남부군』에도 등장하는 험한 곳이다. 나는 그곳에서 인민군에게 잡혀 안의安義로 가는 수십 리 내리막길을 그들의 짐을 진 채, 행렬을 따라 걸어 내려가고 있었다.

밤길을 걸을 때는 몰랐는데, 동이 트면서 드러난 눈앞의 광경은 처참하였다. 7월의 푸른 벼 포기 사이로, 논물을 벌

짙게 물들이면서 내 나이 또래의 젊은이가 죽어 자빠져 있
었다. 난생 처음 보는 시체라 머리칼이 곤두서는 공포를 느
끼면서 발을 옮기는데, 열 발자국을 못가서 또 하나의 시체
와 맞닥뜨렸다. 간밤 육십령 고개에서 저항하던 아군의 군
경 부대원이었다. 지프차로 추격하면서 기총소사를 해댄 바
람에 신작로를 따라 패주하던 엄청난 숫자의 아군들이 무청
잘리듯이 죽어 자빠졌다고 했다.

열 걸음이 멀다하고 늘어선 시체를 보고 심장이 얼어붙
는 공포를 느끼던 것도 처음의 몇 구에서였다. 그 수가 여남
은에서 스물을 넘기자 공포는 어느새 이글거리는 분노로 바
뀌어 가고 있었다. 국방과 정치를 어떻게 다루었기에 전쟁
이 시작된 지 한 달도 못돼 이곳 경상도까지 밀린단 말인가?
점심을 평양, 저녁을 신의주에서 먹는다더니, 누가 무엇을
잘못했기에 죄 없는 청춘들만 저렇게 죽어 자빠져야 하는
것인가? 안의에 이르러 인민군 여덟을 무밭에 끌어 묻어준
후 나는 인민군의 손에서 빠져나올 수 있었다.

낙동강을 넘으면 고향인 창녕 땅. 가도 가도 황톳길, 숨
막히는 더위 속에서 나는 줄곧 분노로 가슴이 이글거리고
있었다. 나라꼴을 이 지경으로 만든 사람들을 찾아내서 간
이라도 씹기 전에는 죽어도 눈이 안 감길 것 같은 분노였다."

(「술과 바꾼 법률책」, 『한국인』, 1989년 1월호)

그의 태胎자리 창녕을 돌아본 나와 3남은 경남 합천으로 향했

다. 창녕에서 60킬로미터를 달려 오전 11시경 우리는 한때 그가 근무했던 합천경찰서 대병지서(현 대병파출소)에 도착했다. 행정구역상 경남 합천군 대병면 회양리에 위치한 대병파출소는 옛날과는 달리 합천댐 공사로 일대가 물에 잠기면서 댐 상류 지역의 새로 형성된 면소재지로 자리를 옮겼다. 파출소로 들어가는 도로 양쪽에

수몰 이전의 대병지서 청사

대병지서의 후신인 대병파출소 청사로, 1986년에 새로 지은 것이다.

는 면사무소, 농협, 보건지소, 우체국, 초중등학교 등 이른바 시골 면소재지에서 만날 수 있는 하급 단위 공공 기관들이 줄지어 늘어서 있었다. 그곳에 그의 흔적이 남아 있을까마는 천안 가는 길에 간판 사진이라도 하나 찍을 요량으로 우린 그곳으로 향했다. 아직 점심을 먹기에는 좀 이른 시간이었다. 먼저 볼일부터 보기로 하고 파출소 문을 열고 들어섰다. 사무실 안에는 소장을

포함, 세 사람이 근무중이었다(전체 직원은 9명). 우린 방문 목적을 설명하고 도움을 청했다. 파출소장 강경수(1961년생) 경위는 친절하게 우리 일행을 맞아주었다.

강 소장에 따르면, "대병지서는 합천댐 조성으로 수몰지구 속으로 사라졌고, 현 대병파출소 청사는 1986년 11월에 새로 지었다"라고 했다. 혹시라도 옛날 직원들 자료 같은 게 보존돼 있느냐고 물었더니 "파출소 관련 자료는 3년마다 상급 기관인 합천경찰서로 이관한다"고 했다. 이런저런 얘기를 나누던 중 강소장은 "대병지서는 한국전쟁 때 합천군 내에서 유일하게 인민군에게 점령당하지 않은 곳으로, 이 때문에 면사무소의 호적 자료 등도 온전하게 보존돼 있다"고 자랑했다. 지역 주민들도 이를 자랑스럽게 여긴다고 덧붙였다.

자리에서 일어설 무렵 강 소장은 입구 안쪽 벽에 걸린 옛 대병지서 청사 사진을 알려주었다. 사진 속의 건물은 시골 면 소재지에 있었음직한 그런 낡고 작은 지서 건물이었다. 강 소장은 "과거 일제 때부터 사용돼 온 대병지서 청사"라며 "선생님들이 찾는 그 분이 이곳에 근무했을 것"이라고 말했다. 우리는 옛 대병지서의 청사 사진 한 장에 만족해야 했다.

종국이 경찰 생활에 종지부를 찍은 이유는 동생 종철의 대학 진학이 계기가 됐다. 중공군의 개입으로 전세가 불리해지자 그의 가족들은 고향 창녕으로 피난을 가 생활했다. 그때 종철은 1952년 3월 보성고를 졸업하고 대학 진학을 준비중이었다(종철은 3월초에 대학 시험을 보았고 입학식은 4월 6일이다).

그의 모친은 둘째 아들 종철이 대학을 가게 되자 그러면 첫째 아들도 대학에 보내야겠다는 생각이 들었다. 그래서 남편에게 장남 종국을 경찰에서 데려오자고 설득했고, 부친은 곧 합천으로 가서 그를 데려왔다. 종철이 서울대 상대 경제학과에 진학한 게 1952년 4월이고, 종국이 경찰서에 의원면직한 날이 같은 해 4월 6일이니 시기적으로도 일치한다. 이로써 종국은 그의 인생에서 또 하나의 전환점을 맞게 됐다.

한편 당시 그의 일가족은 창녕 읍내 '산정집'으로 불리는 하곤양 씨 댁에서 피난살이를 했다(당시 하곤양 씨 댁 주소는 '창녕군 창녕면 신당동 65번지'일 가능성이 크다. 종국은 가족들이 피난 시절 대학에 입학했는데 그의 고려대 학적부에는 이 주소가 종국의 '주소지'로 나와 있다). 이 집은 큰 마당이 세 개, 마당의 연못에는 작은 섬과 정자가 있을 정도로 규모가 큰 집이었다. 훗날 경화가 커서 이 집엘 다시 가 보았더니 그 자리엔 군청, 유치원이 들어섰더라고 했다. 당시 이 집에는 그의 가족들 말고도 경산댁 가족 등 네 가구가 살았다.

경찰 생활을 정리하고 3년 만에 귀가한 종국오빠의 모습은 어린 여동생 경화의 눈에는 낯선 모습이었다. 그는 긴 머리에 검정바지, 회색 점퍼 차림이었다. 그리고 손에는 검은 가방을 하나 들고 집으로 들어섰다. 반가운 마음에 경화가 마당까지 쫓아나가자 그는 "들어가자!"며 경화의 손을 잡았다. 그가 들고 온 가방에는 송이버섯이 잔뜩 들었는데, 말하자면 탕아의 '귀가 선물'이었다고나 할까.

비록 피난살이였지만 창녕 시절 집안엔 모처럼 화기가 돌았다. 전쟁통이니 부친도 서울 일보러 간다고 할 일이 없어져 늘 집을 지켰고, 장남 종국의 귀가로 집안 분위기는 더욱 좋았다. 그 와중에 차남 종철은 서울대 전체 수석(당시 전체 2등은 남재희 전 의원)으로 입학해 집안에 경사가 겹쳤다.

그의 가족들은 모처럼 한데 모여 한솥밥을 지어먹으며 참으로 오랜만에 행복한 시간을 보냈다. 저녁이면 종국의 기타 반주에 맞춰 온 가족이 함께 노래를 불렀다. 더러는 친교하고 지내는 동네 유지의 집을 방문해 기타 반주와 노래를 선물하기도 했다. 순화는 "그 시기가 우리 가정으로선 가장 행복한 시기였다"고 회고했다.

모든 것이 부족한 피난지에서도 가장 바쁜 사람은 여전히 그의 모친이었다. 모친은 현지 부인회 총무로 일하면서 당시 제2국민병으로 소집돼 기아에 허덕이며 죽어가던 청년들을 구제하기 위해 군내 읍, 면, 동을 다니며 도움을 호소하기도 했다. 부친은 그 와중에 잠시 민선 창녕면장(혹자는 '창녕읍장'을 지냈다고 하는데 이는 사실과 다르다. 창녕읍은 1960년 1월 1일부로 창녕면에서 승격했다. 초대 창녕읍장은 하성도이며, 그의 재직 기간은 1959년 4월 24일~1960년 12월 1일이다)을 맡게 되었다.

그런데 재임 중 판공비 집행 등을 제대로 영수증 처리해두지 않은 탓에 면장직을 사임하게 되었다. 그러나 모친의 끈질긴 진상 규명 노력 덕택에 부친은 혐의를 벗고 명예도 회복하였다.

'한많은 피난살이'는 3년간의 전쟁이 끝나서야 막을 내렸다. 남북 간에 휴전협정(1953. 7. 27)이 맺어진 1953년 가을 그의 가

족들은 다시 서울로 올라
왔다. 3년 만에 찾아온 집
은 옛집이 아니었다. 집터
는 흔적도 없이 사라지고
없었다. 피난가면서 묻어
놓고 갔던 세간도 군대 주
둔으로 다 파헤쳐져 사라
지고 없었다. 농장 대부분
을 군대가 주둔해버려 졸
지에 생활의 터전을 잃게
됐다. 식구들은 그야말로
입에 풀칠조차 하기 어려
운 지경이었다.

그런 와중에도 집안에
식객이 하나 있었다. 종국
의 친구인 서양화가 하인

고향 친구 하인두와 종국의 부음을 보도한 신문
기사(『일간스포츠』 1989. 11. 13).

두였다. 그는 종국과 같은 날(1989년 11월 12일) 타계했다. 두 사
람은 고향 친구였고, 하인두가 종국보다 한 살 아래였다.

이 집안 식구들 가운데 가장 먼저 상경한 사람은 종철이었
다. 당시는 도강증渡江證이 있어야 서울에 갈 수 있었는데 임시
수도인 부산에 있던 국립대학인 서울대생들에게 도강증이 우
선적으로 발급되었기 때문이다.

# 피난 시절 대구서 고려대 정치학과 입학

1953년 8월경 서울에 도착한 종철은 우선 도봉리 집을 둘러보고는 창녕으로 내려가서 가족들과 같이 상경하였다. 이들이 상경해서 머문 곳은 도봉리 집이 아니라 성북동 58-19번지였다. 그곳 문간방 한 칸을 빌려서 식구들이 일시 체류했었다. 종국은 대구에서 올라와 고아원(부친의 지인이 경영하는 곳인 듯)에서 사무보조원 형식으로 기식寄食하면서 지냈다(종철도 부산서 대학 다닐 때 부친 지인의 소개로 초량草梁 소재 제3부두 노동자합숙소에서 합숙소 일을 봐주며 기식하면서 1년 반을 지내기도 했다).

살림살이가 어려우면 집안에 분란도 더 많이 생기기는 법이다. 이 시기가 그의 집에선 고비였다. 이 무렵 3남 종한이 서울대 철학과에 진학했고, 신화와 순화도 각각 명성여중과 혜화국민학교에 편입했다. 집안엔 씀씀이가 늘어나기 시작했다. 그러나 가장인 부친은 이때도 여전히 무능력자였다. 집과 서울을 오가며 천도교 일에 열심이었다.

차남 종철의 대학 수업 때문에 막내딸 경화를 데리고 임시로 창녕에 남아 있던 모친은 서울행을 망설였다. 내심 '나 없이 한번 지내보라'는 속셈이었다. 남편에 대한 일종의 버티기였다. 경화는 "그때 어머니는 아버지와 사니 안 사니 하는 얘기가 오갔다"고 말했다(종철에 따르면, 두 사람 사이에 사니 안 사니 하는 얘기는 '연례 행사'였다고 함. 모친은 더러 도봉리 집을 비운 채 며칠씩 서울 교인 집에 가서 머물기도 했다). 결국 모친은 서울 가족들 때문에 서울로 올라갔지만 막내 경화는 한동안 더 떼놓아야 했다.

모친은 창녕 부인회장 집에 쌀 한 주전자를 건네면서 당분간 경화를 맡겼다. "다섯 밤 자고 데리러 오마" 하고 서울로 떠난 모친은 석 달이 지나서야 데리러 왔다. 그동안 경화는 친척집을 전전하거나 동가식서가숙하면서 반 거렁뱅이로 지냈다. 서울로 데려 왔을 때 경화는 거지 중에서도 상거지 몰골이었다. 하도 몸에 때가 많아서 모친은 비누 대신 휘발유로 경화 몸의 때를 벗겨냈다.

전쟁이 미처 끝나기 전인 1952년 4월 차남 종철은 피난지에서 서울대 상대에 진학했다. 당시 서울대는 부산 서대신동에 임시 교사校舍를 마련했다. 연세대와 이화여대도 그때 부산에 임시 교사를 두었다. 반면 고려대는 대구에 두었다. 그의 모친은 대구 지역 거물 인사인 서상일(1887~1962)에게 부탁해 장남을 고려대에 입학시키려고 노력했다(이런 연유였는지 종국의 고려대 학적부에는 '제1 보증인' 란에 서상일로 돼 있다. 당시 서상일의 주소는 대구시 대신동 5-4). 

서상일은 고려대가 대구에 임시 교사를 마련하는 데 큰 기여를 한 인물이다. 그러나 장남 종국의 고려대 입학이 그리 쉽지가 않았다. 우선 종국에겐 제대로 된 졸업장 하나가 없었기 때문이다. 그러나 종국은 대구로 가서 시험을 치고는 일단 합격했다. 부족한 서류는 나중에 보충하기로 하고 학교부터 다녔다. 당시에는 피난 시절이어서 그런 게 더러 통했던 모양이다. 애초에 모친은 종국을 동생 종철과 같은 서울대에 넣을 욕심이었다. 그러나 서류 미비 등으로 인해 할 수 없이 고려대에 넣었다.

종국의 후배로 그 무렵 대구에 피난중이던 박노준(당시 중3)에 따르면, 당시 고려대 입학은 경쟁률이 아주 높았다고 한다. 왜냐하면 서울 등지에서 내려온 피난민과 경상도민 가운데 응시자가 합쳐졌기 때문이라고. 그래서 종국이 고려대 입학이 그리 수월하지는 않았다.

국군이 인민군에 밀려 남으로 쫓겨 가자 서울의 주요 공·사립 기관들도 전부 국군을 따라서 남하하였다. 그 무렵 대학들도 옮겨 다니며 겨우 명맥을 유지했다. 초창기엔 각 대학별 자체 교사校舍가 없어서 피난지 부산에서 이른바 '전시연합대학'을 운영했다. 말하자면 각 대학의 학생들이 뒤섞여서 수업을 했다는 얘기다. 학생들은 이곳에서 받은 학점을 가지고 나중에 자기 대학으로 가서 인정을 받았다. 대학들은 1952년부터 각자의 임시 교사를 마련했다.

고려대 홈페이지에 기재된 '약사'略史에 따르면, 고려대는 1951년 9월 대구 원대동에 임시 교사를 마련, 개강했다. 당시 전체 학생수는 400여 명(이선숙 증언). 임시 교사 건물은 처음엔 달성국민학교 옆 공장 건물을 쓰다가 대구방송국이 부산으로 피난가면서 그 건물을 사용하게 되었다.

고려대 재학 시절 모습(1960년대 중반).

그러다가 1953년 8월 휴전 협정 체결로 전쟁이 멎자 서울로 올라왔다. 그러나 당장은 본교로 들어갈 형편이 되지 못했다. 당시 본교는 미 공군이 점령해 사용했기 때문이다. 그래서 당분간 고려대와 같은 재단 학교인 중앙중고등학교 강당을 빌려 학년별로 칸막이를 한 다음 일단 개강을 했다. 이들은 이곳에서 1년 정도 신세를 지다가 이듬해 2월경 본교로 들어갔다.

대구에서 유학할 당시 그는 처음엔 친척집에서 지냈다. 그러나 친척집이 학교에서 너무 멀어 고대 법대생 윤광모(1927년생, 도서출판 일신사 대표)와 같이 자취를 시작했다. 그 또래 모두 힘들었던 피난지 대학 생활이었지만 그 역시 예외는 아니었다. 자취 동기생 윤광모는 황해도 송하 출신으로, 중동고 출신이다. 그는 지금은 서울 신문로에 4층짜리 빌딩과 적지 않은 재산도 모아 남부럽지 않은 생활을 하고 있다. 그러나 그는 청년기를 불우하게 보낸 대표적 인물 가운데 한 사람이다. 그 시절 고학생들의 한 단면을 들여다본다는 의미에서 그의 고학苦學 시절을 여기 언급해 둔다.

# 움막집서 자취 생활하며 고시 공부

윤광모는 종국보다 3년 먼저인 1949년에 고려대 법과대학
에 입학했다. 졸업은 7년 만인 1956년에 했다. 1949년 중동고
를 졸업한 그는 그해 고려대에 합격했으나 돈이 없어서 등록을
하지 못했다. 그래서 그는 1년 반 동안 강원도 영월 탄광에서 경
리일을 보면서 학비를 벌었다. 외진 곳에 살다보니 미처 한국전
쟁이 터진 것을 모른 채 복학하려고 서울로 왔다가 인민군이 남
하할 때 따라서 간 곳이 부산까지 가게 됐다. 그곳에서 군에 입
대한 그는 2년 반 군복무(부산 제5육군병원에 복무하다가 육군 중사로
제대) 뒤 대구에서 복학하였고, 자취 동기생 종국을 만나게 됐다.

두 사람 가운데 종국은 비타협적이고 고집불통인 반면, 윤
광모는 양보와 타협에 능한 편이었다. 얼핏 서로 맞지 않아 보
이지만 용케도 두 사람은 뜻이 맞았다. 두 사람의 자취집은 학
교와는 상당히 거리가 먼 동촌(현 대구시 동구 동촌동)이었다. 자취
집 인근에는 윤광모의 친척집이 하나 있었다. 당시 자취 생활상

을 윤광모의 입을 통해 들어보자.

"친척집 인근 논 한 가운데 가마니로 움막 비슷하게 만들어 그 속에서 생활했습니다. 먼저 사방에 기둥을 세우고 주민들이 참새 쫓으려고 허수아비용으로 사용하던 가마니를 걷어와 사방에 둘러 바람을 막았죠. 그리고는 위에는 양철판을 주워다 지붕을 삼고 그 위에 다시 가마니를 얹어 보온을 유지했습니다. 바닥엔 역시 가마니를 깔고 잤죠. 자다가 습기가 차오르면 한 장 더 깔고 더 차오르면 한 장 더 깔고 잤습니다. 전깃불은 외등外燈을 따다가 연결해서 사용했습니다. 물론 불법이죠. 그렇게 시작된 자취 생활은 이듬해 봄 해동할 때까지 거의 1년간이나 지속됐습니다. 이 무렵 종국의 고향 창녕서 쌀이 올라와 양식은 그것으로 해결했습니다"

윤광모는 단신으로 월남해 그야말로 적수공권赤手空拳이었다. 그러나 그는 청년 시절부터 돈 만드는 재주가 비범한 사람이었다. 뒤에 다시 얘기하겠지만 그는 대학 재학 시절 이미 책장사로 '준재벌' 소리를 들었던 사람이다. 대구 자취 시절 그의 기발한 아르바이트 일화 하나를 소개한다.

돈이 궁하던 시절 그는 돈벌이로 화공약품 밀거래를 생각해 냈다. 하루는 대구 시내로 나가서 화공약품 수요를 조사하고 다녔다. 당시 화공약품은 주로 영국에서 수입해서 썼는데 물량도 부족하고 값도 비쌌다. 화장품 업계에서는 그리세린, 파라핀,

스테린산 등을, 또 광산 업계에서는 쇠 녹이는 데 청산가리를
사용한다는 사실을 알아냈다.

그는 토요일 날을 잡아 부산으로 내려갔다. 부산은 2년여 군
대 생활을 한 곳이어서 낯이 익었다. 그는 무역회사를 수소문해
부두의 하역장을 알아냈다. 그는 하역장에서 화공약품을 싸게
살 요량이었다. 그는 노력 끝에 청산가리 한 드럼을 6만 원에
구입했다. 이 물건이라면 당시 화공약품 상점에서는 8만 원에
거래됐는데 '야매', 즉 뒷거래 가격은 그 세 배인 18만 원이었다.

그런데 문제가 하나 생겼다. 곡절 끝에 청산가리 한 드럼을
구입했는데 대구로 가져올 방법이 없었다. 대구로 옮겨오기 위
해 이를 싣고 부산역으로 갔더니 '위험물'이라며 탑재를 거부하
고 나선 것. 그는 다시 청산가리를 구루마에 싣고 초량역으로
내달렸다. 아무래도 좀 작은 역에서는 뭔가 변통할 방법이 있을
성싶었다. 초량역에 도착하자 철도연맹 사무실로 찾아갔다. 연
맹 위원장을 만나 "고학생이다. 저걸로 살아야 하는데 꼭 좀 실
어주시오" 하고 부탁을 했더니 그는 '꼬붕'으로 보이는 청년들에
게 싣는 방법이 없냐고 물었다. 그러자 한 청년이 "기차 대가리
에 실으면 되겠다"고 해서 그리 하기로 결정을 했다.

'기차 대가리'란 객실이 아닌, 기관실 내 석탄을 때는 곳을 말
한다. 그땐 증기기관차가 운행하던 시절이었다. 그런데 그곳도
문제가 없진 않았다. 석탄을 때니 드럼이 가열돼 곧 터질 지경
이 됐다. 그는 대구까지 오는 동안 온몸으로 열기를 막으면서
청산가리 드럼을 지켜냈다. 대구 와서는 이를 예상대로 18만

원을 받고 처분했다. 당시 은행원 한 달 월급이 3만 원 하던 시절이니 '한 건' 치고는 거액이 아닐 수 없었다.

대구 자취방 시절 친구 윤광모 씨

평소 종국에게 신세를 졌던 그는 "오늘 떼돈 벌었으니 불고기 먹으러 가자"고 해서 두 사람은 모처럼 영양보충을 했다. 그는 두어 달 지나면 다시 이런 일을 해서 목돈을 손에 넣곤 했다. 종국은 그를 두고 "윤형은 도깨비야, 어찌 하루 만에 그리 많은 돈을 벌지"라며 감탄해 하곤 했다.

이 무렵 그들은 움막집에서 청운의 꿈을 키우며 고시 공부를 했다. 종국은 정치학과, 윤광모는 법학과에 다녔다. 어쩌면 그들의 고시 공부가 자연스러웠을지도 모른다. 해방 후 격동기를 겪은데다 당시만 해도 대학을 나와 변변한 직장을 잡기가 어려워 법과 계통 대학생들은 기본적으로 안정된 직장이 보장되는 고시 공부를 했다. 종국이 다닌 정치학과도 법과 계통과 사정은 비슷했다. 다만 종국이 고시 공부를 시작한 한 동기는 앞서 언급한 대로 좀 다르다. 즉 안정된 직장을 구하기보다는 하나의 사건이 계기가 되었다.

순경 시절 인민군에게 붙잡혔다가 극적으로 풀려나 육십령 고개를 넘어 고향으로 향하던 중 길거리에서 본 젊은 죽음들의 원한을 풀어주기 위해 그는 고시 공부를 택했다. 그가 직접 쓴 글의 표현을 빌리면, "고시에 합격하면 파사현정破邪顯正의 칼을 휘둘러 나라를 좀먹는 버러지들을 무청 자르듯이 해야겠다고 굳게 마음먹었던 것이다." 물론 그의 부모들도 종국이 고시 공부를 해 관직으로 나가길 원했지만 이는 작은 변수에 불과했다. 그 자신의 생각이 결정적이었다고 할 수 있다.

오후 5시 학교가 파하면 두 사람은 곧바로 움막집으로 돌아 왔다. 식사 전에 1시간 공부를 하고 7시에 저녁 식사를 한 후 8시부터 다시 공부를 시작했다. 밤 11시쯤 공부를 마치고 두 사람은 이내 잠자리에 들어 아침 6시가 되면 기상해서 등교 준비를 서둘렀다. 두 사람은 고시 공부를 하면서도 주먹구구식이 아닌 계획표를 짜서 주도면밀하게 공부해 나갔다. 공부 방법을 두고도 두 사람은 논의를 했다. 『형법』부터 할까, 『민법』부터 할까. 또 정독으로 할까, 다독으로 할까. 각자 며칠 자기 나름대로 공부를 해본 다음 정독이 낫다는 결론을 내리고 그 다음부터는 정독을 취했다. 당시를 두고 종국은 이렇게 적었다.

"시골에 처박혀서 여섯 달 정도 비지땀을 흘렸더니 『민법』, 『형법』 책 일곱 권이 달달 외어지더군. 판사든 검사든 이미 반 이상은 맡아 놓았다고 기고만장해서…"(「술과 바꾼 법률책」 중에서)

그 좋은 머리에 이리 노력을 하니 책을 통 채로 외웠다는 말도 빈말이 아닌 듯싶다. 종국은 자신 스스로도 "『민법총칙』

500쪽을 한 달 이내에 외어버린 천재(?)"라고 하기도 했다. 이 무렵 윤광모는 위장병을 얻었다. 규칙적으로 식사를 하지 못한 데다 공부에 열중하느라 몸도 많이 쇠약해 있었던 탓이다. 건강이 나빠진 건 종국도 마찬가지였다. 종국이 나중에 위토혈을 하고 또 지병인 폐기종을 얻은 것도 이때 몸이 많이 상한 탓이다. 건강 문제는 나중에 그의 앞길을 막아서는 불행의 씨앗이 되고 만다.

휴전이 돼 학교가 서울로 올라오면서 이들도 따라 서울로 올라왔다. 그 즈음 종국의 집안은 상황이 말이 아니었다. 전쟁 통에 도봉리 집이 폐허가 돼버려 가족들은 임시로 성북동에서 살다가 군인들이 임시로 지어준 판잣집으로 옮겨 겨우 비를 피했다. 부친은 천도교 수운학원에서 학장을 맡아 강의를 하면서 서울살이를 하고 있었고 종철, 종한은 가정교사로 들어가 숙식을 해결하면서 서울서 공부를 했다.

그 많던 토지는 해방 후 토지개혁으로 대다수가 분배되었고, 그나마 남은 토지는 육군후송병원이 징발해서 차지해 버렸다. 이들은 겨우 2000평 정도를 군 당국으로부터 받아 농사를 지으며 지냈다. 이런 상황에서 종국이 집이라고 비집고 들어와 손을 벌릴 형편이 되지 못했다. 종국도 서울 주변을 이리저리 떠돌며 그 세월을 버텼다. 그가 남긴 글을 보자.

"수복 직후 서울은 폐허였고, 나에겐 먹고 잘 자리가 없었다. 팔자 좋은 친구들은 인삼, 녹용을 달여 먹으면서 고시 공부를 준비한다는데 나는 밥 세 끼를 거르지 않으면 다행이었다. 더구나 한 달에 책 한 권을 완전히 외다시피 하는 강행군을 계속하니 체중이 현저하게 줄어들었다.

빈 강의실에 앉아서 『형사소송법』의 조문을 외자니까 밥 걱정 잠자리 걱정에 마음은 콩밭의 비둘기였다. 그동안의 강행군에서 오는 피로와 영양 부족, 그리고 '판결'이니 '결정'이니 '명령'이니 하는 그게 그저 같은 법률 용어에 지치면서, 나는 점점 탈진 상태가 되었다" (『술과 바꾼 법률책』 중에서)

원래 종국은 건강한 체질이었다. 소학교 시절 운동도 잘했고 또래들에 비해 덩치도 좋았다. 막내 여동생 경화는 "큰오빠가 젊어서는 순경노릇 하느라 돌아다니고, 또 고시 공부 한다고 제 때 챙겨먹지 못하고 이래저래 막 살아서 건강이 나빠졌다"고 했다. 몸이 약해지다 보니 한번 감기가 걸리면 잘 낫지 않고 그게 시간이 지나면서 결국 그를 죽음으로 내몬 폐기종으로 발전하고 말았다. 위장이 약해지면 더위를 잘 이기지 못하는 법인데 그가 그랬다. 그래서 경화는 큰오빠에게 더러 닭죽을 끓여 주곤 했다.

종국의 이야기를 좀더 들어보자.

"이때 구세주가 나타났다. 환도 직후 서울은 너나 할 것 없이 곁방살이 신세였는데 절에 방 하나를 얻어 차린 고아원에서 고아 아닌 고아로 숙식을 해결하게 되었다. 하지만 그곳에서 나는 『형사소송법』 한 권도 채 외지 못했다. 부모 있는 아이가 고아원으로 들어오면 진짜 고아들은 어디로 가란 말이냐고, 불평이 일기 시작했다. 고아원에서 쫓겨나고, 등록금이 없어서 학교마저 휴학했으니 넓고 넓은 천지에 나는 갈 곳이 없었다. 판검사의 꿈은 건너갔고, 에라 빌어먹을 등용문登龍門이나 용궁龍宮이나 용龍자가 들어가기는 마찬가지이니 일찌감치 용궁으로나 가버려?…."

'고아원 생활'은 앞서 언급한 대로 그의 부친의 지인이 경영하던 고아원에서 사무보조원 형태로 고아원 일을 도와주고 기식을 했던 내용이다. 그러나 붙임성이 부족하고 평소 남에게 신세지기를 싫어했던 그로선 그런 생활이 몹시 힘들었을 터다. 그는 당시 자살까지 생각했던 모양이다. 판검사가 되려던 그의 꿈도 결국 이때 날아가 버리고 말았다. "밥과 잠자리 걱정이 그 꿈을 물거품으로 만든 것"이라는 그의 표현은 조금도 과장이 아니다.

만약 그때 그가 순조롭게 고시 공부를 해서 그래서 고시에 합격했다면 이후 그의 행보는 어땠을까? "파사현정의 칼을 휘둘러 나라를 좀먹는 버러지들을 무청 자르듯이"는 했을지도 모른다. 그러나 이상李箱 연구나 친일파 연구에 평생을 바친 그런 삶을 산 '임종국'은 나오지 않았다. 어쩌면 구절양장九折羊腸같이 복잡하고 험난했던 그의 인생 행보는 '민족사학자' 한 사람을 탄생시키기 위한 시험이었는지도 모른다고 한다면 지나친 억측일까?

그가 서울로 올라올 무렵 '자취 동기생' 윤광모도 학교를 따라 서울로 올라왔다. 생활이 어려웠던 중국과 달리 윤광모에게는 뜻밖의 '행운' 하나가 기다렸다. 윤광모는 부산 제5육군병원(당시 부산시청 옆에 소재함)에 하사관으로 근무하면서 '의병제대' 업무를 보았었다. 즉 입원한 병사들 가운데 병이 중해 제대시킬 사람을 선별해 제대를 시키는 업무였다.

그는 군복무 시절 어느 사병(하사)이 '의병제대'를 좀 시켜달라는 부탁을 받고 이를 처리해 주었다(어찌 보면 소위 '병역 비리'에 해당되는데 윤광모는 내게 이런 얘길 스스럼없이 들려줬다. 그런 걸 보면 '비리'까지는 아니고 '도움'을 준 정도로 보인다). 그런데 서울서 우연히 그 사병과 재회했다. 자기 집으로 놀러가자고 해서 따라가 보니 그 집안은 딸 여섯에 그가 '9대 독자'였더라는 사실. 그러니 그 집안에선 9대 독자 살려줬다고 은인 대접을 했다. 당장 오갈 곳이 없는 그에게 그 집에서 방 한 칸, 양복 한 벌, 학비에 담뱃값까지 대줬으니 윤광모로서야 졸지에 하늘에서 복이 떨어진 셈이다. 윤광모는 그럭저럭 그 집에서 1년 반이나 머물다가 나왔는데 나올 때는 석 달 치 생활비까지 얻어서 나왔다.

# 자취방 친구 윤광모의 신출귀몰한 '상술'

그 집을 나오고 보니 윤광모는 또 오갈 데가 없어 친구집에서 자취 생활을 시작했다. 그 당시는 본교에서 열심히 수업을 할 때였다. 어느 날 『국제법』 책을 사러 종로 서점엘 들렀다. 을유문화사, 영창서림 두 곳을 들렀는데 두 곳 모두 '정가' 운운하며 단 일 전도 깎아주지 않았다. 당시 『국제법』 책값은 500원. 판권을 보니 출판사는 '장왕사'였다.

그 길로 그는 출판사를 찾아갔다. 그리고는 꾀를 냈다. 사장을 만나 "서점을 하나 낼려고 하는데 책을 도매값으로 좀 사야겠다"며 운을 떼자 사장은 그가 진짜 서점을 할 사람인 줄 알고 "도매 가격은 50퍼센트에 나간다"고 알려줬다. 그래서 그는 "온 김에 『국제법』 책 한 권이 필요하다"며 50퍼센트 할인한 가격, 250원을 주고 『국제법』 책을 손에 넣었다. 그야말로 비상한 머리가 아닐 수 없다. 미안하지만 종국에겐 이런 머리가 없었다.

윤광모는 이날의 경험이 사업 아이디어로 이어졌다. 그는 책방을 해야겠다고 마음먹었다. 그리고는 목공소를 찾아가 서가 두 개를 만들어 달라고 해서 고려대 앞에서 본격적으로 책장사를 시작했다. 조건은 "정가의 20퍼센트 할인." 가게(?) 문을 연 첫날 그는 6만 원어치를 20분 만에 다 팔아치웠다. 그도 그럴 것이 정가에서 20퍼센트 할인을 해주니 당시 주머니 사정이 어려웠던 대학생들에겐 인기가 있는 건 당연했다.

그는 불과 1년 만에 적잖은 돈을 벌어 고대 정문 앞에 80평 규모의 '석탑서점'을 정식으로 개업했다. "당시로는 전국 최대 규모였다"고 윤광모는 자랑했다. 그리고는 사업 영역도 확장했다. 동대문시장에 책 도매상도 내고, 동대문 권역의 중고등학교에 납품도 맡게 됐다.

어느 날 유진오 총장이 그의 서점엘 들러 차 한 잔을 얻어 마셨다. 유 총장은 그에게 "20년간 고대에 근무한 교수들도 아직 조그만 집에 사는데 윤군 자네는 장사한 지 1년 만에 이렇게 큰 집을 차렸구먼, 잘했네!" 하며 치하를 했다고 한다.

졸업할 무렵 그는 꽤 큰돈을 모은 상태였다. 당시 동아건설, 극동건설 등이 매물로 나와 건축업을 시작해 볼까 생각하기도 했다. 그러나 그는 '그래도 명색이 학사 출신인데' 하는 자존심에서 출판업으로 마음을 굳혔다. 1956년 '도서출판 일신사'라는 출판사를 설립한 이래 그는 아직도 현역으로 활동중이다.

종국의 동생 종철도 이 출판사에서 몇 권의 책을 내기도 했다. 윤 사장을 만나 형의 대학 시절 얘기를 들어보라고 내게 추천한 사람도 바로 종철이었다.

# 대학 중퇴와 좌절된 판검사의 꿈

한편 고려대 학적부를 보면, 종국은 1952, 53, 54년은 등록을 했으나 이후 한참 쉬다가 1968년 후반 학기, 1969년 전반 학기를 등록한 것으로 돼 있다. 모두 합쳐 8학기, 햇수로는 4년분이 되는 셈이다. 그는 1952년에 입학해 17년 만인 1969년 가을에 졸업했다. 1954년 이후로 그가 대학에 등록을 하지 못한 것은 순전히 경제적 이유 때문이었다. 54년 당시 그는 3학년이었는데 집에서는 등록금을 댈 여건이 되지 못했다.

차남 종철과 3남 종한은 각자 가정교사를 하면서 자기 앞가림을 했다. 일평생을 통해 그는 돈 버는 일에는 시원찮았다. 물론 돈을 버는 일에 종사하지도 않았지만. 그러나 젊어서부터도 유독 그런 일에는 나서는 법도 없었고, 또 자질도 없었다. 그래서 모친은 집안의 기둥격인 장남이 든든하기보다는 늘 걱정이었다. 종철의 말에 따르면, 모친은 종국이 '입신양명해서 후취댁(모친은 두 번째 부인임)의 설움을 설욕해 줄 인물'로 보고 정성을 쏟았다고 한다.

입학 이후 장남의 등록금을 대오던 모친은 그해(1954년) 도저히 그럴 상황이 못되자 염치 불구하고 둘째 아들을 찾아갔다. 둘째 종철은 그때 천병규 씨(전 재무장관) 집에서 가정교사를 했다. 모친은 형의 등록금이 모자란다며 종철에게 좀 보태줄 것을 부탁했다. 가정교사를 하는 종철이라고 특별히 모아둔 돈이 있을 리 만무했다. 할 수 없이 종철은 자신이 보던 책을 팔기로 했다. 종철은 헨리 모건의 『원시사회』 원서 등 두 보따리 분량의 책을 원남동 원남서점으로 가지고 가서 팔아 그 돈으로 부족분을 보탰다.

종철은 그때나 그 이후에나 형에게 착한 동생이었다. 그러나 동생의 이런 호의가 형에게는 마음의 짐이 됐던 모양이다. 동생이 책을 팔아 자신의 등록금을 보탰다는 사실을 안 이후 그는 대학 등록을 포기했다. 즉 학교를 휴학하고 말았다. 종국은 남에게 신세를 지거나 피해를 줬다고 생각할 때는 이를 못견뎌 하는 성격이었다. 그런 성격이 더러 자신이나 주변을 힘들게 하기도 했다(종국·종철 형제는 '서로 죽고 못사는 사이'는 아니었지만 그래도 사이는 좋았다. 종철은 "내가 밖에서 코피가 터져 들어와도 형은 돌봐준 적 없다. 그건 나도 비슷했다. 보통학교 때 형이 친구들하고 싸우는 거 보고도 난 구경만 했다. 그러나 살면서 형과 얼굴 붉힌 적은 한번도 없었다"고 말했다).

그럼 이제 공식 기록을 통해 그의 대학 생활을 추적해 보기로 하자. 3남 정택의 도움으로 고려대 학적부를 입수할 수 있어 다행이었다. 먼저 표지의 기본 사항부터 살펴보자.

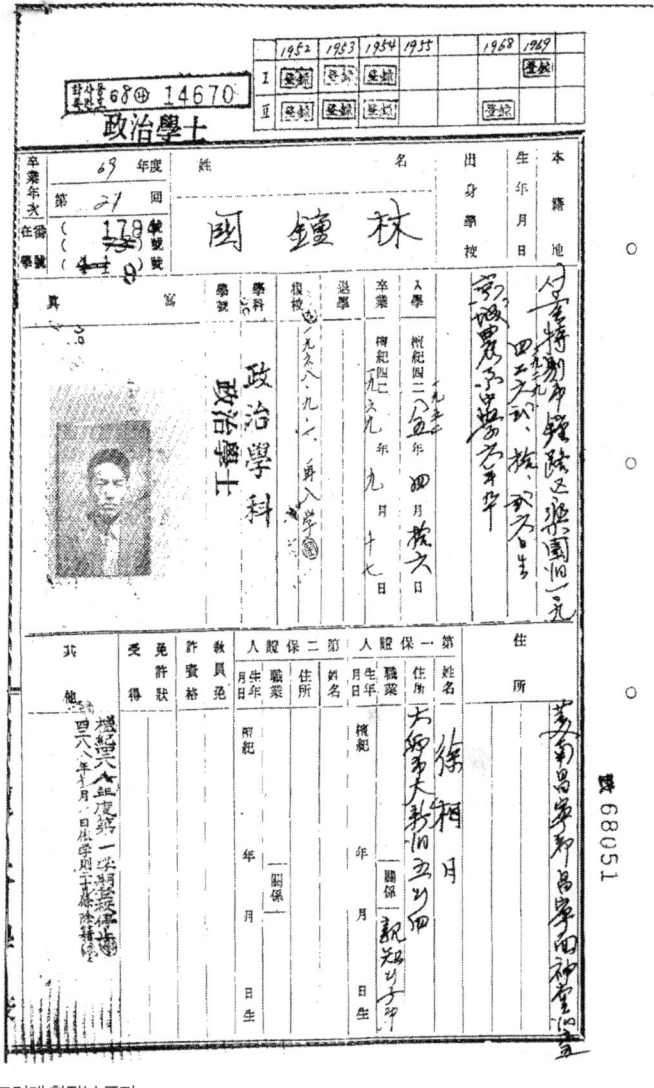

고려대 학적부 표지

- 성명: 林鍾國

- 본적지: 서울특별시 종로구 낙원동 109

- 주소: 경남 창녕군 창녕면 신당동 65

- 생년월일: 4262. 10. 26

- 출신 학교: 경성농업중학 6년 졸

- 입학: 단기 4285년 4월 16일

- 졸업: 1969년 9월 17일

- 복교: 1968. 9. 1 재입학

- 학과: 정치학과

- 학호: 정치학사

- 사진: (있음)

- 졸업 연차: 69년도(제21회)

- 제1 보증인: 서상일(대구시 대신동 5-4, 관계 : 친지의 자)

- 제2 보증인: (없음)

- 비고: 단기 4288년(1955년)도 제1학기 등교 정지

　　　 4288년 11월 1일 의依학칙 29조 제적


　몇 가지 짚고 넘어가자. 우선 본적지는 부친의 전처(이홍순)의 친정집 주소다. 그가 실제 이곳에서 산 적은 없다. '주소'의 번지는 앞에서 언급한 대로 피난 시절 창녕에서 가족들이 머물던 '하곤양 씨 댁'으로 추정된다. '출신 학교'에서 경성농업중학 '6년 졸'은 사실과 다르다. 그는 이 학교의 '초급중학 3학년 수료'일 뿐이다. 이는 졸업장이 없는 아들을 위해 모친이 거짓 신고

를 한 듯싶다. '졸업'은 입학 후 17년 만인 1969년 9월이 맞고, 그 전 해 후학기 때 등록해서 '복교'한 사실도 맞다. '제1 보증인'은 모친이 그의 입학을 부탁했던 서상일이며, 그와의 '관계'란에 '친지의 자'라고 쓴 부분이 눈에 띈다. 서상일은 그의 부친(임문호)의 친구였다.

또 1955년부터 경제 사정으로 등록을 못해 이듬해 신학기부터 '등교 정지'를 받았고, 그해 후학기 때는 결국 학칙 29조에 따라 제적되었다(고려대 홈페이지를 뒤졌으나 1955년 당시의 학칙을 찾을 수는 없었다. 대신 현행 학칙을 살펴보니 학칙 시행세칙(II) 제8조에 '제적' 조항이 보인다. 내용은 1항 성적 불량 또는 신체 허약으로 학업에 가망이 없다고 인정된 자, 2항 1개월 이상을 무단으로 결석한 자, 3항 소정 기간 내에 등록을 하니 아니한 자, 4항 타교에 입학한 자 등이다. 그는 3항에 해당되는 것 같았다).

이번엔 '학적부' 뒷장을 살펴보자. 소학교 학적부와는 달리 여기엔 학기별, 과목별 성적만 나왔을 뿐 각종 메모 사항은 하나도 없다. 성적 말고 그의 대학 시절 다양한 면모를 살피기에는 불가능이다. 유감스럽게도 뒷장 '비고'란에 뭔가를 쓴 듯한 흔적이 보이지만 해독이 불가능했다. 그렇다면 그가 무슨 과목에서 대체 몇 점을 받았는지 정도라도 살펴보자.

일생을 역사를 파다가 마쳤는데 과연 그는 국사 관련 과목은 잘했을까? 또 본인 스스로도 "『민법총칙』 500쪽을 한 달 이내에 외어버린 천재(?)"라고 했는데 『민법총칙』은 과연 몇 점이나 받았을까? 전 학년, 전 과목의 성적을 알아보기로 한다(초중고와 달리 대학은 어떤 과목은 선택해서 나중에 듣기도 한다. 중국의 경우도 그러했다. 여기서는 편의상 학적부 제일 윗단을 1학년, 그 아래를 2학년, 이런 식으로 정리해 보기로 한다).

&lt;1학년&gt;
- 국어: 1학기 86점(2학점), 2학기 70점(2학점)
- 논리학: 1학기 70점(4학점)
- 심리학: 1학기 65점(4학점)
- 철학개론: 1학기 90점(4학점)
- 문화사개론: 1학기 85점(2학점), 2학기 85점(2학점)
- 법학개론: 2학기 80점(4학점)
- 자연과학개론: 1학기 75점(2학점), 2학기 65점(2학점)
- 영어: 1학기 85점(2학점), 2학기 85점(2학점)
- 영어: 1학기 80점(2학점), 2학기 100점(2학점)
- 영어: 1학기 70점(2학점), 2학기 95점(2학점)
- 제2외국어(독일어): 1학기 70점(4학점), 2학기 62점(4학점)
- 체육: (없음)
- 국사학개설: 1학기 65점(4학점)

이상 1학년 교양학부 시절의 성적이다. 총 13개 과목으로, '개론'과 영어 과목이 주류다. 1, 2학기에 걸쳐서 들은 과목도 있고 또 한 학기만 들은 과목도 몇 있다. 영어는 한 학기에 세 과목을 들었는데 비교적 성적이 우수한 편이다. 100점을 받은 경우도 있다. 체육은 본인이 수강하지 않았는지 어쨌는지 몰라도 성적이 없었다. 국사는 65점으로 생각보다 부진한 편이다. 다음은 2학년.

〈2학년〉
- 정치학개론: 1학기 74점(4학점), 2학기 80점(2학점)
- 정치사: 1학기 70점(4학점)
- 헌법: 2학기 60점(6학점)
- 국제법제4: 2학기 65점(6학점)
- 민법제1부(채권): 1학기 60점(4학점)
- 민법제2부(물권): 2학기 85점(4학점)
- 경제사: 1학기 80점(4학점)
- 경제원론: 2학기 70점(4학점)
- 제1외국어원강: 1학기 90점(2학점), 2학기 70점(2학점)
- 형법제1부: 1학기 75점(6학점)
- 국제정치론: 2학기 80점(3학점)

2학년으로 올라가면서 본격적으로 전공 과목이 등장한다. 헌법, 국제법4, 형법제1부의 경우 한 과목 학점이 6학점이 된다. 이런 과목들의 중요도가 높아졌다는 얘기다. 최하 60점(헌법)에서 최고 90점(제1외국어원강)까지 폭은 비교적 큰 편이다. 책을 통 채로 외웠다는 민법(85점)은 그래도 성적이 괜찮은 편이다. 다음은 3학년.

〈3학년〉

- 국가학: 1학기 75점 (4학점)

- 정치학설사 (상고 중세):

- 외교사: 1학기 85점 (4학점)

- 행정법제2부: (   )

- 비교정부론: 2학기 70점 (4학점)

- 행정제1부: 1학기 70점 (4학점)

- 국제공법제2부: 1학기 60점 (4학점)

- 재정학: 1학기 90점 (4학점)

- 제1외국어원강: 2학기 65점 (2학점)

- 산업정책: 2학기 90점 (4학점)

- 민법제3부 (채권총론): 2학기 80점 (4학점)

- 구미외교사: 2학기 80점 (3학점)

- 각국정치론 (영): 2학기 85점 (3학점)

- 행정조직론: 2학기 85점 (2학점)

- 동양경제사: 2학기 89점 (2학점)


총 15과목으로 늘어났다. 이 가운데 종국은 13개 과목을 수강했다. 특징은 모든 과목이 한 학기 수강이라는 점. 과목이 점차 미세한 주제로 나아갔다는 점도 특기할 만하다. 성적은 여전히 최저 60점 (국제공법제2부)에서부터 90점 (재정학, 산업정책)까지 큰 폭을 보였다. 종국은 여기 3학년까지 마치고는 경제 사정으로 휴학했다가 1968년 후학기에 복학한다. 다음은 4학년.

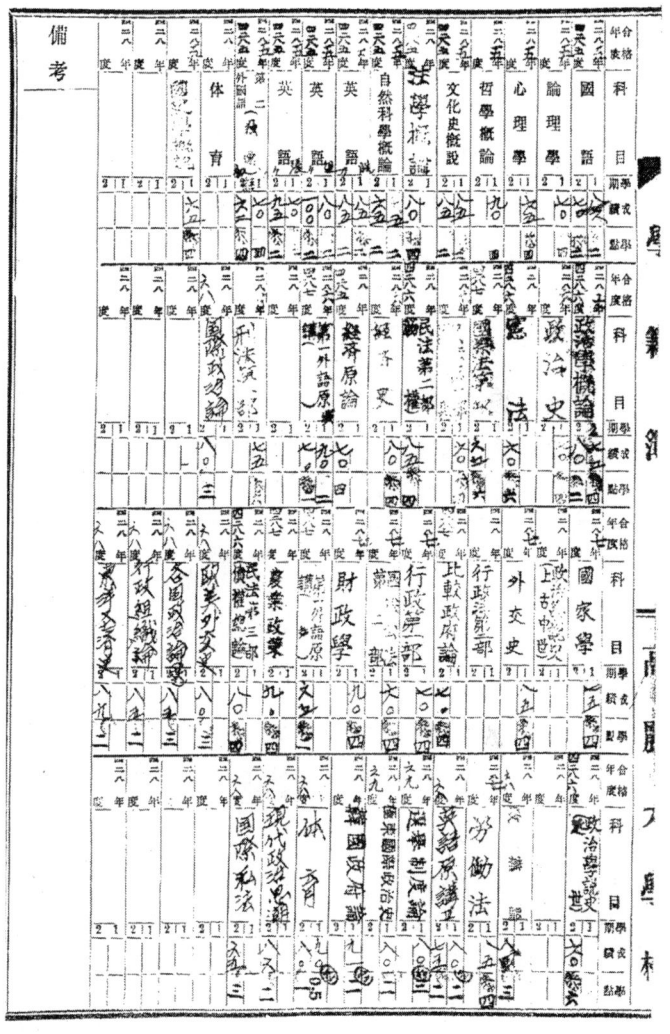

고려대 학적부 뒷면

〈4학년〉

- 정치학설사(근세): 2학기 60점(6학점)

- 정당론: 2학기 84점(3학점)

- 노동법: 1학기 85점(4학점)

- 영어원강Ⅲ: 1학기 80점(2학점), 2학기 75점(2학점)

- 선거제도론: 1학기 80점(2학점)

- 극동국제정치사: 1학기 80점(2학점)

- 한국정부론: 1학기 91점(2학점)

- 체육: 1학기 90점(0.5학점), 2학기 80점(1학점)

- 현대정치사조: 2학기 86점(2학점)

- 국제사법: 2학기 65점(3학점)

특이 사항은 없다. 성적도 평년 수준이다. 정치학설사(근세)
의 경우 6학점짜리인데 성적이 낮아서(60점) 전체 평균 성적을
깎아먹었다고 하겠다. 그러나 0.5학점인 체육은 90점을 받았
다. 이로써 그는 겨우(?) 4학년을 마치고 1969년 9월 17일 입학
한 지 17년 만에 졸업을 하게 된다. 이때 그의 나이는 마흔이었
다. 뒤에서 언급하겠지만 그가 뒤늦게 다시 복학을 한 데는 첫
부인(이선숙)의 설득 때문이다. 이선숙은 "그래도 졸업장은 있어
야 한다"며 그의 재입학을 독려했다고 한다(임종철 증언).

## 제 2 부

문학도의 꿈
─『이상전집』출간과 등단

"야인野人이요, 백면서생白面書生으로 고독한 60년을
살았지만 내게 후회는 없다. 중뿔난 짓이었어도 누군
가 했어야 할 일이었다면 내 산 자리가 허망했던 것만
은 아니라는 생각이 든다."

─「술과 바꾼 법률책」중에서

# '천재 시인' 이상李箱에 빠지다

1954년 3학년을 마치고 경제 사정으로 더 이상 학교를 다닐 수 없게 되자, 특히 고시 공부를 해서 판검사가 되겠다는 꿈이 좌절되면서, 그는 자살을 생각할 정도로 깊은 절망에 빠지게 됐다. 흔히 이런 절망적 상황에서 안식처로 찾는 곳이 문학이다. 하기야 그의 중학 시절의 꿈이 문학가이기도 했었다.

사실 그가 판검사가 되겠다고 마음먹은 이유는 피난길에 목격한 젊은 죽음들에 대한 분노에서 비롯됐다. 즉 그의 성정 본바탕에서 판검사를 지향하지는 않았다. 그는 성정 자체가 그런 인물이 못된다. 생전에 그가 그런 점을 글로 고백하기도 했다.

"한많은 피난살이 속에서 그런 울분과 충격도 낡은 앨범처럼 퇴색해 가고, '땃벌떼'다, 정치파동이다, 휴전회담이다로 어수선한 세월이 흘렀다. 폐허에서 하루의 삶에 쫓기던 나는 판·검사가 돼서 떵떵거리고 살아야겠다는 엉뚱한 꿈에

사로잡혔다. 하지만 내 판·검
사의 꿈은 민·형법 총론·각론
8권을 송두리째 암기하자마자
파김치가 되고 말았다. 지칠
대로 지쳐서 나는 시집과 소설
책을 들었고, 세기말적 절망감
속에서 이상李箱의 작품과 친
해졌다. 중학 시절의 꿈이 하
기야 문학자였으니까, 오랜 방

경성고공 시절의 이상

황 끝에 '탕자蕩子 돌아오다'가 된 셈이었다.” (「제2의 매국, 반민
법 폐기」,『문예중앙』, 1987년 봄호)

이상李箱과 그는 여러 가지 면에서 흡사한 점이 많다. 대중과
잘 어울리는 성격이라기보다는 상대적으로 '나홀로형'에 가까
운 점이 그렇고, 예술가적 기질 또한 그렇다. 건축기사 출신으
로 선전鮮展에도 여러 번 입상한 이상은 미술학도였고, 종국은
방송사 주최 기타연주대회에서 2등상을 받을 정도로 음악에 출
중한 소질을 보였다.

또 두 사람의 천재적 기질, 비인문계 출신(이상은 경성고공高工
건축과, 종국은 경성농고 수의축산과)도 그렇거니와 두 사람의 '사랑
역정'도 비슷했다면 비슷했다. 심지어 암울했던 시대 상황까지
도 한 몫을 했다. 그래서 그런지 그는 이상에 쉽게 빠져들었고,
또 이상 연구에 큰 족적을 남겼다. 그 무엇인가에 빠져서, 그 대

상이 사람이든 아니면 연구가 됐든, 나름의 성과를 냈다면 그건 해볼 만한 가치이며 또 높이 평가돼야 한다. 이상에 빠져든 과정을 그의 기록으로 직접 보자.

"퇴폐와 절망의 심연에서 허우적거리고 있을 때 눈에 띈 것이 『이상선집李箱選集』이었다. 그런데 읽어보니 그게 어쩌면 그렇게 내 처지와 심정을 그대로 옮겨 놓았는지, 나는 그만 홀딱 반해버리고 말았다. '박제剝製가 되어 버린 천재를 아시오?' 이상의 작품 「날개」에 나오는 첫 귀절이다.

『민법총칙』 500페이지를 한 달 이내에 외어버린 천재(?)가 밥과 잠자리 걱정 때문에 꼼짝을 못하고 있으니, 나야말로 '박제가 되어버린 천재'가 아닌가? 이상의 사후 20년이 되어 가던 그때까지 그에 대해서는 본격 연구가 없었다. '박제가 되어버린 천재' 이상을 발굴해서 '날개'를 달아준다? 스스로 천재라고 믿었던 나 자신 하나도 살리지 못해 고시를 포기한 녀석이 남의 천재를 살려낼 생각을 했던 것이다." (『술과 바꾼 법률책』 중에서)

그가 '이상 연구'에서 남긴 족적은 뒤에 다시 거론키로 하고 당시 그의 집안 사정을 잠시 살펴보자. 『이상전집李箱全集』(전 3권)을 만들 당시 그는 도봉리 집에서 작업을 했다. 여유로운 상황에서의 '글쓰기'가 아니라 돈이 없어 대학 등록을 할 수 없는 처지에서 일종의 '도피적 글쓰기'를 했던 셈이다. 이 시기가 그로선

심적, 물적으로 가장 고통스런 시기였다. 차라리 농고를 다닐 때는 그만두거나 아니면 대학갈 때 만회할 기회가 있었다. 경성사범을 그만둘 때는 하고 싶은 음악을 한다는 대안이 있었다.

또 경찰관 생활은 본가와 큰집 모두에서 갈등을 겪을 때 일시적 피난처로는 그만한 데가 없었다. 그러나 지금은 다르다. 20대 후반으로 들어섰다. 결혼하여 가정도 꾸려야 할 나이에 그는 아직 자리를 잡지 못했다. 그러다보니 늘어난 건 짜증과 괴팍한 성격의 폭발이었다. 그 못지않게 가족들도 그 때문에 힘이 들었다. 그리고 만만한 건 여동생들이었다.

"천재는 광인狂人에 가깝다는 말처럼 오빠는 광인에 가까웠습니다. 정말 아무것도 아닌 일에도 불같이 화를 내곤 했습니다. 학교를 휴학하고 도봉동 집으로 내려와 『이상전집』을 쓸 무렵에 그랬습니다. 오빠의 글 쓰는 스타일은 참으로 그때로선 이해하기 힘들었습니다.

식구들이 잠을 자는 밤이면 글을 썼는데 시끄럽다고 해서 숨도 크게 쉬지 못했습니다. 잠자다가 화장실에 가려면 그 문소리조차 내지 못하도록 했죠. 그리고는 남들이 깨어나 생활하는 낮 시간이면 잠을 잤습니다. 밥먹을 때 나는 숟가락 소리조차 시끄럽다며 소리를 질러댔죠. 당시 군대에서 만들어준 집이 넓기는 했으나 칸막이가 따로 없는 한 공간에서 살다보니 우리 자매들과 어머니의 고통은 이루 말할 수 없었습니다.

봄부터 가을까지 우리 식구들은 밭에 나가 일을 했는데 오빠는 코앞에 있는 재떨이나 성냥도 순화야! 순화야! 소리를 지르며 갖다 달라고 해서 멀리 가지도 못했습니다. 그때 우리 땅에 주둔했던 군인들이 부르는 오빠의 별명은 '네로' '왕초'였습니다. 어쩌다 오빠가 출판사에 볼일이 있어 서울을 가는 날이면 우리들에겐 해방의 날이었죠." (순화 증언)

둘째 여동생 순화 씨

막내 경화도 유사한 증언을 했다.

"예술가 기질이 있었던 오빠는 다른 오빠들에 비해 불규칙적인 생활을 많이 했습니다. 어머니가 공부하라면 되레 만화를 보면서 어머니 속을 썩이기도 했죠. 그리고는 만화 보는 것도 공부라고 둘러댔습니다. 그때 어머니는 오빠 별명을 '털팩이'라고 했는데 불만투성이의 거친 행동을 두고 하는 말입니다. 오빠는 물그릇이란 물그릇은 전부 걷어차고 다녔죠. 젊은 시절 무슨 불만이 그리도 많았는지 모르겠습니다."

# '무'에서 '유'를 창조한 『이상전집』

　　이런 불만의 세월 속에서도 그는 이상 연구의 금자탑으로 불리는 『이상전집』세 권을 내놓았다. "원고를 탈고했다는 것은 쓴 것이 아니라 낳은 것이며, 그것도 임신중독증이 극심한 난산이었다"는 순화의 표현은 조금도 과장이 아니다. 정식으로 평단評壇에 등단한 신분도 아닌, 스물일곱 살의 대학생이 거의 황무지나 다름없던 분야를 개척한 것은 우리 문학사에서 평가받아 마땅한 일이다.

　　그 무렵부터 그와 교류가 있었던 시인 고은(1933년생, 73세)은 『이상전집』발간에 큰 의미를 부여했다.

　　"그 당시 『이상전집』이라 함은 오늘날 우리가 이상을 생각하는 것 하고 전혀 다릅니다. 이것은 무에서 유를 만든 것이죠. 자료를 다 뒤져서 만들었습니다. 일제 36년 동안 그 작가가 어느 작가였든 간에 그것은 (자료 등) 망실돼 있는 상태였는데 그걸 임 선생님께서 만들어서 『이상전집』으로 내신 것입니다."(『민족사랑』, 민족문제연구소, 2006년 3월호)

그에 이어 『이상연구』『이상소설연구』 등을 출간한 문학평론가 김윤식(1936년생, 서울대 명예교수) 교수는 더 각별한 의미를 부여했다. 8월 초 전화 통화에서 김 교수는 "임 선생의 문학 분야 업적을 들라면 『친일문학론』을 펴낸 것도 중요하지만 『이상전집』세 권을 묶어낸 것도 절대 과소평가돼선 안 된다. 그 당시 그런 작업을 할 여건이 전혀 안 됐었다. 그런데 임 선생께서 곳곳을 다니며 자료를 모으고, 심지어 이상이 일본서 보낸 편지까지 유족들에게 입수해 전집으로 묶어낸 노력은 대단한 성과다. 임 선생은 이상 연구의 기초를 다진 분으로, 이상 연구의 첫 자리에 앉을 자격이 있는 분이다"라고 말했다.

시인이자 언론인 출신으로 생전에 종국과 친교가 두터웠던 인태성(1933년생, 73세, 『문예중앙』주간 역임, 경기도 수원 거주)은 "이상은 요절했다(1910년에 태어나 1937년로 만 27세로 사망했으니 요절이라면 요절이다). 짧은 생애에 많은 작품을 남겼지만 그의 사후 이를 제대로 챙기는 사람이 없어 작품들이 이곳저곳에 산재해 있었다. 작품 수나 장르별로 어떤 것이 있었는지도 전혀 집계돼 있지 않았다. 물론 그때까지 이상 개인 문집이 나오지는 않았다. 기껏해야 해방 후 김기림이 펴낸, 200쪽 분량의 『이상선집』(백양당, 1949)이 고작이었다. 그러던 것을 임 선생이 도시락 싸서 전국의 도서관을 돌면서 이상 작품을 발굴해 엮어낸 것이 『이상전

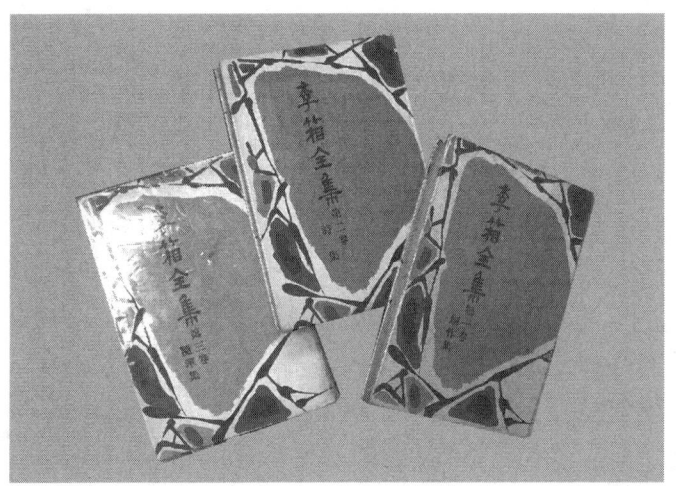

『이상전집』(3권) 초판본

집』세 권이다. 임 선생이 청춘을 바친 역작이다"(참고로『이상선집』
에는 이상의 문학 작품 가운데 소설 3편, 시 22편, 수필 6편이 실렸다)라고 밝
혔다.

이미 그 당시만 해도 김기림의『이상선집』은 절판이 돼 입수
하기가 쉽지 않았던 모양이다. 종국에게 이 책을 구해준 사람이
바로 인태성이었다. 인태성은 그가『이상전집』을 엮을 때 도움
을 주기도 했다고 시인 박희진은 증언했다. 이에 대해 인태성은
"도서관에 따라가서 이상의 시 몇 편을 베껴준 게 전부"라고 겸
손해했다.

『이상전집』편찬 과정이 어땠는지 당사자인 종국 본인의 얘
기를 들어 보자.

"대학 시절에 나는 『이상전집』을 3권으로 엮어서 펴낸 일이 있다. '이상론'을 쓰려고 작품을 모으다 보니 웬만큼 수집이 된 것 같아서 전집으로 엮었던 것인데, 그건 좀 어렵다면 어려운 과정이었다. 작품 연보 하나가 안 갖춰진 상태에서의 수집은 별수 없이 신문, 잡지를 하나하나 뒤지는 일로부터 시작하지 않을 수 없었다.

도서관에서 20년 전의 간행물들을 뽑아내면, 책 위에는 먼지가 석 자는 몰라도 1밀리미터는 충분히 쌓여 있었다. 그런 출판물을 한 장 한 장 뒤지는 지어紙魚(좀벌레) 생활 1년에 『이상전집』은 햇빛을 볼 수 있었던 것이다."(『시시했던 날의 시시한 이야기』, 『출판과 교육에 바친 열정』, 우촌이종익추모문집간행위원회 편, 1992)

그럼 여기서 그동안 '이상 연구'의 성과에 대해 잠시 알아보고 넘어 가자. 아래 내용은 지난 1995년 문학사상사에서 네 권으로 펴낸 『이상문학전집』 가운데 제4권 『연구논문 모음집』의 서문에서 김윤식 교수가 『이상논집』을 엮으면서'라는 글을 요약했음을 미리 밝혀둔다.

우리 문학사에서 이상만큼 난해한 문학은 별로 없다. 1930년대의 김기림의 작품평에서부터 1980년대에 이르기까지 약 200여 편의 연구논문이 씌어졌고, 앞으로 씌어질 것임에 틀림없거니와, 그렇다고 이상 문학의 해석이 끝나는 것은 아닐 터다. 이상 문학에 관한 본격적인 논의는 그가 이 국땅에서 숨져간 1937년을 전후로 시작되었다. 이상추도회 (1937년 5월 15일)에서 행한 평론가 최재서의 「고 이상의 예술」은 그의 유명한 「날개와 천변 풍경에 관하여」와 더불어 이 방면의 고전으로 군림하고 있다. 이후 나온 논문들을 연대별로 살펴보면 대략 다음과 같다.

1930년대엔 추도문을 포함해 13편이 나왔다. 1940년대, 이른바 해방 공간에서는 단 3편만 보인다. 한국전쟁 이후 한동안 씌어진 논문은 모두 24편이었다. 앞 세대에 비해 놀랄 만한 증가세를 보였다. 한국전쟁의 포화 속에서 젊은 평론가들이 발견한 것은 다름 아닌 이상 문학이었다. 서울대에서는 이어령이 『문리대학보』에 「이상론」을, 고려대에서는 임종국이 『고대문화』에 「이상연구」를 선보였다. 또 임시수도 부산에서는 고석규가 역설로서의 이상론을 펼쳤다. 절망을 체험한 세대에게 이상은 친형과 흡사한 존재였다.

1960년대엔 55편이 나왔다. 전 대에 비해 거의 두 배로 늘어난 셈이다. 이 세대의 특징은 김구용의 「레몽에 도달한 길」과 김현의 「이상 문학에서의 만남의 문제」로 대표된다. 1950년대와는 달리 1960년대는 어느 정도 거리감을 두고 이상 문학을 바라볼 수 있었다고 하겠다. 1970년대에는 1960년대의 두 배에 육박하는 103편의 논문이 발표됐다. 이 시대의 특징은 오생근의 「동물의 이미지를 통한 이상의 상상적 세계」, 김용운의 「이상 문학에 있어서의 수학」, 오광수의 「화가로서의 이상」 등으로 대표된다. 이는 이상의 문학이 미시적 분석을 통해 수학, 미술, 건축, 그리고 정신분석 등으로 확산되었음을 보여준다.

1980년대 들어서는 그동안 나온 이상 문학 연구물 전체에 대한 반성이 시작됐다. 즉 새로운 범주를 개척하기보다는 그동안 논의된 영역을 한층 더 심화시키는 형태로 나타났다. 조두영의 「이상의 인간사와 정신 분석」, 김윤식의 「수심을 몰랐던 나비」, 이승훈의 「오감도 시 제1호 분석」, 한상규의 「1930년대 모더니즘 문학의 미적 자의식」 등으로, 이는 각 분야별의 심화 연구다. 김윤식의 글에는 1990년대는 다루지 않았다. 95년에 나온 것이고 보면 아직 마무리할 때는 아니다.

그러던 차에 나는 다행스럽게도 1990년대 이상 연구의 성과를 잘 정리한 논문을 한 편 발견했다. 필자는 김주현 경북대 국문과 교수. 김주현은 『안동어문학』 제6집(안동어문학회, 2001. 11)에 「1990년대 이상 연구의 성과와 그 한계」라는 제목의 논문을 실었는데 빈 공간을 메우기에는 안성맞춤의 논문인 셈이다. 이 글은 앞서 김윤식의 글과는 또 조금의 차이가 난다. 김윤식의 글이 연대별 특징에 주안점을 뒀다면 김주현의 논문에는 시기별 대표적 연구자들을 언급했다는 점이 나로선 고마운 점이다. 아래 내용은 김주현의 논문 가운데 일부를 요약, 발췌했음을 밝혀둔다.

이상에 대한 연구물은 한국의 근대 문인 그 누구보다도 많다. 1930년대부터 1990년대까지의 이상 연구는 짧은 단평에서부터 학위논문까지 포함해 1000편에 이른다. 그 가운데서 3분의 1이 넘는 340여 편이 1990년대에 나왔다. 학위논문만으로 보면 1990년대까지 전체 220여 편 가운데 절반에 해당하는 100편이 1990년대에 나온 셈이다. 1990년대에 나온 논문 중 이상 단독 논문은 석사논문이 48편, 박사논문이 9편이다. 김주현은 1990년대 들어 이상 연구가 넘쳐난 원인을 두고 '연구자 양산'을 들었다. 1980년대 초 대학입학 증원이 늘자 이것이 대학원 증원으로 이어졌고, 뒤이어 80년대 중반부터 석사학위 논문으로, 다시 90년대엔 박사학위 논문으로 이어졌다는 것이다. 일단 외적 상황이 좋아졌다는 얘기다.

# 뒤이은 '이상 연구'의 성과들

　그런데 왜 하필이면 연구자들이 이상 연구로 몰려들었을까? 김주현의 분석은 이렇다. 우리 근대문학사가 겨우 1세기 정도로 일천하고 생존 작가들에 대해서도 연구 자체가 금기시 되다 보니 아무래도 '죽은 자'를 찾게 되었다는 것. '주례 비평' 무성한 한국적 풍토를 감안하면 설득력 있는 분석이라고 본다.

　특히 이상은 시, 소설, 심지어 수필까지 다양한 장르에서 작품을 남겨 건축, 회화 분야의 연구자들까지도 가세하게 됐다. 그러면 이상의 매력은 과연 이것뿐인가? 김주현은 다시 자문자답한다. 더 있단다. 시대적, 사회적 요인도 크게 작용했다. 이상은 본격적인 근대문학 연구가 진행될 때마다 중요한 소재로 부각돼 왔다.

　한편 이상 문학의 본격적인 연구는 1950년대 중반부터 시작되는데, 당시 들어온 실존주의 개념이나 정신분석학적 잣대들이 그의 문학을 해석하거나 재단하는 데 중요한 도구가 된다.

여기에 임종국의『이상전집』발간이 이상 연구의 기폭제로 작용하기도 했다. 자료의 희귀성보다는 일반성이 연구를 추동케 하는 힘이 되기 때문이다(임종국이 펴낸『친일문학론』도 마찬가지 경우다. 그 책에 등장한 희귀한 자료—사실은 모두 일제 시대 신문, 잡지 등에 실려 있는 것들이지만—보다는 그런 자료들이 일반에 알려지고 후속 연구를 추동해 냈다는 점이다).

대표적인 이상 연구자로 1950년대에는 임종국, 이어령, 고석규, 1960년대에는 송기숙, 송민호, 여영택, 이보영, 정명환, 1970년대에는 고은, 구연식, 김용운, 원명수, 정귀영, 1980년대에는 김윤식, 이승훈 등을 꼽는다.

1990년대 이상 연구의 성과를 진단하는 건 그리 간단치가 않다. 다양하고도 다원적인 접근이 이뤄졌기 때문이다. 1950~80년대의 이상 문학 연구의 특징이 실존주의와 형식주의의 세례를 받았다면 1990년대의 연구는 이전 연구의 보완과 확대, 그리고 새로운 방법론의 개척이라는 데 의미를 부여한다. 다시 말해 정신분석학적 연구도 프로이트에서 벗어나 크리스테바, 라캉, 들뢰즈나 가타리의 논의들이 집중 수용되었다.

그리고 작품의 기법이나 내적 형식의 탐구도 모더니즘 또는 포스트모더니즘의 본질적인 문제들과 관련하여 논의되었다. 그러다 보니 물량적으로도 급속히 늘어나 1990년대 이상에 관한 비평, 학술논문, 저서 등이 무려 240여 편에 이르렀다. 말하자면 대부분의 현대문학 연구자들이 이상을 한 번씩은 손대고 지나갔다는 얘기인 셈이다. 심지어 개별 작품에 대한 석사학위

논문만도 14편이나 된다. 「날개」(7편) 「오감도」(4편) 그리고 「주자회시」, 「12월 12일」, 「종생기」 각 1편씩이다.

하나 덧붙이자면, 김주현은 금년 2월 네 번째의 『이상문학전집』(전3권)을 펴냈다. 맨 처음 임종국의 『이상전집』(태성사, 1956), 두 번째 이어령의 『이상전집』(갑인출판사, 1977~78), 세 번째 문학사상사판(이승훈, 김윤식) 『이상문학전집』(문학사상사, 1989~93), 그리고 이번에 김주현이 네 번째다.

그는 6년여의 작업 끝에 이를 묶어냈는데 그간 나온 연구성과 가운데 오류 등을 모두 교정했다고 한다. 한 예로 이상의 유서처럼 읽히는 대표작 「종생기終生記」에서 이상 연구자들을 곤혹스럽게 했던 마지막 대목 "만이십육세와 삼십 개월을 맞이하는 이상 선생님이여! 허수아비여!"의 '삼십 개월'이 '삼 개월'의 오식이며, 그래야만 이상의 나이와 작품 탈고 시기가 맞아떨어진다고 주장했다. 그는 "원전 확정이 먼저 이뤄진 뒤 전집이 발간돼야 함에도 불구하고, 지금까지는 그 반대로 이뤄져 전집의 오류가 연구의 오류로 이어졌다"며 "이번 작업은 그 악순환을 바로잡기 위한 시도"라고 말했다(『한국일보』 2006년 2월 8일 기사 참조).

# 이상을 닮은 임종국의 자화상

　이상李箱, 불과 스물일곱에 생을 마감한 천재 시인 이상. 종국은 과연 그를 어떤 시선으로 바라봤을까? 앞에서 김윤식은 1950년대 절망을 경험한 세대에게 이상은 '친형과 흡사한 존재'라고 했다. 인태성은 종국이 "처음엔 (이상이) 자기의 취향에 맞다며 관심을 보이더니 어느 순간 푹 빠져 들더라"고 기억했다.

　종국 자신이 쓴 글을 보면, 김기림의 『이상선집』을 읽고서 "(고시 공부에) 지칠 대로 지쳐서 나는 시집과 소설책을 들었고, 세기말적 절망감 속에서 이상의 작품과 친해졌다."(「제2의 매국, 반민법 폐기」) "그게(『이상선집』) 어쩌면 그렇게 내 처지와 심정을 그대로 옮겨 놓았는지 나는 그만 홀딱 반해버리고 말았다"(「술과 바꾼 법률책」)고 자백(?)했다. 앞에서 이상이 종국과 흡사한 점이 여럿 있다고 언급했다. 괴팍한 성격, 예술적 재능, 천재 끼 등등. 종국은 어쩌면 이상을 통해 자신의 자화상을 봤는지도 모른다. 그가 쓴 '인간 이상론論'을 살펴보자.

종국은 1955년 12월 『고대문화』 제1집에 처음으로 「이상론—근대적 자아의 절망과 항거」를 선보였다[그와는 친구였던 시인 인태성은 『고대신문』에 실린 그의 「이상시론」이라는 짤막한 평론을 보고 문과 생도 아닌데 글을 잘 썼다는 생각을 하고는 그를 찾아가서 만났다고 했다. 혹 그가 『고대문화』에 실린 '이상론'을 착각했는지, 아니면 별도로 『고대신문』에 '이상시론'을 실었는지는 정확치 않다. 한편 위의 「이상론」은 다시 별도의 독립된 형식으로 수정, 개작돼 『이상전집』 제3권에 「이상연구」라는 제목으로 실렸다. 그리고 다시 1989년 문학사상사에서 펴낸 『이상문학전집』 4권(김윤식 편저)에도 그대로 재록됐다]. 초창기 평론이어서 그런지 '이상론'은 거칠고 감정이 너무 노골적이다. 과도한 찬사도 더러 눈에 거슬린다. 이는 어쩌면 당시 불행했던 자신의 모습을 투영시켜 위로받고자 했는지도 모른다.

특히 이상이 도쿄에서 사망 넉 달 전, 1937년 정월에 보낸 「마지막 편지」 전문을 인용하고는 "되폴도 상징도 아무것도 없다. 이 얼마나 비장한 고백의 서한문이냐!"며 감탄조를 남발하는 형국이다. 글 첫 부분에서 이상의 도쿄행을 다루면서 언급한 이상의 인상 비평이 눈길을 끈다[「이상론—근대적 자아의 절망과 항거」는 1962년에 출간된 『사색하는 사람들』(안동림 편, 동서출판사)이라는 단행본에 「고독한 반항아 이상」이라는 제목으로 게재돼 실렸다].

"총독부 회계과로 또 건축과로, 고공高工(경성고공)을 졸업하고 얻은 관청 지위를 바로 팽개치고 시와 음악과 그림을 샀다는 서툰 홍정꾼 이상李箱. 혹 '이형!' 하고 부르는 사람

이 있으면 파안대소하면서 '네, 좋습니다. 이상은 이형李兄과 통할 수 있습니다. 이상은 괴상하고도 통하니까요' 하더라는 김해경金海卿이라는 으젓한 본명의 소유자, 유화油畵도 하고 도안도 만들고 '하계'河戒라는 화명畵名으로 삽화도 그려보았다는 사나이, '69'—씩스·나인이라는 그런 온당穩當치 못한 문구를 시침 뚝 떼고 다방 옥호屋號로 사용하던 장난꾸러기, '제비'와 카페 'つる'(쓰루, 鶴)와 '69'에 실패하고도 여전히 굴屈치 않고 명치정明治町에다 다방 'むぎ'(무기, 맥)를 내더라는 불굴의 '야인'野人—동해童骸—이런 이상李箱…."

그러나 이런 인상 비평은 후술하는 본문과 견주면 호사스럽게 느껴진다. 종국은 이상의 도쿄행이 비극의 씨앗이 된, 즉 이상이 도쿄로 건너간(1936년 가을) 뒤 불과 7~8개월 만에 사망(1937년 4월 17일)한 것을 두고 못내 한탄했다. 특히 이상이 도쿄에서 희망은커녕 실의와 절망에 빠진 나머지 깊은 '회한'을 한 것을 못내 안타까워했다. 이상 자신이 그런 회한을 「마지막 편지」에서 언급했다.

"도저히 '커피' 한 잔으로 해결할 문제가 아닌 것입니다. 과거를 돌아보니 회한悔恨뿐입니다. 저는 제 자신을 속여 왔나 봅니다. 정직하게 살아왔거니—하던 제 생활이 지금 와보니 비겁한 회피의 생활이었나 봅니다. 정직하게 살겠습니다. 고독과 싸우면서 오직 그것만을 생각하며 있습니다. 오늘은 음력으로 제야除夜입니다…."

'반성'을 넘어 '자학'으로까지 비치는 그런 이상의 상황을 지
켜보는 종국의 평가, 또는 해석은 이렇다.

  "과연 '도저히 '커피' 한 잔으로 해결'할 수 없는 이런 문제
  들이 풀렸다면, 상箱의 예술은 그 혼돈과 무질서를 지양하
  고 그가 실험한 수법과 더불어 완성적 경지에 도달할 수 있
  었을 것이다. 그리하여 그는 새로운 시대를 창조하던 혹은
  창조한 작가로서 우리 앞에 커다랗게 '클로즈업'되었을 것이
  다. 그러나 그는 요절夭折하였다. 본명 김해경 이외에 이상
  이라는 이상한 이름이 있고, 공교롭게도 책상 위에는 몇 권
  재미없는 책이 있었고, 그리고 일기에 적힌 몇 줄의 소위 불
  온하다는 글귀로 해서 침략에 눈이 뒤집힌 일제의 주구에게
  혐의를 입고 서신전西神田경찰서 유치장 신세를 지게 된 것
  이다…."

특히 그는 이 글에서 이상을 두고 "조난遭難한 세대의 혈서를
써놓은 시인", "20세기의 김삿갓", "인간의 무지와 불성실이 빚
어낸 절망과 비극을 초극하려던 예지와 성실의 사도使徒" 등 극
찬에 가까운 박수를 아끼지 않는다. 또 이상의 작품 속에 등장
하는 달, 까마귀, 자두, 십자가 등의 '비화'悲話를 언급하면서 이
상 해석의 극치를 달린다. 이를테면, 「오감도烏瞰圖」 시詩 제7호

에 등장하는 달月을 두고 "달은 자신의 그림자조차 가지지 못한 지상 최대의 고독자"라며 은근히 이상을 연상시키는가 하면, 「오감도」에 등장하는 까마귀는 "암흑을 상징하는 시커먼 몸둥아리"라며 "상箱은 울어주는 이조차 없던 세기의 종말을 향하여 안타까이 몸부림치며 피를 토하던 한 마리의 처참한 까마귀였을지도 모른다"고 했다.

시인으로 활동하던
당시의 이상의 모습

특히 글 말미에서 이들(달, 까마귀, 십자가, 심지어 이상까지)은 "확실히 모두 건강하달 수 없다"고 전제하고는 그러나 이들의 존재 가치를 역설적으로 강조한다. 그리고는 대미에서 "확실히 상箱의 예술은 불행한 세대가 올 때마다 그를 위안하고 자극하고 그럼으로써 인류와 더불어 길이 남을 것"이라고 끝을 맺었다.

반면 지난 1979년에 『신동아』에서 펴낸 단행본 『한국근대 인물백인선』에 기고한 글은 내용이나 문투가 판이하게 다르다. 이상의 일대기식으로 쓰여진 이 글에서는 감정적 표현이 철저히 자제되었다. 물론 평론 형식이 아니라 사전식 글쓰기라는 점도 있겠지만 「이상론」을 처음 발표한(1955년) 지 14년이란 세월이 흘러 이상에 대한 감정이 다소 진정된 결과인지도 모르겠다.

눈에 띄는 대목은 "(이상의) 작품들은 모두 생전에 정당한 평가를 받지 못했다. 이상의 작품이 비교적 주목을 받기 시작한 것은 사후 20년이 지난 1956년경부터다. 주로 신인층에 의해서 활기 있게 논의되기 시작한 그의 작품은 그동안 참 많은 화제를 일으켰고, 앞으로도 많은 화제를 이어갈 것처럼 보인다"고 쓴 부분이다. 자신의 이상 연구에 대해 자화자찬 격이긴 하나 사실과 다른 내용은 없다. '1956년', '신인층' 등은 모두 자신 등(이어령 등 포함)을 지칭했다. 어쩌면 종국은 이 글을 쓰고 처음으로 '기쁨의 눈물'을 흘렸을지도 모른다.

# '이상 연구'와 조지훈의 격려

이제 그러면 그가 '난산' 끝에 낳은 옥동자 『이상전집』을 살펴볼 차례다. 총 3권이다. 제1권은 창작집, 제2권은 시집, 제3권은 수필집. 각 권 소책자(4×6판) 크기이며, 정가는 각 권 900원(제2권은 800원), 모두 300쪽 안팎의 분량이다(나는 이 평전을 준비하면서 혹시나 싶어 인터넷 고서점을 뒤졌더니 운좋게 마침 소장한 곳을 찾아 9만 원에 세 권을 손에 넣었다).

각 권 모두 두 장씩 이상과 관련 사진과 필적이 실렸는데, 대개는 이상의 자당 박세창朴世昌 씨로부터 입수했다. 다만 이상이 일본으로 건너가기 직전 서울 흥천사興天寺에서 찍은, 웃는 얼굴 사진은 친구 윤태영尹泰榮 씨로부터 입수했다.

제1권에는 이상의 대표작 가운데 하나인 「날개」「종생기」 등 10편이 실렸다. 말미에 부록으로 「사신록私信錄」이 첨부됐다. 여기에는 모두 아홉 통의 편지가 실렸다. 이 가운데 'K형'兄 앞으로 보낸 것이 7통, 'K대형'大兄이 1통, 'H형'兄이 1통 그리고 마지막 하나는 아우 김운경에게 보낸 것이 한 통 있다. 1937년 2월 8일자로 아우에게 보낸 편지(엽서)는 아우의 취직 소식을 듣고 기뻐하면서 늙으신 부모님을 잘 봉양해 달라고 부탁한 내용이다. 이 편지는 결국 그가 고국에 보낸 마지막 편지가 되고 말았다.

이밖에도 제1권에는 조용만의 「서序」, 즉 서문과 편자인 종국이 간행사 격으로 쓴 「'이상전집' 간행에 제際하여」가 실렸다. 간행사는 이상의 19주기에 맞춘 1956년 4월 17일자였으며, 모두 9개 항목으로 정리해 실었다. 전문을 옮겨보면 다음과 같다.

　　一, 이 전집에 수록된 작품들은 출판을 목적으로 수집된
　　　　것은 아니다. 오직 학구學究를 위한 연구자료이었을
　　　　뿐이다. 인세는 유족과 상의하여 적의適宜 선용善用할
　　　　생각이다.
　　一, 출판 준비는 제諸작품이 최초로 발표되었던 지면誌面
　　　　을 그 원전으로 하고, 후일 다시 전재된 것은 간혹 참
　　　　고하였다.
　　一, 작품 배열은 주로 연보를 표준하였다. 그러나 반드시
　　　　그에 의존한 것은 아니다.
　　一, 철자법과 띄어쓰기는 원작자의 개성을 훼상毁傷치 않
　　　　는 한도 내에서 현행의 그것으로 수정하였다.
　　一, 원전에 있어서 인쇄상의 오식誤植임이 명백한 곳은
　　　　세심한 고증 밑에서 정정하였다. 그렇게 인정할 수 없

建築技師時節. ×표가 李箱.

油畵 "自畵像"

日文詩 原稿 筆蹟.

『이상전집』 개정판(1966년 간행)에 실린 사진들.

는 것은 오자를 오자로서 살려야 했다.

—, 종래의 전재된 작품—「선집」 등 기타—에서 허다한 미
스가 발견될 때 편자는 극히 불쾌하였다. 이 점 '미스
의 전무全無'를 위하여 주의를 특히 거듭했으니 대과大
過는 없으리라 자부하겠다.

—, 독자 제현의 참고를 위하여 권말에 '이상 약력', '작품
연보', '관계 문헌 일람', '이상 연구' 등을 수록했다.

—, 누락된 작품, 미발표 유고 등이 발견되면 적절한 방법
으로 증보하겠다. 이 점 독자 제현의 교시敎示와 협조
를 재삼 간청한다.

—, 끝으로, 본서의 출판을 위하여 많이 수고하여 주신 조
용만趙容萬·조지훈趙芝薰 양兩 선생님, 유정柳呈 씨, 동인
同人 인태성印泰星·이황李榥 양형兩兄, 그리고 김규동金
奎東 씨, 윤호중尹鎬重 씨의 여러분들에게 삼가 고마움
을 인사드린다.

『이상전집』을 엮어낸 목적, 편찬 과정, 교열 사항, 참고 내용
등 세세한 부분까지 상세한 설명을 곁들여 더 이상의 첨언은 사
족이 될 지경이다. 여기 수록된 작품들은 출판 목적이 아니라
"오직 학구學究를 위한 연구 자료" 목적으로 수집했으며, "인세
는 유족과 상의하여 적의適宜 선용善用할 생각"이라는 대목에서
그의 순수성을 엿본다. 당시 그는 경제적으로 대단히 어려워 돈
한 푼이 아쉬운 시절이었다. 말미에 거명된 인물 가운데 '유정

柳로 씨'는 2권에 따르면, 일문日文 시 번역을 도와준 사람이다.

『이상전집』 출간은 조지훈(1920~1968)의 조언과 격려가 큰 힘이 되었다. 종국은 조지훈이 정치학과 교수는 아니었지만 그를 따르고 존경했다. 그의 말년 5년여를 곁에서 시봉侍奉한 김대기(1955년생, 51세, 경북 포항 거주)는 "이상 연구는 조지훈 선생의 권유로 시작했으며, 임 선생님은 생전에 조지훈 선생을 거의 유일한 스승으로 모셨다"고 증언했다.

그런데 의아스러운 부분은 이 책의 「서문」을 조지훈이 아닌, 조용만이 썼다는 점이다. 당시 조지훈은 고려대 국문과, 조용만은 영문과 교수였다. 통상 남이 써주는 책 「서문」은 저자나 편자 등 그 책을 펴낸 사람들의 노고를 치하하는 게 보통이다. 그러나 조용만의 「서문」은 『이상전집』 출간의 의의 대신 이상에게 집중 초점을 맞추었다. 특히 이상의 괴팍하고 몰상식적인 행동에 대해서도 아주 호의적이고, 또 이해하려는 입장을 보였다. 「서문」 가운데 그런 내용의 일부를 옮겨보면,

"그의 시나 소설이 모든 재래의 법칙과 규구規矩를 무시한 것은 이 같은 법칙과 규구가 준수하기에는 너무나 우습고 용렬하기 때문이다. 우습고 용렬하다기보다는, 그같은 법칙과 규구를 준수하는 것은 그의 현란복잡하고, 고도로 선회旋回하는 뇌수腦髓의 일부만을 움직이게 하는 것이 되기 때문이다. 그의 예지와 감수성과 상상력을, 그의 뇌수에 충만되어 있는 극한의 모든 능력을 유감없이 발휘하기 위하여서는, 부득이 또는 저절로 그의

작품은 그같은 형식을 취하지 않을 수 없었던 것이다."

    (위에서 「서문」을 조지훈이 아닌, 조용만이 쓴 것을 두고 의아하다고 했는
데 여기엔 나름의 이유가 있다. 우선 조용만은 이상, 김기림, 이태준, 정지용 등
과 함께 '구인회'九人會 동인이어서 이상에 대한 관심과 이해가 깊었다. 종국의
후배 박노준은 "이상 연구는 조지훈보다는 조용만의 영향이 더 크다"라고 말했
다. 두 사람 역시 사제간처럼 지냈다고 박노준은 덧붙였다. 그러나 종국은 후일
『친일문학론』에서 조용만은 물론 대학에서 직접 강의를 들었던 '은사' 유진오 총
장마저도 가차없이 한 장章씩 잡아 비판의 칼날을 들이댔다. 그 당시 종국과 조
용만과의 사이에 있었던 일화 한 토막은 뒤에서 다시 쓰기로 하고 여기선 언급
만 해둔다.)

# '이상 연구'로 '사학도' 소리를 듣다

종국이 『한국근대인물백인선』의 「이상편」에서 이상은 생전에 단편 9편, 수필 약 20편, 그리고 시 99편을 남겼다고 적었다. 제2권(시집)에 실린 작품을 일별해보자. 먼저 「척각隻脚」 등 미발표 유고 9편, 「오감도烏瞰圖 시詩 제1호」부터 「시詩 제15호」까지 15편, 다시 「오감도」 편의 8편, 「무제」 편의 13편, 「이상한 가역반응」 편의 7편, 「이단易斷」 편의 5편, 「3차각설계도」 편의 7편, 「위독危篤」 편의 12편, 「건축무한육면각체」 편의 7편 등 모두

83편을 실었다. 말미의 「부록편」에는 일어로 쓴 미발표 유고 9편 등의 일어 원문을 실었다.

본문에 앞서 일문 시 역자인 유정 씨의 한마디에 이어 '미발표 유고' 9편을 직접 번역한 종국의 한마디도 언급돼 있다. 이어진 「소개의 말」에서는 그가 미발표 유고 9편을 입수한 경위를 언급했다.

그에 따르면, 이상이 도쿄에서 작고했을 때 그의 미망인이

도쿄에서 가지고 나온 고인(이상)의 사진첩 속에 밀봉된 원고를 그후 20년간 유족(부인)—모친—누이동생 손을 거치면서 사진첩으로 보관해 오다가 이번 『이상전집』 간행을 계기로 우연히 발견해 입수했다는 설명이다. 정확한 제작 연도는 모르나 지질 등을 미루어 볼 때 이상이 도쿄 시절에 썼다는 것이 종국의 평가다. 종국은 자신의 눈앞에서 그 밀봉된 것을 뜯고 작품을 발견했을 때 "그것이 고인의 많은 말인 양 감개무량했다"고 적었다.

마지막 제3권은 수필 18편을 싣고 있다. 「부록」으로 이상 연구, 이상 약력, 작품 연보, 관계 문헌 일람 등을 실었다. 이 책에서 주목할 대목은 「부록편」이다. 「이상연구」는 앞서 밝혔듯이 1년 전(1955년) 12월에 『고대문화』에 「이상론 1」로 발표한 글을 독립된 형식으로 수정, 개작한 논문이다. 그의 첫 '이상 작품론'이다.

요지는 "스스로 '최후의 모더니스트'가 되어버린 이 '비극의 담당자'는, 절대자의 폐허에서 발생하는 모든 속도적 사건—절망, 부정, 불안, 허무, 자의식 과잉, 데카당, 항거 등 일체의 정신상의 경향—을 그의 문학에다 반영함으로써, 실로 보기 드문 혼돈, 무질서상相을 일신에 구현하고 만 것이었다"에 압축된다.

'이상 약력' 항목의 끝에서 '본 약력은 『이상선집』의 기록을 실지 조사에 의하여 정정보필訂正補筆한 것임'이라고 밝힌 걸로 봐 '선집'에 오류가 더러 있었던 모양이다. '작품 연보' 항목에서도 '본 연보는 실지 조사로서 확인함 것임'이라고 밝혀 편찬 과정에서 꼼꼼히 현장을 조사했다고 밝힌다.

제3권 말미에 「발跋」, 즉 발문이 실려 있는데 본문만큼이나 중요한 내용이다. 아직 그는 문단에 얼굴조차 제대로 내밀지 못한 형편인데 문인을 거쳐 벌써 '사학도' 소리를 듣고 있기 때문이다. 그는 평소 허물없이 지내는 'R형兄'이라는 사람한테서 "형! 형은 그만 사학도가 되셨구먼요"라는 얘길 들었노라고 밝혔다. 그리고는 그간 '사이비 사학도'가 겪은 고통, 어려움 등을 마치 작심했다는 듯이 털어놓는다.

"단 한 항項의 약력을 확인하고저 어떤 경우에는 5, 6개소 個所를 찾고, 7, 8종—20여 권—의 문헌을 뒤적였으니 그런 나를 '사학도'라 한 R형兄의 말에 조금도 과장은 없을 것이다. 그러고도 일자 미상未詳이 태반인 '약전略傳밖에 쓸 수 없을 때, 참 20년이라는 세월의 무서움이 통감되었다. 출판을 위해서만 그 막대한 원고를 10독讀했음을 고백하며, 그 외의 일은 속상하던 말과 고심담苦心談은 차라리 잠擾고(잠자코) 말기로 한다…."

그가 발문 첫 줄에서 "이 전집은 '젊은 세대'가 '젊은 세대'에게 드리는 정성의 선물"이라고 했는데 여기서 앞의 '젊은 세대'는 누구이며, 또 뒤의 '젊은 세대'는 누구인가? 나는 앞의 '젊은 세대'는 종국 자신과 같은 또래의 세대이며, 뒤의 '젊은 세대'는 그보다는 조금 어린 세대를 지칭한 것이라고 본다.

『이상전집』을 엮어낼 당시 종국은 스물일곱 살이었다. 그러니 아직은 '젊은 세대'라고 할 수 있는 나이다. 그러나 그보다 너 댓 살만 어려도 상당한 세대 차이가 난다. 즉 1945년 해방 당시 종국은 열여섯 살로, 경성농업학교 3학년을 마칠 때였다. 일반 학교로 치면 중학교 3학년 졸업반이다. 종국의 경우 일어를 자 유롭게 구사하고 쓰기도 했다. 그러나 그보다 너댓 살 아래인 아우뻘들은 일어가 자유롭지 못했다. 결론적으로 말해 일제 시 대의 사안을 일제 시대를 경험한 선배 세대들이 후배들에게 '서 비스'하겠다는 그런 의미로 봐야 한다. '선물'이라는 용어가 바 로 그 증좌인 셈이다.

이런 나 나름의 해석이 전혀 터무니없지는 않다. 문학평론가 방민호도 얼핏 그런, 즉 나와 비슷한 생각(?)을 암시해 반가웠다. 그는 『한국 전후문학과 세대』(향연, 2003)에서 "1929년생 임종국, 1932년생 고석규, 1934년생 이어령, 1936년생 김윤식 가운데 이렇게 언어를 넘어 현실과 역사로 직접 육박해 들어간 것은 『친일문학론』(평화출판사, 1956)을 쓴 임종국뿐이었다"고 썼다.

김윤식은 8월 초 전화 통화에서 "임 선생 세대가 일본말을 배운 마지막 세대다. 임 선생은 일본책을 볼 줄 알고, 또 일본말 도 자유롭게 구사했다. 1936년생인 나는 일본말을 배워서 공부 했다. 이상 연구나 친일문학 연구는 그들 세대가 잘 한다"라고 말했다.

생전에 그는 자신의 '마지막 5년'을 시봉한 김대기(1955년생, 전 '지평서원' 대표, 경북 포항 거주)에게 "언어란 것은 (시대의 변화에 따라 그 의미가) 변하는 것이어서 옛날 용어를 지금 사람들이 정확하게 이해하기란 힘들다"며 자신이 생전에 직접 그런 것들을 처리 (연구)하려 했다고 김대기에게 말했다고 한다.

사소하지만 짚고 넘어갈 게 하나 있다. 『이상전집』은 실질적인 편자가 임종국이라는 사실은 만천하가 다 아는 사실이다. 그래서 판권란의 '편자' 항목에는 엄연히 '임종국' 석 자가 박혀 있다. 그런데 스파인(책등)이나 판권란 박스 하단에는 이와는 별도로 '고대문학회 편'이라고 박혀 있다. 그러면 대체 고대문학회의 실체는 무엇이며, 또 『이상전집』 출간과는 어떤 관련을 맺고 있는가. 당시 고대문학회 회원이자 종국과 같이 활동했던 사람들의 증언을 몇 들어보자.

시인 인태성에 따르면, 고대문학회는 조지훈을 따르는 고려대 내의 문학도 모임이었다고 한다. 회원은 10여 명 정도. 여기서 『고대문화』를 발행했는데 이 매체는 고대 출신 문학도들의 창작 활동을 독려하는 터전이 되었다. 종국이 「이상론」을 여기에 발표한 것도 그런 연유에서다.

박희진(1931년생, 서울 수유리 거주)에 따르면, 당시 조지훈은 고대 출신 모든 문인들의 '정신적 지주'였다. 앞에서 언급한 대로 종국이 이상 연구를 시작한 이유도 조지훈의 권유에서 비롯됐다. 당시 조지훈은 국문과 교수였는데, 이들은 국문과 학생들은 아니었지만(종국 - 정치학과, 인태성·박희진 - 영문과) 조지훈을 따랐다. 이들은 나중에 조지훈의 추천으로 대개 문단에 데뷔했다. 종국이 나중에 신구문화사에 취직할 때도 조지훈의 추천으로 들어갔을 정도로 조지훈은 이들의 '후견인' 같은 존재였다.

『이상전집』을 '고대문학회 편'으로 한 것은 이런 전후 사정 속에서 하나의 '공동 작업'이라는 의미로 붙여진 듯하다. 앞서 언급한 대로 인태성은 실제 종국의 작업을 도와주기도 했다[이들보다는 후배이자 역시 고대문학회 회원 출신인 박노준(1938년생, 고려대 국문과 졸업, 전 한양대 인문대 교수)은 1956년 4월에 입학했는데 신입생들에게 『고대문화』 제1집을 무료로 나눠주던 일을 기억했다. 그러나 제2집을 내지 못하자 고대문학회는 동호인 모임으로 성격이 바뀌었고, 이들은 출판 활동 대신 1년에 두세 차례 문학발표회를 가졌다. 그 당시만 해도 아직 서울은 제대로 복구되지 않아 종로의 YMCA 건물도 파괴된 채 그대로였다. 이들은 일부 성한 YMCA 건물을 빌려 행사를 갖기도 하고 더러는 동화백화점(현 신세계백화점) 3층 꼭대기에 있던 '음악궁전'을 빌려 '문학의 오후' 행사를 갖곤 했다. 조지훈이 연사로 나와 특강을 하기도 했는데 전후 폐허에서 문화에 굶주린 청년들에겐 단비 같은 행사였고, 그래서 인기도 대단했다. 한동안 후속호를 못내던『고대문화』는 1960년 2학기 초 무렵 학교 측의 제작비 지원(절반)으로 제2집을 발행하게 됐다].

# 조지훈과 고대문학회

한편 당시 조지훈은 『고대신문』의 '주간교수'를 맡고 있으면서 이곳에 이들이 글을 쓸 기회를 마련해 주었다. 종국도 『고대신문』에도 더러 글을 기고했었다. 인태성은 종국이 『고대신문』에 「이상시론」을 쓴 걸 보고 찾아가서 만났다고 했다.

또 법학과 학생으로 당시 『고대신문』의 기자(나중에 편집국장 역임)로 활동하고 있던 신근재(1929년생, 서울 수유리 거주, 전 동국대 일문과 교수)는 "임종국이 『고대신문』에 투고할 글을 가지고 자주 신문사 출입을 해서 알게 됐다"고 증언했다. 나중에 종국의 첫 부인이 된 이선숙도 이곳에 소설을 연재했다(신근재 증언).

(『고대신문』은 국내 대학신문의 효시로, 초창기에는 부정기적으로 간행됐다. 창간 초기 편집, 광고를 모두 학생들이 자체적으로 해결했다. 서울대의 『대학신문』의 경우 전시연합대학 시절 창간돼, '범汎대학신문' 성격을 띤다. 제호에 '서울대'라는 특정 학교 교명을 못박지 않은 이유는 바로 이 때문이다.)

'조지훈의 화신'(신근재 증언)이라고 불린 박희진은 조지훈과

고대문학회 주최 '문학의 오후' 행사에서 특강을 하는 조지훈(박노준 제공).

각별한 인연을 맺었다. 종국, 인태성(이상 모두 52년 입학)보다 2
년 앞서 1950년 고려대 영문과에 입학한 박희진은 피난 시절인
1952년 대구 임시 교사에서 조지훈을 처음 만났다(종국은 박희진
보다 두 살 위였지만 대학 입학이 2년 빨라서 선배 대접을 했다).

　당시 조지훈은 '공초 오상순'을 강의했었다. 첫 인상은 큰 키
에 머리는 장발이었고 얼굴은 하얗고 수줍은 표정이었다고 박
희진은 기억했다. 박희진은 그간 써놓은 시 몇 편을 조지훈 앞
에 꺼내놓으며, 작품평을 감히 부탁했다. 시를 훑어본 조지훈은
"이만하면 수준작이다. 신문에 발표해도 되겠다. 내가 알선해
주겠다"며 적극적으로 호의를 보였다. 이후 박희진은 조지훈을
따르게 됐고, 그런 인연으로 성북동 조지훈의 집으로 자주 놀러

가기도 했었다.

종국과 조지훈 가家와의 인연을 한 줄 언급하고 넘어가야겠다. 이번 일로 지훈의 부인 김난희 (1922년생, 서울 미아리 거주) 여사와 전화 통화를 했는데, 아직도 전화 속에서 들려온 김 여사의 울먹이는 듯한 목소리를 잊을 수 없다. 마치 옛 연인을 떠올리기라도 하듯 종국에 대해 그립고 안타까운 마음을 간직하고 있었다. 다음은 김 여사의 회고담이다.

종국을 아끼고 물심양면으로
지도해줬던 조지훈

"지훈 선생님은 종국 씨의 정신 사상, 즉 반일 사상 같은 것을 좋아해서 마음으로 아끼고 사랑하셨습니다. 선생님이 살아계실 때 제자들이 성북동 집으로 자주 놀러오곤 했는데 종국 씨도 더러 왔었죠. 언젠가(그가 타계하던 1989년 가을임) 선생님 생각이 나서 왔다며 밤을 한 자루를 가지고 집(성북동에서 압구정동으로 이사함)으로 찾아왔습니다. 동행이 한 명 있었는데 그때 호흡하는 게 안 좋아 보였죠. 들어오시라고 해서 겨우 차 한 잔 대접했는데 그게 마지막 만남이 될 줄은…. 식사도 한 끼 차려드리지 못하고 그렇게 가시게 한 게 못내 마음이 아픕니다. 참으로 순박하고 좋은 분이셨는데 너무 일찍 가서서 안타깝습니다. 내 마음에 가장 잊지 못하고 기억에 남는 분이 바로 그 분입니다."

[김 여사는 전화 통화 내내 목소리가 젖어 있었다. 스승 지훈만큼이나 스승의 아내도 그를 아낀 듯하다. 1989년 종국이 타계하자 김 여사는 그의 빈소를 찾아가 유가족들을 위로했다(박노준·김대기 증언). 그러나 이번 전화 통화에서 김 여사는 자신이 문상을 갔던 일을 기억하지 못했다. 올해 연세가 여든둘이니 그럴 만도 하다. 그러면서도 종국의 아내 근황을 물으며 만나보고 싶다고 해 전화번호를 알려주었다. 김 여사는 미아리 원룸에서 둘째 아들의 손녀와 같이 사는데, 한번 방문하고 싶다고 했더니 늙은이 사는 집에 보여줄 게 없다며 한사코 사양했다.]

종국의 이상李箱 관련 대목은 이 정도에서 서서히 마무리를 해야겠다. 다만 두 가지만 더 짚어보자. 그의 이상 연구에 대한 총평, 그리고 그가 엮어낸 『이상전집』에 오류는 없는가 하는 점이다. 「간행사」에서 그는 "종래의 전재된 작품—『선집』 등 기타 - 에서 허다한 미스가 발견될 때 편자는 극히 불쾌하였다. 이 점 '미스의 전무全無'를 위하여 주의를 특히 거듭했으니 대과大過는 없으리라 자부하겠다"고 토로했다. 상당히 자신감이 넘치는 인상을 풍긴다. 물론 '10독'讀을 했다고 하니 그럴 만도 하다. 그러나 모름지기 완벽이란 없다. 그런 전제에서 보면 그의 작업 성과에도 무지에서 비롯됐든, 아니면 자료의 한계에서 비롯됐든 오류는 필시 존재한다.

위 두 가지 사항을 동시에 짚어주는, 똑 떨어지는 연구 논문이 한 편 있다. '오류'를 지적한 대목에서는 예시도 많고, 아주 꼼꼼하게 지적해 놓았다. 조해옥 씨(한남대 강사)가 쓴 「임종국의 '이상전집'과 '이상연구'에 대한 비판적 고찰」(『이상리뷰』제2호, 2003년 1월, 이상문학회)이 그것이다. 아마 종국이 생존해 이 논문을 보았다면 필시 조해옥에게 기꺼운 마음으로 감사를 표했을 터다. 먼저 총평부터 보자.

조해옥은 종국의 이상 문학 연구가 갖는 의미 가운데 하나는 "표면적이기는 하지만 이후로 이상 문학에서 논의될 영역들을 골고루 제시하고 있다는 점"을 먼저 꼽았다. 요약하면 이상 연구의 선구자이자, 기초를 닦았다는 얘기다. 특히 종국이 이상의 개인 이력이나 개인적 편견으로 이상의 작품들을 재단하지 않고 객관적 시각으로 작품 자체를 해석한 점을 높이 평가했다. 다만 「이상연구」는 작품 분석에서 충분한 근거를 통해 이상 문학의 특질을 찾아내는 데는 미흡했다고 지적했다. 즉 "그는 이상 문학적 특질로 '절망'을 제시하고, 그 부산물로 부정과 허무와 불안을 들었지만 외부적 정치 현실과 내부적 의식으로만 절망의 원인을 밝힐 뿐 좀더 구체적인 근거는 제시하지 못했다. 이는 표피적인 원인 규명에 지나지 않는다"고 한 점이다.

# 『이상전집』의 오류들

　다음은 『이상전집』의 오류 부분. 먼저 조해옥은 "이상의 작품집을 처음 집대성한 임종국의 작업은 이상 문학을 한 눈에 볼 수 있는 기회를 제공했고, 이상 문학 연구를 활발하게 하는 데 지대한 공헌을 했다"고 평가했다. 그러나 "이상 문학 작품 원전을 임종국이 수정하고 정리하면서 원전의 의미가 명확해진 경우도 있었지만 집대성 과정에서 많은 오류가 발생하였음을 확인했다"고 밝혔다.

　그런데 그가 『이상전집』에서 범한 오류는 후대에서 제대로 바로잡히지 않은 모양이다. 조해옥이 "원전을 확인하는 노력 없이 임종국의 『이상전집』을 그대로 텍스트로 삼는 연구 행태와 전집 발간은 비판받아 마땅하다"고 덧붙인 걸 보면 그렇다. 조해옥에 따르면, 종국의 『이상전집』 이후 발간된 이어령판(『이상시전작집』, 갑인출판사, 1978), 이승훈판(『이상문학전집1권』, 문학사상사, 1989)에서도 원전을 오기한 부분은 수정되지 않았고, 심지어 어

떤 경우에는 임종국판보다 원전에서 더 멀어진 경우도 있다고
했다.

그러면 조해옥 등이 찾아낸 구체적인 오류 실태 몇 가지만
언급하기로 한다. 우선 김기림의 『이상선집』과 임종국의 『이상
전집』에서 동일하게 범한 오류로, 「시詩 제8호 해부解剖」의 "진실
眞實"이 "진공眞空"으로 바뀐 것, 「정식正式 Ⅲ」의 "시간을"의 "을"
이 빠진 것, 「소영위제素榮爲題」의 "네거짓말네농담弄談"에서 "말"
이 빠진 것 등이 발표 당시의 이상의 시 원문과 다르게 표기된
부분들이다. 이어 「시詩 제5호」에서 "모후某後"의 "모某가 임종국
전집과 이어령 전집, 이승훈 전집에서 "전前"으로 바뀌어 표기돼
있다. 또 「아츰」의 "유췌惟悴한"이 그간의 '이상전집'들(김승희판 전
집을 제외한 임종국, 이어령, 이승훈판 전집)은 모두 "초췌焦悴한"으로 바
뀌었다.

놀랄 만한 사실도 보인다. 역시 조해옥의 논문에 나오는 얘
기다. 종국이 이상의 일문시를 번역하면서 외래어에는 음절마
다 모두 방점을 찍어 놓았는데 후대의 연구자들은 이런 방점이
찍힌 상태를 그대로 이상의 시 텍스트로 삼는 웃지 못할 일이
벌어졌다. 이는 후학들이 원전을 전혀 안 찾아 봤다는 얘기다.

하나 더. 조선건축회가 펴낸 『조선과 건축』의 1931년 8월호
에는 「조감도鳥瞰圖」라는 큰 제목 아래 '2인二人…1…', '2인二人…
2…' 등을 시작으로 총 8편의 일문시가 실려 있다. 그런데 임종
국 전집에서 「조감도鳥瞰圖」 대신 「오감도烏瞰圖」라는 큰 제목이
붙어 있다. 이상이 「오감도烏瞰圖」라는 큰 제목을 붙인 것은 『조

선중앙일보』에 1934년 7월 24일부터 그해 8월 8일까지 게재했던 국문시 「시詩 제1호」부터 「시詩 제15호」를 실으면서 붙였던 큰 제목이다. 임종국 전집 이후에 간행된 이상전집류에서 이것이 수정된 적은 없다(종국은 1966년에 간행한 개정판에서는 이를 바로잡았다).

한편 종국은 1956년 『이상전집』(태성사)을 출간한 지 10년 뒤인 1966년 출판사를 바꿔 문성사에서 단행본 한 권으로 개정판을 냈다. 조용만의 서문은 그대로 실렸으나(제목은 「初版 序」), 달라진 것은 종국의 초판의 「간행사」 대신 「개정판 서序」와 「범례」가 별도로 추가된 점이다. 그런데 추가된 두 곳에 참고할 점이 적지 않아 보인다. 초판 간행 이후 10년간에 벌어진 일들이 더러 언급되었기 때문이다.

이에 따르면, 초판은 반년이 안 돼 매진됐으나, 1959년 12월, 즉 초판이 3년 뒤 3판 발행을 마지막으로 사실상 절판됐다고 한다. 그러나 첫 출판사와의 신의 때문에 그 사이 추가 출판 수요가 있었음에도 출판사를 옮기지 못하다가 최종적으로 태성사에서 더 이상 출판을 할 수 없게 되자 출판사를 옮겨 개정판을 내게 됐다는 것.

눈여겨 볼 대목은 『이상전집』 간행 후 문학계와 출판계의 변화상이다. 초판 발행 후 이를 바탕으로 이상에 대한 본격적인 연구, 재검토가 이상 문학의 전반에 걸쳐 활발하게 전개되었다고 자평했다.

또 하나는 출판계에 전집물 발행이 유행처럼 번져갔다는 점이다. 종국이 쓴 글을 보자.

  "4×6판 전3권, 총 2000여 면(쪽)의 『이상전집』이 반년 미
만에 매진되자 출판계에 전집 붐이 일어나면서 무슨 전집,
무슨 전집… 형형색색의 기획 출판물이 꼬리를 물었던 것이
다. 그러나 기실 그 초판이 발간될 당시만 해도 많은 출판사
들은 그 계획을 냉소했으며, 덕분에 편자가 원고 보따리를
싸들고 우왕좌왕한 것도 사실이었다. 이리하여 편자는 감
히―자화자찬이라고 냉소할 분도 없잖겠지만―『이상전집』의
간행은 문학 사상 또는 출판 사상 아울러 무의미한 일은 아
니었다고 자부하는 것이다"

「범례」 전반부는 초판의 간행사와 유사하다. 다만 초판의
「부록」은 그대로 살리되 "이상 문학의 난해성에 비추어, 또 대중
의 이해에 자資하기 위해서" 부록을 대폭 보강했다. 「제5부 해석
과 감상」이 그것이다.

이밖에 일문 작품은 원문과 역문 2종을 같이 수록하면서 역
자와 작품명도 공개했다. 즉 유정柳呈은 일문시 「오감도」의 8편
과 「이상한가역반응」의 6편, 김수영金洙暎은 유고집 중 「유고遺
稿1」이하의 전부(단 「유고4」와 「회한의 장章」은 제외), 김윤성金潤成은
「유고4」, 그리고 편자 임종국은 「3차각설계도」의 7편, 「건축무
한육면각체」의 7편, 유고집 중 「집각集脚」~「최후最後」의 9편과
「청령蜻蛉」, 「한개個의 밤」, 「회한의 장」 등이다.

# 『문학예술』서 「비碑」로 시단에 데뷔

「이상론」과『이상전집』간행에서 보듯 초창기 종국은 이상처럼 시인이나 소설가, 즉 창작자가 아니라 평자評者였다. 그러나 그의 재능 속에서는 뭔가 창작의 욕구가 꿈틀거리기 시작했다. 그 자신이 "중학 시절의 꿈이 하기야 문학자"(「제2의 매국, 반민법 폐기」 중에서)라고 쓰기도 했다. 여기서 일컫는 '문학자'가 '작가'를 말하는 것인지, 아니면 '문학평론가'의 범주까지를 확장해서 의미한 것인지는 정확히 알 수 없다. 다만 중학생 시절에 꿈이 문학자라고 했다면 평론가보다는 오히려 작가 쪽이 가까웠을 가능성이 높다.

『이상전집』으로 평단評壇의 주목을 받은 그는 이듬해(1957년) 8월 문예지『문학예술』에 시「비碑」를 발표하면서 문단에 얼굴을 내밀었다. 이로써 문학평론가가 아닌 '시인 임종국'이 등장하게 된 셈이다. 우선 그의 등단작을 감상해보자. 다음은 전문이다.

「비碑」

처음에는 그는 고읍다만
화정花精이었다. 아니,
아무도 들은 적 없는
향香긋한 소리의 망울이었다.

오늘——
나는 그의 이름을
알지 못한다. 다만
모습이라고 생각할 따름…….

　　　　　　　　　※
(그것은 필연必然의 풍경風景이었다.)

무너진 성벽城壁 아래
영원永遠히 울리지는 않을
종鍾이 구을며 있는
고개마루——.
사과나무며 무화수無花樹 잎이
시든 하늘을
사나운 짐승의 포효咆哮에
눈보라 휩쓰는
아우성

소리.

그날
꽃의 가슴에랑은
낯설은 문자文字가 낙인烙印되었다.
몽롱朦朧한 일월日月 속에서
화석化石한 문자文字가 자라고
굼실거리는 안개가 피고
그리하여 꽃은 어느듯
스스로의 가슴을 찢는
애타는 버릇을 갖고 말았다.
그리움에 사랑에 젖은,
피보다 짙은, 아아


또 하나의 풍경風景을 위爲한 그 버릇을….

※

오늘
세월歲月에 낡어가는 문자文字가 있다.
그 위를 고웁다던 귀열龜裂이 자리를 한다.

아무도 들은 적이 없는
향香긋한 소리의 꽃이 망울인 모습 ———
망울 속에서는 언젠가

마조 우러른 기억記憶과 같은
그런 모양의 비碑가
크며 있었다.


　당시 등단은 3회 추천으로 완료됐다. 종국의 1, 2차 추천자
는 정확하지 않지만 여러 정황으로 볼 때 조지훈으로 추정된다.
그의 문우 가운데 박희진의 경우 1, 2차는 이한직이, 3차 최종
추천자는 조지훈이었다. 인태성도 같다. 인태성에 따르면, 당시
『문학예술』의 경우 조지훈, 이한직 등의 심사위원들이 돌아가면
서 심사를 하고 또 추천도 했다고 한다. 종국을 추천한 이한직이
그해 『문학예술』 8월호에 실은 「시천기詩薦記」는 다음과 같다.


　"언제였던가 임종국 군君의 시가 처음으로 『문학예술』에
실리게 되었을 때 나는 그의 발상이 장시長詩를 꾸미는 데 적
합한 것 같다고 지적한 것을 기억하고 있다. 그의 시詩 정신
은 장시의 형식을 위하여도 안심되리 만큼 튼튼한 골격과
기운찬 폐활량을 갖추고 있었던 것이다. 그런데 하나 험(欠)
이 있었다면 그것은 조잡한 '레토릭'이었는데 여기에 실리는
「비碑」에서는 시를 매만지는 그의 손길이 놀라우리만큼 섬세
하고 부드러워졌다. 발심發心하는 바 있어 도봉산 기슭으로
들어 앉아 병아리를 기르기 시작한 군君은 시를 매만지는 새
도 낙마落馬하기 쉬운 병아리를 다룰 적만큼 조심하기 시작
한 모양이다."

이한직의 「시천기」에 따르면, 종국은 피천작 「비」이외에 앞서 『문학예술』에 시를 더러 투고했던 모양이다. 아마 그 가운데는 조지훈이 추천한 게 몇 편 실렸을 가능성이 높다. 이한직은 종국이 장시長詩에 적절한 인물로 본 듯싶다. 그러나 종국이 생전에 남긴 10여 편의 시 가운데 장시는 없다. 이한직이 그의 시를 두고 '조잡한 레토릭'이

『문학예술』 1957년 8월호 표지.
(국립중앙도서관 소장본)

흠이라고 지적한 대목은 상당히 예리한 지적이다.

그의 시를 살펴보면, 시어가 섬세한 정도를 넘어 지나치게 인위적이고 감성적이어서 눈에 거슬린다. 전반적인 시정詩情은 허무주의와 비관조調를 띤 게 특징이다. 이는 그의 젊은 날의 고통과 불만의 세월, 그리고 이후 장년이 돼서도 극복되지 못한 일종의 애정 결핍증이 투영되었기 때문이다.

예나 지금이나 신인이 기성 문단에 등단하는 길은 크게 두 가지다. 하나는 신춘문예와 같은 공모전을 통하는 방법, 또 하나는 문학잡지나 기성 문인의 추천을 받는 방법이 그것이다. 신춘문예의 역사는 제법 오래됐다. 일제 시대에도 있었고 아직도 맥

을 이어오고 있다. 추천제는 아마 해방 후 활성화 된 듯 보인다.

인태성의 경우 1956년 『문학예술』에 추천돼 시단에 등단하기 1년 전 『동아일보』 창간 35주년 기념 작품 모집에 응모해 시 부문에서 가작으로 입선했다. 제목은 「꽃지는 날에」. 당시 『동아일보』의 작품 모집은 해방 후 신춘문예의 부활을 알리는 신호탄이었다(인태성 증언). 그러면 1950년대 당시 국내 문예지의 판도를 한번 훑어보자.

당시 문예지 판도는 크게 보면 4파전이었다. 전후에 그래도 문학잡지만도 서너 종이 있었다는 사실은 놀라운 일이 아닐 수 없다. 우선 1949년 8월 1일 창간돼 1954년 전반기까지 유일한 문예지였던 『문예』가 선두에 꼽힌다. 창간 초기 발행인은 모윤숙, 편집인은 김동리였다(2권 5호부터 편집인이 조연현으로 바뀌었다). 한국전쟁을 거치면서 경영상 고전을 면치 못하던 『문예』는 급기야 통권 21호로 1954년 3월호를 끝으로 아쉽게도 막을 내리고 말았다. 이처럼 전쟁은 인명이나 재산 피해는 물론 예술에 끼친 부정적 영향도 결코 적지 않았다.

『문예』가 종간되자 바로 그 다음달(4월) 1일자로 창간된 문예지가 『문학예술』이다. 이 잡지는 『문장』 출신의 희곡작가 오영진이 편집 겸 발행인을 맡았는데, 역시 『문장』 출신의 시인 박남수가 편집에 깊이 관여했다. 『문학예술』은 실력 있는 작가들을 많이 배출해 문단의 주목을 받았다. 대표적인 인물로 시에서는 박희진·성찬경·신경림 등, 평론에서는 이어령·유경환, 소설에서는 이호철·최상규 등이 그들이다. 그러나 『문학예술』 역시 경영난으로 창간 3년여 만인 1957년 12월 통권 33호로 종간되고 말았다. 이로써 한국전쟁 후 황폐했던 문단에 모처럼 활기를 불어넣었던 신인 작가들이 비빌 언덕을 잃고 만 셈이다.

『문학예술』보다 9개월 뒤인 1955년 1월에 창간된 문예지가 『현대문학』이다. 초대 사장은 김기호, 주간은 조연현, 편집장은 오영수가 맡았다. 『현대문학』은 한국 현대문학사에서 명멸한 여러 문예지 가운데 아직까지도 건재하고 있는 유일한 존재다.

이 시기 맨 뒤에 창간된 문예지가 『자유문학』이다. 1956년 6월 자유문인협회 기관지로 창간된 이 잡지는 초대 편집 겸 발행인은 김기진, 주간 송지영, 편집장은 김이석이었다. 『자유문학』은 『문학예술』과 『현대문학』 두 진영 어디에도 속하지 않는, 이른바 '제3세력'의 결집체로 1963년 4월 통권 제71호로 문을 닫았다.

# '귀족 시인' 이한직의 면모와 추천기記

눈 밝은 독자는 이 즈음에서 궁금증 하나를 가진다. 종국을 『문학예술』에 추천해 시단에 등단시킨 이한직(1921~1976)이라는 다소 '낯선' 이름의 주인공 말이다. 바로 위에서 문예지 얘기를 할 때 거론됐던 이름들은 중고등 시절 국어 교과서나 문학지 등에서 더러 들어도 봤던 이름들이다. 그러나 이한직이란 이름은 상당히 낯설다. 나 역시 국립중앙도서관에서 M/F로 서비스하는 『문학예술』을 검색해 보기 전에는 그를 알지 못했다.

당시 박희진, 인태성, 이어령, 임종국 등을 추천할 정도라면 일단 이들보다는 선배 그룹이 확실하다. 그러면 이한직은 대체 누구이며, 그가 우리 문학사에서 차지하는 위치는 어디일까? 시인 신경림은 지난 1998년에 펴낸 『신경림의 시인을 찾아서』(우리교육)에서 이한직을 자세히 소개했다. 신경림의 책을 참고해서 이한직의 실루엣을 그려 본다.

사실 신경림이 소개하기 이전까지 이한직은 우리에게 친숙한 시인은 아니었다. 정확히 말하면 세월 속에 묻혀진 채 결과적으로 '잊혀진 시인'이었음은 분명하다. 신경림 역시 글 첫머리에서 "박목월 시인이 '세상의 궂은 길을/ 흰 두루마기 사려입고// 혼자 걸어 온 고고한/ 정신의 귀공자'라고 노래한 이한직 시인을 기억하는 사람은 많지 않을 것이다"라고 적은 걸 보면 그렇다.

이한직은 1921년 전주 출생으로, 호는 목남木南이다. 55세라는 결코 길지 않은 삶을 산 그는 생전에 겨우 23편만을 남겼을 뿐이다. 시집은 그의 사후에 출간된 『이한직 시집』(문리사, 1976) 단 한 권뿐이다. 남긴 시는 많지 않지만 그의 시 몇 편은 "자갈처럼 쌓인 시의 돌무덤을 뚫고 우리 시사에 우뚝 솟을 시"라고 신경림은 평했다.

신경림이 그의 '출세작'이라며 책에서도 소개한, 그가 스물(1941년)에 쓴 시 한 편을 감상해보자. 제목은 「풍장風葬」. 다음은 전문이다.


「풍장風葬」


사구砂丘 위에서는
호궁胡弓을 뜯는
님프의 동화가 그립다.

계절풍이여
카로반의 방울소리를
실어다 다오

장송보葬送譜도 없이
나는 사구砂丘 위에서
풍장風葬이 되는고나

날마다 밤마다
나는 한 개의 실루엣으로
괴로워했다

깨어진 올갠이
묘연杳然한 요람搖籃의 노래를
부른다, 귀의 탓인지

장송보도 없이
나는 사구砂丘 위에서
풍장風葬이 되는고나

그립은 사람아

시인 정지용은 이 시를 『문장』지에 추천하면서 "패기도 있고 꿈도 슬픔도 넘치는 청춘 20이라야만 쓸 수 있는 시"라고 찬사를 보냈다고 한다. 신경림은 그러나 "구김살이라고는 없는 이 '청춘 20'의 바탕에는 도도한 귀족주의가 깔렸다는 점도 간과해서는 안 될 것"이라고 했는데 여기서 '귀족주의' 운운은 그의 태생을 두고 한 말이다.

그의 부친은 당대의 세도가였다. 부친 이진호는 한말에 평안도 관찰사를 지냈고, 일제 때는 중추원 참의와 경북지사, 조선총독부 학무국장을 지냈다. 당시 총독부 학무국장이라면 지금의 '교육부장관'에 해당하는 대단한 자리다. 일제 때 조선인으로서 장관급인 총독부 국장을 지낸 사람은 그의 부친과 엄창섭 두 사람뿐이다. 두 사람 다 학무국장을 지냈다.

그런 환경으로 인해 이한직은 일본인 아이들이 다니는 학교, 당시로선 귀족 학교에 다녔다. 그런 탓으로 그는 귀족주의가 몸에 배인 듯싶다. 그러나 그는 놀랍게도 우리말로 시를 써 경성중학을 졸업하고 일본 게이오慶應대학에 입학한 1939년 봄 『문장』지에 정지용의 추천으로 발표하게 된다. 우리말을 배울 기회가 없었던 그가 우리말로 시를 썼다는 사실은 크게 주목할 만한 대목이라고 신경림은 썼다.

그는 '친일파의 아들'이라며 손사래를 친 처가쪽의 반대에도 불구하고 1950년 당시 부통령이던 인촌 김성수의 딸과 결혼, 화제가 됐었다. 1960년 4·19로 들어선 장면 정부 시절에는 주일문정관駐日文政官으로 근무하다가 이듬해 5·16 쿠데타가 발생하자 이를 반대하는 성명서를 발표, 한동안 입국을 정지당했다.

그리고는 1976년 쉰다섯의 많지 않은 나이로 이국 일본 땅에서 췌장암으로 생을 마감했다.

이한직의 문단에서의 공로라면 오영진, 박남수 등이 주재하던 『문학예술』지에서 조지훈과 함께 시 추천을 맡아 많은 신인을 배출한 점이다. 이와 관련한 내용은 이미 앞에서 언급했다.

그가 문단에 추천한 십 수 명의 신인 가운데 '추천 제1호'는 '잊혀졌던'

종국을 『문학예술』에
추천한 시인 이한직

그를 세상에 널리 소개한, 바로 신경림이다. 신경림은 "어떤 친구는 조지훈의 추천을 받았으면 좋았을 것이라며 아쉬워했지만 내 생각은 달랐다. 젊은 시절의 그의 시를 좋아했고, 젊은 산문을 통해서 그의 시적 안목을 알고 있었다. 또 중학 시절 「이한직론」을 교지에 쓴 일이 있는 유종호가 당시 나와 하숙을 같이 했는데 '다른 어떤 시인보다도 이한직이 시를 보는 눈이 윗길일 것'이라며 격려하기도 했다"(「삶의 뒤안길에서―글 쓰면서 만난 사람들」, 『세계일보』 2004. 9. 5)고 밝혔다. (참고로 『문학예술』서 배출한 '시인 1호'는 박희진이며, '소설가 1호'는 이호철이다. 이호철은 1955년 황순원에 의해 단편소설 「탈향脫鄕」이 『문학예술』에 추천되고, 이듬해 「나상裸像」으로 추천이 완료돼 소설가로 등단했다.)

박목월이 조시弔詩에서 "프랑스의 조숙한 천재 랭보는/ 30여 편의 작품을 남겼다지만// 겨우 20편의 작품을 남긴/ 그 준엄한 결백성"이라고 평한 이한직은 신경림의 인상에는 '몰락했으면서도 완전히 씻어 버리지 못한 귀족의 티 같은 것이 남아 있다는 느낌'으로 비쳐졌지만 '짙은 우수와 허무'가 바탕에 깔린 사람이었다.

반면 소탈한 구석도 없진 않았다. 종국이 추천되기 한 호<sup>號</sup> 전인 『문학예술』1957년 7월호에 이종헌을 추천한 후 쓴 「시천기」에서 "첫 눈에 선뜻 드는 시인은 아니었지만 씹을수록 맛이 나는 시인이었다"고 이종헌을 평하고는 "작품에 관한 구체적인 언급을 못해서 미안하지만 이것으로 붓을 놓는다. 나는 요새 대단히 바쁘다. 이종헌 군, 한번 찾아오시오. 하로(하루) 저녁 조용히 이야기나 합시다"라고 맺었다. 요새 같으면 성의 없는 추천사라고 비난받기 십상인 글이지만 역설적으로 인간적인 넉넉함이 묻어난다고 하겠다. 이한직은 1957년 조지훈, 유치환, 박목월, 김경린 등과 함께 시인협회 창립을 주도하기도 했다.

마지막으로 그의 추천을 통해 시인으로 등단한 박희진을 통해 이한직을 마무리해 보자.

"인품은 신사였죠. 고고한 기품으로 일관했으며, 시인으로서의 프라이드가 강했던 분입니다. 남긴 작품은 몇 안 되나 모두 수준작들이죠. 유고집의 작품 낱개 하나하나가 모두 알찹니다. 정지용 시인의 경우 시집이 『정지용시집』『백록담』 등 두 권에 불과하지만 우리 문학사에서 높은 평가를 받고 있습니다. 즉 '합격품'만 수록된 셈이죠. 반면 김소월이

나 한용운의 경우 시가 좋은 것은 좋지만 시원찮은 것도 적지 않습니다. (이한직은) 그들과 대비되는 인물입니다."

종국도 그의 이름을 한번 언급했다. 그의 대표작 『친일문학론』(평화출판사, 1966) 마지막 '결론' 부분에서는 '끝까지 신념을 지키며 단 한 편의 친일 문장도 남기지 않은 '영광된 작가'(원본에 큰 호수 활자에 굵은체로 인쇄돼 있다)들을 거론하면서 이한직을 거명하고 있다. "복강福岡(후쿠오카) 감옥에서 옥사한 시인 윤동주, 폐허파廢墟派에서 변영로, 오상순, 황석우, 조선어학회에 관계하면서 시와 수필을 쓴 이병기, 이희승, 젊은 층으로 조지훈 박목월, 박두진 등의 청록파 세 시인과 박남수, 이한직의『문장文章』출신…."

한편 종국은 1960년 1월호『사상계』에서「자화상」외 2편이 추천돼 정식 시단에 등단하게 된다. 그럼 두 매체에서 두 번 추천받은 것인가? 인태성이 이 궁금증에 대한 해답을 갖고 있다. 그의 증언을 들어보자.

"『문학예술』이 1957년 12월 통권 33호로 폐간되자 이곳의 사실상 편집자였던 박남수가『사상계』(1954년 3월 창간)로 일자리를 옮겨 갔습니다. 그런데『문학예술』서 추천이 진행중이던 사람들은 이 잡지가 폐간되자 추천을 마무리하지 못한 상태가 되고 말았죠. 그러자『사상계』로 옮긴 박남수가 거기서 그 건을 마무리해 줬습니다. 임종국도 그런 경우에 해당되는 셈이죠."

# '철저한 자유인'을 꿈꾸다

『이상전집』간행으로 문단에 이름이 알려지고 제법 수입도 있었던 종국은 도봉리 집과 서울을 오가며 작업을 했다. 그는 군 수송대가 떠난 빈 막사에서 양계를 하며 수입도 올리고 틈틈이 글도 썼다. 더러 문단 모임에도 얼굴을 내밀었다. 그의 표현을 빌리면, "시 몇 줄과 『이상전집』을 꿰차고 문단에 얼굴을 내민 후 몇 해간 나는 술도 약간은 마셨다"고 할 정도다. 그간 몇년간의 고통과 불만에서 상당히 벗어난 듯한 표정이다.

생전에 그가 펴낸 저서들 판권란의 경력 사항을 보면 '60년대 사화집詞華集 동인'이 더러 보인다. '사화집'이란 흔히 짧고 우수한 시의 선집選集, 특히 여러 작가들의 시를 모아 놓은 형태를 말한다. 영어로는 앤솔러지anthology. '60년대 사화집'의 창립 멤버는 박희진, 성찬경, 박재삼, 이경남 등 12명이었다.

모임의 실질적 대표는 박희진이었으며, 1961년 동인지를 창간해 1967년 종간 때까지 모두 12권을 냈다. 멤버 중의 이경남은 원고 편집, 교정, 제책製冊 등 사무 처리를 맡았다. 이 동인 모임은 5·16 직후 문단 조직이 해체된 상황에서 문인들의 작품 발표 지면 확보에 적잖게 기여했다. 아울러 이로부터 2~3년 뒤 동인지가 수십 종 생겨나는 데 기폭제 역할을 했다. 종국은 뒤늦게 이 동인 모임에 가입해 더러 얼굴을 보이기도 했다.

애초 고시 공부를 하다가(물론 이것은 그가 진정 마음속으로 원하고 좋아해서 한 게 아니다. 위정자들의 실정失政에 대한 분노 때문에 한 일종의 오기다) 그가 문학으로 방향을 튼 이유는 경제적 문제 때문에 더 이상 학업을 할 수 없었기 때문이다. 만약 학비 걱정이 없었다면 그는 무난히 대학을 마치고 고시를 통해 판검사나 관리가 됐을 듯싶다.

청년 시절 진학 문제로 한 차례 좌절을 경험한 그는 대학 시절 학업 중단으로 두 번째 좌절을 경험하게 된다. 그런 상황에서 그가 세운 인생의 방향은 바로 '자유인'이었다. 그것도 오기와 반골로 똘똘 뭉쳐진, 다소 고집불통 외톨박이 같은 그런 거였다. 그가 청춘 시절에 감내해야 했던 '불만과 불운'을 보상해 주고 앞으로의 삶에서 자신을 위안해 줄 키워드는 오로지 '자유인'이라고 그때 그는 이미 결정했다. 그리고 그런 방향은 그가 숨을 다할 때까지 궤도 수정이 없었다. 그가 고백한 글을 보자.

"(대학 휴학 후) 죽치고 앉아서 암담한 생각으로 해를 보내고 있을 때 내 안에서 중뿔난 소리가 들려 왔다. 타고난 오기라 할까, 반골의 소리가 나를 유혹했던 것이다. 권좌權座에 앉아서 만 사람을 머리 숙이게 하지 못할 바에야, 내가 만 사람에게 머리 숙이지 않으면 그만이다. 권력을 내 것으로 못한다면 대신 자유를 가지면 될 게 아닌가? 권좌에 연연하고 뇌물에 머리 숙이는 치사한 인간이 되느니 철저하게 자유인으로 살자! 어디에도 매이지 않은 뜬구름 한 조각이 되어 권력 대신 하늘만한 자유를 내 것으로 하면서 사는 거다! 이리하여 나는 신주단지 모시 듯하던 법률 책들을 술과 바꿔 버리고 말았다. 후련한 것도 같고, 서운한 것도 같았던, 젊은 날의 자화상 한 토막이다."(『술과 바꾼 법률 책』중에서)

예술은 자유를 먹고 산다. 자유 없이 예술은 존재할 수 없다. 시간당, 일당 개념으로 평가할 수 없는 게 또한 예술이다. 종국은 머리는 좋았지만 그렇다고 '범생이'는 아니었다. 그건 예술가 기질을 타고 났다는 얘기다. 며칠 만에 법률 책 한 권을 통째로 외우기도 했지만 작품 구상 때는 '괴팍한 느림보'였다.

시작詩作 초창기의 일이다. 어느 겨울날 뭣이 그리 잘 안 풀렸던지 종국은 또 성질을 부리며 집안에 있던 장독이란 장독은 다 때려 부쉈다. 순화가 나서서 이를 말리자 순화의 머리끄덩이를 잡아당기며 손찌검을 해댔다. 순간적으로 순화는 자기방어를 한다는 것이 오빠의 손을 할퀴었다. 나중에 보니 오빠의 손에 손톱자국이 선연했다.

순화는 그게 아직도 마음에 걸리고 가슴이 쓰리단다. 차라리 내가 몇 대 더 맞고 말 것을. 순화 눈에는 아직도 그 손톱자국이 선명하고 그 손톱자국만큼이나 빨간 상처가 되어 연민으로 남았다. 순화 바로 아래, 그와는 열일곱 살 나이 차이가 나는 막내 여동생 경화도 그런 비슷한 기억을 갖고 있다.

"도봉리에 살 때 오빠는 시를 쓴다고 하면서 밤에는 쓰고 낮에는 잠을 잤습니다. 그때는 다들 워낙 어려울 때가 돼놔서 한 방에 아버지, 엄마, 오빠, 언니들, 심지어 손님이 오면 손님까지도 한 방에 같이 잤습니다. 오빠가 밤에 시 쓰는 모습은 자느라고 못 봤지만 낮에는 한번 방에 들어가면 소변이 마려워도 나오지 못했고, 또 한번 나오면 들어가질 못했습니다. '시끄러버!'(시끄러워) 하고 오빠가 호통을 치면 간이 콩알만 해졌습니다.

또 밥상을 차려놓고 '오빠, 밥!' 하고 깨우면 '지금 내가 멋진 시상이 떠올랐는데 네가 깨우는 바람에 시상이 달아나 버렸다'고 해서 황당한 적이 한두 번이 아니었습니다. 오빠는 집에서도, 밖에서도 '괴짜' 소리를 들었지만 오빠를 이해해주는 사람을 만나지 못한 게 불행이었습니다."

# 미발표 유고 등 10여 편의 시詩 남겨

한편 그가 초창기 시를 발표했던『문학예술』이 창간 3년여 만에 문을 닫자 그는『사상계』로 무대를 옮겼다. 앞서 언급한 대로 시인 박남수가 이곳에서 그를 포함해 여러 신인들을 돌봐주었기 때문이다. 현재로서 단언키는 어려운 일이나 적어도 내가 보기엔 그는『이상전집』이나『친일문학론』에 버금갈 만한 시를 남기진 못했다. 그러나 그는 시인이 되고자 했고, 또 유작을 포함해 총 10여 편의 시를 남기기도 했다[이 가운데 이번 책을 집필하면서 그의 유품을 살피다가 메모장(일기장)에서 새로 찾아낸 시 몇 편을 포함시켰다].

그러면 '시인 임종국'이 남긴 대표작 몇 편을 훑어보자. 참고로 그가『사상계』에 발표한 시는 6편 정도로 파악되었다. 먼저『사상계』추천작「자화상自畵像」외 2편부터. 다음은「자화상」전문이다.

「자화상自畵像」

벽壁을 붙들고 기진氣盡한 한 마리 나비.
나비 날개를 고웁게 물들이는 문門틈의 햇살.
그러고 보니 그놈은 어디서 보았다는 기억記憶이 있다.

 어느 꿈에서일까?

노오란 꽃가루들이 하늘하늘 날으는 태양太陽 아래서
나비는 동화童話처럼 화밀花蜜을 빨고.

밤이 누적累積해 가는 까아만 층계層階의 일각一角에서 그
는 낙엽落葉처럼 휩쓸려가고 있었다.

(암전수회暗轉數回…파도波濤 소리)

…벽壁을 붙들고 기진氣盡한 나비 날개를 한줄기 햇살이
비치고 있다. 그것은 유월六月의 질풍疾風. 그때 문득 나는
내 폐벽肺壁에 노도怒濤 같은 기旗빨을 의식意識하면서 나비
처럼 날개를 펴고 있었다.

『사상계』1960년 1월호에 실린 시다. 「자화상」이라는 시제
를 단 걸로 봐 당시 그의 심경이 담긴 듯 보인다. 실제 그렇게

읽힐 대목도 더러 보인다.
나의 주관적인 해석을 전
제할 때, 첫 행의 "벽壁을
붙들고 기진氣盡한 한 마리
나비"는 그야말로 자신의
모습이다. 여기서 '벽'은 학
비 문제로 극복할 수 없었
던 공부(또는 고시 공부) 또는
학업을 말한다. 그걸 붙들
고 그는 기진맥진할 정도
로 심신이 지쳤다. 그런 그
는 순수하고 예쁘지만 힘
없는 한 마리 '나비'였던 셈

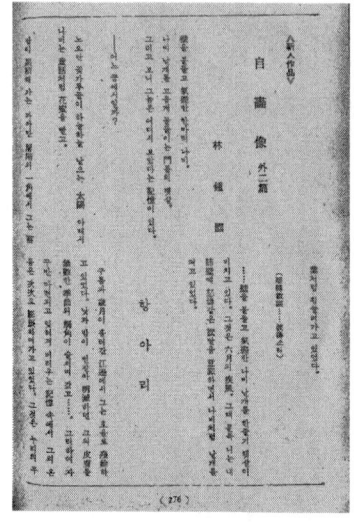

『사상계』 1960년 1월호에 실린 「자화상」 등

이다. '나비'는 그의 시에서 자주 등장하는 상징어다(소심하면서도
연약한 성격의 그였기에 그런 상징성을 띤 나비를 그는 진짜로 좋아했는지도
모른다).

이어 2행의 "나비 날개를 고웁게 물들이는 문門틈의 햇살".
심신이 지친 그런 그에게 어느 날부터 봄날 '문틈의 햇살'처럼
한 가닥 훈기가 돋아났다. 『이상전집』 간행과 문단 데뷔 등이 그
것이다. 고시 공부 중단으로 좌절해 있던 그에게 문학은 마치
'구원의 여신'과도 같다.

다시 3행 "그러고 보니 그놈은 어디서 보았다는 기억記憶이
있다." 그럼 기억이 있고 말고. '그놈', 즉 문학은 그의 '중학 시절

의 꿈'이었다. 그러니 어디서 본 듯한 기억이 날 밖에. 여기까지
만 봐도 「자화상」이라는 이 시의 제목은 진실하다.

그리고 그는 여기서 좌절이나 절망이 아닌, 희망을 얘기한
다. "벽壁을 붙들고 기진氣盡한 나비 날개를 한줄기 햇살이 비치
고 있다"는 대목이 바로 그것이다. 그의 시는 얼핏 보면 어려워
보이나 그의 주변을 이해하고 곰곰이 씹어보면 금새 행간이 읽
힌다. 나머지 부분은 더 이상 해설을 할 필요를 느끼지 않는다.

「자화상」과 동시에 발표된 두 편이 있다. 「항아리」와 「꽃망울
서장序章」 그 가운데 「자화상」과 맥이 통하는 뒤엣 것을 추가로
감상해 보자. 먼저 전문부터 보자.


「꽃망울 서장序章」

꽃망울이 실눈을 뜬다.
비밀秘密한 것이 머언 바다와 같은 층層을 이룬다.

아무렇지도 않았던 것이
나비처럼
돌아온 계절季節의 촉수觸手.

그것이 4월의 미풍微風을 이루고 있다.

꽃망울은 기억記憶해 본다.
가지끝에 퍼덕거리는 것은 짙푸른 기旗빨. 기旗빨이
심장心臟처럼 구름을 찢고 있었다. 그 사이로
비치는 햇살의 눈부신
분수噴水.

꽃망울은 사뭇
날아오르는 자세姿勢로 견디고 선다.

혈관血管에서랑 실내악室內樂이 흐르는 오후午後.
나는 미풍微風처럼 꽃망울을 어루만진다.

꽃망울이 어느새 미소微笑처럼 벙으러지고.
내 가슴에는 비밀秘密한 계절의 발자국들이
머언 바다와 같은 꿈을
꾸고 있었다.

이 시를 접한 첫 느낌은 꿈, 희망, 환희, 이런 단어들로 압축
된다. 꽃망울, 나비, 미풍, 햇살, 분수, 미소, 바다, 꿈. 흔히 서정
시에 등장하는 시어들이 총집결한 형국이다. 뒤에서 다시 얘기
하겠지만 이 시기 그는 직장도 얻었고, 또 한 여인을 만나 사랑
을 속삭였다. 그러니 이런 단어가 주위에서 맴돌 수밖에. 맴돈
게 아니라 아니 저절로 입에서 튀어 나왔겠지. 우리의 주인공

임종국이 가히 인생 최대의 희열을 느끼고 있었던 때다. 사람은 사랑을 하면 누구나 시인이 된다는데 더구나 정식 시인으로 등단도 했으니 오죽했겠는가(이런 시와 비교할 때 그가 첫 부인과 갈등을 겪을 당시의 시들은 아주 우울하고 비관적이어서 극적 대조를 보인다).

이번 집필 과정에서 내가 입수한 시만 본다면, 뒤이은 작품은 그해 『사상계』 9월호에 발표한 「화병花甁을 주제로 하는 3장三章」이란 시다. 제목처럼 이 시는 제1장, 제2장, 그리고 종장終章 등 모두 3장으로 구성된 연시連詩이자 장시長詩다. 꽃(꽃송이, 꽃잎), 화병, 시간, 후조候鳥 등의 시어들이 등장했으며, 내용은 탐미적 서정시에 가깝다고 하겠다. 큰 틀에서 보면 앞의 두 편과 맥이 통한다. 『현대시학』(1966, 8·9)에 실은 「4월四月이 가까운」도 그런 유형의 시다.

이밖에 서정적 사물을 주제로 쓴 그의 시 가운데 『사상계』 1965년 8월호에 발표한 「포도원 수상隨想 2편篇」을 들 수 있다. 이 시는 1번 「Andante Moderato」, 2번 「Allegro Vivace」라는 영문 제목의 시 두 편의 연작이다(이런 영어 제목은 그가 이상李箱의 시에서 흉내를 낸 것이 아닌가 싶다. 이상의 시 가운데 「LE URINF」 「BOITEUX·BOITEUSE」가 있다. 종국이 음악 용어를 사용한 점은 자신의 음악 지식을 살린 것으로 보이며, 이는 이상과는 다른 점이다). 게재 시기만을 기준으로 할 때 이 시기 그는 첫 부인 이선숙과 두 번째 이혼(1868년 5월)을 한 직후다. 그래서 그런지 우울한 면이 엿보인다. 1번 「Andante Moderato」(느리게, 적절히 느리게)의 전문을 한번 보자.

「Andante Moderato」

싱싱한 잎새들이
한껏 윤오른 계집의 살덩이처럼
출렁거리고 있었다.

교미기의 배암들 모양
사지를 비이 비 꼬으며 뻗어난 넝쿨 아래로
7七월은 유방인 양 여물어 팽창해 가고

따서 먹으면
이기 시리도록 온몸을 간지르는 전율만을 선물해준 채
나의 7七월은
벌써 먼 곳으로 가버리고 있지 않았다.

포도넝쿨 아래 머물면 나는 자꾸만
숨가쁜 계절의 생각으로 목이 메이고

이제 또 여름이 익어가는 하루 속에서 나는
지심地心을 누벼 흐르는 폭사열에 낯을 붉히며
포도밭처럼, 하염없는 그리움으로 마음을 설래야만 했던
것이다.

우선 1, 2연의 포도밭 묘사는 언어 유희의 극치를 보인다. 이리저리 꼬인 포도넝쿨에 포도가 탱글탱글하게 익어가는 모습을 성숙한 여성에 빗대 잘 묘사했다. 그러나 이어지는 3, 4, 5연에서는 포도가 익어가는 "나의 7七월은 벌써 먼 곳으로 가버리고 있지 않았"고, "숨가쁜 계절의 생각으로 목이 메이고", "하염없는 그리움으로 마음을 설레야만 했던 것"이다. 1, 2연과 3, 4, 5연이 대조를 이룬다. 시쳇말로 '좋다가 만' 것이다. 한 여인을 만나 아이도 낳고 살다가 이혼을, 그것도 한 사람과 두 번이나 했으니 그런 셈이다. 시는 이렇게 부지불식간에 시인의 그때그때 생각이나 상황을 반영했다[2번 「Allegro Vivace」(빠르게, 아주 빠르게)는 해설을 생략한다].

1957년 『문학예술』, 1960년 『사상계』에서 각각 시를 추천받아 문단에 나온 종국은 이후 작품 수는 그리 많지 않지만 나름대로 '신인 작가'로서 대접을 받은 모양이다. 5·16 군사쿠데타로 정국이 꽁꽁 얼어붙었던 1961년 연말 『사상계』는 '100호기념 특별 증간호'를 발행했다. 『사상계』는 특별 증간호 「권두언」에서 "100호를 맞이함에 자축의 뜻도 없지 아니하여 이제 증간을 내고 그 전부를 문학에 바친다"고 밝혔다.

「권두언」에 따르면, "사상계를 통하여 시단, 작단作壇에 진출한 10여 명의 작가, 20명이 넘는 시인들은 지금도 건재하며, 그들이 차지하는, 또 앞으로 차지할 크기에 대해서도 많은 기대를 갖는 것"이라고 덧붙였다. 증간호에는 총 80명의 문인들의 글을 실었는데, 문단 중진에서부터 신풍新風, 즉 신인까지도 망라

했다. 「권두언」은 "1961년 한국 문단의 한 개 조감도鳥瞰圖를 이룰 것임을 은근히 기약하는 바이다"라고 썼다.

종국은 '사상계사社 출신 시인' 18명 가운데 한 사람으로 얼굴을 내밀었다. 작품은 시 「거리距離」 순서로는 18명 가운데 16번째로 실렸다. 그런데 작품 말미에 '구고'舊稿라는 메모가 보인다. 즉 이전에 썼던 시를 실었다는 얘기다. 이 작품이 가장 잘된 작품이라고 여겨서인지 아니면 제때 맞춰 실을 시가 없어서인지 그 경위는 자세히 알 수 없다. 다만 '구고'를 실은 것은 그가 이즈음 시작詩作 활동을 열심히 했었다는 얘기는 된다.

한 가지 웃지 못할 것은, 말미의 「편집 후기」에서 작품 싣는 순서는 '가나다순'으로 했다고 했으나 실제 '편집자 마음대로순'이다. 어느 것이 실수인지 모르겠다(그의 시 가운데 첫 부인과의 갈등기, 그리고 천안 요산재 시절에 쓴 작품들은 그 시기를 언급할 때 다루기로 한다. 그 역시 그 시기의 소산물이라고 보기 때문이다).

# 신경림이 전한 '그의 얼굴에 흉터가 생긴 사연'

'시인 임종국'을 마무리하면서 그의 일화 한 토막. 여러 정황으로 봐 때는 1960년대 후반 이후의 일이다. 지난 2002년 9월 초 명동 복합상가 꼭대기 옥상의 밀리오레 이벤트홀에서는 이색 행사가 하나 열렸다. 이름하여 '문학카페 명동'. '문단의 마당발'로 불리는 시인 김정환이 기획한 행사로 노래와 시, 이야기가 함께 어우러진 한판 놀이판이었다. 1960~70년대 당시 예술인들의 보금자리였던 명동의 옛 명성을 되살려보자는 그런 취지에서 마련된 자리로 들었다. 이 행사에는 문인은 물론 몇몇 정치인, 가수 등이 동참해 분위기를 돋웠는데, 첫날 개막 행사는 소설가 김별아의 사회로 시인 신경림과 가수 한영애의 만남이 진행됐다(당시 『오마이뉴스』 편집국장으로 있던 나는 행사 개시 초기 무렵 『오마이뉴스』 문학 담당 홍성식 기자의 손에 이끌려 이곳 구경을 갔다. 그때 주최 측은 11월 말까지 진행한다고 했는데 그때까지 진행됐는지는 잘 모르겠다).

분위기가 무르익을 무렵 신경림은 이러저런 얘기 끝에 임종국에 대한 일화 한 토막을 꺼내 동석한 문인들의 가슴을 뜨끔하게 했다. 당시 신경림의 얘기를 그대로 옮겨본다.

"임종국 선생이 젊었을 때에는 참 해사했어요(해사하다'는 '얼굴이 희고 곱다랗다'는 뜻임). 그런데 사람들은 (그를) 얼굴에 흉터가 많은 무서운 인상으로 기억하죠. 그 흉터가 왜 생긴 줄 아세요? 어느 날 문인들(이어령, 유종호 등)이 다방(엠프리스)에 모여 술을 마시고 있었는데(잡담을 나누고 있었는데) 임종국 선생이 거길 왔어요. 대뜸 그러더군요. '글 안 쓰고 술만 마시는 문인놈들은 모조리 숙청시켜야 한다'(문인들이 왜 글은 안 쓰고 허송세월 하느냐)고. 그러면서 머리로 유리창을 그대로 들이받는 거예요. 열정과 더불어 신심信心이 참으로 대단한 사람이었죠. 자랑스런(?) 상처는 바로 그때 생긴 거죠."

[신경림의 증언은 전문을 소개한 곳이 없다보니 조금씩 차이가 난다. 따라서 9월 8일자 『오마이뉴스』 기사를 중심으로, 다른 참석자가 쓴 글(괄호안의 내용)을 보완적으로 합쳤다.]

한편 「자화상」이 실린 1960년 1월호 『사상계』에는 말미에 그의 약력이 한 줄로 소개됐다. "고려대학교 정경대학 정치학과 졸업, 당년 29세. 현재 서울 신구출판사 근무". 이 짧은 약력 한 줄에도 두 곳이나 오류가 보인다. 우선 정치학과 '졸업'이 아니다. 엄밀히 말하면 '제적'이 맞고[학적부에는 '단기 4288년(1955년)도 제1학기 등교 정지, 4288년 11월 1일 의依학칙 29조 제적'으로 기록됐다]

좀 봐줘서(?) 두루뭉술하게 표현하면 '휴학' 또는 '중퇴' 정도다. 또 직장명도 틀리다. 신구출판사가 아니라 '신구新丘문화사'가 맞다('신구新丘는 한국을 지칭하는 '청구'靑丘와 관련성이 있다).

그가 신구문화사(사장 이종익)에 입사한 연도는 1957년경이며, 2년여 정도 근무한 것으로 보인다. 우선 입사 시기는, 그가 입사해서 편집한 『한국시인전집』이 1957년 5월에 출간된 시점으로 봐 그해 연초나 아니면 1956년 말에 입사했을 가능성도 없지 않다. 퇴사 시기는 1959년경으로 추측된다. 그가 "이종익 사장 곁을 떠나면서 20대를 넘겼다"고 한 대목을 감안하면 그렇다. 1929년생인 그가 1959년이면 20대를 넘겨 갓 서른이 되는 해다(그의 신구문화사 근무 경력 등을 알아보기 위해 지난 8월 하순경 서울 종로소방서 맞은편에 있는 신구문화사를 방문해 전직 사원들의 이력서 같은 자료를 보여 달라고 부탁했더니 김광근 상무는 "경기도 성남에 자료는 보관돼 있으나 현재 제대로 정리가 안 돼 당장은 보여주기 어렵다"고 해 정확한 입·퇴사 일자 등은 확인하지 못했다).

후일 『친일문학론』을 펴낸 평화출판사의 허창성(1936년생, 70세, 현 평화출판사 회장) 사장은 "1957년 신구문화사에 입사해서 (임종국을) 처음 만났다"고 말했다. 덕수상고 출신인 허 사장은 신구문화사에서 경리와 영업사원으로 근무하다가 5·16 후 군에 입대하면서 퇴사했다.

두 사람보다 입사가 7년 늦은, 1964년 2월 신구문화사에 입

신구문화사 사옥. 입구에 서있는 사람은 김광근 상무.

사한 염무웅(1941년생, 현 영남대 명예교수)은 8월 하순 전화 통화에서 "내가 입사했을 때 임 선생은 퇴직하고 없었다. 임 선생은 2~3년 정도 근무했던 것으로 들었다"고 말했다.

신구문화사 이종익 사장의 처제이며, 당시 신구문화사 편집부 직원 원선자(1936년생, 전 신구대 교수)는 9월 중순 전화 통화에서 "임 선생은 1958년부터 2년 정도 근무했다"고 말했다(원선자는 처음엔 편집부에 근무하면서 총무 겸 경리 업무 등도 보다가 나중에 상무를 지내기도 했다. 그는 나이 어린 직원들에게는 '누님'처럼 따뜻하게 대했고, 특히 종국이 그 시절부터 책을 사 모으느라고 자주 가불假拂 부탁을 했지만 그 역시 군소리 없이 잘 들어주었다).

# 첫 직장 신구문화사를 2년 다니다 그만둬

    종국이 첫 부인 이선숙(1933년생)을 만난 것도 신구문화사에서였다. 즉 두 사람은 사내 결혼을 한 셈이다. 그러나 종국은 신구문화사를 2년 정도 다니고는 그만뒀다(박노준과 이선숙의 증언에 따르면, 종국은 신구문화사 퇴직 후 나중에 갈월동에 있던 삼중당에 잠시 근무했다고 한다). 다만 그가 신구문화사를 퇴직한 후에도 선숙은 한동안 거기에 근무했다. 선숙의 정확한 입사 시기는 알 수 없으나 종국보다는 늦어 보인다(이선숙 본인도 입사 시점을 정확히 기억하지 못했다).

    그때 선숙은 신구문화사에서 『영어영문학총서』 편집을 맡았다(선숙은 『영어영문학총서』라고 주장했으나, 이종익 추모 문집 말미에 붙은 신구문화사 연표에는 『영미어학문학총서』로 나와 있다). 총 10권 규모의 이 총서는 1959년 5월 첫 출간됐는데 한꺼번에 10권이 전부 출간되지는 않았다. 첫해인 1959년에 2권, 60년 2권, 62년 3권, 63년 3권 등 모두 4년에 걸쳐 완간됐다. 국내 영문학 교수 90명이 영어영문학 전 분야를 망라해 집필한 대작으로, 고려대 영문과 여석기 교수 등 6명이 편집위원이었다.

선숙은 은사인 여석기의 추천을 받아 신구문화사에 입사했는데, 당시 영어 실력이 대단했다고 한다. 원선자는 "이(선숙) 선생님은 영어 실력이 우수한 분이었다. 그래서 작은 출판사에 있기가 아까워서 교단으로 한번 나가보시라고 권유했더니 '교단엔 갈 생각이 없다'고 하시더라"고 증언했다.

그의 신구문화사 입사는 "『이상전집』 발간 후 조지훈의 천거 때문이었다"고 허창성은 증언했다. 조지훈이 그를 천거한 사실은 맞는 것 같다. 원선자는 "조지훈 선생이나 장만영 선생 두 분 가운데 한 분이 추천했던 것으로 기억된다"고 말했다. 그러나 본질적으로 그의 입사는 조지훈의 추천보다 신구문화사 이종익 사장이 스카웃했다고 보는 게 더 정확하다.

우선 당시 종국이 『이상전집』으로 선풍을 일으켜 출판계에서는 이른바 '스타'였다. 또 신입 사원인 그에게 이 회사로선 나름의 야심작인 『한국시인전집』의 편집 책임을 맡긴 것만 봐도 그렇다(실제 『이상전집』은 반년 미만에 매진될 정도로 선풍적인 인기를 끌었다). 이 일로 종국은 문단 안팎에서 장래가 기대되는 청년이었다. 그런 인재를 눈여겨보지 않을 경영자가 어디 있겠는가.

종국도 그리 생각했던 모양이다.


"그때 이 선생(이종익 사장)은 『한국시인전집』을 기획하면서 그 일에 꽤나 정혼精魂을 쏟고 있었다. 나는 사장이 그토록 의욕을 쏟는『시인전집』을 위해서 편집 실무의 책임자로 말하자면 초빙(?)을 받았던 셈이다. 내가 그토록 큰 소임을 떠맡게 된 데에는 그럴 만한 연고가 없지 않았던 것으로 짐작을 한다. 대학 시절에 나는『이상전집』을 3권으로 엮어서 펴낸 일이 있다. '이상론'을 쓰려고 작품을 모으다 보니 웬만큼 수집이 된 것 같아서 전집으로 엮었던 것인데, 그건 좀 어렵다면 어려운 과정이었다… (중략) 이것이 이종익 사장의 과대 평가를 받았고, 그 과대 평가의 결론인 기대와 촉망, 이런 황송한 평가 때문에 내게『시인전집』의 편집이 맡겨졌던 것이라고 짐작을 한다."(「시시했던 날의 시시한 이야기」,『출판과 교육에 바친 열정』, 우촌이종익추모문집간행위원회 편, 우촌기념사업회 출판부, 1992)

(참고로 이 책에 실린 종국의 글은 당초 1978년 이종익 사장 회갑을 맞아 기념 문집에 실을 목적으로 원선자가 종국에게 부탁해서 받은 글이었다. 그러나 이 사장의 반대로 회갑 기념 문집이 출간되지 않자 한동안 묵었다가 1992년 이 사장 3주기 때 추모 문집이 간행되면서 여기에 실렸다.)

앞서 언급한 대로 그가 신구문화사에 입사해서 맡은 일은『한국시인전집』편집이었다. 그는 부원 정도가 아니라 실무책임자였다. 1957년 5월에 출간된『한국시인전집』은 우리 출판계에서 최초의 '기획 출판'으로 꼽히는데 전집 붐이 이로부터 시작됐다고 보면 된다. 종국이『이상전집』개정판 서문에서 "(『이상전

집』출간 이후) 출판계에 전집 붐이 일어나면서 무슨 전집, 무슨 전
집… 형형색색의 기획 출판물이 꼬리를 물었다"고 썼는데 이 모
두는 그의 공이다. 『한국시인전집』을 펴낸 이후 신구문화사는
전집물로 대박을 터뜨렸다.

일자리도 얻고, 연인도 사귀고 했지만 왠지 그는 직장 생활
에 썩 만족하지는 않았다. 고시 공부 포기 이후 '자유인'을 표방
한 그에게 직장이 자유를 빼앗아 갔으며, 또 업무도 그리 신나
진 않았던 모양이다. 만약 그가 다니던 직장에 재미를 붙였다면
아마 좀더 오래 근무하지 않았을까.

종국이 신구문화사를 퇴직한 이유에 대해 원선자는 "당시
신구문화사가 사무실이 작아 서로 부대끼고 하니까 임 선생이
결국 직장을 그만뒀다"고 말했다. 그의 '첫 직장' 신구문화사에
대해 좀더 알아보자. 이는 단순히 특정 출판사 하나만의 얘기는
아니다.

허창성에 따르면, 당시 신구문화사는 을유문화사, 정음사에
이어 출판계에서 사세로는 세 번째였다고 한다. 그러나 신구문
화사는 기획, 편집에서는 1위였다고. 그래서 동업 타사보다 월
급이 박했지만(3분의 2정도 수준) 입사 희망자가 많았다. 허창성도
"일을 배우기 위해 들어갔다"고 했다. 당시 이종익 사장은 출판
계에서 편집의 귀재로 통했는데, 그는 아동문학가 이원수(『고향
의 봄』 작사가)한테서 편집일을 배운 것으로 알려졌다.

이번 자료 조사 과정에서 파악한 바에 따르면, 이종익(1918~
1989)은 단순히 출판사 경영자만이 아니라 그 자신이 훌륭한 편

집자였던 걸로 보인다. 그는 시시콜콜한 잔소리도 많이 하는 편이었으나 업무에는 꼼꼼한 사람이었다. 신구문화사 김광근 상무는 "아직도 이 사장님 시절을 따라잡지 못한다"고 했다. 빈말이 아닌 듯했다.

# '시시했던' 신구문화사 시절

이종익의 3주기인 1992년 우촌이종익추모문집간행위원회에서 펴낸 『출판과 교육에 바친 열정』 「부록편」에 따르면, 이종익은 1951년 서울대 상대를 졸업하고 피난지 부산에서 신구문화사를 창립했다. 서울 수복 후 중구 소공동 17번지(전 한일은행 본점 자리)에 둥지를 틀고는 2년 뒤 정식 출판사 등록을 했다. 1956년 3월 사세 확장으로 종로구 관훈동 155-1번지(현 안국동로터리 인근)로 사무실을 이전했는데 종국은 당시 이곳에서 근무했다. 사무실은 2층 건물이었는데 1층엔 학창서림이 세 들었고, 신구문화사는 2층을 사용했다.

허창성은 "당시 임종국은 인태성, 박성룡(당시 『서울신문』 문화부 기자), 박희진, 고은(당시 막 파계해서 환속한 상태), 강민(당시 영지문화사 편집장, 후에 금성출판사 편집장) 등과 자주 어울렸다. 그들의 모임 장소는 주로 안국동 로터리 인사동 입구(현 동덕빌딩 뒤) 가정밥집(백반집)이었다"고 증언했다. 원선자도 "아주 음식을 잘하는 밥집이었다"며 그 백반집을 기억했다.

염무웅이 이어령을 따라 처음 들렀던 『서울신문』사 뒤쪽 좁다란 골목에 있는 허름한 2층 건물'은 1963년 4월 이전한 '무교동 57번지' 사무실을 말한다(염무웅은 그 이듬해 2월 신구문화사에 입사했다). 창사 이후 7~8차례 사무실을 옮겨 다니던 이 회사는 1966년 9월 현 사옥을 매입해서 정착했다.

8월 중순 신구문화사를 찾아가봤더니 위치는 서울 종로소방서 맞은편 2층짜리 한옥 건물이었다. 한 발자국만 벗어나면 대형 건물이 즐비한데 어떻게 해서 사옥 매입 당시 그대로냐고 했더니 이 일대가 단독개발 제한구역이라고 했다(이종익은 출판사 이외에도 1970년 『독서신문』을, 그 이듬해 2월에는 신구학원을 설립했다. 현 신구대학(개교는 1973년)은 신구산업전문학교의 후신으로, 설립자가 이종익이다. 이 대학의 이숭겸 현 학장은 이종익의 장남이다).

그러면 종국이 편집 책임을 맡았던 『한국시인전집』의 내용을 살펴보자. 이 전집은 총 5권으로 구성됐다. 편집 실무는 임종국, 편집위원은 유치환, 장만영, 박목월, 조지훈, 백철 등 5명이 맡았다. 제1권에 실린 시인은 주요한, 김안서(김억), 황석우, 김소월 등 4명, 제5권은 신석정, 박용철, 김영랑 등 3명, 제7권은 김광섭, 모윤숙, 노천명 등 3명, 제8권은 서정주, 장만영, 장서언, 김광균, 이상 등 5명, 제10권은 김현승, 김용철, 최재형, 김경린, 윤동주 등 5명, 총 20명의 시를 수록했다. 각 권마다 시인들의 약력을 겸한 해설을 붙였다.

당초 신구문화사에서는 『한국시인전집』을 10권 분량으로 기획했으나 중도에 5권 규모로 축소됐다. 이유는 판매 부진 때문이었다. 원선자는 "당시만 해도 생활이 어려워 일반인들이 시에 관해 관심이 적었다"고 말했다. 또 『한국시인전집』과 짝을 이뤄 『한국소설전집』도 구상했으나 이는 기획 단계에서 무산됐다. 특히 당시 민중서관에서 36권짜리 『한국문학전집』을 급조해서 발행하는 바람에 김이 빠져버렸기 때문이다. 염무웅은 "당시 민중서관은 인쇄소를 갖춘 출판사여서 그런 작업이 가능했다"고 말했다.

한편 종국이 편집 책임을 맡아 간행했지만 『한국시인전집』에는 그의 흔적이 전혀 없다. 특히 이 책은 「서문」이나 「간행사」 같은 것도 없다. 또 판권란에도 편집위원 5명 명단만 박혀 있을 뿐, 정작 그의 이름 석 자는 어디에도 보이지 않는다. 마치 일부러 자신의 이름을 숨긴 듯하다. 여기엔 그럴 만한 이유가 있다.

우선 그는 처음부터 이 일에 "의욕도 정열도 솟구치지를 않았다." 밥벌이 때문에 할 수 없이 편집일은 했지만 『이상전집』을 낼 때처럼 신명이 나는 상황이 전혀 아니었다. 그래서 그는 이 책에 이름 석 자도 남기고 싶지 않았나 보다. 어찌 보면 이 책은 '사생아'인 셈이다. 우선 그의 고백을 들어보자.

"6·25의 뒷그림자가 아직도 채 가시지 않은 반 폐허의 서울에서, 이상李箱은 그 퇴폐적·절망적 분위기로 나를 꽤는 매혹시킬 수도 있었다. 이에 비해서 『창조創造』며 『폐허廢墟』 시절의 한물 간 낡은 시들을 뒤져내서 어쩌겠다는 것인가? 옷에 쫓기고 밥과 잠자리에 쫓기던 50년대 말엽의 군중들에게 『시인전집』을 팔아야 읽어나 주겠는가? 목구멍이 포도청이라 월급 봉투는 받아야겠으니 일을 하기는 해야겠는데, 만날 시詩, 시詩 하다보니까 어느새 나까지도 시시해지고 마는 것만 같은 그런 시시한 기분이었다." (「시시한 날의 시시한 이야기」 중에서)

그런데다 일터 분위기도 그로선 마음에 들지 않았다. 일을 하다 혹 폐지라도 생겨 휴지통에 버리기라도 하면 사장이라는 사람은 "임형! 원고지 좀 아껴 씁시다" 하고 눈총을 주기가 일쑤였다. 그러잖아도 불평불만인 마당에 동업 타사 대비 월급은 짜고, 반대로 일은 많고… 이거야말로 보통 시집살이가 아니었다.

그는 "어느 결에 하루가 시지부지하게 탕진되곤 하는 것이 시시껄렁해서 정 못견딜 지경이었다." 그런 날이면 그는 온다 간다 소리도 없이 훌쩍 나가 안국동 비원 앞에서 창경원 돌담을 끼고 종로 4가를 거쳐 두 시간 가량 무단 외출을 하기도 했다. 이런 내용을 담은 그의 글 제목이 「시시한 날의 시시한 이야기」인 것은 바로 이런 연유에서다.

그런 그였지만 나중에 이종익 사장이 『한국현대사』 전9권, 『한용운전집』 전6권, 『한국인명대사전』 등 한국학을 개척한 양서들을 펴내는 걸 보고선 "(이 사장의) 뜻이 감춰진 그 일(『한국시인전집』 편찬)을 시시하게만 생각했던 내 철부지 시절의 짧은 소견이 부끄럽고 시시했다고 느껴지기 시작했다"고 후회(?)했다.

겉으로는 불만투성이에 무단 외출(?)도 더러 하곤 했던 그였지만 『한국시인전집』을 내는 과정에서 자료 섭렵은 엄청나게 했던 모양이다. 그는 해방 전후의 신문과 잡지를 뒤져 그걸 모두 손으로 베껴 썼다. 종국보다 7년 뒤에 입사해 『현대한국문학전집』을 편집한 염무웅의 목격담이다.

"처음 입사하여 내가 한 일은 자료 조사였다. 라면 박스 같은 상자 수십 개가 나의 검토·정리 대상으로 주어졌는데, 십여 개의 상자 속에는 카드가 들어 있었고 나머지 수십 개 속에는 꽤 오래된 원고가 쌓여 있었다.

카드는 주로 일제 시대의 신문과 잡지에 발표된 소설·희곡·평론 등의 목록이 작자, 장르, 발표 지면, 발표 시기, 소장 도서관과 함께 기록된 것이었다. 살펴보니 국립도서관과 고대·연대도서관에서 작업한 결과였다. 짐작컨대 『한국시인전집』의 발간과 병행하여 당시 이 일의 편집 실무를 맡았던 임종국 선생이 주도하여 이루어진 작업인 듯했다.

나는 순서 없이 뒤섞인 이 카드를 작가별·장르별로 분류하여 목록화하는 한편 원고지에 베껴놓은 작품들을 읽어나가기 시작했다. 그것은 말하자면 대학원에서 국문학도들이 해야 할 일이고, 한걸음 나아가서 말한다면 국가의 재정적 지원을 받아 이루어져야 할 문화 사업이었다."(「이종익 선생의 인품과 업적―신구문화사 시절의 추억을 중심으로」, 『출판과 교육에 바친 열정』, 우촌이종익추모문집간행위원회, 1992)

그 시절 집안 식구들은 어찌 살았을까. 잠깐 도봉리를 들렀다가 다시 그의 얘기로 돌아가자.

종국이 도봉리 집에서 양계를 그만두고 서울로 올라가 신구문화사에 다닐 때 순화는 을지로 입구에 위치한 해동학원을 다녔다. 순화는 언젠가 엄마 심부름으로 신구문화사로 큰오빠를 만나러 갔었다. 큰오빠는 점심을 사주겠다며 순화 손을 이끌고 인근 빵집으로 들어갔다. 그리고는 진열장 앞으로 데려가 이거 먹을래, 저거 먹을래 하고 물었다. 순화는 그 중 맛있어 보이는, 이름도 모르는 빵을 하나 골랐는데 크림이 너무 많아 먹기에 느끼했다. 그러나 모처럼 오빠의 환대에 이게 꿈인가, 생시인가 싶었다. 큰오빠의 화풀이 대상이 주로 순화였었다. 순화는 이날의 일을 두고 "아주 어렸을 적 물난리가 났을 때 오빠가 나를 무등에 태워서 안전지대로 대피시켜 준 일 이후로 처음 받는 오빠의 사랑이었다"고 회고했다.

이 무렵 종철은 학부를 거쳐 다시 대학원을 졸업하고(1959년 3월) 1년간 상대 조교 생활을 마치고 시간 강사로 활동했다.

# 대학 동기생 이선숙과 결혼, 주례는 '은사' 조지훈

　한편 신구문화사에서 만난 종국과 선숙은 2년 가량 교제를 했다. 선숙은 "어느 날 극장에 영화를 보러갔는데 그가 나를 따라 왔다. 그 이후 만남이 시작됐다"고 말했다. 두 사람은 대학 시절에는 서로 교류가 없었다. 선숙은 "신구문화사에 입사해보니 임종국 씨가 (먼저 입사해서) 자리에 앉아 있었다"고 했다. 앞서 언급한 대로 입사 시기는 종국이 빠르다. 신구문화사에서 같이 근무하던 시절 두 사람은 종로 일대나 더러 창경원에서 데이트를 하기도 했다. 대학 친구들 가운데 더러 두 사람의 데이트 장면을 목격하기도 했다.

　신근재는 "종로 화신이나 YMCA 건너편에서 두 사람이 같이 있는 걸 여러 번 목격했다. 어떤 때는 셋이서 같이 차를 마시기도 했다"고 말했다. 『고대신문』기자 출신인 이선숙은 학보사 후배인 신근재가 편집국장 시절 더러 학보사 사무실을 드나들어 서로 친하게 지내는 사이였다. 또 종국이『고대신문』에 글을 투고하기 위해 더러 들르곤 해서 신근재는 종국과도 아는 사이였다.

신근재는 "한번은 이선숙이 종로에서 귀가를 하는데 종국이가 택시를 잡아 문을 열어주며 기사도를 발휘하길래 평소 임종국답지 않은 행동이라는 생각을 했다"고 증언했다. 이선숙과는 영문과 동기동창생이고, 임종국이 『이상전집』을 펴낼 때 더러 도움을 주기도 했던 인태성은 "언젠가 (종국이가) '나 이선숙과 결혼할까?' 하고 물었는데 그리고 얼마 뒤 두 사람은 결혼했다"고 말했다. 두 사람과 같이 신구에서 근무했던 허창성은 "두 사람 모두 불 같은 성격이었는데 신구 시절 뜨겁게 연애를 했다"고 말했다.

종국은 선숙과 마침내 1960년 5월 8일 결혼식을 올렸다. 종국은 서른한 살, 선숙은 스물일곱 살. 주례는 두 사람의 은사인 조지훈이 맡았고, 결혼식 장소는 종로구 운현궁이었다. 두 사람의 결혼식은 봄날 축복 속에 치러졌다. 양가에서 반대도 없었다. 대학동창들과 신구문화사 직원들이 다수 참석해 축하해 주었다(이선숙과의 결혼 사진 등은 구하지 못해서 싣지 못했다).

선숙의 부친은 결혼 날짜가 일요일인데다 석가탄신일이어서 더 없이 좋은 날이라고 기뻐했다. 당시만 해도 특별히 신혼여행이 없던 시절이어서 두 사람은 결혼식을 올리고 대구 처갓집으로 향했다. 5남매 외동딸 집안의 사위이니 그 대접이 오죽했겠는가. 종국은 처갓집에서 그야말로 칙사 대접을 받았다.

나는 두 사람이 어떻게 결혼에 골인하게 됐고, 또 상대방의 무엇에 호감을 가졌는지가 궁금했다. 종국은 이미 저 세상 사람이니 그 얘긴 천상 선숙에게 들을 수밖에 없었다. 9월 하순 아들 지택(1961년생, 경기도 일산 거주)과 함께 서울 광화문에서 선숙을 만났다. 나는 어렵게 생각한 질문을 선숙은 의외로 망설임 없이, 그리고 명쾌하게 설명해 주었다. 골자는 두 가지였다.

"임종국은 천재였다. 나는 그와 결혼해 천재 아들을 낳고 싶었다. 또 하나는 그의 글솜씨에 반했다. 그는 한번 쓰면 다시 고쳐 쓰는 법이 없었다. 신구문화사 시절에도 그랬다."

[평전을 쓰면서 선숙은 종국만큼이나 내가 만나고 싶었던 사람이었다. 종국의 가족들을 만나면서 선숙과 아들 지택의 연락처를 물었지만 다들 알지 못했다. 결국 관청의 도움을 받아야만 했다. 먼저 선숙 앞으로 편지를 보냈는데 3일 뒤에 '수취인 불명'으로 반송돼 왔다(나중에 알고 보니 2년 전에 지택과 합쳐 같이 살고 있었다). 이번엔 지택이 앞으로 속달편지를 보냈는데 다음날 바로 전화가 걸려왔다. 그리고 그 다음날로 만나기로 약속을 잡았다. 지택이야 구면이지만, 선숙과는 첫 만남이었다. 그러나 지택이 동행한 탓인지 만남의 분위기는 아주 화기애애했다. 선숙은 숨김없고 거침없이 옛 얘길 자세히 들려줬다. 기억력은 조금씩 떨어지는 듯했다. 올해 나이 일흔셋을 감안해야 했다. 이미 38년 전에 헤어진 종국에 대해서는 애증愛憎이 교차되는 듯했다. 그러나 지금에 와선 마음보다는 그리움이 훨씬 더 커보였다. 선숙은 종국을 예전처럼 여전히 천재로 기억(또는 인정)했고, 그의 이른 죽음을 안타까워했다. 2차 이혼을 앞두고 갈등기에 있었던 두 사람이

첫부인 이선숙 씨와 함께 한 저자.

주고받은 사신私信 가운데 일부를 당시의 정황을 전하기 위해 사용해도 좋
겠느냐고 묻자 기꺼이 사용하라고 허락해 주었다. 종국의 두 번째 부인, 즉
정택의 모친에 대해서도 험한 얘기를 한마디도 하지 않아 더욱 보기 좋았
다. 건강도 그 연세에 그만하면 좋아보였다. 다만 10여 년 전에 당한 교통
사고로 다리가 불편한 것이 마음 아팠다.]

여러 사람들(인태성, 신근재, 윤광모, 원선자, 임순화 등)의 증언을 종
합해볼 때 이선숙은 자기 주장이 강하고, 또 활달하고 적극적인
성격의 소유자였다. 고금을 통해 인텔리 여성의 공통점이라면
지나친 억측일까? 두 사람의 연애, 결혼 모두 남자인 종국보다
는 오히려 이선숙이 리드했다. 그런데 종국은 여자가 나서는 걸

장남 지택과 함께(1960년대 중반)

좋아하지 않는 스타일이었다. 또 '남자'라는 자존심도 강한 사람이었다. 그러니 두 사람은 연애 시절부터 다툼이 적지 않았다.

두 사람이 같이 신구문화사에 다니던 시절 언젠가 선숙이 종국에게 "당신 월급보다 내 월급이 더 많아!"라며 대수롭잖게 한 마디 툭 던진 적이 있다. 당시 종국은 책 산다고 달마다 가불을 해서 쓰는 바람에 월급날이 돼도 손에 쥐는 돈이 거의 없었다. 그러니 가계를 책임지는 주부로서야 짜증을 낼 만한 일이기도 했다. 그런데 종국은 그런 말 듣기가 싫었고, 그게 자존심을 상하게 하는 일이었다.

두 사람은 결혼 후 성북구 하월곡동 90-1547번지에 보금자리를 틀었다. 집은 시숙(종원)이 돈을 대 마련해 줬다. 얼마 뒤 선숙은 임신을 했는데 입덧이 심해 몹시 힘들어 했다. 그러나 남편인 종국은 냉랭했다. '그 뭔가'로 인해 두 사람 사이엔 금이 가 있었다. 그래서 선숙은 아이를 낳는다는 핑계로 대구 친정으로 내려가고 말았다. 말이 핑계지 당시 요양이 필요할 정도의 상황이었다고 선숙은 토로했다.

아내도 없이 혼자 집에 남게 되자 종국은 도봉리 집으로 들어왔다. 결과적으로 두 사람의 별거가 시작된 셈이다. 결혼한 아들이 아내와 떨어져 도봉리 집으로 와 있으니 모친의 눈에도 그런 아들이 예뻐 보일 리 없다. 모친과도 마찰이 자주 생겼고, 다른 가족들과도 더러 트러블이 생겼다. 그때 종국은 실직 상태였다. 집안 가계는 둘째 종철이 거의 꾸리다시피 했다. 종철은 서울 상대 조교를 하면서 다른데 아르바이트를 해서 번 돈을 집안 생활비로 내놓았다.

이듬해(1961년) 4월 19일 그의 첫 아이 지택(어릴 적 아명은 '훈이' 였고, 아직도 이 집안에서는 본명보다는 이 이름으로 불린다)이 태어났다. 부모님은 첫손자를 봤으니 반가운 마음에 대구 가서 손자를 데려오라고 채근했다. 그러나 종국은 꿈쩍도 하지 않았다. 상식적으로 도저히 납득할 수 없는 태도였다.

선숙이 대구에서 아들을 낳았다고 전보를 치자 그는 처가로 내려오기는커녕 선숙 앞으로 편지를 한 통 보냈다. 애 낳느라고 고생했다는 위로의 편지가 아니었다. "이혼하기 싫으면 냉큼 올라오라"는 다소 황당한 내용의 편지였다.

이 편지의 의미에 대해 선숙은 "당시 백수로 있어 경제력이 없던 애 아빠가 친정에서 뭘 좀 가지고 오지 않으면 이혼하겠다는 식의 일종의 공갈이었다"고 설명했다. 편지를 본 선숙의 오빠 이성대는 "이제 니 운명도 기구하게 전개되겠구나!" 하며 동생의 앞날을 걱정했다.

# 첫 아이 출산 그리고 첫 번째 이혼

아이 백일이 다가오자 결국 장인이 대구에서 딸(선숙)과 외손자(지택)를 데리고 도봉리 집으로 찾아왔다. 그의 생애 첫 아이인 아들과의 상봉은 그렇게 불편하고 어색한 상황에서 이루어졌다. 친정아버지 손에 이끌려 시댁으로 들어온 선숙은 아이를 데리고 도봉리 집에서 1개월 정도 지냈다.

육아 문제로 선숙은 그 당시 직장을 그만둔 상태였다. 아이 낳고 몸은 힘든데 남편은 관심도 보이지 않고, 그 와중에 경제적 고통까지 겹쳤다. 이런 상황이고 보니 선숙에게 도봉리 시집 생활은 사람 사는 게 아니었다. 평소 자기 주장이 강한 선숙이 결국 선수를 치고 나왔다. 그때를 기억하는 종철의 증언을 들어보자.

"형수님께서 조카 훈이를 낳은 지 백일도 안 돼 삭발을 한 후 서울로 올라가셨습니다. 그때 형수님께서 집에 쪽지를 하나 남기고 떠나셨는데 '내 청춘을 이대로 보낼 수는 없다'는 내용이었던 것으로 기억됩니다. 형수님이 그길로 찾아간 곳은 명륜동 성대 뒷문 바로 옆에 있던 이복형님(종원) 집이었죠. 도봉리 집에서 종국과는 더 이상 살 수 없다는, 일종의 '항의 시위' 같은 것이었다고 생각됩니다. 나중에 들으니 형수님은 신구문화사에 재취직하셨다고 했습니다."

이 대목에선 선숙에게도 반론의 기회가 필요하다.

"아이 낳고 몸도 아직 회복이 안 된 때였죠. 경제적인 문제 등은 그렇다고 쳐도 시어머니가 몹시 힘들게 했습니다. 하루는 '그간 우리 딸들 고생했으니 오늘부터는 네가 부엌 책임을 져라'고 하셨습니다. 그런데 나는 부엌데기로 살고 싶지 않았어요. 그래서 내가 직장을 구해서 자리를 잡으면 남편과 아이를 데리고 나올 생각으로 집을 나왔습니다. 내가 직장을 잡자 남편이 따라나왔죠. 그때 대한교과서주식회사에 근무하고 있었는데 회사 근처에 단칸방을 얻어 같이 살았습니다."

[선숙의 발언에 대해 시누이 순화도 반론을 폈다. 순화는 "오빠가 언니를 데려다 놓고부터 매일 싸우다시피 하고 폭력을 쓰니 우리들은 너무 미안해서 솔직히 시누이 노릇, 시어머니 노릇 할 엄두도 못 냈다. 아침마다 어머니는 (올케 언니가) 밤새 아기 젖 먹이느라 잠 못 잤다며 문소리도 내지

못하도록 주의를 주셨다. 그 당시 삼시 세끼에서 아침과 점심은 내가 하였고, 저녁은 올케가 맡아서 했다. 우리 어머니는 그렇게 몰상식하게 며느리를 구박하는 분이 아니다"고 말했다.]

선숙과 합치기 직전까지는 종국도 사는 게 말이 아니었다. 애는 엄마 없다고 울어대고, 집안에 적절한 말 상대는 없고, 게다가 직장도 없으니…. 종국도 머리가 돌 지경이었다. 마치 정신 나간 사람처럼 멍한 꼴이었다. 더러 우울증 중세를 보이기까지 했다. 어쩌다 선숙이 훈이를 보러 도봉리 집엘 오면 모친은 "내 아들이 너 만나기 전에는 똑똑했는데 너 만나고부터 폐인이 됐다"며 거친 말을 쏟아부었다.

시간이 좀 지나 종국의 상황이 좀 회복되었을 때 막내 경화가 물어보았다. "오빠, 그때 왜 그랬어요? 밥도 안 먹고 정신 나간 사람처럼 왔다갔다 하기만 하구요." 종국 왈, "그때 (우리집 주변에 주둔하고 있던) 군인들이 총으로 날 쏠 것 같은 생각이 자꾸 들더라. 그리고 신작로로 나가면 길로 확 뛰어들고 싶은 충동이 일곤 했어. 마음이 공중에 붕 떴고, 또 훈이 저것을 장차 어떻게 먹여 살릴까 생각하니까 머리가 확 돌더라." 종국은 당시 일종의 정신착란증을 보였다.

선숙이 집을 나가면서 태어난 지 몇 달 만에 훈이는 졸지에 '엄마 없는 고아'가 돼버렸다(훈이는 한동안 조부모와 같이 살았다). 그러나 다행히 다른 가족들의 훈이 사랑은 넘쳐났다. 막내 경화(1946년생)가 태어난 이후 15년 만의 아이 울음소리였다. 조부모는 물론 고모들도 훈이를 지극 정성으로 돌봤다.

서너 달 지나 훈이 분유값이 없어 집안에 걱정거리가 하나 생겼다. 이때 훈이 분유값을 댄 사람은 '큰삼촌' 종철이었다. 그런데 '비락'을 먹였더니 훈이가 그만 변비에 걸렸다. 결국 없는 살림에 무리를 해서 당시로선 제일 비싼 일제 모리나가 분유로 바꿨더니 다행히 괜찮아졌다.

몇 년 뒤 종철도 아이가 생겼는데 그 무렵 국산 분유가 시판되기 시작했다. 종철은 자기 아이에게는 국산을 먹였으나 조카 훈이에게는 변비 때문에 비싼 외제를 먹여야 했다. 당시 서울에서 직장을 다녔던 선숙은 훈이 분유값을 한 푼도 보내오지 않았다. 남편 때문에 단단히 골이 난 때문이었으리라.

아웅다웅하더니 둘은 결국 갈라서고 말았다. 결혼한 지 채 2년도 안된, 1962년 4월 두 사람은 '협의 이혼'을 했다(참고로 이때가 1차 이혼이다. 이후 재결합—2차 이혼은 뒤에서 다시 언급한다). 남녀가 이혼하는 데는 여러 가지 이유가 있다. 보통 애정전선의 이상이 가장 큰 사유이긴 하나 더러는 결혼 후 상대방(또는 상대방 가족)에 대한 실망, 혹은 경제적인 문제도 이혼 사유가 되기도 한다.

그런데 두 사람 사이엔 사유가 하나 더 있는 듯했다. 바로 종국의 좋지 않은 손버릇이었다. 종국은 나이 어린 여동생들에게도 더러 손찌검을 하곤 했다. 그런데 그 버릇이 결혼해서도 고쳐지지 않았다. 선숙은 "누구의 잘잘못을 떠나서 같이 살면서 많이 맞았다. 때론 혁대를 풀어 때리기도 했다"고 말했다.

언젠가 종국이 머리로 선숙의 안면을 들이받아 선숙의 이빨

이 크게 다쳤는데, 오른쪽 윗 이빨 세 개는 아직도 다른 이빨들과 상태가 달라보였다. 선숙이 집을 나가서 언젠가 종국에게 보낸 편지를 보면 "맞고는 못 살겠다"는 표현이 나온다.

『고대신문』 편집국장 시절 종국, 선숙 모두를 알게 된 신근재는 1963년 가을 선숙으로부터 편지 한 통을 받았다. 발신지는 북한산 승가사였다. 당시 신근재는 문교부 공보관으로 근무하던 때다. 고대 부총장을 지내고 문교장관이 된 이종우의 부탁으로 간 것이다(선숙은 신근재가 공보관 재직 시절 문교부 기관지 편집을 프리랜서로 더러 도와주기도 해 그때까지도 친분이 이어졌다).

선숙은 편지에서 "할 이야기가 있으니 좀 방문해 달라"고 했다. 신근재는 "그때 편지를 통해서 선숙이 이혼을 했고, 또 승가사에 체류한 지 몇 개월이 지났다는 것을 알았다"고 말했다. 그에 앞서 신근재는 두 사람이 별거한다는 사실을 듣기도 했다. 그 무렵 철학과 박희성 교수 댁으로 신년 세배를 갔는데 박 교수가 "선숙이 우리집에 와 있다"고 했다. 당시 박 교수는 남편과 사별한 조카며느리를 집에 데리고 있었는데 그가 선숙과 친분이 있었다. 이미 그때 두 사람은 별거 상태였다.

우울한 분위기 전환을 위해 여기서 잠시 쉬었다 가자. 발단은 '고대 3천재'(역사의 임종국, 철학의 신일철, 어학의 민영빈) 얘기를 하다가 나왔는데, 신근재는 그보다 고려대 내의 '교수 3인방 시리즈' 얘기를 재밌게 들려줬다.

종국과 동갑(1929년생)인 그는 올해 만 일흔여섯인데도 기억력도 좋고 건강도 아주 좋았다. 8월 하순 종국의 대학 시절 애기를 듣기 위해 한번 만나자고 전화를 했더니 집이 도봉구 수유린데도 자기가 시내로 나오겠다고 했다. 그래서 오후 5시경 광화문 내 사무실에서 만나 두어 시간 얘기를 듣고 인근 피맛골 생선구이 집으로 옮겨 5000원짜리 저녁 식사를 같이 했다. 거기서 식사를 하면서 다시 한 시간여 얘길 나눴

대학 동문 신근재 씨

는데 올해 만 마흔일곱인 나와는 그냥 친구 같은 느낌이었다. 마음도, 행동도 또래에 비해 열 살 이상은 젊었다. 게다가 옛날 얘기를 마치 어제 일처럼 아주 재밌게 들려줬다. 그가 들려준 우스개 얘기 하나를 독자들과 같이 나누고 싶다.

『고대신문』은 학교에서 재정 지원을 받는 게 아니라 학생들이 꾸려가다 보니 초창기엔 더러 부정기로 간행됐다. 그러다가 신근재가 편집국장 시절 신문값을 등록금에 얹어 받게 하면서부터 재정 문제가 해결됐다. 그래서 편집국장 심부름도 하고 학보사 내 경리일도 처리할 여직원 한 사람을 채용하게 됐다. 그 여직원이 어느 날 원고를 받으러 박희성 교수실에 들렀다가 그 방에서 정식 메모도 아닌, '낙서' 하나를 받아들고 왔다. 메모엔 고대 교수들이 유형별로 분류돼 있었다.

우선 '3괴怪', 즉 고대 내 '괴짜 교수 3인'을 말한다. 박희성(서양철학), 손명현(고대철학), 성백선(심리학), 다음은 '3망'忘, 즉 건망

중 3인방으로 이상은(동양철학), 김상협(정치학), ○○○( ), 다음은
또 다른 '3망'忙, 즉 바쁜 사람 3인방으로 김순식(회계학), 한만운
(화학), ○○○( ), 다음은 '3광'光, 즉 대머리 3인방으로 윤천주(정
치학), 한동섭(법학), 이건호(법학), '3태'泰, 즉 뚱뚱이 3인방으로 조
동필(경제학), 김효록(경영학), 변우창(행정법), 끝으로 '3협'狹, 즉 홀
쭉이 3인방으로 김경탁(동양철학), 박광선(불문학), 구자균(국문학)
등이 그들이다(8월 하순 첫 만남 이후 두 달 뒤인 최종 교열 때까지 기다렸지
만 신근재는 '3둔'과 '3忙'의 두 명은 끝내 기억해내지 못했다. 인터뷰 당시 77세
였던 그가 이 정도를 기억해낸 것만으로도 대단하다).

이 불온문서(?)에는 "박희성이 짓고, 김순식(회계학, 당시 대학원
장)이 쓰다"라는 문구까지 적혀 있었는데 여직원에게 이를 학보
에 실어달라고 하더라는 것. 물론 이는 활자화되지 못했다. 그
런데 그 뒤 이것이 입에서 입으로 소문이 나서 교수 사회에 우
스개 얘기로 떠돌다가 아직도 더러 기억하는 이가 있다고 한다.
캠퍼스에 낭만이 넘치던 그 시절 추억담의 하나다.

다시 두 사람 얘기로 돌아가자. 출산과 이혼을 전후로 선숙
도 신구문화사 입·퇴사를 반복하면서 어려움이 없진 않았다. 그
러나 당시로선 고급 여성 인력이었던 선숙은 쉽게 직장을 얻었
고, 직장을 쉴 때는 아르바이트라도 해서 어느 정도의 수입은
해결했다(실제 선숙은 신구문화사를 비롯해 국정교과서, 어문각 등 여러 곳
에서 편집자로 근무했다).

그러나 이것이, 즉 선숙이 직장을 잘 잡는 게 어찌 보면 두
사람 사이를 더욱 갈라놓은 한 요인으로 작용한 셈이 되었다.

다시 말해 선숙이 일정한 직장이 없었다면 비록 경제적으로는 무능한 남편이었지만 그의 곁을 쉬 떠나지 못했을지도 모른다. 언젠가 선숙은 막내 시누이 경화에게 이런 말을 했다. "그 당시 나는 학벌과 경력으로 어디 가서든지 쉽게 취직할 수가 있었다. 그런데 지금 생각해보니 그게 불행이었다"고.

# 화장품 외판원 · 참빗 장사 등 행상 시절

한편 종국은 선숙과는 사정이 달랐다. 직장도 없는데다 마땅한 수입도 없어 경제적으로 힘든 나날을 보내야 했다. 이때가 종국으로선 고시 공부 시절만큼이나 어려웠던 때가 아니었나 싶다. 오죽하면 체면 불구하고 길거리 약장수 행상을 나섰겠는가.

그 무렵쯤의 일이다. 신경림은 어느 날 김관식과 함께 (현대문학사) 인근 종로5가를 지나는 중이었다. 그런데 길가에 사람들이 한 무리 모여 있길래 사람들 속으로 들여다보니 약장수가 기타를 키면서 약을 팔지 않는가. 노래는 바야흐로 "이 강산 낙화유수 흐르는 봄에~"하고 넘어가고 있었다. 그런데 노래를 부르는 사람이 임종국이라고 먼저 알아본 사람은 김관식이었다. 남의 눈치를 볼 김관식이 아니었다. "어이 임종국! 너 거기서 시방 뭐하냐?" 무안해 할 줄 알았던 그는 우리를 알아보고 벌죽 웃기만 했다. 기타를 동료한테 맡기고 두 사람을 옆에 있는 만두집으로 끌고 들어가서는, 아내와 헤어진 다음 회사도 때려치우고 남의 눈치 보지 않고 사는 길이 없을까 궁리 끝에 이 짓을 하게 됐다고 그간의 경위를 설명했다. 종국은 신경림이 직장을 구한다는 얘기를 듣고는 그 힘든 취직자리 찾아다닐 게 아니라 같이 동업을 하자고 권하기도 했던 모양이다(「삶의 뒤안길에서―글 쓰면서 만난 사람들」⑦, 『세계일보』, 2004. 8. 16).

그 시절 종국은 길거리 약장사는 물론 화장품 외판원도 하며 근근히 생활을 하고 지냈다. 경화의 목격담이다.

"『서울신문』에 「흘러간 성좌」(1965년 2월 11일부터 연재 시작)를 연재하기 전의 일입니다. 오빠는 아모레 화장품 장사를 한 적도 있습니다. 처음에는 보자기에 빨래비누 몇 장을 놓고 팔다가 아는 사람을 만나면 창피해서 슬쩍 자리를 뜨곤 했다고 합니다. 그러다가 아모레 화장품 장사를 시작했죠. 가끔 집에 가보면 산동네에 가서 화장품을 팔고 제 날짜에 돈을 안 주면 대신 물건을 가져오기도 했는데, 오빠 방에는 시커먼 양은솥이며 후줄근한 점퍼가 더러 벽에 걸려 있었습니다. '이게 뭐냐'고 물어봤더니 외상값 대신 가져온 물건이라고 했죠. 나중에 약속한 날 가서 양은솥과 점퍼를 주고 돈을 받아오면 된다고 했습니다."[선숙도 종국이 행상을 했다는 얘길 전해 들었다고 말했다. 허창성은 "(대학 휴학 시절) 열차칸에서 찐빵을 팔았다"는 얘기를 종국에게서 들었다고 증언했다.]

두 사람은 헤어진 지 2년 반 만에 다시 '한몸'이 되었다. 1964년

10월부터 두 사람은 다시 동거에 들어갔고, 이듬해 12월 정식 혼인신고를 마쳤다. 두 사람이 합친 계기는 다름 아닌 '훈이' 때문이었다. 불과 세 살짜리(1961년 4월 19일생) 어린 것이 할머니와 고모 손에서 자라고 있었다. 결국 종국은 선숙에게 다시 합치자고 제안했고, 서로 합의를 봐 한 집에 같이 살게 되었다. 종국은 물론 선숙에게 다시는 손찌검을 안 하겠다는 약속을 했다.

비록 임시변통(?)이긴 했지만 집안이 다시 안정을 찾아갈 무렵 뜻밖에 우환이 생겼다. 모친이 세상을 떠난 것이다. 1965년 2월 24일 오전 1시 모친 김태강이 예순 살로 세상을 하직했다. 실로 고난의 시절을 살다간 그의 모친이었다. 평안북도 벽동에서 보통학교 교사 생활을 하다가 천도교인이던 형부의 소개로 '홀애비 임문호'를 만나 참으로 힘든 인생을 살다가 생을 마친 것이다. 남편은 무능하고 자식들은 많고, 집안엔 돈은 없고, 집안의 기대주였던 장남은 빗나가고… 그런 어머니였지만 장남인 종국은 모친을 호강은커녕 마음 한번 편하게 해드리지 못했다. 적어도 모친에게 있어서는 불효자였다(이 집안엔 '60수'가 위험하다. 모친도, 종국도 모두 환갑에 타계했다. 막내 아우 종한은 만 예순하나에 생을 마쳤다).

## 제 3 부

갈등 속의 집념
-결혼, 이혼 그리고
『친일문학론』 출간

"벼락이 떨어져도 나는 내 서재를 뜰 수가 없다. 자료와, 그것을 정리한 카드 속에 묻혀서 생사를 함께 할 뿐인 것이다."

- 「제2의 매국, 반민법 폐기」 중에서

# 재결합과 「흘러간 성좌」 연재 시작

이 무렵 종국은 모처럼 일거리를 하나 맡아 바쁜 날들을 보냈다. 연초 박성룡『서울신문』문화부 차장으로부터「한국 기인奇人전」을 한번 써보라는 부탁을 받아놓고 행복한 고민을 하던 중이었다. 신문 연재가 끝난 후 이듬해 8월 국제문화사에서 단행본을 묶어 출간했는데「발문」을 보면, 이 연재는 조지훈 선생과 당시『서울신문』서광운 문화부장의 아이디어였다고 한다.

집필은 종국과『한용운 연구』를 출간한 바 있는 박노준(1938년생, 68세, 한양대 명예교수)이 공동으로 맡고, 조지훈이 교열校閱을 맡았다.「흘러간 성좌」는 단순히 신문의 읽을거리 연재 정도가 아니었다. 여기엔 지식인 조지훈의 속깊은 심중이 담겼다. 종국과 함께 이 연재를 맡았던 박노준의 증언을 통해 경위, 반응 등을 들어보자(박노준은 9월 중순 전화 통화만으로는 대화가 부족했다고 생각했던 지 다음날 다시 나를 만나자고 해서「흘러간 성좌」연재는 물론 종국이『친일문학론』을 쓰게 된 경위 등에 대해서도 소상히 들려주었다. 종국을 무척이나 좋아하고 따랐던 후배로 보였다).

"언젠가 조지훈 선생이 제자뻘인 박성룡『서울신문』문화부 차장과 술을 한 잔 나누다가 근대를 살다간 학자, 문인, 예술가 가운데 지조도 있고, 학식도 있고, 근세 우리 문화 발전에 기여한 기인奇人을 발굴해 연재를 해보면 어떻겠느냐고 제안을 했습니다. 조 선생은 엄혹한 일제 하에서 그들의 기행奇行은 그 자체로 저항이었다고 봤죠. 원래는 조 선생이 이 제안을 자신이 편집위원으로 있던『사상계』측에 먼저 했습니다. 그런데『사상계』쪽에서 조 선생에게 글을 써달라고 하자 조 선생이 그건 곤란하다고 해서 유야무야됐습니다.

대학 후배이자『서울신문』에「흘러간 성좌」를 같이 연재했던 박노준 씨

그러던 차에 조 선생이 박성룡 차장과 얘기하다가 이 건을 우연히 다시 거론하게 됐고,『서울신문』측에서 그럼 우리가 진행하겠으니 대신 조 선생에게 필자를 소개해 달라고 해서 나와 임종국 형이 추천된 셈이었죠. 하나 첨언하자면, 당시 조 선생은 임종국 형이 이혼 후 행상을 하며 어렵게 산다는 얘기를 듣고 하루빨리 그를 구렁텅이에서 건져 내야겠다는 생각도 갖고 계셨습니다."(박노준에 따르면, 종국은 화장품 장사는 물론 참빗 장사도 했는데 누군가로부터 종국이 겨울에 동대문시장에

「흘러간 성좌」연재를 알리는 『서울신문』
사고社告 (1968.2.3)

서 방한모를 쓰고 참빗 장사를 하는 장면을 봤다는 얘기를 전해 들었다고 했다.)

연재는 1965년 2월 11일자부터 일일 연재를 했고, 1년 반 가량 이어졌다. 대상자는 정치, 경제, 군사, 학문, 예술, 종교 각 분야에서 활동한 '기인'들을 다뤘다. 이 연재 아이디어를 낸 지훈은 대상 인물까지도 대충 선정해 놓은 상태였다. 박노준은 "연재를 하기 전에 조 선생이 24명의 명단을 메모해 건네주셨다"고 말했다. 나머지 6명은 나중에 책을 낼 때 추가로 보강했다(2월 3일자 『서울신문』 사고社告에 따르면, '되새겨지는 주인공들'은 월남 이상재, 만해 한용운, 여류 화가 나혜석, 시인 이상, 화가 이중섭 등 21명이었다. 박노준은 "24명의 명단을 지훈이 건네줬다"고 했는데 이 수치는 박노준의 착각처럼 보인다. 아무튼 책으로 엮어낼 때는 신문 연재에다 추가로 몇 사람을 보탠 점은 맞다).

첫 회는 만해 한용운 편으로, 임종국과 박노준이 공동 집필했다. 대개 공동 집필이었으나 더러 단독 집필도 보였다. 예를 들어 월남 이상재는 박노준이, 소설가 김동인은 종국이 단독으로 집필했다. 전체적으로는 두 사람이 반반 정도를 맡았다.

'흘러간 성좌星座' 제자題字는 고정이 아니라 매번 연재 대상 인물의 '이해관계인'이 직접 썼다. 이를테면, 단재 신채호는 단재의 아들 신수범 씨가, 김동인은 차남 김광명 씨가, 그리고 월남 이상재는 월남과 친숙했던 이명원 옹이 각각 썼다. 한 사람당 연재 분량은 20회 안팎(김동인은 19회, 신채호는 24회 등)이었으며, 컷은 전상권 화백이 맡았다.

연재를 시작하기 전 종국은 부친에게 기인들에 대해 얘기해 달라고 부탁하기도 했다. 부친은 변영만, 신채호 등의 재미있는 일화 몇 토막을 들려줘 그와 가족들이 모처럼 웃음꽃을 피웠다(변영만, 신채호는 실제로 연재됐다). 「흘러간 성좌」 연재를 계기로 종국은 모처럼 활력을 되찾았다.

이 연재는 당시로선 큰 인기를 모았다. 우선 연재소설이 아닌 기획물로 1년 반 가량 지속된 자체가 독자들의 열띤 호응이 없이는 불가능한 일이다. 당시만 해도 증언자가 상당수 살아 있었고, 자료도 지금보다는 훨씬 풍부한 상황이어서 재밌고 알찬 연재가 가능했다고 보인다.

「발문」에서 종국은 "우리는 우리 멋대로 '기발한 일화' '기발한 업적' '기발한 사상' 등을 가졌던 신문화 건설의 역군들을 편의상 기인奇人이라고 생각하고 이야기를 엮어 나가기로 작정했다"며 "문헌 혹은 구전口傳으로 전하는 얘기를 기록한다는 데 희열을 느꼈다"고 밝혔다(박노준에 따르면, 당시 『서울신문』의 인기물은 「흘러간 성좌」와 이상화 시인의 막내 동생 이상오의 '사냥꾼 이야기' 연재 등 두 꼭지가 있었다고 한다).

두 사람은 연재를 하는 동안 '행복한 글쓰기'를 했다. 물론 경제적으로도 큰 힘이 되었다. 박노준은 "매달 월급식으로 원고료로 받아 반씩 나눴다. 액수는 신문 연재소설 수준이었는데 당시로선 잘 받은 셈이다. 원고료가 생활에 큰 도움이 됐다"고 회고했다. 그러나 종국은 이 당시에도 책 구입비에 대부분의 돈을 써 가계엔 보탬을 주지 못했다(선숙 증언).

이 연재가 순항한 데는 또 다른 이유도 있었다. 교열자와 공동 집필자로 참여한 세 사람(조지훈, 임종국, 박노준)은 이미 같이 일을 해봐서 호흡이 척척 맞는 사이였다. 1958년 4월 어느 날 박노준(당시 3학년 1학기)은 종국을 통해 조지훈 선생이 그를 포함, 고대문학회 회원 몇 명을 만나고 싶다는 연락을 받았다.

박노준은 4년 선배인 종국과 회원 3명과 성북동 조지훈 선생 댁을 방문했다. 종국은 당시 장기 휴학중이었지만 후배들과 가끔 만나는 사이였다. 이들에게 차를 한 잔 대접한 후 조지훈은 만해 한용운 선생의 전집을 고대문학회가 책임을 지고 편찬해 출판하자고 제안했다. 또 인세로 적당한 장소에 만해 시비를 세우고, 남는 돈으로는 자금 사정으로 창간 이후 2집을 발행하지 못한 『고대문화高大文化』를 복간하자고 했다.

결론적으로 얘기하면 이들은 『이상전집』 편찬 경험이 있는 종국이 좌장이 되어 경남 진주 인근 다솔사에서 작업을 시작해 이듬해 2월 1만여 매 분량의 원고를 마무리했다. 당초 그 다음해(1960년)에 출간할 예정이었으나 곡절 끝에 『한용운전집』(전6권)을 1973년 신구문화사에서 출간했다(『한용운전집』과 고대문학회 박노준 명예교수』, 『고려대교우회보』, 2006. 1. 13).

# 5·16 쿠데타 세력과 한일회담

「흘러간 성좌」를 연재하는 바쁜 와중에 그는 그의 일생에서 가장 큰 성과인 대작을 하나 준비하게 된다. 이른바 『친일문학론』 집필이다. 직접적인 계기는 5·16 쿠데타 세력들이 추진하는 한일회담이었다. 한일 간 국교정상화를 골자로 하는 한일회담은 이승만 정권 시절부터 줄기차게 추진돼 오던 것이었다. 그러나 중간에 일본 측 대표의 망언과 4·19, 5·16 등으로 여러 차례 중단됐다가 결국 군사정부 시절 회담 개시 14년 만에 결말을 보았다. 최종 조인을 앞두고 당시 야당과 학생들의 격렬한 반대에 부닥치자 군사정부는 국회 비준을 날치기로 처리하기도 했다. 그 대략의 경과를 훑어보고 지나가자.

놀랍게도 한일회담은 당사자인 한·일보다는 미국에 의해 첫걸음이 시도됐다. 이는 미국의 대동북아 정책의 포석의 일환이었다. 당시 일본에서는 '부산적기론'釜山赤旗論이 먹혀들어간 측면도 없지 않다. '부산적기론'이라 함은 부산에 적기赤旗가 꽂히

면, 즉 한국이 적화赤化되면 일본도 위험하다는 주장이다. 한국
전쟁 과정에서 한때 대구, 부산을 제외한 한반도 전역이 공산
치하에 들어간 것을 목격한 일본으로서는 그것을 '강건너 불구
경'으로 여길 수만은 없었다. 그래서 남한을 경제적으로 도와
적화를 방지하는 길이 자기들에게도 안전판이 될 수 있다고 판
단한 것이다. 물론 박정희 정권 때 한일 국교정상화를 성사시킨
이면에는 박정희의 만주 인맥이 막후에서 큰 역할을 한 것은 두
루 알려진 사실이다.

제1차 한일회담은 연합군 최고사령부 외교국장 시볼드의 중
개로 1951년 10월 21일부터 열린 예비회담을 거쳐 1952년 2월
15일부터 시작됐다. 그러나 양측의 주장이 크게 엇갈려 4월
21일 중단되고 말았다. 2차 회담은 1953년 4월 15일 열렸으나
평화선 문제, 재일교포의 강제 퇴거 문제 등으로 7월 23일 다시
결렬됐다. 이어 그해 10월 6일부터 제3차 회담이 재개됐는데
일본 측 수석대표 구보다의 망언(이른바 '구보다 망언'으로 그는 "일본
의 36년간의 한국 통치는 한국인에게 유익했다"고 말했다)으로 보름 만에
또다시 결렬됐다.

이후 한국민들의 감정이 격앙돼 한일회담은 한동안 중단됐
다. 그러다가 1958년 4월 15일 제4차 회담이 시작되었는데 재
일교포 북송 문제로 난항을 거듭하다가 1960년 4·19혁명으로
이승만 정권이 붕괴되면서 다시 무기한 연기됐다. 4·19혁명으
로 집권한 장면 내각은 그해 10월 25일 제5차 한일회담을 재
개했는데 이 역시 이듬해 5·16 군사쿠데타로 다시 중단되고

말았다.

한편 군사정부는 한일회담의 타결에 역점을 두었다. 이유는 돈 때문이었다. 집권 이듬해인 1962년부터 '경제개발 5개년 계획'을 추진키로 한 박 정권으로서는 거액의 자금이 필요했고 이를 대일 청구권 자금으로 해결할 생각을 갖고 있었다. 1962년 라이샤워 주일 미국 대사의 주선으로 일본을 방문한 박정희 최고회의 의장은 이케다 총리와의 회담을 통해 한일국교정상화 교섭의 전기를 마련했다. 이로써 1961년 10월 20일 재개된 제6차 회담은 급속히 진전되었고 이듬해 11월 김종필(당시 중앙정보부장)은 일본 외무장관 오히라를 만나 대일 청구권 문제와 평화선, 재일동포 법적 지위 문제 등에서 타협점을 도출했다. 이른바 '김―오히라 메모'(골자는 '무상 3억 달러, 유상 2억 달러, 상업차관 1억 달러 이상')가 그것이다.

이에 대해 국내에서는 막후에서 진행된 정략적 회담에 대해 거센 반발이 일어났다. 1964년 학생들의 한일회담 반대 시위가 전국적으로 전개됐는데, 이들을 이른바 '6·3세대'라고 부른다. 그런 와중에 1965년 2월 20일 일본 외무장관 시이나가 방한, 한일기본조약을 가조인함으로써 14년간에 걸친 한일회담은 대미를 장식했다(이후 그해 6월 22일 「기본 관계 조약」과 「청구권 협정」 등 4개 협정 서명, 8월 14일 한국 국회 비준, 11월 12일 일본 중의원 비준, 12월 18일 비준서 교환(서울)과 협정 발효로 최종 마무리됐다).

한편 한일회담 개시에서 첫 테이프를 끊고, 또 결정적으로 회담을 마무리지은 박정희의 방일을 도운 것은 미국이었는데 이 당시 미국은 과연 어떤 입장이었는지가 궁금해진다. 한마디로 미국은 제 잇속을 잘 챙겼을 뿐이다. 당시 미국은 대對동아시아 전략의 일환으로 한일회담을 막후에서 기획, 조정했다. 즉 미국은 동아시아에서 소련의 남하 정책을 저지하고 동시에 중국을 견제하기 위해 동북아의 핵심 국가인 일본과 한국 간의 국교정상화가 절실하다고 판단했다. 그래서 한일 양국을 압박했는데 다행히 이것이 먹히는 상황이었다.

당시 일본은 전범처리 때 살려둔 천황과 기시 노부스케 같은 인물이 정계의 실력자였고, 한국에서도 친미파인 이승만(4·19 이후에는 다시 장면)이 최고 권력자였기 때문이다. 또 5·16 쿠데타 후에는 쿠데타 세력을 포용한데다 미국은 이들의 취약점을 잘 알고 있었다.

한일회담이 진행되는 동안 사회는 극도로 혼란스러웠다. 연일 대학가에서는 시위가 끊이질 않았고, 정치권 역시 여야로 나뉘어 찬반 논쟁이 치열했다. 당시 일본에 대한 한국인들의 감정은 그리 좋은 편은 아니었다.

그때까지만 해도 일제 36년 통치라는 악몽이 아직은 가시지 않은 상태였다. 일제 시대를 경험한 사람들이 적지 않았다. 그러나 동시에 일제 때 '한자리'를 했던 인사들도 버젓이 동시대를 같이 살고 있었고, 그리고 그들은 새시대임에도 불구하고 또 '한자리'를 꿰차고 있었다.

그러다보니 일본에 대한 시선은 호오好惡가 교차된 점도 없지 않았다. 더러는 사회 혼란을 들며 오히려 일제 때가 좋았다는 사람들도 있었다. 한마디로 민중들의 역사 의식은 저급하기 짝이 없던 시대였다. 이 모두는 물론 해방 후 반민특위의 좌절에서 기인하였다.

당시 종국은 서른여섯 살, 앞서 언급한 「흘러간 성좌」연재로 바쁜 나날을 보내는 중이었다. 또 아내와도 재결합해 가정을 재정비(?)하던 시절이었다.

그즈음 그는 그냥 스치고 가기에는 너무 역겹고 충격적인 발언 하나로 고민에 빠지고 말았다. 대체 어떻게 된 놈의 나라 길래, 그것도 명색이 정부 고관이라는 작자가 "제2의 이완용이 되더라도…" 운운하며 한일회담을 성사시키겠다고 호언장담을 하는 것인가. 대체 이완용이 누구인가, 조선 사람이라면 삼척동자도 다 아는 매국노의 상징 아닌가. 그런 이완용을 거론하며 한일회담을 성사시키겠다고 한다면 이건 역사의식에 심각한 문제가 있다고 생각했다. 그러고 보니 해방 후 이완용 같은 매국노도 제대로 평가(또는 청산)받은 적이 없다는 사실이 떠올랐다. 종국의 관련 글을 보자.

"내 나이 37세(만으로는 36세)인 그해(1965년) 여름은 뜨거웠다. 한일회담 반대의 함성으로 대학 캠퍼스가 온통 시뻘겋게 달아오르고 있었던 것이다. 이웃집 2층에서 어느 철부지 아가씨의 목청도 덩달아 달아오르고 있었다. 한일회담을 한다니까 금세 일본에라도 가게 되는 줄 알았던지, 일본 노래를 부르면서 아주 신바람이 났던 것이다. 이거 안 되겠구나

하는 생각이 들었다. 그러나 대학생이 아니니 데모 행렬에 끼이기는 그렇고 해서 혼자서 '데모'를 좀 해봐야겠다고 다짐했다. 이렇게 작심한 것은 20년 전 내가 17살(만으로는 16세) 때 겪었던 일이 생생하게 되살아났기 때문이다." (「술과 바꾼 법률책」 중에서)

# 박노준이 빌려다 준『친일파군상』보고 충격

　그렇다면 종국이 '20년 전에 겪었던 일'이란 무엇일까? 20년 전, 즉 1945년 당시면 그는 학생 신분이었다. 1945년 7월 경성공립농업학교 초급중학 3학년을 수료한 그는 두 달 뒤인 9월에는 경성공립사범학교(경성사범) 본과에 입학했다. 바로 이 중간 지점에 8·15 해방이 있었고, 바로 이때 겪었던 일이다. 그가「제2의 매국, 반민법 폐기」라는 글에 쓴 내용을 3인칭으로 재구성해본다.

　8월 말 아직 미군이 진주하기 전, 무장해제가 안 된 일본 군대가 그가 다니던 중학교(경성공립농업학교) 교정과 강당에 며칠간 쫓겨 와 10일 정도 머물다 간 적이 있었다. 일본 군인들이 총질로 연못의 고기를 잡는 광경이 신기해 구경을 하고 있는 데 한 일본군 병사가 그에게 물었다.

　"우리는 전쟁에 졌다. 너는 어떻게 생각하나?"

"예! 조선이 독립하게 돼서 기쁩니다."

순간 그 일본군 병사는 마치 죽일 듯이 그를 노려보았다. 그 눈초리가 어찌나 무서웠던지 그는 얼른 변명을 했다.

"그렇지만 당신네 일본이 전쟁에 진 것은 정말 안됐다고 생각합니다!"

병사는 한참 심각한 표정을 짓더니 씹어 뱉듯이 그에게 말했다.

"20년 후에 다시 만나자!"

그로부터 꼭 20년 후인 1965년 여름, 한일회담 반대 데모로 그해 여름은 뜨거웠다. "꼭 20년 후에 만나자"더니, 정말 20년 만에 쪽발이 놈들이 다시 몰려오게 되는구나! 그놈들은 일개 병사조차가 "20년 후에 다시 만나자"는 신념을 갖고 있었는데 우리는 장관이란 사람이 "제2의 이완용이 되더라도" 타령을 하는 판이었다. 이완용이 될지언정 한일회담을 타결하겠다면, 그건 대체 어느 나라를 위한 한일회담이란 말인가?

회담이 타결되기도 전에 그런 타령부터 나온다면, 그것이 타결된 후의 광경은 뻔한 것이라고 생각되었다. 물밀듯이 일세日勢는 침투해 올 것이요, 거기에 영합하는 제2의 이완용이, 제2의 송병준이, 제2의 박춘금이가 얼마든지 또 생겨날 것이다. 묵은 친일파들이 비판받는 꼴을 본다면, 제2의 이완용, 박춘금이 그래도 조금은 주춤하겠지? 이런 생각에서 그는 『친일문학론』을 쓰기로 작정했다. 유진오 박사는 은

사요, 백철, 조용만, 조연현은 그의 선친과도 알음이 닿은 분이지만 그런저런 사정은 일체 눈을 감기로 작정하였다.

그가 『친일문학론』을 쓰기로 작정한 계기 가운데 하나는 위에서 보듯 바로 한일회담이었다. 세상이 온통 찬반 논쟁으로 뜨겁고, 또 일제 강점기를 겪어온 사람들이 비단 그뿐이 아니었다. 그러나 그 같은 여건에서 공동체를 향해 준엄한 목소리를 내는 사람은 특별히 없었다. 다산 정약용이 유배 생활이라는 개인적 불행사不幸事를 초극하여 이를 저작著作으로 승화시켰다면, 종국은 한일회담이라는 사회적 상황을 『친일문학론』 저술로 승화시킨 셈이다. 시인 박희진은 "임종국이 아니면 그런 책을 내야겠다는 발상도 못했고, 그는 그때 그런 책이 사회적으로 필요하다는 시대 감각도 날카로웠다"고 말했다.

위에서 종국이 『친일문학론』을 쓰게 된 배경 또는 계기에 대해 알아보았다. 그런데 왠지 좀 아쉬운 구석이 보이지 않는가? 정부 고관이라는 작자가 "제2의 이완용" 운운하는 걸 보고 분개한 대의명분은 있다. 그러나 그게 구체적 행태로 이어지는 데는 직접적 계기 같은 게 대개 있게 마련이다. 즉 도화선에 불을 당긴 그 무엇인가가 말이다. 사실 나는 그 점에 대해 간혹 궁금증을 느껴왔는데, 이번에 우연히 귀한 증언자를 만나 그 궁금증을 풀었다.

증언자는 그의 고대문학회 후배 박노준이다. 직접적인 계기는 1, 2차 두 번인데, 첫 번째는 「흘러간 성좌」를 연재하면서다.

대상 인물들이 기인들이었지만 대개는 지사志士들이었다. 그런데 이들을 부각시키려다 보니 자연히 대비되는 인물을 찾게 되고 그러다보니 그 반대편에 있는 친일파들의 행적을 자연히 조사하게 됐고, 이것이 나중에 친일 연구의 하나의 계기가 되었다. 1958년 『한용운전집』을 낼 때까지만 해도 종국은 친일 문제를 전혀 거론하지 않았던 걸로 봐 「흘러간 성좌」 연재가 하나의 계기가 됐다는 게 박노준의 주장이다. 주목할 것은 두 번째 계기인데 그의 증언을 옮겨본다.

"「흘러간 성좌」 연재를 하던 1965년 늦봄(5월경) 때였습니다. 당시 이곳저곳을 다니며 연재용 자료를 수집하던 중이었는데, 하루는 친구(이현희, 현 성신여대 교수)가 근무하던 국사편찬위원회를 방문했습니다. 방문 목적을 설명하고 자료 도움을 요청했는데 친구가 『친일파군상』이라는 작은 책자를 하나 보여줬죠. 그 속에는 각계 친일파들의 행적이 소상히 나와 있었습니다. 참고가 되겠다 싶어 대출을 부탁했더니 관외 대출이 안 된다고 했습니다. 그래서 친구를 설득한 끝에 그의 이름으로 겨우 대출을 해서 빌려왔죠. 일단 내가 먼저 책을 훑어본 후 임종국 형에게 보여줬더니 대단히 놀라면서 빌려달라고 했습니다. 그래서 어렵게 빌려온 책이니 잘 간수하라며 건네주었죠. 그로부터 20여 일 만에 그 책을 돌려주면서 "마누라와 같이 그 책 다 베꼈다"고 하지 않겠습니까. 그래서 '임형, 대단해! 베끼리라고는 생각 못했소!' 했

더니 특유의 씨익 웃음을 짓더
군요. 그리고 몇 달 후 '나 『친
일문학론』 쓰겠소' 하는 겁니
다. 이미 조지훈 선생과도 상의
했다는데 조 선생이 '좋은 착상
이다, 네가 선편先鞭('남보다 먼저
시작하거나 자리를 잡음)을 잡는 것
이다. 소문나지 않게 하게!' 하
더랍니다."(선숙은 종국과 같이 『친
일파군상』을 베낀 사실이 기억 나지 않
는다고 했다. 그러나 이는 선숙이 그
사실을 기억하지 못한 것으로 보인다.)

1948년에 출간된 『친일파군상』 표지

이 증언은 이번에 처음 나왔다. 조지훈이나 종국이 없는 상
황에서 박노준이 유일한 증언자다. 전후 상황을 보건대 상당히
설득력이 있다. 즉 종국이 해방 직후 만난 일본군 병사의 "20년
뒤에 다시 오겠다"는 말, 정부 고관의 "제2의 이완용이 되더라
도" 운운 등도 『친일문학론』 집필의 계기가 됐던 것은 사실이지
만 결정적으로 도화선에 불을 붙인 것은 바로 이 사건이 아닌가
싶다. 그간 종국 자신은 한일회담을 계기로 썼다고만 밝혔다.
박노준의 증언은 다만 그가 조지훈과 상의했다고 하는 대목에
서 그가 쓴 내용과 조금 차이를 보인다.

"…20년 후에 다시 만나자더니 그놈들이 정말 다시 나오게 되는구나. 그럼 친일파깨나 또 생겨나겠지. 그래서 은사인 조지훈을 찾아가 『친일문학론』을 써야겠습니다 했더니 그 분은 쓰다 달다 말씀이 없으셨다. 내가 이것을 쓰면 문단에서 처세하기가 불리할 테니 제자를 아끼는 마음에 말려야 하는데, 민족정기를 생각하면 말릴 일도 아니고, 아마 스승의 마음이 그런 심정이 아니었을까 싶다. 얼마 후 책이 나와 그것을 갖다 드렸더니 스승께서는 그래도 대견하다는 듯이 빙그레 웃으셨던 일을 나는 기억한다." (『술과 바꾼 법률 책』 중에서)

# 『친일문학론』을 쓰게 된 여러 이유들

　박노준의 증언과 종국이 쓴 글의 내용에서 조지훈의 행동이 일치하지는 않지만 그렇다고 아주 상반된 내용도 아니다. 종국이 쓴 글은 스승을 배려해 두루뭉술하게 쓴 것으로 보여진다.

　한편 종국이 『친일문학론』을 쓰게 된 계기는 위에서 보듯 「흘러간 성좌」를 연재하면서 친일파들을 처음 접했고, 다시 『친일파군상』이라는 책을 보고 좀 과하게 표현해 눈이 뒤집혔고(?), 또 그 무렵 논란이 된 한일회담이 계기가 된 게 모두 맞는 얘기다. 그런데 여기에 선숙의 증언 하나를 더 보태야겠다. 위 두 건은 박노준만이 아는 얘기라면, 이건 또 선숙만이 아는 얘기다. 시기적으론 박노준보다 앞서는 시절의 얘기다.

　"신구문화사에서 같이 근무하던 때의 얘깁니다. 어느 날 사무실에서 '어이! 어이!' 하고 나를 부르길래 곁으로 갔더니 '일제 때 친일한 사람들이 이렇게 많아!' 하면서 육당 최남선,

춘원 이광수 등의 이름을 댔습니다. 그리고는 '이놈들 그냥 둬선 안 되겠다. 이제 이상李箱을 버리고 이 사람들을 조사하겠다'고 말하더군요. 그 이후로 그가 친일파 연구를 시작했습니다."

해방 당시까지만 해도 종국은 친일 문제엔 깡통이었다. 의식도 지식도 없었다. 역사나 민족 문제에 대해서도 거의 마찬가지였다. 일제 식민 교육의 탓이다. 그가 일제 강점기를 처음 본격적으로 접한 것은 대학 시절 『이상전집』을 준비할 때부터였다. 이상의 작품을 찾으려면 일제 때 나온 신문·잡지를 필수적으로 조사해야 했다. 종국은 바로 그때 처음 친일 문제를 접했다. 그러나 그때만 해도 관심이 문학이었고, 좁게는 이상李箱 개인이었다. 그러다가 신구문화사에 들어가 『한국시인전집』을 편찬하면서 다시 이 문제를 접하게 됐다.

우선 대상자들의 작품을 찾아내기 위해 또 일제 당시의 자료를 뒤적여야 했다. 그런데 이번에는 그 규모가 『이상전집』 때보다는 훨씬 넓고 깊었다. 종국보다 7년 뒤에 신구문화사에 입사한 염무웅의 증언을 앞에서 이미 소개했었다. 염무웅의 증언을 다시 한번 상기해보면,

"처음 입사하여 내가 한 일은 자료 조사였다. 라면 박스 같은 상자 수십 개가 나의 검토·정리 대상으로 주어졌는데, 십여 개의 상자 속에는 카드가 들어 있었고 나머지 수십 개

속에는 꽤 오래된 원고가 쌓여 있었다.

　카드는 주로 일제 시대의 신문과 잡지에 발표된 소설·희곡·평론 등의 목록이 작자, 장르, 발표 지면, 발표 시기, 소장 도서관과 함께 기록된 것이었다. 살펴보니 국립도서관과 고대·연대도서관에서 작업한 결과였다. 짐작컨대『한국시인전집』의 발간과 병행하여 당시 이 일의 편집 실무를 맡았던 임종국 선생이 주도하여 이루어진 작업인 듯했다.

　나는 순서 없이 뒤섞인 이 카드를 작가별·장르별로 분류하여 목록화하는 한편 원고지에 베껴놓은 작품들을 읽어나가기 시작했다. 그것은 말하자면 대학원에서 국문학도들이 해야 할 일이고, 한 걸음 나아가서 말한다면 국가의 재정적 지원을 받아 이루어져야 할 문화 사업이었다."

　바로 이때 종국은 신구문화사에서 상상하기 힘든 정도의 자료를 조사했고, 또 이를 목록으로 만들었다. 이것이 나중에『한국문학의 사회사』를 내는 데 요긴하게 쓰였고, 다시『친일문학론』을 펴내는 데도 결정적으로 사용됐다. 그렇지 않고서야 어찌『친일문학론』을 불과 8개월 만에 출간했겠는가? 그것도『서울신문』에「흘러간 성좌」를 일일 연재하면서 말이다. 아무튼 종국이『친일문학론』을 쓴 '계기'는 선숙의 증언까지를 보태 여러 가지라는 사실만은 기억해 두기로 하자.

　[종국이 보고서 한눈에 빠져든『친일파군상』(민족정경문화연구소 편, 삼성문화사)은 해방 직후인 1948년 9월에 출간됐다. 이 무렵「반민법」이 막 통과돼

친일파 청산이 사회적 화두가 돼 있었다. 이 책이 나오자 관련 서적 3권이 잇따라 나왔는데, 『민족정기의 심판』(혁신출판사, 1949. 2) 『반민자 죄상기』(고원섭 편, 백엽문화사, 1949. 4) 『반민자 대공판기』(김영진 편, 한풍출판사, 1949. 4) 등이 그것이다. 이 책들은 친일파 연구의 고전古典으로 불리며, 지금도 친일파 연구자들의 참고 자료로 활용된다. 현재 이 책들은 실물을 접하기가 어렵다. 우연히 이 네 권을 모두 접한 나는 지난 1993년 이들을 묶어 『친일파 죄상기』(학민사)라는 단행본으로 펴냈다.]

이제 그의 대표작 『친일문학론』을 본격적으로 탐구할 작정인데 그에 앞서 문학평론가 임헌영(1941년생, 현 민족문제연구소장)의 '자기 고백'을 들어보자.

"친일문학 연구는 임종국 선생이 (연구)한 거기에서 한 발자국도 앞서지 못하고, 오히려 선생이 (연구)한 자료를 그대로 확인하는 사람도 없었습니다. 나도 마찬가지였습니다. 나도 그냥 임종국 선생이 (연구)한 것을 인용하는 것, 임종국 선생의 『친일문학론』이란 그 책이 하나의 '임종국 도매상'이라면 그 뒤의 평론가들은 그 도매상의 소매小賣, 책 하나 쓸 때는 거기 있는 것을 하나씩 갖다가 재탕, 삼탕만 해도 얼마든지 훌륭한 평론을 쓸 수 있었습니다. 나도 그런 소매상 역할을 많이 했습니다."[KBS-1TV 「인물현대사 - '임종국 편'」(2003. 8. 22 방영)에 출연해 증언한 내용 중에서]

임헌영의 증언에 따르면, 이 분야 연구에서 아직도 종국의 『친일문학론』을 앞지르는 연구 성과는 없다. 그렇다면 그 이유는 과연 뭘까? 혹시 그의 천재적 재능을 후학들이 능가하지 못해서일까? 아니면 더 이상 연구할 것이 없어서일까? 이 모두 다 정답이 아니다. 종국만큼 관련 1차 자료를 뒤지지 않았고 또 그만큼 이 분야 연구에 미쳐본 사람이 없는 탓이다.

그는 생전에 친일파들의 반민족 행각을 고발하는 저서를 여럿 냈다. 마음만 먹으면 해코지를 하기도 쉬운 외진 산골에 살았지만 그는 단 한 번도 신변에 위협(전화 항의까지도 포함해서)을 받아본 적이 없다. 1960년대 말 혹은 1970년대 초 무렵에 친일파 문 아무개의 후손이 증거 자료를 보자고 해서 자료를 한 보따리 싸서 가지고 나가 보여줬더니 찍소리도 못하고 돌아갔다고 한다(이 이야기는 뒤에서 다시 자세히 소개한다). 이 모두는 바로 자료의 힘이다.

# 고대 도서관서 자료 찾다 만난 김윤식

　　문단에서 '1차 자료 전문가'라면 종국에 뒤지지 않을 인물이 한 사람 더 있다. 문학평론가 김윤식 교수가 바로 그 주인공이다. 종국도 생전에 "한국의 지식인 가운데 1차 자료에 가장 성실한 사람은 김윤식"이라고 얘기했다(김대기 증언). 두 사람은 '문학평론가'말고는 공통분모가 거의 없다. 나이 차이는 일곱 살, 출신 학교도 학과도 모두 다르다. 그런데 생전에 두 사람은 아주 가깝게 지냈다.

　　김윤식은 "임 선생이 『취한들의 배』(1978년)를 번역해 출간할 무렵까지는 서로 편지도 교환했다"고 했다. 종국이 타계했을 때 빈소가 있던 순천향병원으로 문상을 왔던 몇 사람 가운데 한 사람이 김윤식이다. 두 사람은 먼지투성이 도서관에서 자료를 뒤지면서 만났고, 또 친해졌다.

　　"『친일문학론』 출간 2년 전쯤 고려대 도서관에서 자료

종국의 빈소를 찾은 김윤식(가운데 정면). 오른쪽 앞줄은 동생 종철 씨.

를 찾다가 알게 됐습니다. 당시 고대 도서관에는 일제 강점기 잡지가 많아서 나도 더러 자료를 보러 갔습니다. 당시만 해도 고대 도서관에는 정식 직원들이 없어서 고대가 소유한 농장의 직원들이 와서 업무를 봤습니다. 그들은 자료에 대한 전문가가 아니었습니다. 그런데 우리 두 사람은 자주, 그리고 오래 자료 속에 틀어박혀 있으니까 학생들이 우리가 직원인줄 알고 책 대출을 부탁해 구루마로 밀고 다니며 책 대출을 해주기도 했죠. 당시 나는 대학원 학생 신분으로 1920~30년대 문학비평 관련 자료를 주로 조사했는데, 임 선생과 내가 보는 자료가 서로 비슷했습니다. 더러 같은 책을 보기도 했죠. 그래서 '대체 저 양반이 누군가' 하다가 나보다 몇 살 연상이고 해서 처음엔 교수인 줄 알았습니다. 그러다가 나중에 통성명을 하고 알고 지냈습니다. 나중에 『친일문학론』 책이 나올 무렵 '조만간 베스트셀러가 되면 술 사주겠다'고 큰소리치던 기억이 납니다."(8월 중순 전화 통화에서)

그가 『친일문학론』을 펴내기 위해 도서관을 전전할 무렵 그에게 도움을 준 사람도 있었다. 권용태(1937년생, 전국문화원연합회장)가 그 주인공이다. 당시 권용태는 국회도서관에 근무했다. 1960년대 초반 촉탁으로 들어가 몇 년 뒤에 정규 직원으로 채용된 이후 20여 년 그는 이곳에서 근무했다.

권용태는 자신이 근무하던 국회도서관은 물론 국립중앙도서관 등도 이용에 편의를 돌봐줬다. 권용태가 종국을 알게 된 것은 문단에서였다. 권용태는 1958년 『자유문학』을 통해 시단에 등단한 시인이었다. 그는 명동에서 더러 종국과도 어울렸다. 그때 윤병로(평론), 신봉승(극작가), 신동한(평론), 강민(소설가), 박재삼(시인), 박희진(시인), 인태성(시인), 남정현(소설가), 최인훈(소설가) 등과 자주 어울렸다고 권용태는 회고했다.

당시 권용태에겐 작은 고민거리가 하나 있었다. 자신의 주위에 있는 사람들(백철, 모윤숙 등)이 모두 종국의 책에 해당되는 인물이었기 때문이다. 그러나 권용태는 "누군가는 해야 될 일이고 또 객관적 자료를 토대로 쓰는 만큼 돕기로 했다"고 말했다.

한편 그는 『친일문학론』은 불과 8개월 만에 손을 털었다고 했다. 그가 초유의 작업을 단기간에 끝낸 데에는 이처럼 이미 축적한 자료의 힘 때문이었다. 우선『이상전집』을 만들면서 1차로 일제 강점기 신문과 자료를 섭렵했고, 또 신구문화사에서『한국 시인전집』을 낼 때 다시 유사한 작업을 했다.

게다가『서울신문』에「흘러간 성좌」를 연재하면서 다시 주변 자료들을 접했다. 그는 1960년대 중반에 2~3년 걸려서 신문을 뒤져 사회, 문화면에 게재된 문인들의 작품을 기사 색인을 해 만들어 둔 상태였다. 이를 다시 개인별로 카드 작업을 하고 이를 토대로 평가 작업을 해나가는 식으로 진행해 갔다. 당시만 해도 복사기가 없어서 모든 자료를 손으로 베끼던 시절이었다. 그가 불과 8개월 만에『친일문학론』을 탈고했던 데에는 오로지 기사 색인 덕분이었다.

그런데 당초 그가 기사 색인을 만든 목적은 다른 데 있었다. 그는『문학의 사회사』를 써볼 작정이었다.『이상전집』을 편찬하기 위해 묵은 신문, 잡지를 뒤지면서 그는 1930년대 사회를 엿보게 되었는데 그 과정에서 그는 하나의 문제의식을 갖게 됐다. 작품 인식의 한계성이라고나 할까. 말하자면 한 작품을 평가할 경우, 특히 한 시대 이전의 작품일 경우 그 시대의 사람이 되지 않는 한 절대로 완벽하게 인식할 수 없다는 생각이다. 상투를 하던 시대와 사회를 모르면서 상투꾼들의 생활 감정을 말하는 한 필경은 '장님 코끼리 만지기' 밖에 될 수 없다는 이론이다. 그의 이같은 생각은『이상전집』을 엮으면서 처음 경험했고, 2차로 1960년대 초엽 향토지『경남문학』에「물레방아론」을 발표하면서 결정적으로 생성된 것으로 보인다.

딱딱한 얘기는 뒤에 다시 하기로 하고 먼저 『친일문학론』이 세상에 빛을 보게 된 경위부터 알아보자. 먼저 이 책을 펴낸 평화출판사 허창성 사장(현재는 '회장'으로 있지만 여기서는 당시의 직함인 '사장'으로 쓴다)의 얘기부터 들어보자. 앞서 언급한 대로 허 사장과 종국은 신구문화사에서 같이 근무했었

평화출판사 허창성 회장

고, 또 사이도 절친했다. 그즈음 종국·선숙 두 사람은 '아이 때문에' 재결합한 상태였다.

"언젠가 이선숙 씨가 찾아와서 '귀한 원고가 하나 있다. 보통 내용이 아니다. 책을 내면 베스트셀러가 될 것이다'라며 임 선생이 막 탈고한 원고 얘기를 들려줬습니다. 얘기를 듣고 보니 책이 안 되면 문서로라도 단죄해야겠다는 생각이 들더군요. 반드시 그런 책을 내 민족정체성을 확립해야겠다는 일종의 소명의식도 들었습니다. 그러던 차에 임 선생도 내게 와서 '6개월 안에 1만 부가 나갈 것'이라며 책 출간을 종용했습니다. 그래서 결국 검토 끝에 책을 내게 됐죠."

# 출판 거부당한 『친일문학론』, 평화출판사서 출간

처음 종국이 허 사장에게 원고를 보여줄 당시의 가제假題는 '식민지하의 작가들'이었다. 그런데 허 사장 눈에는 그 제목이 별로 마음에 들지 않아 우겨서 『친일문학론』으로 바꾸었다. 다만 편집 체제는 종국의 주장대로 '세로짜기와 국한문 혼용체'를 채택하기로 했다. 용지는 마카오에서 수입한 백상지(모조지)를 쓰기로 하고, 양장으로 고급스럽게 만들기로 했다. 그리고 책값은 500원으로 정했다.

허 사장에 따르면, 당시 우이동 초등학교 앞 문방구 땅 1평이 5000원이던 시절 우이동 국민주택(대지 70평, 건평 15평) 두 채 값을 제작비로 들였다. 당시 허 사장은 자본이 좀 축적된 상황이었다. 당시 수출 드라이브 시절 영어 수요가 많았는데 마땅한 교재가 없었다. 이때 평화출판사에서 영어회화 방송교재 출판으로 재미를 톡톡히 봤기 때문이다. 말하자면 대중서로 돈 벌어서 교양서에 투자한 셈이다(선숙의 증언에 따르면, 평화출판사 이전에 몇몇 출판사에 출판을 제안했으나 모두 거부당했다고 한다. 특히 그의 고대 동문인 신일철, 민영빈 등은 "나중에 안 좋다"며 책 출간을 말리기도 했다고).

한편 초판 발행 부수를 놓고는 두 사람 간에 의견차가 있었다. 종국은 '6개월 안에 1만 부' 운운하며 적어도 초판 5000부 정도를 생각하는 눈치였다. 그러나 허 사장 생각은 달랐다. 의미있는 책이라고 해서 꼭 많이 팔리라는 법은 없다. 도하 일간지 출판면에서 톱으로 다뤄주고 여기에 5단통 광고로 받쳐줘도 책이 꼼짝도 않는(출판계에선 '움직이지 않는다'고 하기도 한다) 경우가 왕왕 있다.

허 사장은 초판 1000부를 찍으려다 500부를 더 얹어 1500부를 찍기로 결정했다. 그런데 결과는? 역시 허 사장의 예측이 맞았다. 초판 1500부를 소화하는데 꼬박 13년이 걸렸다. 1979년 10·26이 난 뒤에 가서야 겨우 재판을 찍었다. 하나 놀라운 사실은 초판 1500부 가운데 500부는 국내에서 소화되고 나머지 1000부는 일본으로 건너갔다고 허 사장은 전했다. 김윤식에 따르면, 이 책 출간 후 중앙정보부에서 7부를 사갔다고 한다(평화출판사 유재수 이사에 따르면, 『친일문학론』은 1993년 현재 8쇄를 찍었으며, 전체 발행부수는 초판 1500부를 포함해 총 1만 1200부로 확인됐다).

책이 통 안 나가자 허 사장과 종국 간에 작은 실갱이가 벌어졌다. 종국은 "계약서엔 시내 주요 서점에 두 권씩 꽂기로 했는데 한 권밖에 안 꽂혔다"며 불만을 터뜨렸다. 그래서 책이 많이 안 팔린다는 투였다. 그런데 책을 많이 팔고 싶은 마음은 비단 저자만 있는 건 아니다. 그건 종국의 말이 맞지 않았다. 책이 예상만큼 나가지 않자 허 사장도 짜증이 나긴 마찬가지였다.

그래서 어느 날 "아니, 임 선생 말로는 6개월 안에 1만 부가 나간다더니…" 하면서 종국을 향해 쏘아주었다. 책이 안 팔리자 종국이 풀이 죽는 기색이었다. 허 사장은 "책이 잘 팔리면 임 선생이 후속 작업도 추진했던 모양인데 책 판매 부진으로 좌절된 것으로 안다"고 말했다. 이와 관련해 생전에 그를 취재한 기자의 글이 남아 있다.

"(『친일문학론』 출간 후) 문학 분야에 이어 사회일반, 문화일반의 친일론까지 3부작으로 예정했던 그는 후속 집필을 포기하지 않을 수가 없었다. 출판사 측에 미안한 것도 그러려니와 무엇보다 (종국 자신이) 실망이 커서 엄두를 낼 수가 없었던 것이다. 게다가 부모에게 기대고 살아오다가 이 무렵 39세의 노총각으로 결혼(정확하게는 만 37세였고, 노총각 결혼이 아니라 첫 부인과 이혼했다가 재결합한 상태였음), 먹고 사는 일이 무엇보다 앞서야 했다. 3년여의 투병 생활을 딛고 재기했던 그는 다시 붓을 놓지 않을 수 없게 됐다." (「작가기자 나명순의 인간순례」 '일제침략사 연구가 임종국 씨', 『주간조선』, 1986. 8. 24)

책 판매와는 별개로 이 책에 대한 문단과 사회의 반응이 어땠는지 독자 여러분들은 궁금하지 않은가. 하도 별난 책이니 말이다. 문단의 내로라 하는 거물들을 실명으로 비판하고 나섰으니 상식적으로 본다면 언론도 대서특필하고 또 당사자들도 이

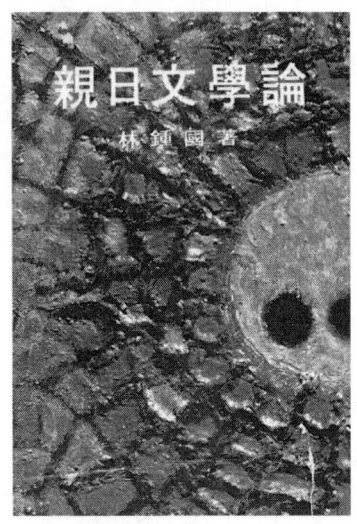

親日文學論

林鍾國 著

김경 화백이 그린 표지 그림

러저런 이유를 대며 명예
훼손이니 어쩌니 난리법석
을 피웠을 만도 하다. 그러
나 이런 예상은 보기좋게
모두 빗나갔다. 마치 서로
입을 맞추기라도 한 듯 언
론도, 문단도 모두 의외로
조용했다(물론 전연 보도가 안
된 건 아니다. 다만 비중이나 관
심도가 낮았다는 얘기다). 왜일
까? 모르긴 해도 정확한 증
거를 대고 쓴 책이니 뭐라
고 따질 입장이 되지 못했
던 게 아니었나 싶다.

책 제작 과정에 있었던 일화 두 토막. 우선 커버 표지화 얘기
부터. 원고가 마감돼 편집을 막 시작할 무렵인 그해 6월 6일 현
충일에 허창성 사장이 교통사고를 당해 병원에 입원을 했었는데
김장호(1929년생, 전 동국대 교수)가 면회를 왔다. 얘기 도중 김장호
가 허 사장에게 김경(1922~1965. 7. 26) 화백의 어려운 사정을 들
려줬다. 그래서 허 사장이 김 화백에게 쌀 한 가마니를 보내줬
는데 얼마 뒤 김 화백이 답례(?)로 '판도'版圖 그림을 보내왔다.

처음부터 허 사장이 그 그림을 표지화로 쓸 생각을 했던 것
은 아니다. 그림을 이리저리 보다보니 가운데 둥근 원은 마치

사람 머리 같은데 그 주위로 거미줄 같은 게 쳐져 있고, 또 뾰꿈 뾰꿈한 게 마치 친일파 세력들이 우리의 뇌를 파고들어가는 듯한 인상이 들어 작자의 의도도 모른 채 『친일문학론』 표지화로 사용하기로 마음먹었다. 그래서 표지 인쇄도 공을 들여 당시로선 드문 4색 인쇄를 했다.

1980년대 중반 어떤 이가 허 사장에게 그 그림을 600만 원에 팔라고 요구해왔다. 그러나 허 사장은 팔지 않고 아직도 그 그림을 간직하고 있다. 김 화백은 소 그림을 잘 그렸는데 유작이 많지 않아 작품이 고가라고 한다(네이버 백과사전에 검색해 보니 김 화백이 1965년 7월 26일 타계한 것으로 나온다. 허 사장 증언대로라면 1966년에 타계했다는 얘긴데 어느 한 쪽이 오류로 보인다).

또 하나는 교정 건. 당시 출판사 내 교정 담당이 고대 출신이었는데 『친일문학론』 원고를 받아보더니 그 속에 유진오 이름이 나오고 하니까 교정을 못보겠다고 해서 할 수 없이 저자인 종국이 교정을 봤다고 한다.

# 『친일문학론』 일간지 광고와 서평

한편 예상 밖으로 책이 잘 안 나가자 출판사 측에선 일간지에 책 광고를 실었다(『동아일보』 1966년 9월 10일자에 실은 5단 절반 크기의 광고는 확인됨). 당시에도 전집류나 대중소설 책 광고는 더러 있었지만 학술서 광고는 상당히 이례적이었다. 『동아일보』에 실은 광고를 보면, 상하단에는 "글은 남는다! 20년 만에 파헤쳐진 이 사실事實! 이것이 일제말기日帝末期의 전부全部다!!", "등장 인물 1천명, 문인 예술가 150명 그중 50명의 작품을 낱낱이 분석한 문제서問題書!" 등 비교적 선정적인 문구를 실었다.

다시 한가운데 대문짝만한 제목(『親日文學論』)을 박고는 그 위로는 주요 목차, 작가와 작품론(그 속에 대상자 명단 모두 수록함)을, 아래에는 『동아』, 『조선』의 기사와 책에 실린 「서문」, 「발문」의 내용을 요약해서 소개했다. 『조선일보』는 "『친일문학론』은 지금까지 '감정적 반응의 대상'이나 '막연한 은폐의 대상'으로 보아지기 쉬웠던 그 암흑기를 구체적인 자료에 의해 정리해가고 있다"고

『동아일보』에 실린 『친일문학론』 광고.

했고, 『동아일보』는 "전쟁 준비에 광분하던 일제 말기는 한국 문화의 암흑기—36·37년까지 계속하던 한국문학사는 곧장 해방 후를 띈다. 그동안의 공백기인 친일문학 시대는 감춰진 채 20년 동안 미정리 상태였다"고 썼다(확인 결과 광고에 실린 『동아일보』 기사는 1966년 8월 2일자 지면에 실린 '화제의 작품 화제의 작가' 코너에 소개된 임종국 관련 기사의 리드 부분이었다. 『조선일보』 건은 미처 확인은 안 했지만 아마 비슷한 경우가 아닌가 싶다).

8월 2일자 『동아일보』 '화제의 작품 화제의 작가' 코너에는 종국을 비롯해 '13년 만에 컴백한 허윤석 씨', 『이성계』를 집필한 김성한 씨' 등 2명도 같이 소개됐다. 『동아일보』 종국 관련 기사에서 "작년의 한일 국교정상화를 계기로 시인 임종국 씨가 연구 1년 만에 '민족주체성을 상실했던' 친일 문학을 종합, 비판한 『친일문학론』을 금주에 출간한다"고 알리고는 "친일작가'로 거론된 사람들의 상당수가 생존자지만 임 씨는 '그들의 쓰라린 과거를 폭로한다기보다 취급되지 않았던 암흑 문학을 문학사적으로 정리하기 위한 작업'인 동시에 '그들도 자기 이름이 박힌 자기 작품에 책임질 양심이 있어야 한다'고 주장한다"고 덧붙였다. 분량은 비록 원고지 4매 정도(세 사람 모두 같은 분량임)이나 비교적 성의 있게 작성된 기사로 보인다.

책 출간 후 종국 자신이 밝힌 심경이다.

"이 일이 끝나면 다른 문화 분야와 사회·경제 부분을 원고지 각 2000매씩 2권 정도로 계속할 예정이었다. 하지만 집필이 순조로왔던 반면에 결과는 너무나 참혹했다. 문단의 반응은 냉담했고, 책이 우선 팔리지 않았다. 대학생들이 질문을 하되, 『친일문학론』이라니, 문학으로 한일 친선을 하자는 책이냐?' 하는 판이었다. 그럴 수밖에, 당시의 대학생들은 해방 후 출생이라 친일파라는 단어조차 못 듣고 살았다. 초판 3000부를 파는 데 10년이 걸리더니 75년부터 수요가 늘어서 지금 7판째가 찍혀 나갔다."(『제2의 매국, 반민법 폐기』 중에서)

(여기서 초판 발행 부수에 대해 확인하고 넘어가자. 종국은 초판 '3000부'라고 했다. 반면 평화출판사 허창성 사장은 "초판 1000부를 찍으려다 500부를 더 얹어 1500부를 찍기로 결정했다"고 지난 8월 나와의 두 번째 인터뷰에서 밝혔

다. 허 사장은 앞서 지난 1991년 1월 25일 인터뷰에서도 '1500부'라고 밝힌 바 있다. 허 사장은 또 KBS-1TV의 「인물현대사―임종국 편」에 출연해서도 "1500부 찍은 것으로 기억한다"고 말했다. 따라서 '초판 3000부'는 종국의 착오라고 보는 게 옳다.)

막간에 여담 하나. 그 무렵 신문에서는 삼성 재벌 계열사 한국비료의 '사카린 밀수 사건'(약칭 '한비 사건')이 터져 연일 지면을 장식했다. 이 사건이 세간에 화제가 된 데에는 독립운동가 김좌진 장군의 아들 김두한 의원이 당시 정일권 국무총리 등 일부 각료들을 향해 국회에서 똥물을 투척(이른바 '김두한 의원 오물 투척 사건')해 더욱 그랬다. 사건 요지는 대충 이렇다.

1966년 9월 15일 삼성 재벌의 ㈜한국비료가 건설 자재를 가장해서 당시로선 귀했던 사카린을 밀수한 사실이 폭로되었다. 당초 5월에 발생한 이 사건은 6월 초에 벌과금 추징으로 일단락됐으나 언론 보도로 인해 사태가 급속히 확산되기 시작했다. 당시 『조선』, 『동아』 등 유력 일간지들은 바로 전 해에 삼성 그룹 이병철 사장이 『중앙일보』를 창간해(1965. 9. 22) 심기가 불편하던 차에 이 사건이 터지자 마침 잘 걸렸다 싶어 이를 연일 대서특필했다(그런 신문 가운데 하나인 『동아일보』의 사주는 현재 삼성그룹 오너와 사돈간이다. 김병관 『동아일보』 회장의 차남 김재열과 이건희 삼성그룹 회장의 2녀 이서현은 2000년 결혼식을 올렸다).

사태가 커지자 정부는 박정희 대통령의 지시로 특별수사반을 조직해 수사를 벌인 끝에 10월 6일 수사를 종결짓고 그 결과를 발표했다. 골자는 ㈜한국비료가 일본에서 도입되는 자재 속에 사카린의 원료인 OTSA를 밀수하여 시중에 유포, 거액을 챙겼다는 것이었다.

한편 이 사건은 국회에서도 논란이 됐는데 9월 22일 속개된 본회의장에서 뜻밖의 '사건'이 터지고 말았다. 대정부 질문 도중 김두한 의원은 "밀수 사건을 두둔하는 장관들은 나의 '피고들'"이라며 "사카린을 피고인들에게 선사한다"는 말과 함께 인분(똥)을 국무위원들을 향해 투척했다. 똥물 투척 후 김 의원은 "그 인분은 선열들의 얼이 깃든 파고다공원 공중변소에서 가져온 것"이라고 밝혔다. 이날 국무위원석에 앉아 있던 정일권 총리, 장기영 부총리, 김정렴 재무장관 등은 순식간에 벌어진 일이라 피할 사이도 없이 똥물을 옴팍 뒤집어쓰고 말았다.

졸지에 '똥물 세례'를 받은 정 총리는 총리공관에서 긴급 간담회를 열고는 "이 사건은 행정부의 권위와 위신을 모욕한 처사로 더 이상 국정을 보좌할 수 없어 전국무위원이 총사직을 결정했다"고 발표했다. 국회는 국회대로 의장단과 여야 총무회담을 열어 김두한 의원을 제명하기로 의견을 모았다. 파문은 밀수 사건의 장본인인 삼성 재벌로도 튀었다. 이 사건의 파문이 정계로까지 확산되자 당일(9월 22일) 이병철 한국비료 사장은 기자회견을 자청해 한국비료를 국가에 헌납함과 동시에 자기가 대표로 되어 있는 중앙매스콤(『중앙일보』·동양라디오방송·동양TV방송)과 학교법인은 물론 모든 사업 경영에서 손을 떼겠다고 밝혔다.

그러나 한비 헌납을 공개 천명했던 이병철 사장이 도중에

각서 내용을 부인하는 한편 사카린 밀수 사건이나 헌납 사건은 일부 과격한 언론이 만든 조작극이라고 주장해 물의를 빚기도 했다. 이듬해 10월 11일 삼성은 한비의 주식 51퍼센트를 국가에 헌납했다. 이 사건으로 이 사장의 차남 창희가 밀수 혐의로 구속되기도 했다.

한편 이번에『친일문학론』관련 일간지 광고를 확인하기 위해 동아일보 M/F를 검색하던 중 몇 날 며칠에 걸쳐 사카린 밀수 사건 관련 기사와 광고가 게재된 걸 우연히 봤다. 기사는 그렇다고 쳐도『동아일보』하나만 놓고 봐도 9월 17일 2면에 5단 절반크기('사카린 원료 밀수 운운에 대한 성명서'—한국비료주식회사 명의), 김두한 의원의 오물 투척 사건 하루 전날인 21일에는 역시 같은 5단 절반 크기('사과의 말씀'—이병철 명의), 오물 투척 사건 당일인 22일에는 1면 하단 5단통 크기의 광고('저는 한국비료를 국가에 바치는 동시에 모든 사업 활동에서 손을 떼겠습니다'—이병철 명의) 등이 실렸다. 비단『동아일보』에만 실렸겠는가. 기사는 기사대로 두드려 맞고 그 밑에 광고는 광고대로 실어야 했으니 그 당시 삼성의 처지가 상상이 갔다. 그러나 어쩌랴, 자업자득인 것을.

그런데 이 무렵 종국의 동생 종철은 서울대 상대 교수(전임강사)로 있으면서『현대경제일보』비상임 논설위원(1965~1968)으로 활동했다. 종철은 이에 앞서『일요신문』논설위원(1962. 10~1963. 8)도 지냈다. 당시 종철은 과외로 신문사 비상임위원을 하면서 잡비를 벌어 가계에 보태기도 했다. 그 무렵에 '한비 사건'이 터진 것이다. 경제학자이자 언론인인 종철로서야 당연히 이에 관심을 가지게 됐고, 또 더러 이를 비판하는 칼럼을 신문에 싣기도 했다.

앞서 언급한 대로 조지훈은 종국을 진실로 아끼고, 또 물심 양면으로 지원도 마다하지 않았다. 그런 조지훈이 종국이 『친일문학론』을 내겠다고 했을 때 과연 어떤 반응을 보였을까? 말렸을까, 아니면 격려했을까. 이와 관련한 종국 자신의 메모가 남아 있다.

책을 내기로 마음먹고 종국은 어느 날 은사 조지훈을 찾아가 "『친일문학론』을 써야겠습니다" 했다. 그랬더니 조지훈은 쓰다 달다 아무런 얘기도 하지 않았다. 그런 책을 쓰면 문단에서 처세하기가 불리할 것이 불을 보듯 뻔한 일인데 제자를 아끼는 마음에서는 말려야겠고, 그런데 민족정기를 생각하면 또 말릴 일도 아니고. 이를 두고 종국은 "아마 스승의 마음이 그런 심정이 아니었을까 싶다"고 적었다.

얼마 후 책이 나오자 종국은 제일 먼저 책을 갖고 다시 조지훈을 찾아갔다. 책을 받아든 조지훈은 그를 보면서 대견하다는 듯이 빙그레 웃기만 했다(『술과 바꾼 법률책』에서 재구성).

앞에서 책 출간 후의 반응에 대해 잠시 언급했었는데 좀더 보충할 필요를 느낀다. 몇몇 사람들의 증언과 당시의 잡지 글을 하나 살펴보자. 책에 「발문」을 쓴 박희진과 평화출판사 허창성 사장의 증언이다.

"책이 나온 뒤 전연 반응이 없었습니다. 아주 차가웠죠.

서점에 그 책이 꽂히고 더러 눈에도 띄었지만 문단에서조차 화제가 되지 않았습니다. 한마디로 거의 묵살에 가까웠죠. 생각해보면 책에 등장하는 인물 가운데는 당시 문단의 비중 있는 인사들이 망라돼 있었습니다. 그 가운데는 그간 친일 행적이 알려지지 않은 인물도 포함돼 있었죠. 조용만이 그 런 인물인데, 그는 당시 고대에서 영어를 가르쳤습니다."(박 회진 증언)

"신문에 5단 광고를 실어도 반응이 없었습니다. 협박, 항 의 같은 것도 없었습니다. 역사에 남을 책을 냈다고 생각했 는데 주변에서 냉랭한 눈으로 날 본다는 느낌이 들었습니 다. 아마 그 당시 사회가 이런 문제에 대해 전혀 인식이 없었 던 게 아니었나 싶더군요. 비공식적인 반응은 더러 보였습 니다. 친구 배종호(시사영어사 창립자)가 신문 광고를 보고 찾 아와서는 "대단한 책을 냈다"며 격려해줬고, 또 당시 『동아일 보』 이상으로 문화부장이 책 출간을 축하하는 격문투의 글을 써서 보내왔습니다. 또 하나 기억나는 이헌구(당시 이대 문리 대 학장)가 찾아와서 책에 실린 자기 명의의 글 가운데 하나는 동명이인인 다른 이헌구(휘문고 교장)의 글이니 재판 찍을 때 빼달라고 해서 나중에 재판 발행 때 빼줬습니다."(허창성 사장)

# 홍사중의 '친일 문학 공적론' 비판

제대로 된 '반응'은 현재로선 홍사중(1931년생, 문학평론가, 전『조선일보』논설고문)의 글이 거의 유일하다. 홍사중은 책 출간 이듬해『신동아』신년호 서평란에 「주관主觀 치우쳤으나 값진 자료資料」라는 제목으로 이 책에 대한 본격적인 평을 내놨다. 글 제목처럼 '주관'이 강하다는 점은 비판적이나 '자료' 면에서는 홍사중도 긍정적 평가를 아끼지 않았다. 그러나 엄밀히 말해 홍사중의 글도 '주관적'인 것일 뿐이다. 홍사중의 글은 서평 치고는 무려 4쪽에 달할 정도로 비중 있게 다뤘으나 전체적으로는 비판적이다. 다만 '반응'과 관련한 드문 글이자 제대로 핵심을 짚은 글이라고 판단돼 논지의 핵심을 6가지로 정리해 봤다.

첫 번째, 그간 친일 문학이 제대로 다뤄지지 않은 점.

"이른바 암흑기의 문학사가 아무리 덮어두고 싶은 것이

라고 하더라도 그럴수록 더욱 그것을 들춰내고 여기에 대한 올바른 역사적 구명究明이 있어야 하는 것이다. 그럼에도 불구하고 이 시기의 문학사를 다루고, 작가들의 생태를 제대로 검토하는 일은 이상하리만큼 없었다. 그것은 감히 이 동안을 객관적으로 다룰 수 있을 만큼 결백한 사람은 하나도 없었기 때문인지, 아니면 그 엄청난 지知적 배신에도 불구하고 오늘에 이르러서도 여전히 정신적 지도자로 행세하고 있는 분들의 과거를 헐뜯고 싶지 않은 예절(?) 때문이었는지…."

두 번째, 『친일문학론』 출간 의의.

"그는 '필자 자신의 독단적 판단보다는 차라리 후학을 위한 자료 소개에 중점을' 두겠다고 그 자신이 밝힌 바와 같이 비단 『매일신보』만이 아니라 이제는 좀처럼 구하기 어렵게 된 자료들을 끈기 있게 수집하고 분석해 내고 있다. 그리고 2장에서 4장에 이르기까지 근 200쪽에 걸친 정치적 사회적 배경과 각종 단체團體적 활동에 대한 자세한 설명은 일제 말의 역사에 있어서의 공백을 메워주는 데 다시없는 도움이 될 뿐 아니라 나날이 급박해지던 시국과 앙칼져 가던 일제의 손길을 절실하게 인식할 수 있게 해주고 있다."

세 번째, '친일 문학 공적론'에 대한 반박.

이어 친일 문학 활동을 한 작가의 범주에 대한 종국의 분석에 대해서는 "어느 정도로는 옳게 판단한 것임은 분명하다"고 하면서도 종국의 친일 문학 '공적론功績論'에 대해서는 강하게 반박한다.

종국은 첫째 "비록 그들이 섬긴 조국이 일본국이었지만, 문학에 국가 관념을 도입했다는 사실", 둘째 "동양에의 복귀를 주장하여 동양 고유한 이데올로기의 발견을 모색했다는 사실", 셋째 "자유주의적 서구문명에 비판을 가하면서 문학을 대중화하려 했다는 사실", 넷째 "조선 민중에 대한 일제의 탄압을 다소 경감시켰으리라"는 것 등을 들어 친일 문학이 과過만 있는 게 아니라 공功도 있다고 주장했다. 이에 대한 홍사중의 반박을 보자.

"그들은 결코 국가 관념을 강조하지는 않았다… (중략) '문학에 국가 관념을 도입했다는 것'도 문학에 있어서는 결코 자랑스러운 얘기라고는 할 수 없다. 그들이 '동양에의 복귀를 주장'했던 것은 사실이다. 그러나 그 동양은 어디까지나 일본 중심의 팔굉일우八紘一宇의 세계였지 그 이외에 아무것도 아니었다… (중략) 또한 '자유주의 이데올로기 잔재의 완전한 숙청'을 강조했던 채만식이 '국가에 의한 개체의 부정은 절대 부정이 아니요, 긍정을 전제로 한 상대적 부정'이라는 거북살스런 논리에 의하여 일제의 전체주의에 동조하는 것으로 끝났다는 것(398면)도 셋째 공적에 대한 반증이 되는 것이다. '… 문학을 대중화하게 했다'는 것 역시 매우 수긍

키 어려운 사실이며, 넷째 문제에 관하여는 새삼 논의할 필요도 없을 것으로 여겨진다."

종국의 '친일 문학 공적론'은 사실 나도 좀 뜻밖이다. 『친일문학론』책에서 보고 나도 좀 놀랐다. 그가 "조선 민중에 대한 일제의 탄압을 다소 경감시켰으리라는 생각도 없지 않았다. 만약 모든 조선인이 항일 투사였다고 할 때 일제는 조선을 어떻게 처우했을까? 이것을 친일 작가들은 다소 경감시켰다"(469면)고 한 대목은 납득하기 어려운 구석이 많다. 이 점에선 나는 홍사중과 생각이 거의 비슷하다.

일제의 탄압 강도는 그들의 자체 정책에 따라 결정되고 또 행해졌다. 한 예로 일제가 1920년부터 이른바 '무단통치'에서 '문화통치'로 바꾼 이유(물론 이 역시 본질적인 차이는 없었지만)는 1919년 3·1운동이 계기가 돼 자체적으로 결정한 것이다. 즉 1910년대 말 친일 작가들이 나서서 일제를 옹호해줘서 일제의 통치 방식이 그렇게 바뀐 게 아니지 않은가?

만약 종국의 주장대로라면, 1930년대 후반부터 일제 패망까지는 친일 작가(타 분야 예술가들은 별도로 치더라도)들이 친일 활동을 많이 했으니 일제가 '문화통치' 이상의 선정(?)을 베풀어야 했던 게 아닌가? 이런 식이라면 탈주범 신창원이 강도짓을 해 뺏은 돈으로 도피 생활 중에 불우이웃돕기 성금을 냈다고 해서 그를 '선행자'로 봐야한다는 식이 되고 만다.

종국이 이런 무모한(?) 주장을 들고 나온 배경을 정확히 알 길은 없다. 그의 주장으로 볼 뿐이다. 다만 그의 친일 작가들에 대한 비판이 그들에 대한 '매도'로 인식될까봐 나머지 '궁색한 변호거리'로 들고 나온 게 아닌가 추측될 따름이다(물론 공적론은 원래 '공과론'의 맥락에서 나오니 공功에 앞서 과過를 먼저 언급했음도 기억하고 넘어가자. 종국은 친일 문학자가 범한 과오로, 첫째는 반도 민중을 총력전에 동원함으로써 생명과 재산을 위협한 점, 둘째는 조선어를 박해함으로써 식민지 문화일망정 그 정상한 발전을 저해한 점, 셋째는 민족정기를 흐리게 함으로써 역사에 오점을 남긴 점, 넷째는 사대주의 폐풍을 계승하여 역사상 최고로 난숙한 사대주의 문화를 건설한 점, 다섯째는 반도 황민화 운동에 동조한 점 등이다).

네 번째, 감정적 표현과 주관적 관점의 문제점.

"본서本書의 객관적 관점을 저해하고 있는 것은 그때로는 너무도 감정적인 표현에 있다. 예를 들어 최병일의 '어느 날 밤'或る晩을 두고 '그러나 이 친구, 공상만 하다 말았으니 천행이었지! 만약 군속이라도 지원해서 남양南洋으로 갔을 양이면, 그리고 그 행선지가 월맹越盟쯤이라도 됐을 양이면, 준俊이 양반도 별 수 없이 화태樺太(사할린) 억류민 같은 신세밖에 되지 못했을 터이니까 말이다'(453면), 또는 '이러한 반민反民 친일의 망동 중에서도 특히 얌전하고 날씬한 홈런 하나를 깐 것이 녹기연맹綠旗聯盟 현영섭의 위대한 발언이었다'(50면)와 같은 문장은 비록 사실에 충실한 것이었다고는 하더라도 너무나도 주관적인 가치 판단에 치우친 것이라 하지 않을 수 없는 일이다."

심지어 홍사중은 그가 유진오에 대해서는 중립성을 지킨 반면 백철에 대해서는 너무 지나친 나머지 두 사람이 대조가 될 정도여서 마치 그가 대학 시절 스승인 유진오를 봐준 게 아니냐는 뉘앙스마저 풍겼다.

또 한때는 국민 문학(일제 말기엔 친일 문학과 같은 용어로 사용됨) 작가로 여겨지던 김사량이 왜 연안으로 탈출하여 항일 운동에 가담하게 되었는지를 알려주지 못한 점은 "단순히 저자의 의도가 자료집을 만들겠다는 데 있었기 때문은 아니었으리라고 본다"며 음모론적 시각을 펴기도 한다.

다섯 번째, 타 분야 친일 인사들과의 균형성 문제.

"여기서 우리가 결코 잊어서는 안 될 것이 있다. 그것은 왜 우리는 유독 작가들에게 가혹해야만 하느냐 하는 문제다. 이 책을 보면 그 숱한 배덕背德에도 불구하고 현재까지 단 한번도 민족의 지탄을 받아본 적이 없이 어엿한 지도자로 자타가 인정하고 있는 정치가·교육자·실업가 그리고 동서同書에서는 언급하지 않았지만 학계의 인사들이 많다. 그러나 문학계에 있어서만은 해방 후 붓을 꺾어야 했고, 더러는 또 종적을 감추어야만 했다. 그것은 문학계가 보다 더 인색한 때문은 절대로 아닐 것이다. 그것은 어디까지나 작가의 가장 기본적인 모랄과 의무에서 나온 것이다. 그리고 누구나 하나의 시인, 작가가 되기 위하여는 처음부터 이를 인식하고 있어야 마땅한 일이라 아니할 수 없다."

글 마지막 대목에서 그런 대로 제대로 마무리를 했지만 마치 문인들만 문책問責당하는 것처럼 언급한 대목은 적절한 문제제기가 아니라고 본다. 우선 이 책은 친일 문인들만을 대상으로 한 책이다. 따라서 친일 경력의 정치인, 기업인, 교육자, 학계 인사들이 빠진 건 당연하다. 종국은 나중에 분야를 사회 전반으로 넓혀 친일 연구를 확산시켰으니 홍사중의 이런 지적에 대해서는 면책이 된다고 본다.

사족으로 덧붙이자면, 친일 인사 가운데 해방 후 붓을 꺾은 인사는 과문한 탓인지 몰라도 들은 바 없다. 도리어 친일 문인들의 절대 다수가 한국 문단의 거물로 행세했다는 점을 언급해 둔다.

여섯 번째, 자료적 가치로서의 공로, 그리고 아쉬움.

"여러 가지 결함에도 불구하고, 언젠가는 반드시 있어야 할 40년대의 문학사에 관한 자료를 정리해주었다는 의미에서 저자의 노고를 치하해야 마땅하겠다. 동시에 기왕이면 인명 색인을 붙여 주었으면 좋았겠다는 것과 너무나 파노라믹한 인물들의 배열은 혹은 독자에게 옥석을 혼동시킬 염려가 많으리라는 아쉬움을 적어두고 싶다."

홍사중이 비판적 논조를 견지했다면 우호적인 입장도 없지 않다. 이 책이 출간된 지 10년 뒤인 1976년 일본에서 이 책을 번역판으로 출간한 오오무라 마쓰오(1933년생, 와세다대 명예교수)는 이 책의 가치에 대해 극찬에 가까운 호평을 했다.

오오무라 교수는 "친일 문학자를 하나도 규탄하지 않았고 공격하지도 않았다. 사실만을 이야기하고 사실로써 독자들을 설득하는 형식이다. 즉 어떤 의미에서도 판단은 독자에게 맡겼는데, 극단적으로 말하면 (이 책은) 자료집과 같다. 자료를 가지고 말하는 방법이 문학자로서도, 역사학자로서도 존경할 사람이라고 생각한다. 사실적이고 실증적인 임종국의 역사 기술 방식에 감탄했다"고 말했다(KBS-1TV「인물현대사」, '배반의 역사를 고발한다―임종국 편', 2003. 8. 22일 방영).

(『친일문학론』 출간 후의 반응에 대해 종국 본인이 쓴 글이 하나 있다. 『도정道程』 1967년 4월호에 쓴 「『친일문학론』 이후」가 그것이다. 그러나 이 글을 도저히 찾을 수 없었다. 국립중앙도서관, 국회도서관을 모두 뒤졌으나 목록만 있을 뿐 그 글이 실린 잡지 실물은 보관되지 않았다. 이 잡지는 당시 전주유네스코협회에서 발행했다. 그래서 혹시 유네스코서울협회, 유네스코전북협회 등에도 수소문해 보았으나 이곳 역시 없었다.)

# '유진오론'과 신인들이「서문」「발문」쓴 사연

유진오 얘기가 나온 김에 여기서 한 가지 짚고 넘어가자. 종국은 고대 정치학과 재학 시절 유진오에게서 헌법 과목 수업을 들었다. 말하자면 유진오는 그에게 은사다. 그러나 종국은『친일문학론』을 쓰면서 부친의 친일 행적까지도 언급하기로 한 마당에 그로선 봐줘야 할 사람이 하나도 없었던 셈이다.

종국은 이미 "유진오 박사는 은사요 백철, 조용만, 조연현은 내 선친과도 알음이 닿는 분이지만, 나는 그런저런 사정은 일체 눈을 감기로 작정했다"(『제2의 매국, 반민법 폐기』 중에서)고 밝힌 바 있다. 따라서 홍사중이 위 글에서 종국이 마치 유진오를 봐준 듯한 뉘앙스를 풍긴 것은 그리 온당해 보이지 않는다.

종국은 언젠가 유진오에 대한 평가(또는 소감)를 김윤식에게 얘기한 적이 있다. 김윤식은 8월 하순 전화 통화에서 "언젠가 임 선생이 내게 '유진오를 조사해보니까 아주 꾀가 많더라. (친일) 작품은 별로 안 쓰고 대신 각종 행사에만 열심히 쫓아 다녔지'라며 얘기한 적이 있다"고 들려줬다.

그는 『친일문학론』의 '유진오론'에서 유진오는 "(국민 문학을) 쓰지 못할 사유도 없을 법한" 작가라고 전제하고선 「환멸」幻滅(『신시대』 1943. 6)은 약간 시국적 투가 보이고, 「병역兵役은 힘이다」(『매일신보』 1943. 11. 18)는 학도병 지원을 권장한 것"이며, 그리고 좌담회 발언을 두고 "(친일의) 단편적인 것을 엿볼 수 있었다"고 했다.

유진오에 대한 전체적인 총평은 "그는 비단 43년도에 한해서만이 아니라 국민 문학 전 기간을 통해서 그다지 작품 활동다운 작품 활동을 하지 않았다"고 적었다. 다만 김윤식이 전한 대로 유진오는 '각종 행사'에는 더러 얼굴을 내밀었다. 우선 유진오는 1942년, 1943년 각각 일본에서 열린 제1, 2회 대동아문학자대회에 참석하였고, 일제 말기인 1944년 8월 17일 '적국항복문인대강연회'에 참석해 연설(제목은 「우리는 반드시 승리한다」)을 하기도 했다.

한편 『친일문학론』에는 앞 부분에 종국이 쓴 「자화상」과 두 편의 「서문」, 그리고 말미에 「발문」이 실려 있다. 이런 '의례적인' 글의 필자는 대개 저명 인사, 특히 저자보다 연장자를 선호하는 게 보통이다. 그러나 이 책은 사정이 다르다. 거기엔 나름의 사연과 또 그런 점이 이 책이 여타의 책들과 다른 점이기도 하다.

우선 「서문」 필자 2명, 「발문」 필자 1명의 신상을 간단히 살펴보자. 제1 「서문」을 쓴 소설가 서기원은 1930년생으로, 종국보다 한 살 아래다. 서기원은 지난 2005년 작고했다. 제2 「서문」 필자는 문학평론가 염무웅. 그는 1941년생으로 그보다는 띠 동갑 후배다. 「발문」을 쓴 시인 박희진은 그와는 고대문학회 동인으로 같이 활동했으며, 나이는 그보다 두 살 아래인 1931년 생이다. 즉 이들 모두 그보다 나이로는 후배들이며, 당시로선 소장(혹은 신인) 문인들이었다.

그는 그런 그들에게 「서문」과 「발문」을 부탁했었다. 왜일까? 그가 남긴 글 속에 그 '까닭'이 될 만한 대목이 있다.

"『친일문학론』을 쓰기 전만 해도 이광수는 내게 존경의 대상이었다. 하지만 그 책을 쓰고 나니까 그런 존경심 따위 는 모래성처럼 무너져 내리고 말았다. 내로라하던 60년대 문단 대가들 거의 전부가 식민지 치하에서는 일본어로 '성전 聖戰 완수'와 '내선일체'를 예찬하던 무리가 아닌가? 그런 무 리들이 등장하는 문단 회합에는 얼굴을 내밀기가 싫었고, 우선 시를 쓴다는 일에 회의를 느끼지 않을 수 없었다."(「술과 바꾼 법률책」 중에서)

그렇다. 바로 이것이다. 자기 책에 서문을 부탁할 대상이면 존경심 내지는 적어도 친분이라도 있어야 하는 게 보통이다. 그 런데 문단 대가들의 치부를 폭로하는 책을 내면서 당시 대가들 가운데 「서문」을 부탁할 만한 사람이 과연 몇이나 되겠는가. 그 래서 그가 내린 결론은 흠이 없는 신진 인사들에게 부탁하자는 것이었다.

서기원은 이미 작고하여 연락
을 할 수 없었지만 박희진, 염무
웅 두 사람과는 각각 직접 만나거
나 전화로 그때의 얘기를 들었다.
먼저 「발문」을 쓴 박희진의 얘기
부터 들어보자.

박희진 시인

"당시 임종국이 그런 작업
을 하는 줄도 몰랐습니다. 어
느 날 「발문」을 써달라고 부탁하기에 그냥 인간적인 친분에
서 써 주었죠. 당시 다른 사람들은 그 책에 「발문」을 쓰기가
쉽지 않았을 겁니다. 혹시 조지훈 선생에게는 부탁했는지
모르지만 조 선생도 선배, 동료(유진오, 조용만)들이 포함돼 있
어서 역시 마찬가지였겠죠."

"당시 평론가로는 백철, 조연현 등이 날렸으므로 보통의
경우라면 그들에게 「서문」을 받는 게 당연했습니다. 그러나
기성 문인 가운데 『친일문학론』에 「서문」을 쓸 자격이 있는
사람, 또 쓸 의향이 있는 사람은 모르긴 해도 아마 별로 없었
을 겁니다. 그래서 임 선생은 뜻맞는 사람 가운데 자기 세대
인 서기원, 후배인 나에게 「서문」을 부탁한 것으로 생각됩니
다."(염무웅)

[박희진은 종국이 송욱(1925~1980, 전 서울대 교수)에게 「서문」을 부탁했었다는 얘기를 들은 것도 같다고 말했다. 그러나 그랬을 가능성은 별로 없어 보인다. 종국은 여러 친일 문인 가운데서도 미당 서정주를 제일 싫어했다. 이유는 미당은 시인임에도 불구하고 수필, 평론, 단편소설에 이르기까지, 즉 자신의 영역을 넘어서까지 친일 성향의 글을 썼기 때문이라고 한다. 그런데 송욱이 『문예』지에서 미당의 추천을 받아 등단했다. 종국은 이밖에도 평소 알고 지내던 K 시인이 미당의 집을 자주 들락거리는 걸 보고 이후로 K를 싫어했다고 한다.]

이들이 쓴 「서문」 「발문」 내용을 간단히 훑어보자. 서기원, 염무웅, 박희진 순이다.

"문학자의 '모랄'은 사회에 대한 책임과 결부된다. 문학은 삶의 하나의 방식이지, 삶의 수단이 아니다. 숙명이 아니고 선택이다. 값싼 숙명의식 속에서 나 자신, 그리고 다른 사람의 타락을 헤프게 용서할 수는 없다. '문학자답지 않은' 행동이란 웃어넘길 수 있으나 문학자로서 '해서는 아니될' 행동은 최소한 기록에 남겨 두어야 한다."

"(일제) 당시의 문학적 상황을 다루는 데 있어서 어느 개인이나 단체를 비난·공격한다는 것은 가장 손쉬운 방법이나 실상 별로 의미가 없다. 당시의 지식인들이 가졌던 역사의식, 민족의식의 수준과 성격을 드러내는 그러한 범죄 가능성으로부터 오늘의 우리가 완전히 자유롭다고는 단언할 수 없는 일인 것이다. 이런 점에서 임종국 씨의 작업은 현실적인 의의를 획득한다. 이른바 지식인이라는 자들이, 작게는 자기의 신념을 보존하지 못하고 크게는 대중과의 눈에 보이지 않은 묵계默契를 배반할 가능성에 대하여 이 책은 하나의 생생하고 신랄한 조서調書일 수 있기 때문이다."

"이 어찌 놀라운 일이 아니랴. 무려 2000매의 원고를 쓰기 위해 그는 그동안 무서운 고생을 했을 게 분명하다. 이미 십수 년 전 일제 때 일이라 우리의 기억 밖에 희미해 있거나 인멸 직전의 전거典據를 일일이 캐내는 일과 함께 그것의 정리, 검토를 거쳐 비판의 어려움을 상상해 보라. 미상불 임林 형의 용기와 성력誠力이 아니었던들 하고 거듭 탄성을 발하게 된다. 그러나 이런 책은 임 형이 아니라도 언제 누구에게 의해서거나 꼭 한 번은 써져야 할 줄 안다. 영광의 기록만이 역사는 아니니까…(중략) 이제 해방 20년 만에 겨우 이런 선의의 고발의 서書가 출간케 됨은 만시지탄이 있다기보다 오히려 시의時宜를 얻은 감이 있다. 그만큼 당시 상처는 깊었고 전면적이었다면 망언妄言이 될 것인가."

한편 종국은 「자화상」이라고 이름붙인 글을 자서自序격으로 실었다. 그 대략을 소개한다.

"독자들이 제일 궁금하게 생각할 것은 이 책을 쓴 임종국이는 친일을 안 했을까? 이것이 아닐까 한다. 이 의문을 풀어드리기 위해서 필자는 자화상을 그려야겠다.

1929년생—. 그 무렵 나는 신설정(현 신설동)에서 십대의 시절을 보냈다. 우리집을 가운데 두고 왼쪽에 만성루萬盛樓, 오른쪽에는 죽정竹井이라는 일인日人이 살고 있었다. 나는 어느새 그집 기대畿代라는 소녀와 가까워져서 흔히 연정 비슷한 감정을 느끼곤 했다.

그리고 얼마가 지났다. 근로동원을 가서 꾀를 피우다 으레히 '가찌노고 다까라'(조선놈은 씨알머리니까), '아래 요보상다요'(저건 조선놈의 종내기야)라는 욕을 먹었다. 그러면서도 나는 검도 하며 총검술을 배웠다. 배낭에 99식 총과 대검을 찬 상급생들이 참 하늘만큼은 장해 보였다. '조센진또 멘따이와 다다께바 다다꾸호도 아지가 데루'(조선놈과 명태는 두들기면 두들길수록 맛이 좋아진다)라는 그 유명한 격언(?)을 들은 것도 이 무렵이다.

그리고 또 얼마가 지났다. 배급쌀이라고 쌀 반 콩깻묵 반이 나오더니 나중에 쌀알만큼씩 부스러떠린 국수 종류가 배급되고, 그러자 미구에 해방이 됐다고 세상이 벌컥 뒤집혔다. 나는 해방이 뭔가? 하면서 그래도 덩달아 좋아했다. 이때 내 나이 17세—. 하루는 친구놈한테서 김구金九 선생이 오신다는 말을 들었다.

"얘! 너 그, 김구 선생이라는 이가 중국 사람이래!"

"그래? 중국 사람이 뭘하러 조선엘 오지?"

"이런 짜아식! 임마 그것두 몰라? 정치하러 온대"

"정치? 그럼 우린 중국한테 멕히니?"

지금 나는 요즘의 열일곱 살에 비해서 그 무렵의 내 정신 연령이 몇 살쯤 되었을까 생각해 본다. 식민지 교육 밑에서, 나는 그것이 당연한 줄만 알았을 뿐 한번 회의조차 해본 일이 없었다. 한국어를 제외한 모든 관념, 이것을 나는 해방 후에 얻었고 민족이라는 관념도 해방 후에 싹튼 생각이었다.

이제 『친일문학론』을 쓰면서 나는 나를 그토록 천치天痴로 만들어 준 그 무렵의 일체를 증오하지 않을 수 없다. 내가 신라 고구려의 핏줄기인 줄을 알았던들 나는! 그러나 그 모든 것이 지나간 사실, 때문에 사실로서 기록해 둘 뿐인 것이다."

「자화상」의 특징은 흔히 보는 서술체 형태가 아니라 일화 형태로 엮은 점이다. 이는 당시 상황을 좀더 리얼하게 보여주자는 취지로 보인다. 남의 허물을 들추는 입장에서 자신의 적나라한 모습을 보여주려고 했던 그의 입장이 이해가 간다. 후반부에서 자신을 천치天痴라 칭한 점은 그의 솔직한 면모이자 거짓의 역사에 대한 분노가 읽히는 대목이다. 여기선 생략했지만 서두에 지조를 지킨 작가들을 향한 찬사가 인상적이다.

# 28명의 개별 작가론에서 서정주가 빠진 까닭

그러면 이제 본격적으로 『친일문학론』 속으로 빠져보자.

우선 편집 체제를 보면, 「서序」, 「자화상」, 「범례」에 이어 「서론緖論」이 있다. 이 「서론」은 의례상의 인사말 형태가 아니라 '여는 글'에 해당한다. 즉 친일과 친일 문학이 무엇인가에 대한 개괄적인 설명으로, 펌프로 치면 '마중물'이라고나 할까. 다음은 「정치적 사회적 배경」으로 일제 말기, 즉 미나미南次郎, 고이소小磯國昭, 아베阿部信行 총독 시절의 통치 방향과 시대 상황 등을 다뤘다. 이어 「문화기구론」에서는 당시의 정기간행물, 각종 친일 문학 관련 포상제도(국어문예총독상, 조선예술상, 국민총력조선연맹문화표창) 등이 소개된다.

그 다음 「단체와 단체적 활동」 일제하 각종 친일 단체, 그 중에서도 문학·언론 관련 단체들이 망라됐다. 단체명만 소개하자면, 조선문예회/국민정신총동원조선연맹/시국대응전선全鮮사상보국연맹/황군위문작가단/조선문인협회/국민총력조선연

맹/황도학회/임전대책협의회/흥아보국단준비위원회/조선임
전보국단/대동아문학자대회/조선문인보국회/만주국문예가회
의/대화동맹/조선언론보국회/대의당/각종 좌담회 등 총 16개
기관·단체들이 언급됐다.

　이 책의 핵심은 「작가와 작품론」, 여기엔 김동인부터 최정희
까지(가나다 순) 총 28명을 개별적으로 다룬다. 논의에 앞서 몇
가지 단서를 붙였다. 첫째는 여기서 논의될 작가들의 전부가 친
일 작가가 아니라는 점, 둘째는 여기서 논의될 사실이 그들의
전모가 아니라는 점, 셋째는 또 그들 중 혹자는 20년대에 민족
운동 혹은 좌익운동에 골몰한 사람도 있으며, 혹자는 또 해방
후 신생 조국의 요직에서 다소간의 공헌을 남긴 자도 있다는 점
등이다. 논의의 핵심은 일제 말엽에 소위 국어, 즉 일어로 글을
썼는지, 총력전 수행과 황도 조선의 수립에 협력했는지 여부다.
「개별 작가론」 소개는 생략하고 대상자들의 명단만 소개하기로
한다(말미에서 곽종원 등 신인 작가 20여 명을 추가로 언급했는데 이들은 상
대적으로 급이 낮아 일종의 '약식'으로 다룬 셈이다).


　　1. 김동인(창씨명 東文仁)

　　2. 김동환白山靑樹

　　3. 김문집大江龍之介

　　4. 김사량

　　5. 김소운

　　6. 김안서

7. 김용제金村龍濟

8. 김종한月田茂

9. 김팔봉金村八峰

10. 노천명

12. 모윤숙

12. 박영희芳村香道

13. 백철白矢世哲

14. 유진오

15. 이광수

16. 이무영

17. 이석훈牧洋

18. 이효석

19. 장혁주野口稔

20. 정비석

21. 정인섭東原寅燮

22. 정인택

23. 조용만

24. 주요한松村紘一

25. 채만식

26. 최남선

27. 최재서石田耕造

28. 최정희

29. 신인 작가와 기타

「개별 작가론」 가운데 '미당 서정주'가 안 보인다(물론 「부록편」 '관계작품연표'에는 이름과 12편의 작품명이 소개된다). 개인에 따라 견해 차이를 보이지만 종국의 잣대라면 서정주는 「개별 작가론」에 오를 만한 인물이다. 종국은 서정주가 시이외에 다른 분야까지 영역을 넓혀 친일 작품 활동을 한 것을 대

미당 서정주

단히 비판적으로 보았다. 그런데 그런 미당이 왜 빠졌을까?

박희진이 이런 증언을 들려줬다. "책이 나오고 난 뒤에 임 선생에게 '미당 서정주가 왜 빠졌느냐'고 물었다. 그랬더니 '서정주의 본명과 창씨개명한 이름達城靜雄이 동일 인물인 줄 잘 몰랐다'고 말했다."

박희진이 잘못 들었는지, 아니면 종국이 둘러댔는지는 몰라도 납득하기 어렵다. 이미 『친일문학론』에도 미당이 창씨개명한 이름이 버젓이 소개됐고, 평소 누구보다도 미당에 대해서 잘 알던 그였다. 현재로선 알 수 없는 '그 이유'는 후대의 연구자에게 미루기로 한다.

「개별 작가론」을 보면서 생각나는 일화가 하나 있어 소개한다. 종국이 『친일문학론』을 낼 무렵에 있었던 '협상 사건'이다. 종국이 내는 책에 유진오가 포함된다는 소문을 어디서 듣고 하루는 조용만(1909~1995, 문학평론가, 전 고려대 교수)이 종국을 찾아

와 "나는 그 책에 들어가도 좋으니 유진오 총장은 좀 빼달라"고 부탁했다.

앞에서도 언급했듯이 조용만은 종국의 부친과도 알음이 있는 사이였다. 그리고 유진오는 그의 은사였다. 결론적으로 말하면 그는 조용만의 부탁을 들어주지 않았다. 책에 조용만은 물론 유진오까지 버젓이 나온다(그러나 종국과 조용만은 이 이후에도 친분을 계속 유지했다. 조용만은 그의 두 번째 결혼 때 주례를 서 주기도 했다).

이런 일화를 들려준 신근재는 "조용만이 종국이를 찾아가 했던 부탁은 고대 교수 임용 때 유진오에게 신세를 졌다고 생각했기 때문"이라고 했다. 유진오는 법정대 학장(1946년), 대학원장(1952년)을 거쳐 1952년 고대 총장이 됐고, 조용만은 그 이듬해 고대 교수에 임용됐다. 시기적으로 보면 정황상 일리 있는 얘기로 보인다.

한편 우리가 흔히 말하는 '친일 문학'이라는 말은 엄밀히 말하면 지어낸 말이다. 그 뜻은 '친일 성향의 문학(작품)'을 지칭한다. 그러나 일제 당시에는 이런 용어를 사용하지 않았다. 물론 시기적으로도 부적당한 표현이었겠지만. 그 대신 널리 통용된 용어가 바로 '국민 문학'이다.

이 책에서 종국은 국민 문학을 크게 절대적 의미, 상대적 의미 두 가지로 나눈다. 절대적 의미의 국민 문학은 '국민 정신에 입각한, 국민 생활을 선양하는 문학'으로 이러한 의미에서 볼 때 국민 문학이란 '세계에서 오직 하나 있을 뿐'이라고 설명한다.

반면 상대적 의미의 국민 문학이란 개념에서 본다면 '세계

국가 수효만큼의 국민 문학을 가지게 된다'는 의미다. 즉 미국의 국민 생활을 선양하는 문학은 미국 문학, 일본의 정신을 표현한 문학은 일본 문학이 된다. 이러한 의미에서 국민 문학은 서로 독립한, 불가침의 관계를 가지게 된다.

이에 반해 상대적 의미에서 일본 국민 문학의 개념을 구분하자면 다시 광의의 국민 문학, 협의의 국민 문학 둘로 나눈다. 광의의 일본 국민 문학은 시대와 유파에 관계없이 일본 정신에 입각한, 일본 국민 생활을 선양한 모든 문학의 총칭으로,『만엽집萬葉集』이나『일다一茶의 배구俳句』같은 것을 들 수 있다. 반면 협의의 일본 국민 문학이라면 만주사변, 중일전쟁 등으로 싹트기 시작하여 태평양전쟁 당시에 가장 열의 있게 부르짖어대던 문학운동으로서의 그것에 한정지어질 뿐이다.

조선에서는 이 운동이 중일전쟁을 전후하여 움트기 시작했고, 조선문인협회 결성으로 그 주류적인 성격이 형성됐으며, 해방과 함께 소멸되었다.

여기서 논의할 국민 문학은 '협의의 일본 국민 문학'으로, 대략 다섯 가지의 요건을 갖추고 있다. 첫째는 '일본 정신'을 근간으로 해야 한다는 점, 둘째는 일본 정신에 '입각한다'는 점, 셋째는 일본의 '국민 생활'을 취급하는 것, 넷째는 국민 생활을 선양하는 문학, 다섯째는 모국어(여기서는 일어)로 씌어야 한다는 점 등이다.

그러면 작가들이 친일로 들어선 계기는 대체 무엇일까? 그들도 친일이 반민족적 죄악 행위임을 누구보다도 잘 아는, 이른바 지식인들이 아닌가? 종국은 이에 대해 유형별로 나눠 소개한다. 첫 사례로 춘원 이광수와 같은 유형을 들었다.

춘원은 조선 민중을 위해서 황민화 운동을 해야 한다는 신념을 가진, 일종의 '확신범'이었다. 그는 조선이 독립을 쟁취할 수 없다면 천황의 신민이 되어 희생을 막자고 주장한 사람이다. 그래서 조선인 대학생들에게도 학병을 나가라고 권유했었다. 그는 말기에는 "뼈와 살이 일본인이 되어야 한다"며 "조선 사람 마빡을 찔러도 일본인 피가 나와야 한다"고까지 주장했던 인물이다.

이런 춘원에 대해 종국은 "조선 독립이 그리 쉽게 되는 물건인 줄 알았더냐"며 희생을 막기 위해 조선이 황민화해야 한다는 주장은 교각살우矯角殺牛라고 반박했다.

두 번째 유형은 친일을 하지 않으면 일제의 법률에 따라 처형되었으리라고 생각되는 몇 문인이 있었다. 즉 일제의 탄압에 못견뎌 차마 죽지는 못하고 호신책으로 친일한 경우다. 종국은 이들에 대해서는 "일말의 동정심을 표명하겠다"고 했다.

세 번째 유형은 숭어가 뛰니 망둥이가 뛴다는 식의 부화뇌동형으로, 김문집을 예로 들었다. 이런 부류에 대해서는 "문학자다운 개성과 주관, 지성의 결핍을 한탄하면서 그들의 양식에 회의를 표명하겠다"는 입장이다.

네 번째, 악질적인 분자가 명예욕과 출세욕을 위해 친일한 사람으로, 탐욕스런 기득권자들이 이에 속했다. 이들에 대해서는 "그저 뱃대로 하면 여기 성명 석 자를 명기하고 규탄했으면 싶으나 이는 필자의 양식이 허락지 않는 바라 이쯤 쓰고 말겠다"고 했다.

다섯 번째, 미나미 총독의 전시 정책이 표명되기 전에 이미 친일 노선을 걸은 자들로, 장혁주 같은 사례가 이에 속한다. 그러나 이 경우 이 책에서 말하는 친일의 개념과 질적으로 차이가 난다.

여섯 번째, 양심적으로 친일을 허락지 않으면서도 주위의 강권에 못이겨 몇 편의 작품을 남긴 문인들이다. 이들은 작품 수도 적고 내용도 격렬하지 않은 편이다. 이른바 소극적·수동적 친일파다.

『친일문학론』 얘기의 대미를 장식하면서 '옥의 티' 두 가지만 짚고 넘어가야겠다. 누구보다도 자료를 열심히 찾고 성실한 그였지만 그 역시 미처 확인하지 못한 부분도 있었고, 또 '자기 부정'을 한 경우도 있었다. 자료는 늘상 새로 발견될 가능성이 있다. 따라서 이 대목은 그의 불성실이나 판단착오와는 무관하다. 따라서 이 점은 용서(?)가 되는 대목이다. 다만 그런 점을 인정하고 밝혀두었는지는 별개의 문제다. 일단 구체적인 사례를 보자.

# 『친일문학론』의 '옥의 티', 오상순과 이병기

『친일문학론』끝부분 '결론'에는 일제하에서도 '끝까지 지조를 지키며 단 한 편의 친일 문장도 남기지 않은 영광된 작가'들의 명단이 공개됐다. 이런 책에 '영광된 작가'로 이름이 올랐다면 열 배, 백 배로 돋보이는 법이다.

'영광된 작가'들 가운데는 『폐허廢墟』출신으로 변영로, 오상순, 황석우가 그리고 조선어학회 관계자로 이병기, 이희승의 이름이 올랐다. 그러나 이들 가운데 오상순과 이병기는 명단에서 빼야 한다.

우선 오상순(1894~1963)부터. 종국이 『친일문학론』출간 후 20년 뒤인 1986년 8월호 『한국인』에 기고한 「민족혼의 고귀한 혈통, 항일 문학」이라는 글에 따르면, 오상순은 더 이상 '영광된 작가' 명단에 이름이 오를 수 없다. 잡지에 실린 관련 부분을 옮겨본다(종국은 그가 생전에 오상순에 대한 친일 행적을 파악하고도 '영광된 작가'에서 그 이름을 뺀다고 고지하지 않았다. 이 점이 아쉬운 대목이다).

"오상순은 교또京都 동지사대학 종교철학과를 졸업하고 돌아와서 '일본조합組合기독교회'의 전도사가 되었다. 이 교회는 청교도 계열의 하나로, '아메리칸 보드 전도傳道회사'의 크린 부처夫妻가 1869년에 일본에 전도를 시작한 후, 동지사 대학 창설자인 니이지마新島襄 등에 의해서 일본적인 체질로 개혁된 교파다. 1912년 7월 와다세渡瀨常吉 조선 전도부장에 의해서 포교가 시작된 일본조합기독교회는 일제의 종교·사상 침략의 첨병으로, 기미년에는 반동 유세단을 조직해서 3·1만세운동의 열기를 가라앉히는 데 앞장을 섰다. 선우순, 나일봉, 유일선 같은 1급 친일 분자가 일본조합기독교회의 간부들인데 오상순은 1917년 6월 11일부터 1921년 12월 15일까지 4년 반 동안 서울과 대구 두 곳에서 반민족 일본조합기독교회의 전도사 노릇을 했던 것이다."

다음은 가람 이병기(1891~1968). 1942년 '조선어학회사건'으로 1년간 함흥형무소에서 옥고를 치렀고, 해방 후 대학에서 국문학을 강의한 시조 시인이다. 그는 그간 지조를 지킨 인물로 알려져 왔으나 그 역시 총독부 기관지『매일신보』(1943년 12월 8일자)에 태평양전쟁을 미화하는 시조 한 편을 싣기도 했다.

이 같은 사실은 내가『매일신보』에 실린 학병 권유 글들을 모아『학도여 성전에 나서라』(없어지지않는이야기, 1997년)를 펴내는 과정에서 새로 발견했는데, 아마 종국은 이를 확인하지 못한 듯싶다. 이 시조 한 편으로 이병기를 친일파라고 할 수는 없겠지만, 그렇다고 그를 '단 한 편의 친일 문장도 남기지 않은 영광된 작가'라고 그냥 두기에도 부적절해 보인다. 이병기는 지난 2001년 문화관광부 선정 '6월 문화 인물'로 선정되기도 했다. 참고로 이병기의 「12월 8일」 원문을 보자.


「십이월 팔일十二月 八日」


놀래고 깃버하던 그날이 오날이라
시름을 풀어보려 더진 붓을 다시 드니
상林머리 해형수선蟹形水仙도 꽃방울이 벌어라


비인 뫼와 들에 빗난 구름이 일고
마른 나무마다 새로 긔운이 돌고
한동안 이젓든 봄도 다시 차저 오나다


칼차고 총을 메고 나가는 젊은이들
씩씩한 그 그림자 돌아도 아니 보고
흘리는 피와 땀으로 배를 띄워 저으리


가는이 보내는이 거의 다 한맘일다
한번 죽음이야 안흘이 뉘이리오
당당堂堂한 그 길을 밟어 보람잇시 하여라

아모런 괴로움도 당하면 견디노니
하로라도 밧비 그날을 다 보내고
바라는 이봄을 마저 반겨 살어보리라

한두 마디 설명을 보탠
다면, 우선 시조 제목 「12월
8일」은 1941년 일제가 미
국 하와이의 진주만을 공
격하면서 태평양전쟁 선전
포고를 한 날이다. 다시 말
해 이병기는 진주만 폭격

이병기의 「12월 8일」

2주년을 맞아 일종의 축시祝詩 형태로 이 시조를 지은 듯하다.
평소 서정적 시정을 가졌던 그가 이런 제목을 택한 데서부터 범
상치 않다.

또 시조 가운데 군인, 전쟁을 상징하는 시어들도 한둘이 아
니다. 일제의 침략 전쟁을 당연하게 받아들이는 것은 물론 전쟁
터에 당당히 나가서 보람 있게 죽으라는 투다. 학도병으로 끌려
나가는 사람이나 이들을 보내는 가족들이 "가는이 보내는이 거
의 다 한맘"이라고 하는데 이건 이병기의 맘(마음) 아니었을까?
물론 그의 본심이야 어쨌는지는 정확히 알 길은 없지만. 이 시
조는 뒤(제4부)에서 보게 될 정지용의 「이토」나 이용악의 「죽음」
과는 질적으로 차이가 난다. 그는 은유법을 구사하지 않은 채
노골적으로 전쟁을 찬양한다는 점이다.

비록 이병기가 남긴 친일 성향의 작품 수는 많지 않다고(현재로선 1편 뿐임) 하지만 이 시조 자체로만 본다면 친일 성향이 아주 농후해 보인다. 작자의 이름을 가린다면 이광수나 김동환, 김팔봉으로 착각이 들 정도다.

한편 1960년대 중반이 종국에게는 대단히 고통스런 시기였다. 일정한 직업이 없어 경제적으로 힘든데다 결혼 - 이혼 - 재결합 과정에서 개인적으로도 힘든 시기였다. 또 사회적으로는 한일회담을 둘러싸고 극도의 갈등이 도출돼 이를 바라보는 그의 심사도 편치는 않았다. 그러나 그는 이 시기를 잘 버텨냈고, 게다가 그의 일생에서 가장 귀중한 성과인 『친일문학론』을 상재했다.

친일파들이 득세하는 세상이어서 그의 업적은 과소평가 내지 외면당했고, 그로 인해서인지 책마저 생각만큼 팔리지 않았다. 당초 후속 작업을 계획했었으나 의기소침한 그는 이를 접을 수밖에 없었다. 그러나 그가 우리 지성사에서 그 누구도 해낼 수 없는 일을 해냈다는 것은 누구도 부인할 수 없다.

'당대의 지성' 리영희(1929년생, 전 한양대 교수)는 지난 1984년 한길사에서 펴낸 『분단을 넘어서』에서 "임종국이라는 분은 참으로 훌륭한 일을 했다고 나는 생각한다. 나와는 일면식도 없지만 이 분이 펴낸 『친일문학론』은 앞으로 세워질 독립기념관의 현관, 제일 눈에 띄는 위치에 진열될 만한 가치가 있다"고 극찬을 아끼지 않았다(독립기념관은 1987년 8월 15일 개관했기 때문에 리영희의 글은 미래시제다).

다시 그의 개인사로 돌아가 보자. 두 사람은 결혼 2년 만에 이혼(1962. 2. 20, 정식 이혼신고는 4월 20일자)했다가 다시 재결합(1964년 10월경부터 동거)했다. 재결합 계기는 순전히 '훈이' 때문이었다. 헤어졌던 남녀가 그 사이에서 낳은 아이 때문에 다시 재결합하는 사례가 더러 있는데 이들도 그런 경우다.

쓰기는 뒤에 썼지만 당시의 심경을 담은 종국의 메모(1967년 8월 4일 작성)의 일부를 보면, "그 여자와의 이혼 수속이 끝나던 1년 후―. 겨우 말을 하게 된 훈이는 캘린더에 그려진 여자 그림을 보고 '엄마, 엄마' 했다. 그때 나는 눈물이 글썽해졌다. 오죽 에미가 그리우면 여자 그림을 가리키면서 '엄마'라 하랴? …"라며 재결합의 필요성을 절감했다.

한편 이 무렵 선숙은 신구문화사에서 나와 어문각엘 다녔다. 당시 어문각은 교과서 제작을 맡았었는데 일이 바빠 직원들이 회사 인근에 여관을 얻어놓고 야근을 하기 일쑤였다. 종국은 그럴 때면 여동생 순화에게 "올케(선숙)한테 가서 같이 자고 아침에 와서 내 밥을 해주고 가라"고 부탁하곤 했다.

그러던 어느 날이었다. 그날도 순화는 오빠가 시킨 대로 여관에 가서 올케와 함께 자려고 하는데 오빠한테서 전화가 걸려왔다. 올케 더러 집으로 빨리 들어오라는 것이었다. 그래서 그날 순화는 여관에서 혼자 잤다. 아침에 일어나 올케를 기다리고 있는데 올 시간이 지나서도 오지를 않아 순화는 오빠네 집으로 찾아갔다. 가서 보니 오빠와 올케가 싸움을 하는데 올케는 맞아서 얼굴이며 온몸이 만신창이가 돼 있었다. 오빠는 이불을 뒤집어쓰고 누워 있었다. 또 뭔가 사단이 나도 크게 난 것이었다.

(부부간의 일을 제3자가 자세히 알기는 어렵다. 또 설사 자세히 알고 있다고 해도 이는 사생활의 영역이기 때문에 자세히 쓰기 어렵다. 자칫 본의 아니게 당사자들의 명예를 손상시킬 수도 있기 때문이다. 그러나 여기서 종국의 집안 가정사를 대략이라도 언급하는 이유는 그가 '공인'公人이기 때문이다. 그가 장삼이사張三李四라면 관심도 없고, 또 쓸 가치도 없다. 사생활이 더러 공公생활에 영향을 끼치기도 한다. 따라서 공인의 경우 사생활도 공생활의 맥락에서 볼 수 있는 대목이 더러 있다고 본다. 이 점에 대해 유가족이나 독자 여러분들의 이해를 구한다. 하나 덧붙일 것은 종국의 첫 부인 이선숙이 두 사람간에 주고받은 편지를 본문에 사용하는 문제에 대해 기꺼이 양해해 주었음을 밝혀둔다.)

# 새벽에 고은 찾아가 "입산하고 싶다"

이 무렵의 일이다. 입산한 지 10년 만인 1962년 환속하여 서울 안국동 선학원에 머물면서 시인 묵객들과 교유하고 지내던 시인 고은(1933년생, 73세)은 어느 날 새벽 종국의 느닷없는 방문을 받았다. 당시 두 사람은 알고 지내는 사이이긴 했지만 그렇다고 '아삼육' 같은 사이는 아니었다. 암튼 당시 상황이 『나, 고은』(민음사, 1994) 제3권에 잘 묘사돼 있어 소개한다. 현장감도 전할 겸해서 그리 길지 않은 전문을 가져온다.

… 그러던 중 내가 선학원에 머물고 있는 것을 알아낸 임종국이 새벽 예불을 끝낸 뒤 그 어둠의 손님으로 나타났다. 통금 시간이 조금 지난 시각이었다. 심상치 않았다. 그의 어조가 몹시 불규칙했다. 자세히 보니 얼굴이 온통 할퀴어져서 피투성이가 되어 있었다.

"고 스님! 나도 입산 삭발하고 싶습니다"라고 그가 막말을 내뱉는 것이었다. 그는 이미 시로 등단했을 뿐 아니라 『이상전집』을 편찬해서 간행한 사람이었다. 그가 갑자기 중이 되기 위해서 날 찾은 것은 나보다도 그 자신에게 먼저 충격이었다.

아마도 그 무렵의 동기동창 아내와의 격투 끝에 나온 것이리라. 나는 그의 아우들과도 알고 있었다. 경제학 전공의 종철, 철학 전공인데 명동에서도 존재에 대한 문학으로 기염을 토하는 종한도 잘 알고 있는 처지였다.

나는 그를 데리고 절 밖으로 나왔다. 선학원의 그 시각은 마침 입선入禪 시간이므로 그를 맞아들일 방이 변변치 않았다. 안동교회 위의 화동 골목에 다 쓰러져가기 알맞은 대폿집이 있었는데 그곳으로 데리고 가서 해장국밥을 시켰다. 그는 입 안의 상처 때문에 그것도 제대로 먹을 수가 없었다. 막걸리 한 대접을 쭈욱 들이키더니 슬슬 눈물바람을 하기 시작했다.

"그래… 나 같은 사람은 중도 못 된단 말이오?" "아닙니다. 그게 아니라 … 만약 임 형께서 꼭 중이 되겠거든… 내가 못 받아줄 리 없습니다. 하지만 다시 한번 생각을 가다듬어서 결정하십시오… 중 노릇이란 게 그렇게 마음 편한 것만은 아닙니다. 무엇보다 임 형의 문학에 지장이 되니까요…."

"제기랄! 난 집으로는 들어갈 수 없습니다. 한강에 나가 그냥 투신이라도 해야겠어!"

"안 됩니다."

내 만류는 그의 격정 앞에서 미약한 것이었다. 그는 두부 장수 방울 소리가 들리는 아침 거리로 총총히 가버렸다.

"다시 찾아오거든 그때는 꼭 나를 받아주! 고 스님"이라고 한마디 남겨 놓았고, 나는 그 한마디를 그냥 들었을 따름이다.

[고은은 이 얘기를 금년 2월 25일 세종문화회관에서 열린 민족문제연구소 창립 15주년 기념식 축사 때도 소개했다. 그는 이 자리에서 "그때 만약 제가 임 선생님을 입산시켰더라면 조계종에 뭐가 좀 됐을 텐데 (대신) 민족문제연구소는 없습니다"라고 말했다.]

두 사람 가운데 마음이 약한 사람은 선숙이 아니라 종국이었다. 아이를 낳은 후 도봉리 생활을 못견뎌 하며 어린 것을 뒤로 하고 집을 나간 건 선숙이었다. 종국은 그런 행동을 할 만큼 용기(?)가 있지 않았다. 그는 더러 선숙에게 손찌검을 하기도 했지만 그 이후는 자신이 못견뎌했다.

결혼 생활 중에 선숙은 여러 번 가출을 했다. 그러나 선숙이 사과하고 귀가하는 게 아니라 오히려 종국이 아내를 찾으러 다니는 형국이었다. 그 저변에는 아직 아내에 대한 사랑이 남아 있었고, 또 혹 사고라도 났을까 해서 걱정한 때문이기도 했다. 경화가 들려준 얘기 하나.

"오빠는 훈이 엄마(선숙)와 같이 살 때 부부싸움을 하고나면 올케 언니는 집을 나갔고, 또 직장도 옮겼다고 말했습니다. 그러면 오빠는 이게 한강 구멍으로 들어간 게 아닐까 싶어 언니를 찾아서 서울 시내를 헤집고 다니며 찾아다녔죠. 난 오빠에게 '그래도 언니가 걱정이 됐어요?' 하고 언제 물어보았더니 '그럼, 걱정되지. 이게 한강에 빠져죽지나 않았나 싶어 눈이 뻘개서 찾아다녔다'고 했습니다. 오빠는 언니와 싸우면서도 언니에게 정이 남아 있었던 것 같습니다. 그러나 지금 생각하면 두 사람이 차라리 잘 헤어졌다는 생각이 듭니다. 부부싸움을 하면 언니는 나가고 오빠는 언니 찾아 삼만 리를 헤매고… 그러니 오빠가 언제 마음을 안정시키고 글을 쓸 수 있었겠습니까."

그후 두 사람은 다시 헤어졌지만 선숙도 종국에 대해 미운 감정만큼이나 애정도 있었던 모양이다. 선숙은 종국이 타계한 후 언젠가 막내 시누이 경화에게 "오빠가 나 같은 여자 안 만나고 좋은 여자를 만났으면 좋은 글도 많이 쓰고 좀더 오래 살았을 텐데…"라고 말했다고 한다.

또 종국의 말년 5년여를 곁에서 시봉한 김대기에게도 선숙은 그런 비슷한 말을 했다. 김대기의 전언에 따르면, 선숙은 1990년경 "임종국은 국보國寶 같은 존재다. (헤어진 이후에도) 임종국을 한번도 잊은 적이 없다"고 말했다고 한다(선숙은 이런 전언에 대해 "그런 말을 한 기억이 난다"고 말했다).

따지고 보면, 휴학이 장기화되면서 아예 대학 졸업을 포기

최종 이혼하기 직전 현충사로 여행을 떠난 일가족. 왼쪽부터 선숙, 지택, 종국.

했던 그를 다시 복교시켜 대학 졸업장을 따게 한 사람도 선숙이었다. 당시 선숙은 그의 아까운 머리를 살려야 한다는 취지에서 복학을 권유했다.

또 다른 출판사에서는 이런저런 이유로 출간을 꺼리던 『친일문학론』을 평화출판사 허창성 사장을 찾아가 출간을 권고했던 사람도 바로 선숙이었다. 종국도 그런 마음은 마찬가지였다. 원선자는 "언젠가 원고를 가지고 와서 내게 이선숙 씨 안부를 묻고는 '잘 살았으면 좋겠다'고 말했다"고 전했다[그러나 1968년 5월 최종 협의 이혼을 한 후 두 사람은 종국이 타계할 때(1989. 11. 12)까지 단 한 번도 만나지도, 서로 연락하지도 않았다].

두 사람이 서로 열렬히 사랑하고, 또 힘이 돼 주던 시절도 분명히 있었다. 그러나 두 사람은 지나치게 강한 개성 때문에 결혼 생활에는 처음부터 '시련'이 예고됐던 모양이다. 연애 시절 두 사람을 곁에서 지켜보았던 허창성은 "두 사람이 서로 흠모만 하고 결혼은 안 했어야 했다"고 말했다.

또 역시 신구문화사에서 같이 근무했던 원선자는 "신구문화사 시절 두 사람은 열렬히 사랑했는데 그땐 상대방의 장점만 보였겠죠. 그러나 두 사람은 성격적으로 서로 극과 극이어서 안 맞았다. 그래서 언젠가 내가 이선숙 씨에게 '두 분이 성격이 대조적이어서 안 맞으니까 (결혼은) 안 된다'고 얘기했더니 '너는 연애를 안 해봐서 모른다'고 하시더라"고 말했다. 원선자는 "두 사람의 파경은 성격차 때문"이라고 말했다.

결국 두 사람은 다시 '건너올 수 없는 강'을 건넜다. 종국의 '위토혈'이 불씨였다면 불씨였다고도 할 수 있다. 종국은 젊어서 먹는 것을 제대로 돌보지 않은 탓에 중년 들어 위가 좋지 않았다.

# 입원 중에 쓴 '처연한' 시들 그리고 이혼 위기

1967년 5월 하순경의 일이다. 하루는 종국의 처남(손아래, 이 기대)이 밤 10시가 돼서 급히 본가로 달려와서는 종국이 위급하다고 했다. 그때 본가는 성북구 송천동(전 성북구 미아3동, 현 성북구 길음3동)에 살았고, 종국은 분가해서 인근 하월곡동에 살고 있었다. 그래서 셋째 종한과 막내 경화가 급히 종국에게로 달려갔다. 가서보니 상황이 말이 아니었다. 방안에는 피비린내가 진동하고 이곳저곳에 피묻은 걸레가 널려 있었다.

종국은 얼굴이 창백하고 눈이 퀭한 모습이 급히 병원으로 이송하지 않으면 안 될 상황이었다. 종한과 막내 처남이 부축해서 택시를 잡아 이 집안의 '단골 병원'인 김처민외과(이 병원은 현 조계사 바로 밑에 있었는데, 그의 부친은 척추카리에스 수술을, 종국·종한은 탈장 수술을 이곳에서 받았다)로 일단 옮겼다. 병원에 도착할 무렵 종국은 혈압이 서서히 떨어지고 맥도 정상으로 돌아오기 시작했다. 그러나 피를 너무 많이 쏟아 당장은 수혈이 급했다. 다행히 병원에 AB형 피가 보관돼 있어서 급한 불은 껐다(경화는 종국이 입원한 때가 1969년, 자신이 대학 3학년 때였다고 얘기한다. 그러나 이는 경화의 착각이다. 1968년 1월 5일자로 종국이 낸 '이혼 조정 신청'에 따르면, 종국이 입원한 날짜는 1967년 5월 26일이며, 또 이때의 병명은 '십이지장궤양'으로 나와 있다. 두 사람은 아직 이혼(1968년 5월)을 하기 전의 일이다).

상황은 위중했지만 다행히 수술을 하지 않고도 조치가 됐다. 동생 종철이 당일 면회를 갔을 때 김처민 박사는 마지막 주사와 약물을 투여하면서 "이것이 실패하면 수술밖에 없다고 생각했는데 다행히 출혈이 멈춰서 수술을 안 하게 되었다"고 말했다. 그러나 이 일로 그는 1개월간 입원을 해야 했다. 그 기간 동안 심지어 물도 먹지 못하게 했다. 몸도 안 좋은 데다 종국은 신경이 몹시 날카로워져 있었다. 그러다보니 안그래도 짜증이 많은 사람이 더 짜증이 늘었다. 이런 때 곁에 아내가 필요했다.

그러나 선숙은 낮이면 직장엘 나가버렸다. 당시 선숙은 대한교과서주식회사에 다니는 중이었다. 마침 그때가 신학기 때여서 야근이 잦았다. 그때는 요즘처럼 간병인도 있지 않아 환자는 오로지 가족들이 돌보던 시절이었다. 그런데 아내가 직장엘 나가버리니 낮에 그를 돌볼 사람은 죽으나 사나 가족들, 특히 여동생들 몫이었다.

순화는 그 무렵 이미 결혼한(1966년 6월) 상태여서 막내 경화가 오빠 시중을 다 들었다. 경화는 종국이 퇴원해 집에 있을 때도 선숙을 대신해 오빠를 돌봤다. 기름기 있는 음식은 안 된다

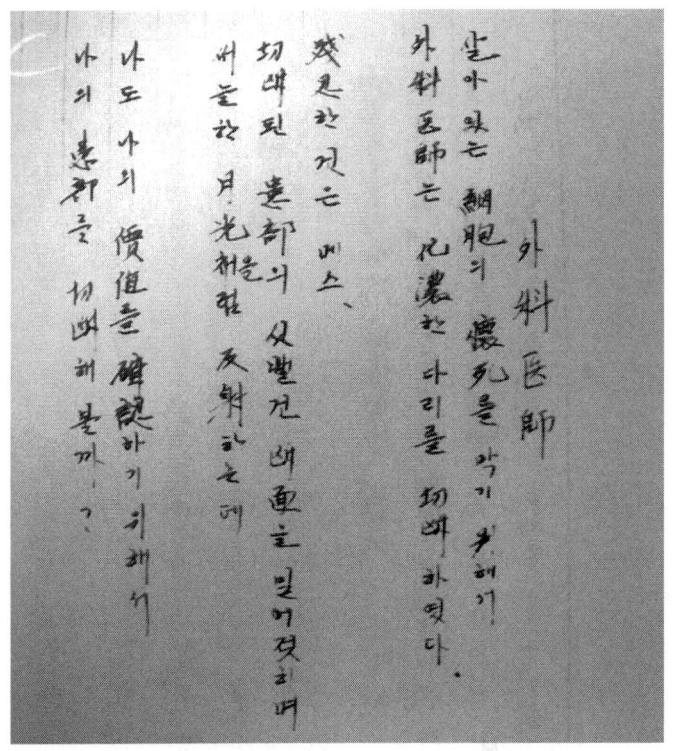

外科醫師

살아오는 觔胞의 壞死를 막기 위해기
外科医師는 心臟한 다리를 切断하였다.

哎是한 것은 메스,
切断된 患部의 샛빨건 血車을 빌어졋히며
서늘한 月·光처럼 反射하는데

나도 가끔 價值을 確認하기 위해서
나의 患部를 切開해 볼까·?

입원실에서 쓴 「외과의사」 시 전문

고 해서 오이지를 씻어 물에 울려 그걸로 죽 반 밥 반으로 만들어 주곤 했다.

당시 그가 아내가 없는 빈 병실에서 쓴 시 세 편을 보자. 시에는 당시 그의 심경과 육체적 고통, 병의 정도 등이 잘 나타나 있다. 두 번째, 세 번째 시는 제목, 일자 미상이다(이 시들은 모두 그의 유품 중 메모장에 있는 것으로, 이번에 처음 공개한다. 무제 1, 무제 2는 내가 편의상 붙였다).

「외과의사外科醫師」

살아 있는 세포細胞의 괴사壞死를 막기 위해서
외과의사는 화농化膿한 다리를 절단切斷하였다.

잔인殘忍한 것은 메스,
절단된 환부患部의 싯뻘건 단면斷面을 밀어젖히며
써늘한 월광月光을 반사反射하는데

나도 나의 가치價値를 확인確認하기 위해서
나의 환부患部를 절단해 볼까?

(※ 첫행의 '壞死'는 원문에 '懷死'로 나와 있는데 문맥상 '懷'는 '壞'의 오
　기로 보인다)

「무제 1」

5월五月이 가기 전前에
라일락의 꽃잎이 지고

나는 5월五月이 떠나간 창窓가에서
떨어진 꽃잎처럼 누워 있었다.

하얀 침상寢牀에 어리는
지금은 떨어진 꽃잎이 풍기는
병病들은 추억追憶

5월五月이 떠나간 자리엔 눈물처럼 조용한 하늘이 펼쳐
져 있고—

옛날 화사華奢한 너울을 쓰던 날도 이러했을까
아내가 가버린 병상病床에
지금은 유월六月의 햇살이 소리 없이
나리고 있다.


「무제 2」

간호복看護服의 소녀少女의 등 뒤에서
일요일日曜日은 아득하고 멀다.

하루는 구렁이처럼 몸을 사린다.

낙숫落水물처럼 떨어지는 생명生命의
샛빨간 액체液體

수혈대輸血台 위에 혈청血淸빛 조름이 덮친다.

하아얀 손이 내 생명生命을 저울질한다.

천정天井처럼 표백漂白된 생활生活의 기억記憶

옛이야기처럼 불이 켜진다.
순간瞬間, 시각視覺이 혼수昏睡에서 깨어난다.

아침이 깊은 혼수昏睡를 밀치고 일어 앉으면

허리가 아프다.
사지四肢가 노곤하게 뒤틀린다.
입술이 갈渴한

첫 번째 시는 자신이 입원했던 외과병원에서의 수술 장면을
보고 이를 빗대 지은 것으로 보인다. 핵심은 마지막 연의 "나도
나의 가치價値를 확인確認하기 위해서 / 나의 환부患部를 절단해
볼까?"라는 대목이다. 그는 스스로 자신이 아내에게 이용당한
채 자신의 가치를 인정받지 못하고 있다고 늘 생각해 왔다. 그

런 상황에서 이제 자신의 가치를 확인하기 위해 환부, 즉 선숙을 잘라내 볼 생각을 하는 것이다. 여기서 '잘라낸다'는 것은 나에게서 떼어내는 것, 즉 이혼을 상징하는 것으로 풀이할 수 있다.

두 번째 시(『무제 1』)는 아내 없는 병실의 쓸쓸함을 극도의 감성적 언어로 묘사했다. 종국이 입원한 때는 5월 하순(26일)이다. 그런데 5월이 다가도록 아내는 돌아오지 않고 어느새 "6월의 햇살이 나리고 있다"고 표현하고 있다. 이는 아내의 가출이 벌써 달을 바꿔서도 이어지고 있음을 암시한다. 이 시는 아직까지는 아내에 대한 그리움과 현실적 필요성(간병)을 강조한 측면이 많아 보인다.

세 번째 시(『무제 2』)는 자신의 병이 어느 정도로 위중했는지를 시로 표현해 보여주고 있다. 한마디로 그 당시 그는 혼수 상태에 빠질 정도로 심한 증상을 보였던 모양이다. 하루 내내 링거를 달고 살았고, 수혈도 "조름이 덥칠" 정도로 하다보니 "사지가 노곤하게 뒤틀리"는 게 당연하다. 또 간호사들을 지겹도록 보다보니 하루가 "구렁이처럼 몸을 사릴 정도"였을 터다. 그런 그는 링거액 떨어지는 모습이 마치 "낙숫물" 같은 병실에서 아내를 기다리며 지루한 시간을 보냈던 것이다. 그의 심신이 시들어가는 모습을 잘 묘사한 시라고 보면 된다.

그가 입원해 쓴 것으로 추정되는 시는 이밖에도 서너 편 더 있다. 그러나 모두 초고 형태이며, 내용은 큰 틀에서 위의 시들과 맥을 같이하고 있어 소개하지 않는다. 『무제 2』의 경우 마지막 부분이 미완 내지 잘린 감이 없지 않다는 점을 덧붙여 둔다.

한편 앞서 언급한 대로 종국은 아내가 회사 인근에 여관을 잡아놓고 야근을 하면 순화를 보내 같이 자도록 했었다. 두 사람 중에 누구 때문에 그런 상황이 초래했는지는 몰라도 솔직히 말해 그 당시 종국은 '의처증' 증세를 조금 보였다. 그러다보니 선숙이 직장에서 좀 늦기라도 하면 생트집을 잡거나 아니면 잔소리를 늘어놓곤 했다. 사정이 이래서 선숙도 남편 대하는 게 다정스러울 수가 없었다.

하루는 막내 시누이 경화더러 오빠 흉을 보다가 이런 말도 했다고 한다. "오빠는 뭐가 필요하면 말로 하지 꼭 손이나 눈으로 가리키고는 그걸 미처 내가 못 알아 들으면 미련하니 뭐니 하며 화를 낸다. 옆에 장도리가 있으면 대가리를 콱 때려죽이고 싶다"고. 선숙의 당시 심경은 이런 정도까지였다.

뭐든지 도가 지나치면 사고가 나는 법. 종국의 잔소리를 참다못한 선숙이 결국 집을 나가버렸다. 말하자면 무단 가출이다. 종국에 따르면 그 기간이 '6개월'이나 된다. 선숙의 가출은 "그래, 혼자서 한번 지내봐라. 나 없이 잘살 수 있는지" 정도에서 비롯했다(경화 증언). 그러나 사태가 장기화되자 이를 수습하기 위해 전 가족이 나섰다. 그에겐 어려운 '막내 제수씨'(종한 아내)까지 나섰다.

막내 제수는 종국에게 잔소리를 왜 그렇게 많이 하는지, 진짜로 같이 살기 싫어서 그런지 등을 물어보았다. 이에 대한 종국의 대답은 의외였다. 딴 게 아니라 여자가 좀 고분고분하고 그래야 되는데 아내가 워낙 억세서 그걸 좀 잡아보려고 그랬다는 얘기다. 결국 두 사람이 서로 '기싸움'을 한 게 도가 지나쳐 이 지경까지 이르게 된 셈이다.

선숙의 무단 가출은 어떤 계기가 없으면 좀체 수습될 기미가 보이지 않았다. 결국 꼬리를 내리고 사태 수습에 들어간 쪽은 이번에도 종국이었다.

# 손위 처남에게 도움 요청 편지 보내

앞뒤 정황을 보면 종국은 먼저 선숙의 오빠(손위 처남, 이성대)에게 먼저 편지를 보내 사정을 설명하고 도움을 요청했다 (손위 처남 이성대는 1927년생, 고려대 영문과 출신으로 두 사람의 학교 선배였다. 청구대를 거쳐 나중에 영남대 인문대학장을 지냈다). 종국이 먼저 두어 번 편지를 보내기도 했다. 먼저 이성대의 답신 내용 일부를 보자.

"종국 군君

먼저번에 보낸 편지와 이번 것을 잘 받아보았네. 자네 말 대로 선숙이가 무단 가출을 하였으니 자네가 화를 내는 것도 당연하다고 생각하였어. 그래서 나는 선숙이를 나무라면서 그 사정을 물어보았어. 그랬더니 선숙의 말이 자네와 살기 싫다거나 이혼하고 싶어서 (집을) 나온 게 아니고 다른 '현실적인' 뜻이 있어 잠깐 나와 있으니 오빠는 아무 걱정 말

고 가만히 있으라고 하더군…. (중략)

자네는 어떻게 생각하고 있는지는 모르겠으나 내가 보기엔 선숙은 자네와 헤어지고 싶은 생각은 조금도 없는 것 같고, 그런 비극이 있기를 바라지 않고 있네…. (중략)

자네가 쓴 책을 보면, 비판 정신도 날카롭고 객관성이 있어 재미가 있는데 자네가 실제 취하는 행동은 아무래도 틀이 너무 작고 비좁은 것 같애. 솔직히 말해서 이번에 보낸 자네의 편지 내용을 보고 나는 많이 실망했고, 섭섭하였어. 사람이 자기 일에만 너무 사로잡히면 비판 정신을 이토록 상실할 수 있을까 하는 생각이 들었어.

하여튼 나는 선숙이가 말하는 그 '현실적'인 뜻이 뭣인지는 모르겠으나 멀지 않아 회사도 그만두고 집에 들어앉아 가정주부로서의 생활에 충실하겠다고 하니 자네는 너그러운 마음으로 기다리며 자네가 하는 일에나 전 정력을 기울여 보지 않겠나. 이 사람아, 자네도 이제 곧 사십을 바라보는 사람이 여자 하나를 제대로 다루지 못하여 걸핏하면 이혼이니 어쩌니 떠들어대니 부끄럽지 않나. 내 말에 혹시 자네의 비위에 거슬리는 것이 있어도 신경을 곤두세우지 말기를 바라네…. (후략) (이 편지는 이성대가 11월 25일자로 보냈으며, 편지지엔 '청구대학 학예부'라고 인쇄돼 있다.)

이성대는 편지에서 후배이자 매제인 종국에게 따끔한 소리는 물론 서운한 감정도 감추지 않았다. 이성대의 편지에서도 확인되었듯이, 선숙이 종국과 이혼할 요량으로 집을 나온 건 아니라는 얘기다. 이성대는 '현실적인' 뜻이 있어 잠깐 나와 있다고 전했는데, 그 '현실적인 무엇'이 무엇인지는 알 수 없다.

편지 중에서 이성대는 종국의 책(『친일문학론』) 얘기를 거론했는데, 이성대는 이 책이 나온 뒤 얼마지 않아 대구 『매일신문』 (1966. 9)에 「임종국 저 『친일문학론』」이라는 글을 실었다. 내용으로 봐 서평이라기보다는 칼럼으로 보인다.

한편 이성대의 편지에 대해 종국은 4일 뒤인 11월 29일자로 답장을 준비했다(종국의 유품 속에 이 편지가 그대로 남아 있는 걸 보면 부치지는 않은 모양이다). 답장에는 당시 종국의 심경, 아내에 대한 유감, 향후 문제 해결 방법, 이혼 소송 진행 경과 등에 대해 소상히 언급했다. 편지지 여섯 장 분량의 장문이나 그 전문을 옮겨본다.

"이성대 씨 궤하机下

편지 받았습니다. 잘잘못이 누구에게 있건 좌우간 이번 같은 사태가 발생했다는 사실은 저로서도 유감이 아닐 수 없고, 또 주변의 사람들에게 대해서도 자랑할 만한 일은 아니라고 생각합니다. 이 점 저로서도 지극히 우울하고 창피스러운 일입니다.

허지만, 이번 훈이 모母의 행위는 저로서도 단순히 관용이란 한마디로 해결할 수 있는 그러한 문제가 아니라고 결론내렸습니다. 여자를 갋는(맞서서 견주는) 이상, 여자를 상대해서 시비곡직을 따지는 이상, 백百이면 백 사람과도 갈라설 수밖에 없다는 것을, 그리고 여자란 이해하고 용서하지 않는 한 어떤 여자하고도 살아낼 수 없다는 것을 이번처럼 뼈저리게 느껴 본 일이 없지만, 그러나 이해와 용서에도 한도가 있는 것이지, 한도를 벗어날 때 인간이 취할 수 있는 행동은 굳이 본인이 말씀드리지 않아도 잘 아실 것이라고 생각합니다.

이번 훈이 모가, 토혈吐血로 입원해 있는 동안 저를 입원실에 버려둔 채 무단 가출하여 어언 6개월을 귀가하지 않고 사과가 한마디 없었다는 사실은(이혼 소송을 제기한 날 비로소 사과를 하더군요), 그 동기가 이혼을 원했건 원하지 않았건 간에 즉 살기 싫어서 나갔건 보다 낫게 살기 위한 '현실적 문제'를 주장하기 위해서 나갔건 간에 다음과 같은 이유에 의해서 단순히 관용이라는 범위 내에서 처리될 수 있는 문제는 아닌 것이라고 생각합니다.

즉, 첫째로 저는 그 사실을 통해서 훈이 모의 제게 대한 애정의 심도를 측정할 수 있는 것입니다. 남편에의 애정이 있고, 앓아누운 꼴이 가엾고 걱정스러웠다면 어떻게 그런 행위를 저지르고도 가만 있을 수 있을까요? 죽과 미음으로 1개월여를 신음할 동안 보리차 한 주전자를 끓여준 바 없었으니 그것을 애정의 바로미터라고 생각할 때 과연 몇 도나 되는 것인가요? '현실적인 문제'는 제 건강이 회복된 다음 부부간의 상의에 의해서 얼마든지 원만히 해결할 수 있는 것입니다. 또 그 '현실적인 문제'가 이젠 직장 생활을 그만두고 살림을 해야겠다는 것인 줄 알지만, 그것은 이젠 집도 생겼겠다 그렇게 할 수밖에 없다고 생각한 것입니다. 그리고 무엇보다도 훈이 동생이 필요해서 억지로라도 그렇게 할 수밖에 없었던 것이었습니다. 그러나 그것은 어디까지나 부부의 애정과 이해란 토대 위에서 건설적으로 협의함으로써 해결되는 문제입니다. 근본적으로 애정이 없다면 협의고 뭐고 필요 없지 않겠습니까? 훈이 모의 제게 대한 애정이 피를 두 요강씩 토하고 쓰러진 놈을 버려두고 나가서 6개월씩이나 들어오지 않고도 견뎌낼 만큼 싸늘한 것이라면 저도 저희들의 결혼 생활 자체를 근본적으로 고쳐 생각하지 않을 수 없는 것입니다. (중략)

이상 요컨대 이번 훈이 모의 행위는 근본적으로 제게 대한 애정이 없다는 표시일 뿐더러 제 얼굴에 똥칠을 하는 행위였던 것입니다. 따라서 그 행위는 단순히 용서해 버릴 수 없는 것입니다. 사람이 자존망대自尊妄大할 필요도 없지만, 그러나 자기 자신의 가치를 부당하게 짓밟을 수는 없는 것입니다. 저는 제게 대한 애정이 없는 여자에게 애정을 구걸할 만큼 비루하지도 않거니와, 간통한 아내를 데리고 사는 것과 마찬가지의(훈이 모가 그런 행위를 했다는 말은 아닙니다) 수모를 타인으로부터 받아가면서 살 만큼 너그러운 인간도 아닙니다. 따라서 제가 제 가치에 대한 부당한 침해를 배제하자면 부득이 이혼하는 수밖에 없는 것입니다.

물론 이혼 이후의 제 생활이 어떠리라는 것은 저 자신이 잘 아는 일입니다. 요컨대 지금까지의 몇 배나 더 복잡하고 어려운 일들이 생기겠지요. 허지만 인간은 싫건 좋건 자기 행위에 대한 책임을 지고 살아가지 않을 수 없는 존재입니다. 앞으로의 내 생활이 불행하다면 그것은 제가 저지른 제 행위에 대한 책임으로써 달게 받고 살 수밖에 없겠지요. 이것을 알기 때문에 저는 지금까지 저 자신을 용서한 일도 없거니와 남을 용서한 일도 없습니다. 또 용서한다고 해서 제가 저지른 행위에 대한 업보가 감면되는 것도 아닙니다.

허지만 훈이 모와 저의 문제에 전연 해결의 실마리가 없는 것은 아닙니다. 그것은 저와 동네 사람들이 납득할 만한 충분한 행위로써 훈이 모가 제게 대한 애정을 증명하고 자신의 결백을 이해시킨다는 것입니다. 다시 말하면, "저만큼 사과하고 살겠다는데 그래도 마다하고 버리니 참 그 남자는 죽일 놈이구나!" 이 말을 동네 사람들이 하게 될 때 비로소 저는 훈이 모와 살 수 있게 되는 것입니다. 그러기 위해서는 친정 부모 및 성대 씨의 조력助力이 필요하겠지요. 아마 이번 만큼은 누가 올라오시건 올라와야만 해결의 실마리가 풀릴 것입니다. 오늘까지 5개월 반을 기다렸지만 아무 해결의 실마리가 없었기 때문에 협의 이혼 수속을 밟으려 했습니다. 그것이 잘되지 않기에 마침내 소장訴狀을 제기한 것입니다. 저는 판결이 내리기 전에 저와 동네 사람들이 납득할 만한 충분한 행위가 있게 된다면 소장을 취소할 수 있을 것입니다. 허지만 그런 행위가 없다면 부득이 판결상 이혼이라는 최악의 비극을 감수해야겠지요. 이것이 공갈이나 협박이 아니라 모든 일이 그렇게 될 수밖에 없게 되는 까닭입니다.

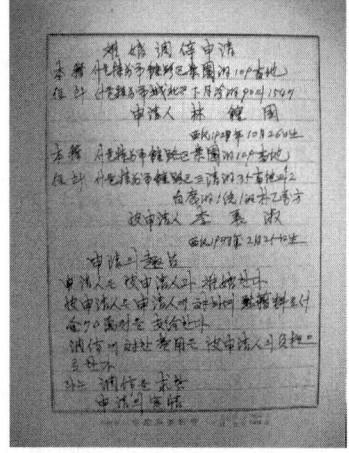

종국이 제출한 '이혼조정신청' 결장)

11월 21일날 소장을 넣었으니까 아마도 2개월 정도면 판결이 나겠지요. 그동안 모든 문제가 원만히 해결되도록 기다리겠습니다. 저와 훈이, 훈이 모의 장래를 위해서 친가 및 성대 씨께서 심려深慮 있으시길 기대합니다.

마지막으로 한 가지 앙원仰願하고 싶은 것은, 이번 문제가 어떻게 결말이 나건 간에 즉, 처남이라든가 매부라는 그런 관계와 감정을 떠나서 하나의 인간과 인간이라는 입장에서 성대 형兄을 한번 시급히 만나고 싶습니다. 그 자리는 이번 문제가 비극으로 끝나게 된다면 제가 성대 형을 인간적인 입장에서 만난 최후의 기회가 될 것이요, 다행히 무사히 낙착落着된다면 저희들의 결혼 생활을 통해서 처음 흉금을 털어놓고 이야기하게 되는 의의 깊은 자리가 될 것입니다.

저도 지금 성대 형을 훈이 모의 오빠라 생각하는 한 결코 만나고 싶지 않지만, 인간적이요, 대학 선배라고 생각한다면 한번 만나서 털어놓고 이야기할 수도 있을 것 같습니다. 그리고 시비가 어느 쪽에 있건 간에 저희들의 결혼 생활에 이런 잡음이 있었다는 사실 자체에 대해서는 만 번 유감된 뜻을 표하겠습니다."

편지에서 보듯 종국은 당시 이혼 소송을 제기한 상태이긴 했다. 그러나 선숙이 굽히고 들어오면 소를 취하할 생각도 가졌다. 그러나 선숙이 끝내 굽히고 들어오지 않자 결국 소송을 진행시켰다. 이듬해(1968년) 2월 13일 서울가정법원은 이날 오전 10시까지 두 사람의 출석을 요구하는 소환장을 발부했다. 다시 4월 22일 있은 조정에서는 선숙이 "본 신청에 응할 의사가 없다"고 해 '조정'이 이루어지지 못했고, 결국 그해 5월 두 사람은 두 번째이자, 최종적인 이혼을 하게 됐다(현재 선숙은 대구 친정 오빠 이성대의 호적에 올라 있다).

# 이혼 소송과 이혼 전제 조건 놓고 다투는 두 사람

한편 두 사람의 이혼 문제는 1967년 2월부터 이미 입에 오르내렸다. 선숙은 2월 20일자로 종국에게 보낸 편지에서 "이선숙은 결코 이혼하고 싶은 생각은 없지만 강제에 못이겨 하게 된이상 다음 두 가지 조건이 해결되지 않은 한 이혼 신청서에 서명할 수 없다"며 두 가지 조건을 제시했다.

첫째는 훈이는 종국이 재혼할 때까지는 큰고모(임신화)가 키우다가 재혼하면 즉시 데려다 자신이 키우겠다는 것, 둘째로 그동안 생활비 등을 벌어서 댄 데 대해 이를 30만 원으로 보상할것. 문제는 이런 요구 사항만이 아니다. 이미 선숙은 종국에 대해 절대로 합칠 수 없을 정도로 불신과 증오가 극도로 커졌다는점이다.

(혼자 몸에도 불구하고) 훈이를 데려다 키우겠다는 것은 종국의새 아내 될 사람을 못 믿겠다는 것보다도 종국을 훈이 아버지로 인정할 수 없다는 것이다. 그 이유는 그간 종국이 부父의 의

무를 다하지 않았으며, 또 종국의 성격이 훈이를 올바르게 키울 수 없을 것이라고 보았다. 돈 30만 원도 그렇다. 혼자 살기 어려우니 이혼하는 마당에 좀 보태달라는 식이 아니다. "임종국 씨의 식생활과 잡비(추산 30만 원)"라고 했다. 이 돈을 이혼서 서명과 동시에 지불하든지, 현금이 없는 경우 앞으로 1년 내에 갚겠다는 은행 발행의 수표를 교환하지 않는 한 여하한 수단과 방법을 써도 이혼서에 서명하지 않겠다고 했다. 이미 이때 두 사람은 더 이상 부부이기를 포기한 듯싶다.

그러나 돈 문제 등으로 이혼이 쉽게 마무리되지 않자 선숙은 이번엔 시아버지에게 다시 편지 한 통(6월 22일자)을 보내 자신의 사정을 호소하기에 이른다. 그러나 이날 동봉한, 종국 앞으로 보낸 별도의 편지에서는 아직도 '관계 회복'의 가능성을 얘기하고 있어 최종적으로 이혼을 결정하지는 않았음을 내비쳤다.

먼저 시아버지에게 보낸 편지에서는 "그간 견디기 힘든 지옥 같은 (생활) 속에서도 참고 살아왔다"고 전제하고는 남편이 자신의 건강 문제에 무관심하고, 또 남편이 '누님'이란 자와 편지 왕래를 하면서 자신을 모독하고 인간적으로 배신한 점, 시집 식구들에 대한 불만 등을 가감없이 내뱉고 있다.

이어 동봉한 '훈이 아버지 보우'에서는 "승가사에서 집으로 돌아가 지난 5년간의 결혼 생활을 돌이켜 보니 나도 결점이 많았지만 당신은 남편으로서 0점"이라며 서운한 감정부터 앞세웠다. 그리고는 앞으로 결혼 생활을 할 경우, 첫째로 3년여 폐병을 앓았을 때 백 알짜리 파스 한 병 안 사다준 데 대해 사과할

것, 둘째로 몸이 아파도 병
원 한번 데려간 적 없고, 셋
째로 '누님'과의 편지 왕래
는 '정신적 간통'이니 중단
할 것 등의 3개항을 시정하
라고 요구했다.

선숙은 이어 "그간의 잘
못을 반성하고 원만한 가
정을 이루고 싶은 욕망이
생기는 날 2, 3개월 월급
을 모아 수술을 받은 뒤 살
아도 살 것이고, 앞으로 당
신이 완전히 생계비를 담

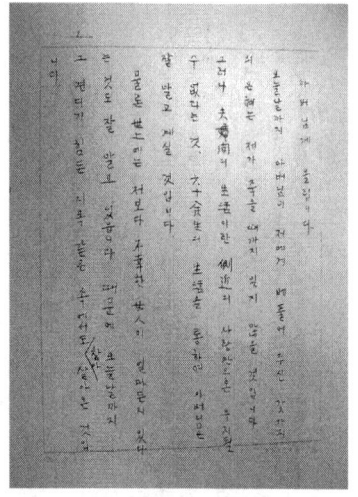

선숙이 시아버지에게 보낸 편지 첫 장

당하여 저를 집안에 들어앉힐 수 있을 때라야 집에 들어가도 들
어가겠소"라며 여전히 귀가 의지를 내비치고 있다. 마지막에선
"병 고치기 위해 몇 달 더 직장 생활을 하는 것마저 회사에 와서
방해한다면 그날로 절로 들어가 버리겠다"며 건강 회복이 시급
함을 강조했다. 이 당시 종국의 편지 수신처는 '여원사'女苑社로
돼 있다.

그러나 종국은 이 무렵 이미 마음을 굳힌 상태였다. 1967년
8월 4일 새벽 '성장한 훈이를 생각하면서' 쓴 메모는 당시 그
의 심중을 엿보는 데 귀한 자료라고 하겠다. 메모에서 종국은
그간의 결혼 생활 과정에서 겪은 일에 대해 소상히 언급하면서

선숙에 대해서는 극도의 분노심을 표출했다. 그리고는 혼자 '새 출발'을 다짐했다.

특히 종국은 결혼 생활 동안 자신이 선숙에게 이용당했다는 생각을 떨치지 못했었다. 반면 자신의 '열등감' 등에 대해서도 숨기지 않고 거론해 이 메모는 누구에게 보낼 용도였다기보다는 '일기' 형식으로 쓴 것으로 보인다. 참고로 종국이 메모를 쓴 그 다음날(8월 5일)로 선숙은 집(종로구 수송동)에서 짐을 싸가지고 완전히 나갔다. 총 400자 원고지 12매 분량 가운데 핵심적인 내용 일부를 옮겨 본다.

"이제 내일부터 나는 재출발해야 한다. 어쩔 수 없는 일이다. 그 여자가 자기를 버린다는 것은 열에 하나도 기대할 수 없는 일이다. 애초 우리의 결합에 과거란 그렇게 문제가 되지 않았다고 생각한다. 군이 문제 삼자면 그로 인해서 내가 한동안 다소간의 열등감에 사로잡혀 있었다는 것이 문제라 할까? 따라서 그것은 파탄의 결정적인 원인이었다고는 볼 수 없었다. 그보다 중요한 것은 현재! 그것이 우리 사이를 원만한 것으로 못한 결정적인 원인이었다. 바른 말이지 나는 분명 과거는 이해한다고 했다. 허나 애정 없는 결혼을 이해하겠다는 미친 소리는 안 했다. 그리고 이것을 기대했다. 그 여자의 과거를 이해하고 결혼하는 한 감사와 애정이 내게 돌아오리라고. 그러나 그것이 내가 여자를 몰랐던 어리석음이었다…. (중략)

우리 결혼은 분명히 결혼 초 몇 달 만에 아니 결혼 이전에 이미 균열이 갔던 것이다. 나는 복수의 상념에 사로잡혔다. 그리고 발광했다. 나는 그 여자에게 친정에다 15만 환만 청구하라고 닦달하면서 그 여자를 괴롭혔다. 돈이 욕심나서가 아니라 그 15만 환은 내게 있어서는 그 여자가 모든 것을 내게 바치고 순종하겠다는 현실의 증거가 될 수 있었기 때문이다. 그러나 그 여자는 끝까지 거부했다. 원래 고집이 센 성품 탓도 있었겠지만, 요는 나를 위해서 15만 환을 청구할 만한 애정이 없었기 때문이다…. (중략)

이제 내일부터 나는 내 인생을 재출발해야 한다. 그리고 결국은 또 결혼이라는 것을 하고 말 것이다. 그러면 그 여자는 내게 후취댁이 된다… (중략) 후취댁으로 일생을 마친 어머니의 생각을 하게 될 것이다. 살아생전에 시원한 꼴 한번 제대로 못 보여드린 어머니 생각을—. 이리하여 나는 과거를 잊어버리는 대신 또 다른 과거 속에서 살게 되는 것이다."

# 두 번째 이혼 전후 '일기장'에 심경 토로

이밖에도 선숙이 수송동 집에서 짐을 싸서 집을 나간(1967. 8. 5) 후 11월 21일 이혼 소송 소장을 내기 전후의 심경을 담은 그의 일기장이 남아 있다. 이는 생각을 가다듬어서 쓴 편지들과는 또 다르다. 숨기고 싶은 얘기까지도 거침없이 기록한 게 특징이다. 핵심적인 내용만 간추려 본다.

10월 16일

우리 사이는 이미 지난 5월 31일에 끝장이 났던 것이다. 그것이 7월 1일에 가장 완전하게 치명적인 균열이 갔다. 8월 5일의 짐 가져가던 사건은 그 확인이었다. 그리고 9월 8일 내가 하숙하러 온 사건도—. 남자라면, 적어도 내가 우유부단하고 바보 같은 남자가 아니라면 이혼하는 방법밖에 해결책이 없는 것이다. 나는 적어도 내가 우유부단하고 바보 같은 무골호인이 아니라는 사실을 보여주기 위해서라도 이혼

종국의 일기장 일부

하지 않으면 안 되는 것이다… 최후의 순간에 서서 나는 내가 당당한 사내 대장부였다는 사실을 스스로 확인하기 위해서 이혼을 해야 하는 것이다… 그럼으로써 나는 내가 맹물 같은 남자가 아니었다는 사실을 보여주고, 그리고 나 자신이 그것을 확인해야 하는 것이다. 그 후의, 그로 인해서 생기는 결과는 불행하건 불행하지 않건 나 스스로가 후회 없이 당당하게 떳떳하게 감수해야 하는 것이다.

10월 22일

내가 이만큼 잔인하고 무서운 사람인 줄을 그 여자가 진작 알았다면 우리 결혼 생활이 이런 파국으로까지 돌입하지는 않았을지도 모른다. 허지만 나도 인정은 있다. 가엾고 안됐다는 생각도 든다. 허지만 나 스스로가 내 가치를 짓밟아 가면서까지 인정에 끌릴 수는 없는 일이다. 내 모든 것을 그 여자가 인제사 알았겠지만, 따라서 앞으로 만약에 같이 산다면 과거와는 다른 평온한 생활이 있겠지만 그러나 그 여자가 나를 알았다는 시기가 그런 생활을 하기에는 너무 늦었다. 11월 1일로써 모든 문제를 결론 짓자. 그리고 더 이상 머리를 어지럽히지 말자.

10월 23일

오늘 대서소에서 이선숙 家의 호적등본을 신청했다. 할 수 없다. 내가 나의 가치와 프라이드를 확인하기 위한 최후의, 또 단 하나의 방법이다… 아버지한테 말했다. 이혼해서 안 된다는 것은 나 자신이 누구보다도 잘 알지만 도리가 없다고. 오늘 밤 아버지는 자기의 과거, 내 걱정, 손자 생각에 매우 우울했을 것이다. 나도 끝끝내 불효자의 운명을 면할 수 없는 팔자인가보다… 언젠가 합천 땅을 방황하면서 인민군에게 끌려가 골짝으로 들어가 앉던, 그날 밤은 달이 밝았다. 그 달을 쳐다보면서 닥쳐올 총소리를 기다리던 그때의 엷은 애수와 체념과 달빛처럼 잠잠하던 심경, 그것이 지금 내 심정이다.

10월 24일

여원사 일을 마치고 wife를 만났다. 우리가 꼭 헤어져야 하는가? 라는 의문이 또 한번 든다. 허나 그 마음을 억제해야 한다. 중국집에 가서 점심을 먹으면서 나는 네 가지 요구 조건 중 돈에 관계되는 두 가지 요구 조건을 철회하겠다고 했다. 무단 가출한 것을 기회로 처갓집 돈을 노린다는 치사한 오해를 받지 않기 위해서… 점심을 마치고 나와서 차 한잔까지 먹여 보냈다. 이것이 그 여자가 내 wife라는 이름 밑에서 가지게 되는 마지막 만찬이라는 생각을 하면서ㅡ. 그후의 생각은 그저 담담할 뿐 아무런 고뇌도 없었다. 나도 나의 가치를 스스로 유린하지 않기 위해서 이제 모든 것을 정리하고 누군가 안심하고 어루만질 수 있는 사람을 구해서 내가 편히 누울 수 있는 둥지를 만들어야 하는 것이다.


10월 28일

훈아, 이 애비가 네게는 죄를 짓는다. 허지만 자살을 택하는 것보다는 이혼하는 편이 피해가 적지 않으냐? 내일 호적을 다시 신청하면 미구에 결론이 난다. 흥! 제 신세 불쌍해질 줄 모르고 다섯 달 동안이나 시건방지게 굴 대로 굴었지? 오늘 이 말이 날 줄 모르고! 흥! 허지만, 후회해 봐야 소용없다고 그 여자를 비웃었다. 이 건에 관한 한 최후의 승리자는 나다. 이제 빠르면 내년 봄에나 내 앞에 나타날 미래의 아내를 위해서, 나는 생활의 설계와 함께 수양을 해야 한다. 너그러운 남편이 될 수 있는 수양을.


10월 29일

요즘 내 돈이 헤프다. 이러다가는 아무것도 안 되겠다. 결심을 단단히 하고 예산 생활을 해야 한다. 1일 150원을 한도로 하고 초과된 부분은 다음날 절약해서 보충하는 방법을 택해야 한다. 우선 오늘부터 실천하자. 이것이 모두 미래의 아내를 위해서 바쳐져야 하는 내 속죄요, 정성이 되어야 한다.


11월 19일

이선숙을 만났다. 내일 도장을 찍자고 했다. 우리 둘 사이에 마지막 남은 문제는 "추하지 않게 행동한다"는 것이 남았다고 말했다. 한 달만, 수술 끝날 때까지만 기다릴 수 없느냐는 말이다. 그에 대한 내 답변은 "추하지 않게 행동함으로써 자기 가치를 증명하자"는 싸늘한 말. '나도 이만한 결단력은 있다'는 이 말 한마디를 하기 위해서는 이혼하는 수밖에 없고 그것이 이혼해야 하는 전부라고 했다. 몇 번인가의 거부 끝에 마침내 내일 10시 반에 만나서 도장을 찍기로 합의했다. 그렇게도 속을 썩이던 문제가 그렇게도 애를 먹이던 호적초본이 이제 이렇게 끝장이 나고 마는구나!


11월 21일

이혼 소송을 제기했다. 이리하여 우리 문제는 최악의 상

단란했던 시절의 일가족(왼쪽부터 여동생 신화, 종국, 선숙, 아이는 장남 지택이).

태로 돌입하고 말았다. 이제 더 이상 최악의 경우를 들라면 칼부림밖에 남은 것이 없을 것이다. 이선숙과 나는 이미 부부가 아니다. 피고와 원고! 경우에 따라서는 대법원까지 상소할지 모른다.

11월 25일

오늘 나는 그 여자가 어째서 부모를 불러올리지 않았는가를 충분히 알 수 있었다. 그것은 그 여자의 고집이 아니라 나하고의 완전한 결별을 두려워한 탓이었다. 허지만 그 여자와 나의 관계는 오늘 밤 기대와의 면담에 의해서 가장 완전무결하고 치명적으로 균열이 가고 말았다. 이제 이 균열을 메꿀 수단도, 도구도 있을 수는 없는 것이다. "도장 내주어라"는 기대의 말에 대해서 끝끝내 묵묵부답이었던 그 여자의 심경이 어떠했을까?

11월 26일

아버지가 혼자 중얼거리고 있었다. "조상의 선산에 지진이 났는가 보다" 하고. 나는 아버지에게 말했다. "단념하시라"고. 불효요, 자식을 위한 도리가 아닌 줄, 위로 아래로 죄당만사罪當萬死지만 나로서도 어쩔 수 없는 일이다. 단 한 군데도 바늘구멍만한 해결의 틈도 없었던 것이 그들의 언행이 아닌가? 이선숙도 결국은 가엾은 인간일 뿐인 것이다.

11월 29일

(아내가 집을 나간 지) 만 6개월이 지났다. 앞으로 (이혼 수속이 끝나려면) 2, 3개월을 더 기다려야 해결이 나다니! 끔찍하다. 이대로 가다간 발광하고 말 것처럼 심란하다. 혹 대구의 친구들이 화해를 청하지 않을까 하는, 그 한 가닥 희망은 이제 와서는 기대가 아니라 불안이다. 나는 좌우간에 이 불안한 행태가 미칠 것처럼 끔찍하다. 만 6개월, 부부 생활 평균 30년 치고 그 60분의 1일 지나도록 그 여자는 고집을 꺾지 않았다. 마치 쇠가죽처럼—.

12월 4일

지택(훈이)의 입학 서류를 완결했다. 아침도 먹이고 택시 타고 나가서 기류계 옮겨서 보내고, 여원사 가서 사진 기자 데리고 인왕산에 가서 사진 찍고, 종일 바쁘게 쏘다녔다. 어쨌든 입학을 시켜야겠다는 생각은 부성애란 것이리라.

어두운 거리를 하숙집으로 돌아오면서 그 여자 생각이 났다. 어쨌든 짤라야 한다는 생각이. 결혼하고 7년, 그간 동거생활은 3년 반 정도에 불과했던, 이름뿐인 아내였다. 성생활조차 엉망이었던—.

그 7년 동안 나는 『서울신문』에 「흘러간 성좌」를 쓴 이래의 2년 반 정도를 제한 나머지는 고스란히 허송세월했다. 특히 제1차 이혼을 전후한 만 3년인가 3년 반을…. 그 결과 내가 그 여자를 만난 이래 8년간의 생활의 결산은 성북동에서 수송동으로 옮기던 때의 방값 20만 원(그 중 6만 원이 집에서 나왔다), 그것이 전부였다.

난 내 능력은 2년 동안에 원고 5000매를 쓸 만큼 정력적일 수 있다. 그 여자로 인해서 그토록 심한 정신적 고통을 당하지 않았고, 어차피 닥친 운명이니 좀더 협력해서 난관을 타개해 나갔고 그랬어도 내 생활이 이랬을까? 그러구러(그러고도) 10년을 헛살았다면 결국 그 여자와 사는 한 나는 평생을 헛살지도 모른다는 의심이 든다. 이건 심각한 문제다.

선숙과는 끝내기로 최종 결정한 후 종국은 이혼 소송 준비를 거쳐 1968년 1월 5일자로 서울가정법원에 '이혼조정신청서'를 정식 제출했다. 종국은 신청서에서 자신이 위토혈로 입원해 있을 당시 사소한 말다툼으로 1967년 5월 31일 가출한 것을 포함, 선숙이 무려 4차에 걸쳐 '무단 가출'을 한 사실, 선숙의 친정 식구들을 통해 수 차례 귀가를 종용하였음에도 이들이 조정 요구를 일축한 점, 제4차 무단 가출 이후 7개월째인 점 등의 사유를 들어 '위자료 70만 원'을 요구했다.

이를 접수한 서울가정법원은 1968년 2월 13일 두 사람의 출석을 요구하는 소환장을 보냈다. 이날 두 사람은 출석했으나 쌍방 합의가 이뤄지지 않아 조정이 불성립됐다. 4월 24일 두 사람이 출석하고 다시 조정이 시도됐는데 이날 피신청인(이선숙)은 "본 신청에 응할 의사가 없다"고 밝혔다. 그러나 두 사람은 결국 이해 5월 '협의 이혼'으로 최종 마무리됐다.

성북동 아파트는 종국의 이복형인 임종원(전 마포구청장)이 마련해 주었다. 선숙은 그곳에서 '훈이'를 키우며 지냈다. '훈이' 양육 문제는 1973년 종국과 선숙 두 사람이 '각서'를 통해 선숙이 양육을 맡고, 종국은 친권을 포기하는 것으로 최종 결론이 났다. '훈이' 양육비는 종국 쪽에서 일시불 등으로 부담했다.

# 하숙집에서 만난 '새 인연'

필생의 역저 『친일문학론』을 출간한 지 불과 1년 뒤 당시 그의 가정 생활은 이런 모습이었다. 실제 종국은 30여 년의 집필 활동 기간 중 이 시기가 가장 부진했다. 종국은 그 자신이 관계하고 있던 『여원』과 『여성동아』에 개화기 전후 얘기, 명기열전名妓列傳 등 말하자면 잡문을 몇 쓴 게 고작이다. 가화만사성家和萬事成은 만고의 진리였다.

한편 선숙과의 이혼 문제가 매듭지워질 무렵 그에게는 새로운 인연이 나타났다. 위에서 본 그의 일기 가운데 이미 그런 내용이 보인다. "빠르면 내년 봄에나 내 앞에 나타날 미래의 아내를 위해서"(10월 28일자) "이것이 모두 미래의 아내를 위해서 바쳐져야 하는 내 속죄요, 정성이 되어야"(10월 29일자) 등이 그것이다.

이에 앞서 8월 4일자(선숙이 수송동 집에서 짐을 싸서 나가기 하루 전날)로 쓴 '메모'에서는 "이제 내일부터 나는 내 인생을 재출발해야 한다. 그리고 결국은 또 결혼이라는 것을 하고 말 것이다"고만 언급했다. 이 메모에서는 단순히 결혼 가능성에 대해서만 언급할 뿐이다. 그러나 10월 28일자 일기에서는 "빠르면 내년 봄에나 내 앞에 나타날 미래의 아내"라며 구체적인 시기까지 언급한다. 그렇다면 종국은 그 당시 이미 '새 사람'을 만나고 있었다는 얘긴가? 이에 대해서는 두 번째 부인('첫 부인'과 구분해 '아내'라고 부르겠다) 이연순의 생생한 증언이 있다.

"1968년 겨울 하월곡동 친구(안철숭, 여, 59세, 현 목사) 집에 놀러 갔다가 그 분을 처음 만났습니다. 당시 친구 모친이 하숙을 했는데 그 분은 그 집에서 방 하나를 빌려 하숙중이었습니다. 1969년 초부터 하월곡동 인근에 방 하나를 얻어 그 분과 동거를 하다가, 그해 11월 16일 정식으로 결혼식을 올렸습니다. 결혼할 당시 수연이(12월 22일생)를 임신해 만삭이었는데, 나중에 그 분이 가지고 있던 집의 세입자를 내보내고 거기로 들어가 신혼살림을 시작했습니다."

(1967년) 10월 16일자 일기를 보면 '9월 8일 내가 하숙하러 온 사건'이라는 대목이 있는 걸 보면 종국은 이날부터 하숙을 한 것으로 보인다. 선숙이 집을 나가버리자 자신도 집을 나왔다. 부친이 사준 하월곡동 집은 보증금 얼마에 월세를 놓고 인근에서 하숙 생활을 시작했다. 그리고 두어 달 만에 우연히 하숙집에서 연순을 만나게 되었다. 그때 연순은 갓 스무 살, 종국

은 서른 여덟 살이었다. 두 사람이 서로 상대방에 대한 첫인상은 어떠했을까?

> "처음 그 분을 봤을 때 무척 끌리더라구요. 무척 미남이시기도 했구요. 그 분은 제게 야무닥지게 생겼노란 말씀만 하시더군요."(『토요신문』 1989. 11. 25)

남녀의 인연은 바로 이렇게 시작되는가 보다. 강원도 원주 태생인 이연순은 거기서 고등학교를 마치고 1967년경 집안이 서울로 이사를 오면서 서울살이를 시작했다. 서울서 삼성제약에 1년간 근무한 후 집(미아리)에서 쉬면서 인근에 있던 친구집에 더러 놀러가곤 했다.

1947년생인 연순은 종국과는 열여덟 살 차이로, 결코 적지 않은 나이차였다. 처음 종국과 결혼하겠다고 할 때 양가에서 모두 반대하고 나섰다. 우선 친정에서는 꽃다운 숫처녀가, 그것도 딸 4형제 집안의 막내가 애도 딸린 홀애비에게 시집을 가는 것은 무조건 안 된다는 거였다. 세속적으로 본다면 충분히 반대 사유가 된다.

그러나 연순은 "내 인생은 내가 산다"며 고집(?)을 피워 결국 친정 부모를 설득했다. 그런데 이번에는 종국의 집안에서 반대를 하고 나섰다. 골자는 "저 어린 색시가 시집와서 종국의 괴팍한 성미를 다 참고 견딜 수 있을까, 결혼했다가 종국이 괜히 상처만 받는 것보다는 차라리 안 하는 게 낫다"는 식이었다. 종국의 평소 성미 등을 감안하면 충분히 그런 우려가 나올 만도 하다. 또 이미 한번 경험한 바도 있고.

결혼에 앞서 두 사람은 1969년 6월 27일 약혼식을 가졌다. 결혼식은 5개월 뒤인 11월 16일 서울 종로구 낙원동 낙원예식장에서 가졌다. 종국 쪽에서는 이복형 종원 부부, 아우 종철 부부를 비롯해 손위로

종국과 이연순의 약혼 사진

고모님, 그리고 순화, 경화 등 여동생들이 참석했다. 그리고 처가 쪽에서는 연순의 모친을 비롯해 가족 여럿이 참석했다. 신혼여행은 동학사로 다녀왔다.

두 사람은 별 탈 없이 결혼 생활을 이어갔다. 우선 연순은 선숙과는 달리 남편에게 복종적이고 또 조용한 품성이었다. 또 종국도 괴팍한 성격을 고치려고 스스로 많이 노력했다. 이미 연순과 결혼 전부터 종국은 "미래의 아내를 위해서, 나는 생활의 설계와 함께 수양을 해야 한다. 너그러운 남편이 될 수 있는 수양을"(1967년 10월 28일자 일기) 하겠다고 마음먹은 터였다. 그러다보니 서로 다투는 일이 거의 없었다. 이로써 종국은 비로소 안온한 둥지를 새로 마련하게 되었다. 두 사람의 만남 초기 상황을

기억하고 있는 경화의 증언을 들어보자.

"어느 날 오빠집에 놀러 갔는데, 머리는 어깨까지 내려온 곱상한 여자가 옥수수를 한 알씩 따서 먹고 있었습니다. 오빠가 내 막내 동생이라고, 내가 제일 좋아하는 동생이라고 하면서 나를 소개했고, 나는 '안녕하세요?' 하고 인사를 했는데 들은 척 만 척했습니다. 그래도 난 오빠에게 언니가 생겨서 좋았습니다. 그 시절 오빠는 무척 행복해했죠. 따뜻한 음식과 편안한 잠자리와 저녁에 들어가면 기다리는 사람도 생기고 반갑게 맞아줄 사람도 생겼으니 나로서도 한 시름 놨습니다. 어느 날 오빠는 내게 '먼저번 훈이 엄마랑 살 때는 안 그랬는데 저 색시와 사니까 길에서 작은 화분이라도 사 오고 싶고, 금붕어 어항도 사오고 싶은 마음이 든다'고 했습니다. 언니는 강원도 토속 음식을 잘했습니다. 어느 날 가보니 작은 꼴뚜기를 졸여 놨는데 짭짤하니 맛깔스러웠고, 또 언젠가 가보니 옥수수와 통팥을 넣어 죽을 쒀 놨는데 구수한 게 맛이 좋았습니다."

종국은 새 가정을 이루었지만 살림살이는 여전히 궁색했다. 피난 시절 대구 동촌 움막집에서 자취 생활을 같이 했던 윤광모는 그를 두고 "열두 가지 재간 가진 사람이 저녁 땟거리가 없다"고 했다. 어찌 보면 그에게 꼭 맞는 말인지도 모른다. 실제 땟거리가 떨어진 적도 있었다. 장녀 수연이가 태어난 지 얼마 안 돼

1970년 막내 여동생 경화의 경희대 졸업 기념 가족 사진. 왼쪽부터 순화 남편, 백부, 종국, 종철 아내, 경화, 경화 친구, 부친, 순화, 종한 아내.

서다.

막내 동생 경화는 종국의 집을 드나들며 새언니 산후 조리를 도와주고 있었다. 그러던 어느 날 연순이 "시누, 쌀이 떨어졌어! 저이한테는 말 안 했어, 이거 전당포에 잡히고 쌀 좀 사다줘!"하면서 경화 앞에 결혼반지를 내밀었다. 경화는 "그냥 집어넣어둬요, 내가 어찌 해볼께요!" 하고는 집으로 와서 뒤주에서 쌀을 한 말 정도를 훔쳐서(?) 새언니 집으로 가져갔다. 경화는 쌀 말고도 김칫독에서 김치를 퍼다 주기도 했다.

사정이 이러다보니 그는 당시 잡지사 이곳저곳에 잡문을 쓰거나 도서 해제 작업 같은 것을 해주고 근근이 생계를 유지했다. 그런 상황에서 그는 이른바 황색잡지로 불리는 매체에도 글을 쓰며 입에 풀칠을 해야 했다.

『친일파총사』 공동 집필자로 참여하기도 했던 김승태(1955년생, 전 독립기념관 자료과장, 현 한국기독교연사연구소 연구실장)는 "어떨 때는 원고료 때문에 글을 쓰기도 한다. 내 원고는 고료를 좀 비싸게 받는다"는 얘기를 종국에게 들었다고 말했다. 그런 글 때문에 한번은 막내 여동생 경화에게 창피를 당하기도 했다. 경화가 들려준 일화 한 토막.

"내가 대학 3학년 때 어느 여름날이었습니다. 같은 과科 친구가 '야, 경화야! 네 오빠『선데이서울』에 글 썼더라' 해서 반가운 마음에 그 책을 샀는데 좀 보다가 그냥 덮었습니다. 좀 야한 글이었죠. 며칠 뒤 오빠가 오셨기에 나는 점심상을 차려 드리고 밥상머리에 앉아서 '내 친구가『선데이서울』에 오빠 글이 실렸다고 해서 사서 보다가 그냥 덮었어요. 창피해서 혼났어요. 오빠는 머리도 좋고 재주도 많은데 좀 좋은 글을 쓰지, 왜 그런 글을 써요?' 하고 물었죠. 그러자 오빠는 '생활을 위해서는 어쩔 수 없이 그런 글을 쓸 수밖에 없다. 독자가 원하는 글을 쓰려니 그럴 수밖에 없다. 한국에서 작가로 산다는 것은 어려운 일이다. 일본만 하더라도 국민 1인당 열 권 이상의 책을 보는데 우리는 1년에 한 권도 안 보는 사람이 많다. 대중이 원하는 너절한 글을 쓰는 작가는 정신적인 창녀와 같다. 나도 이제 일이 풀려서 기본 생활만 되면 좋은 글 쓸 작정이다'고 하셨습니다. 그후 오빠는 말씀대로 좋은 글만 쓰셨습니다"

['야한 글'의 원문을 확인하기 위해 『서울신문』사에 가서 『선데이서울』 창간호(1968. 9. 22)부터 넉넉잡아 1970년 8월분까지 원본을 뒤졌으나 종국의 글은 찾을 수 없었다. 다만 종국의 글로 추정되는 글이 두 편—「작가 김유정의 지독한 짝사랑」(1969. 4. 27), 「따님이 말하는 시인 한용운의 만년」(1970. 9. 27)—이 있었으나 모두 기사 작성자 이름이 없었다. 『선데이서울』이 황색 저널리즘을 표방한 잡지이긴 했지만 초창기에 유호, 유주현, 김승옥 등의 소설을 연재하는 한편 「천지현황天地玄黃」이라는 코너에서 이창건(당시 서울대 공대 강사), 염무웅(문학평론가), 변금자(당시 이대 강사), 김붕구(당시 서울대 교수), 김병수(당시 서울신문 논설위원실장) 등의 글도 실려 종국이 글을 썼을 가능성이 전혀 없지 않아 보인다. 혹 종국이 『주간여성』에 실은 「스캔들 근대사—여심이 회오리치면」(연대 미상)이라는 글을 경화가 착각한 건 아닌지 모르겠다.]

1960대 중·후반~70년대 그는 『여성동아』, 『여원』, 『신여원』, 『여학생』, 『주부생활』 등에 주로 여성(기생, 신여성 등) 관련 글을 많이 썼다. 단발보다는 주로 매월 단위 연재를 많이 했다. 이밖에 『세대』에서는 「한국의 재벌才閥」(큰 부자를 일컫는 '財閥'이 아님. 이병도·윤일선·최남선·정명화 등 4명 연재)과 「사회풍속야사」를, 또 『한국문학』에서는 「문학비평」을 매월 연재했다.

# 조정래의 『한강』에 실명 등장

아내 연순에 따르면, 천안 시절(1980~89년) 종국의 원고료 수입은 "요즘 시세로 칠 때 한 달 평균 100만 원 정도였다"고 말했다. 그러니 다섯 식구가 생활하기에는 부족한 돈이었다. 이를 보다 못해 한 지인이 그를 돕겠다고 나섰다. 물론 뭉칫돈은 아니고 그에게 글 쓸 터전을 제공한 정도다.

주인공은 소설가 조정래(1943년 생, 63세, 서울 거주)였다. 조정래는 지난 8월 중순 전화 통화에서 "1976년 내가 『소설문예』를 인수해 발행인을 맡고 있을 때다. 임 선생이 어렵게 사신다고 해서 달리 도와드릴 것은 없고 해서 우리 잡지에 원고를 쓰시도록 해드렸다. 그 일로 임 선생이 자주 잡지사에 들르시곤 해서 이후 임 선생과 아주 친하게 지냈다"고 말했다(실제 종국은 1976년 7월호 『소설문예』에 「문예지의 금석담今昔談」을 시작으로 이듬해 10월호에 게재한 「문학과 연극의 교류」까지 총 13개월간 연재를 했다).

조정래 얘기가 나왔으니 소설 『한강』 얘기도 좀 당겨서 여기서 짚고 넘어가자. 『아리랑』, 『태백산맥』, 『한강』 등 우리 근현대사를 아우르는 대하 역사소설을 집필한 그는 마지막 작품인 『한강』에서 종국을 실명으로 등장시켰다(물론 이 책에는 그 밖에도 전태일, 박태준, 김진홍 등이 실명으로 등장한다). 원래 실명 소설로 시작한 것이 아니면서 작중 인물을 실명으로 등장시킨 것은 상당히 이례적이다. 이 점에 대해 조정래는 "그가 현대사에 남긴 족적이 워낙 크고 뚜렷했기 때문에 실명을 사용했다"고 말했다. 『한강』에서 '임종국', '친일문학론'을 다룬 의미에 대해 조정래에게 물어보았다.

"내 소설 3부작(아리랑—태백산맥—한강)의 공통점 가운데 하나는 친일 문제입니다. 『태백산맥』에서는 친일파는 물론 정신대 문제도 거론했죠. 그때 정신대 문제를 거론한 것은 당시로선 선구적인 문제 제기였다고 봅니다. 『아리랑』에서 친일파들의 생성 과정을 짚었다면 『한강』에서는 뒷부분에서 김활란의 실명을 거론하면서 다시 친일파 문제를 제기했습니다. 나는 친일 문제 거론을 통해 시대 정의와 민족성 회복을 부르짖고자 했습니다."

임종국 관련 내용은 『한강』 제10권 「제3부 불신시대」의 '홀로 푸르른 나무' 편(169~193쪽)이다. 이 책에서 『친일문학론』을 읽고 감동을 받아 그를 찾아가는 한인곤은 독립군 출신으로 군에서 소외돼 중도에 대령으로서 탈락한 사람이다. 그는 시골에서 정미소를 경영하는 재력가인 부친의 도움으로 정치에 뛰어들었으나 한일회담을 적극적으로 반대하다가 중앙정보부에 끌려가 비밀 촬영된 자신의 탈선 사진을 보고는 결국 공화당에 입당하게 된다. 이후 정치 활동을 청산한 후 출판사를 하면서 친일 연구에 일생을 바친 임종국을 만나 감동을 받는다. 도입부 등 내용 일부를 옮겨본다.

"한인곤은 책을 덮으며 저자의 이름을 다시 확인했다. 임종국. 그리고 책 제목을 한 자, 한 자 다시금 읽었다. 『친·일·문·학·론』

그는 끄음 된숨을 내쉬며 책을 쓰다듬었다. 무어라 형언하기 어려운 독후감이 가슴에 꽉차 있었다. 그건 재미난 소설이나 좋은 영화를 보고나서 느끼는 감동이 아니었다. 그런 느낌과는 꽤나 다른 어떤 느낌이 가슴을 묵직하게 누르는 것 같기도 했고, 허전했던 마음에 무언가가 뿌듯하고 그득하게 담긴 것 같은 기분이기도 했다.

그런 일을 이렇게 책으로 쓰는 수도 있구나. 이게 얼마나 좋은 방법인가. 내가 아무것도 한 것 없이 허송세월만 한 것에 비해 이건 얼마나 효과가 나는 좋은 방법인가.

한인곤은 이런 깨달음 속에서 책을 다시 쓰다듬었다…
(중략)

한인곤은 임종국이라는 세 글자에 눈길을 박고 있었다. 이 사람은 엄청난 일을 한 것이었다. 그가 한 일은 법적 처단

은 아니었다. 그러나 법
적 처단이 이미 틀려버
린 마당에 그들의 잘못
만이라도 이렇게 명백
하게 밝혀 기록으로 남
긴다는 것은 제2의 법
적 처단이나 다름없는
일이었다. 이런 기록을
남겨놓지 않으면 친일
파들이 자행한 매국 행
위와 민족반역 행위는
영원히 덮여버리고 말
게 되는 것이다. 자신은
일제시대를 중심에서

51
홀로 푸르른 나무

임인곤은 책을 덮으며 저자의 이름을 다시 확인했다. 임종국. 그리고
책 제목을 한 자, 한 자 다시글 읽었다. 『친, 일, 문, 학, 론』

그는 크을 천천히 내려며 책을 쓰다듬었다. 무어라고 형언하기 어려
운 두루꿍이 가슴에 꽉차 있었다. 그건 재미난 소설이나 좋은 영화를 보
고 나서 느끼는 감동이 아니었다. 그런 느낌과는 제나 다른 어떤 느낌이
가슴을 묵직하게 누르는 것 같기도 했고, 허전함인 마음에 무언가가 꾸
못하고 그득하게 핑기 것 같은 기분이기도 했다.

그런 일을 이렇게 꼭으로 쓰는 수도 있구나. 이게 얼마나 좋은 방법인
가. 내가 아무것도 한 것 없이 허송세월만 한 것에 비해 이건 얼마나 효
과가 나는 좋은 방법인가.

임인곤은 이런 레달음 속에서 책을 다시 쓰다듬었다.

자신이 억지 예련을 당하고 경치로 진출하며 풍었던 꿈은 작지 않았
다. 잘못된 세상을 바로잡아야 한다. 이 목표 아래 철도의 두 레일처럼

홀로 푸르른 나무 169

조정래의 『한강』 제10권 「제3부 불신시대」의
'홀로 푸르른 나무' 첫장

몸소 겪었고, 그 누구보다도 친일파 척결에 적극적 관심을
가지고 있었는데도 이 책에서 접한 내용의 90퍼센트가 전에
몰랐던 새로운 사실이었다… (중략)

　임종국, 이 사람은 어떤 사람일까…

　책에 쓴 그 많은 문인들 중에 태반은 살아 있을 텐데, 그
사람들 하고는 어떻게 지내려고 이런 일을 하고 나섰을까.
문인들의 사회라고 해서 다른 집단 사회와 다를 것이 없을
텐데, 이래가지고 그 사회에서 발붙이고 살아갈 수 있을까?
한국 사람들은 자기 아버지의 잘못만 얘기해도 원수지간이

되고 마는데 더구나 당사자들의 잘못을, 그것도 사소한 흉거리가 아니라 매국과 민족반역죄에 해당하는 잘못을 샅샅이 들추어냈으니 그들이 얼마나 감정을 품고 원수 대하듯 할 것인가. 시인이고 문학평론가라면 사람들의 그런 마음이나 문화풍토를 모를 리가 없는 일이었다. 이 사람은 용기와 배포가 남다른 것인가? 아니면, 그들에게 따돌림당하거나 무슨 피해를 입더라도 어쩔 수 없다고 각오를 한 것인가?… (중략)

한인곤은 서재로 들어서면서 첫인상에서 받았던 느낌이 비로소 가시고 있었다. 한인곤이 첫인상에서 받은 느낌은 전혀 문인 같지 않다는 것이었다. 그럴 수밖에 없는 것이 임종국은 머리 모양부터가 바짝 치켜 깎은 스포츠형이었다. 거기다가 기름한 얼굴의 생김생김은 선이 거칠고 주름살이 많아 천성적인 촌티가 나고 있었다. 그리고 잘 먹지 못해 기름기라고는 없이 깡말라 있으니 그 얼굴은 천상 농사꾼처럼 보였다.

"방이 앉을 데도 마땅찮고 이렇습니다. 이해하시고 앉으십시오."

임종국이 또 특유의 웃음을 환하게 지으며 자리를 권했다.

"예, 좋습니다. 그럼 앉겠습니다."

한인곤은 방 안을 둘러보며 자리 잡았다. 네 평이 될까 말까 한 넓지 않은 방은 온통 책으로 가득 차 있었다. 세 벽의 책꽂이에서 넘쳐난 책들은 방바닥에까지 수북수북 쌓여

있었다··· (중략)

"그럼 선생님은 그 사람들한테 미움을 받고, 엄청난 피해를 입으셨을 텐데요?"

"예, 뭐 그 사람들의 힘이 미치는 잡지나 신문 같은 데는 글을 한 줄도 쓸 수 없게 된 것이 오래지요. 그리고 날 미친놈 취급해 버리고요. 그거 뭐 별거 아닙니다."

이 말을 하면서도 임종국은 이를 드러내며 더없이 환하게 웃었다.

"문인에게 글을 못 쓰게 해버리면 어쩝니까? 그건 문인의 생명을 끊는 것이고, 굶겨죽이자는 고사작전 아닙니까? 실례지만 선생님은 다른 무슨 직업이 있으십니까?"

"직업이야 글 쓰는 것밖에 없지요. 그래도 세상은 넓어서 그 사람들 영향력이 못 미치는 잡지도 더러 있으니까 원고료 벌이를 하고, 그럴 수 없는 글은 바로 책으로 묶어내서 인세를 좀 받고 해서 굶어죽지는 않고 있습니다. 그런데 우스운 것은 어떤 잡지에 글을 쓰고 나면 그걸 뒤늦게 안 그 사람들이 잡지사에 전화를 걸어대고, 압력을 가하고 야단이 나지요." 임종국은 여전히 천진스럽게 웃고 있었다.

"아니, 그런 짓들까지 합니까? 뻔뻔스럽게."

한인곤의 목소리에서 열기가 묻어났다."(이하 생략)

조정래는 전화 통화를 마칠 무렵『임종국 평전』에 이 한마디를 꼭 넣어달라고 부탁했다.

"임종국은 대학 시절 '서울대의 이어령, 고려대의 임종국'이라고 할 정도로 장래가 촉망되는 청년이었습니다. 그러나 그는 친일파들이 득세한 그 시절에 『친일문학론』을 출간하면서 일생이 망가진 사람이죠. 그만한 실력에도 불구하고 교수도 못됐고, 또 일생을 경제적으로 궁핍하게 살아야 했습니다. 그가 일제

'금이야, 옥이야'하며 키운 훈이(지택). 뒷줄 왼쪽부터 시계 방향으로 종국, 종한, 순화, 신화. 신화가 안고 있는 아이는 훈이.

때 태어났더라면 그는 필시 독립운동을 했을 겁니다. 다만 그가 외로움 속에서 일생을 살다갔지만 그의 삶은 정의로왔고, 그의 뜻을 따르는 후배들이 적지 않음을 볼 때 그가 헛산 것은 아닙니다. 그가 남긴 업적은 만주에서 독립군 수천 명이 항일 투쟁을 한 것만큼이나 중요하고 큽니다."

다시 그의 집안 얘기로 잠시 돌아가 보자. 1968년부터 연순과 동거(결혼은 이듬해 11월 16일)에 들어간 종국은 이듬해 첫 아이를 보았다. 딸이었다. 아이가 생기면 집안에 화기가 도는 법이

다. 첫 부인과의 사이에서 난 '훈이'(지택)는 당시 부부간의 갈등으로 '훈이' 출산 때는 곁에 있지도 못했지만(훈이는 대구 외가에서 태어남) 그래도 첫 아이여서 종국에겐 너무나 큰 기쁨이었다.

가족들의 얘기를 들어보면, 집안에선 '훈이'를 금이야 옥이야 하고 키웠다고 했다. 앞에서도 언급했지만 종철은 제 아이에게는 국산 분유를 먹이고 조카 '훈이'에게는 일제 모리나가를 먹일 정도로 정성을 쏟았다. 그런데 그런 기쁨은 이번에 수연이 태어났을 때도 아마 마찬가지였으리라(장녀 수연은 대학을 나와 결혼해 현재 충북 음성에 산다. 슬하에 딸 둘. 둘째 연택(미혼)은 1972년생으로 현재 태국에서 관광 가이드를 한다. 막내 정택은 1974년생으로 회사원이며, 현재 경기도 일산에 산다. 초등학교 교사인 정택의 아내는 9월 말경에 첫아이를 출산한다. 현재 서울 동대문구 용두동에 혼자 사는 그의 모친(이연순)은 정택이 아내가 아이를 낳으면 아이도 돌볼 겸 일산 정택이 집으로 합친다고 했다. 이 책이 나올 무렵이면 종국은 첫 손주를 본다).

세월은 흘러 이제 1960년대도 끝나고 1970년대로 이어진다. 앞서 잠깐 언급했지만 1970년대 초 그는 여성지에 여성 관련 글을 많이 썼는데 개화기 기생妓生들의 얘기도 다뤘다. 그 가운데 주목할 만한 글이 '사상기생'思想妓生 얘기다. 사내들 무릎에서 무릎으로 옮겨 다니는 기생들에게도 무슨 '사상'이 있었단 말인가?

1971년 3월 『여성동아』 편집실에서는 「아아, 3월月」이라는 책자를 하나 펴냈다. 아마 3·1절을 맞아 기획했으리라. 이 속에

종국이 쓴 「3·1운동 전후前後와 사상기생思想妓生들」이라는 글이
한 편 실렸다. 좀 낯선 제목이긴 하나 읽어보면 그런 대로 납득
이 간다. 그의 글 핵심만 간추려 소개한다.

사상기생이라면 요새 사람들에게는 생소하게 들리는 말
일 것이다. 그럼 그것은 주의主義와 사상을 표지하고 지하운
동으로 결사結社에 참가했다는 그런 말일까? 그건 아니다.
바꾸어 말하면 우국기생憂國妓生이라고나 할까? 즉 행동이
문제라기보다는 차라리 품은 바 생각과 기개에 표준을 두는
말이다.

산홍山紅이라는 기생이 있었다. 하루는 그가 명월관으로
불려갔는데 가서 보니 좌중에 백작 이지용(을사오적 중 1인)도
와 있었다. 이지용이 산홍에게 시중들 것을 요구하자 산홍
은 "세상이 대감을 5적대신五賊大臣이라 부르니 천한 기생이
지만 몸을 허락지 못하겠소이다" 하고는 그 요구를 거부하
였다. 그 바람에 술자리가 판이 깨지고 말았다. 바로 이 산홍
같은 기생이 바로 사상기생의 좋은 본보기가 될 수 있다. 사
상기생들 가운데는 비밀리 독립운동에 자금을 대는가 하면
또 국가, 민족의 대계大計 장래를 들어 철없는 유흥객을 타이
르기도 했다.

이런 풍조가 생겨난 것은 3·1운동 직후부터였고, 사상기
생이란 유행어도 이때 생겨났다. 통감부 시절엔 화류계가
극도로 타락해 있었다. 일본서 들어온 게이샤들이 물을 흐

려놓은 탓이다. 그러다가 1919년 고종 황제가 일본인들의 독살로 승하했다는 소문이 퍼지자 이를 계기로 기생 사회에도 각성이 일어났다. 덕수궁 대한문 앞에서는 소복을 입은 장안의 기생들의 애곡哀哭이 이어졌다. 이들은 이후 술자리에도 소복을 입고 가곤 했다. 이리하여 화류계에도 혁신 바람이 불기 시작했던 것이다.

연석宴席에 불려 가면 더러는 귀 밑이 새파란 학생서방님들도 있었다. 이때 이들은 숫제 누님처럼 다정한 음성으로 그들을 깨우치기도 했다. "지금이 어느 때인데 민족의 동량棟梁이 될 양반들이 공부는 안 하고 놀러만 다니시느냐"고. 그뿐이 아니다. 그 무렵 고학생 단체인 '갈돕회'에서 팔고 다니던 갈돕만두의 가장 큰 고객이 기생들이었다. 고학생들을 돕자며 값을 후하게 쳐준 것은 물론 더러는 패물까지 팔아서 고학생을 돕고나 더러는 독립운동 자금을 대기도 했다… (이하 생략)

# '풍운아' 부친의 쓸쓸한 장례식

1972년 들어 집안에 흉사가 생겼다. 모친(1965년 타계)에 이어 그의 부친(임문호)이 8월 13일 서울대병원에서 타계했다. 젊은 시절 청운의 꿈을 품고 일본 유학을 가려고 부산에서 배를 기다리다가 한 천도교인으로부터 감화를 받아 이후 일생을 천도교의 발전을 위해 노력해온 그였다. 그를 기억한 사람들은 '풍운아'라고 부르기도 했다. 그러나 가정적으로는 무능한 남편에 속했다. 1년 중 거지반을 천도교 일에 빠져 지냈고, 하는 사업도 잘 되지 않았다. 가장이 이러니 결국 아내와 아이들이 고생이었다. 그러나 그는 인품마저 부족하지는 않다. 나름으로는 6남매를 정성으로 키웠다. 특히 종국이 자신처럼 두 번씩이나 결혼을 할 때는 마음고생도 적지 않았다. 종국은 모친은 물론 부친에게도 제대로 효도 한번을 하지 못한 셈이다.

그러나 그의 마지막 가는 길은 외로웠다. 7남매 가운데 그의 장례식에 참석한 자식은 불과 셋이었다. 첫 부인(이흥순)에게 낳

1960년대 후반 종철의 장남 백일날 찍은 가족 사진. 앞줄 가운데 앉은 이가 부친 문호. 부친이 안고 있는 어린이는 종국의 장남 지택. 뒷줄 가운데 남녀가 종철 부부.

은 장남 종원(전 마포구청장)은 마침 식구 모두 해외여행중이었다. 두 번째 부인(김태강)에게 낳은 장남 종국은 병원에 입원중이었다. 또 둘째 종철은 일본 아시아경제연구소에 연구원(1972. 4~ 1973. 2)으로 갔었는데 올 수 없는 처지였다. 왜냐하면 당시 정부의 '8·3조치' 때문이었다. 이에 따라 외화 절약 차원에서 해외 나간 지 1년 미만인 사람들은 재출국이 불가능했다. 부친상 당시 종철은 일본에 간 지 불과 4개월 밖에 안 된 시점이었다. 막내 경화는 또 출산 직후였다. 결국 장례식에 참석한 자녀들은 셋째 아들 종한, 맏딸 신화, 둘째 딸 순화 등 세 사람이었다(임문호·김태강 부부의 묘소는 경기도 장흥 신세계공원 묘지에 마련됐다).

글 초입에서 그의 생가 얘기를 하면서 부친에 대해 잠시 언급하고 지나갔는데 여기서 본격적으로 임문호 얘기를 좀 해보자. 임문호는 1900년 2월 13일 경남 창녕에서 임병곤·박경모 부부의 외아들로 태어났다. 1914년 창녕공립보통학교를 졸업하고, 서울로 유학을 와 보성중학을 다니다가 오성중학교를 졸업(1918년)했다. 신학문을 배우러 일본으로 유학을 가기 위해 부산에 들렀다가 거기서 천도교인 신용구를 만나면서 그의 인생이 바뀌었다. 그는 일본 유학을 포기하고 천도교에 입문했다. 이후 서울서 하숙 생활을 하면서 천도교 일에 관여하였고, 1918년 '서울 처녀' 이홍순(1902~1964)을 만나 결혼을 하였다. 장남 종원은 그 이듬해 태어났다[그는 첫 부인 이홍순과의 사이에서 1남 1녀(종원, 종옥)를 낳았으며, 두 번째 부인 김태강과의 사이에서 다시 4남 3녀(종국, 종철, 종한, 종욱, 신화, 순화, 경화)를 낳았다].

천도교 본부의 자료에 따르면, 그는 1919년 3·1만세의거가 발생하자 여러 방면으로 활동을 하였고, 1923년 천도교 종학원을 졸업했다. 그러나 천도교 창녕교구에 따르면, 그의 천도교 활동은 이보다 훨씬 앞섰다. 9월 초 창녕교구 관계자와 통화한 바에 따르면, 창녕교구는 1915년(포덕56년)부터 묵암 신용구(당시 33세) 선생이 전교사로 착임, 성학영(당시 25세)과 협동해서 포교에 주력했다. 창녕교구는 당시 창녕 교동 202번지 임문호 사랑방에서 전교실 간판을 내걸고 활동했는데, 하상태·김성수 등 수십 명으로 교인이 늘어났다.

창녕교구는 이후 1923년 교동 210번지로 교당을 옮겼으며,

1926년에는 교동 242번지(구 산업조합) 자리로 교당을 다시 옮겼다. 당시 교인은 50여 명. 이어 1928년 8월에는 교인들의 자력으로 옛 일본인 소학교로 사용하던 건물(만옥정 공원 내 소재)을 매입해서 교당으로 사용해 왔다.

한편 임문호는 1934년 1, 2대 창녕교구장을 사임했다. 다만 언제부터 교구장직을 맡았는지는 불명확하다(『동아일보』 1921년 6월 1일자에 「창녕 천도교회 부활, 회관 신축, 수백 명의 교인 신입新入 등으로」라는 기사가 보인다).

임문호는 이 무렵 『동아일보』 기자를 1년여 동안 지냈다. 『동아일보』는 1920년 5월 28일자로 마산지국 관내 창녕분국을 설치하고 분국장에 정근호, 주임에 이주목을 임명했다(「사고社告」 참조). 『동아일보』는 이어 이듬해 3월 14일자로 의령, 창원 분국을 각각 설치했다. 이해(1921년) 10월 1일자 「사고」에 따르면, 창녕분국장에 서정숙, 총무 겸 기자에 하우권, 그리고 기자로 임문호를 임명했다. 이듬해 3월 23일자 사고에 따르면, 창녕분국 총무 겸 기자 하우권이 사임하고 그 대신 임문호를 총무 겸 기자로, 하우석을 기자로 채용했다.

『동아일보 기사색인 I (1920~22)』(동아일보, 1970)을 확인한 결과 이후 임문호 관련 내용은 찾을 수 없었다. 아마 임문호는 이 즈음에서 기자 생활을 접은 것 같다. 아마 천도교 일에 깊이 관여한 때문으로 보인다.

1932년 임문호는 천도교 본부의 발령에 따라 여름 일본으로 파견됐다. 당시 종국은 만 세 살이었다. 일본 고베神戸교구

『동아일보』 마산지국 창녕분국 기자로 발령난 임문호(1921.10.1).

에 부임한 임문호는 그리 오래지 않아, 만 1년 만에 다시 본국으로 귀환 발령이 났다. 귀국 후 임문호 일가는 고향으로 가지 않고 서울로 올라왔다. 일본에 체류하던 시절 둘째 종철이 태어났고(1933년 2월 1일생), 셋째 종한은 다시 그 이듬해인 1934년 11월 서울 원서동에서 태어났다.

[그의 가족의 귀국 연도를 두고 다른 주장도 제기됐다. 천도교중앙출판본부에서 2006년에 펴낸 『천도교 약사』에 따르면, 임문호가 일본서 귀국한 연도가 1935년이다. 즉 "포덕 73년(1932년) 10월 임문호를 초빙하여 제3대 경도京都종리원장 겸 신호神戸종리원장직을 겸직케 했다. 그러나 임문호 종리원장이 청년당 농민사 관계 책임을 맡고 포덕 76년(1935년) 3월 귀국하게 되자 그 후임으로 황봉섭이 4대 종리원장에 선임되었다"고 기록돼 있다. 그러나 이는 천도교 측 기록이 틀린 것으로 보인다. 종철은 "태어나기 반년 전쯤에 일본에 갔

고, 일본에서 다시 반년쯤 있다가 가족들이 귀국했다"고 했는데 그렇다면 종철이 출생한(1933. 2. 1) 그해인 1933년에 귀국한 것이 맞다.]

서울서 자리를 잡은 임문호는 이후 천도교 청우당과 천도교 본부에서 다양한 직책을 맡았다. 천도교사史 연구자 성주현이 제공한 자료에 따르면, 그는 천도교청우당 관련 직책으로, 제4차 청년당 전당대회 서기(1930. 4. 4), 경남 제1당구 대표(창녕, 영산, 진주, 사천, 남해, 통영, 고성, 부산), 청년당 중앙집행위원과 농민부 수석위원, 동 중앙위원(1932. 4. 6 청우당 1차 전당대회), 조선농민사 중앙위원(1932. 4. 4 조선농민사 제5대회), 중앙집행위원과 농민부 수석위원(1933년 제7차 전당대회), 조선농민사 중앙이사와 이사장 겸 경제부장, 당 상무와 농민부 수석위원(1933년 제8차 전당대회), 중앙집행위원, 포덕부원, 상(임)의원, 농민사 중앙이사장(1934년 청년당 임시전당대회), 농민사 중앙이사와 이사장 겸 경제부장, 농민공생조합중앙회 대표, 농민고무공장확장기성회 부회장(1934) 등을 역임했다.

또 천도교 경력으로는 창녕종리원장(교구장), 일본 경도京都 종리원장(신호神戸종리원장 겸직), 천도교 연원 순원포順源布 신정信正, 천도교 제19차대회 위원, 도훈道訓(1950년 3월 현재), 천도교 만화회萬化會 부위원장 및 중앙상임위원 및 조직국장(1950년 4월 4일 만화회 제2차 전국대회) 등을 맡았었다[이밖에도 그는 외부에서 강연 활동을 하기도 했다. 『동아일보』(1934. 3. 11) 보도에 따르면, 그는 천도교 산하 조선농민사의 평안남도 지역 농민 강좌에 참석해 '농민운동의 이론과 실제'에 대해 강연한 것으로 나와 있다.]

# 천도교 신파 간부 임문호의 '친일 행적'

한편 임문호를 두고 그의 친일 행적을 거론하기도 한다. 종국은 이 같은 사실을 그의 대표작 『친일문학론』에 한 줄 언급했다. 이 책 23쪽에 보면, "천도교청년당으로 하여금 우리는 시국에 감하며 '헌신보국 희생적 각오로써 시국에 당할 것'(결의문 제1조, 『매일신보』37. 7. 21)을 결의케 하여(37. 7. 19) 37년 9월 4일~27일 백중빈, 임문호, 김병제로서 초산, 회령, 함흥 외 35개 처를 순회 강연케 하는 한편 천도교종리원으로 하여금 '비타산적으로 내선일체의 정신을 발휘하고 거국일치의 백력魄力을 고양하자'는 등의 삐라를 발행하게 했던(37. 8) 것이다"라고 나와 있다. 때는 중일전쟁(1937. 7. 7 개전) 직후의 일이다. 임문호 역시 천도교 본부의 방침에 따라 시국에 순응하여 전쟁 협력에 나섰다.

중일전쟁 발발 한 달여 뒤인 1937년 8월 26일 조선총독으로 미나미 지로南次郎가 부임했다. 그는 조선 통치에서 우선 두 가지를 고려했다. 첫째는 조선 내 불령선인不逞鮮人(이른바 '사상불

천도교청년당 산하의 조선농민사가 추진했던 농민공생조합중앙회 제3차 대회에 참석했던
전국 대표들. 제일 뒷줄 오른쪽에서 세 번째가 임문호(1933.12.26. 중앙대교당 앞).

순분자) 발호 근절, 둘째는 불령 단체·밀수배로부터 조선을 방호
하는 문제. 이를 위해 그는 경찰력 강화와 함께 동화同化 정책을
펴기로 결정했다. 아울러 그는 '조선 통치의 5대 지침'으로 국체
명징國體明徵, 선만일여鮮滿一如, 교학진작敎學振作, 농공병진農工
竝進, 서정쇄신庶政刷新 등을 발표했다.

　한두 가지 설명을 보태자면, '국체명징'은 일본 국민(식민지 국
민 포함) 9000만이 일치단결하여 황도皇道 선양에 매진하자는 뜻
이다. 이는 다시 말해 조선 등 식민지 백성들에게 일본인 정신
을 가지라고 요구한 것으로, 이후 신사참배, 궁성요배遙拜, 국어
國語(즉 일본어) 상용常用 등이 뒤따랐다.

　'선만일여'는 이제 조선과 만주는 하나가 된다는 것으로, 만
주 개발에 조선(인)의 참여 등을 강요한 대목이다. 이후 조선인

들의 만주 이주 등이 뒤따랐다.

이런 사회 분위기 속에서 국내 각 진영에도 황민화 정책이 파고들기 시작했다. 우선 종교 진영이 그 한 대상이었다. 우선 불교의 경우 조선불교31본산주지회를 회동케 하여 내선일체를 표방한 불교로 개조하였으며, 신사참배를 거부하는 기독교도들은「보안법」위반으로 구속하여 기독교도들을 탄압하였다.

또 유교도들에게는 조선유도연합회를 조직, 황도 유학을 강요했으며, 천도교청년당으로 하여금 시국에 동조하는 결의문과 삐라를 작성해 배포토록 했다. 이 밖에도 미나미 총독은「치안유지법」위반자에 대해「보안관찰제」를 시행, 민족운동과 좌익운동 척결에 열을 올렸다.

이리하여 조선에는 각 복심覆審법원(오늘날의 고등법원) 소재지에 사상범 보호관찰소를 설치했다. 나아가「조선교육령」을 개정하여 종래의 보통학교, 고등보통학교, 여자고등보통학교의 명칭을 폐지하고 모두 일본식으로 소학교, 중학교, 고등여학교로 고쳐 부르도록 했다. 이로써 조선에 황민화 정책의 기본틀이 잡혔다.

한편 중일전쟁이 발발하자 조선 내 친일 세력들은 앞다퉈 국방 헌금과 애국 헌납에 혈안이 됐다. 몇몇 낯익은 인사들의 행적을 보면, 7월 18일 광산 거부 최창학이 4만 원을 들여 애국기 1대를 헌납했다. 19일에는 중추원참의들이 '북지北支문제 인식 시국대강연회'를 위해 각 지역 순회 강연을 나서는데 천도교 지도자 최린은 20일 전북 이리에서 강연할 계획이라고 한다

(『동아일보』 7월 18일자 기사에 따르면, 20일부터 조선 내 관민官民 유력자들을 시국강연에 파견할 것이라는 내용이 실려 있다).

28일에는 경성방직 사장 김연수가 국방 헌금 1만 5000원, 황군 위문금 5000원 등 총 2만 원을 경성부윤(현 서울시장)을 방문해 전달했으며, 또 29일에는 '애국옹' 문명기가 '비상 시국에 조선 사람들의 정신 대응'을 위해 광제회廣濟會를 조직하고는 그 기금으로 사재 5000원을 내놓았다. 강원도 강릉 갑부 최준집도 국방 헌금 1000원을 내놓았으며(8월 4일), 5일자에는 김석원 소좌(소령)가 행궁성行宮城 공격에서 분전奮戰했다는 기사도 실렸다.

천도교는 7월 20일 천도교중앙종리원에서 서울 종로경찰서를 통해 국방헌금 1000원을 전달한 데 이어 다음날 천도교청년당 당원대회를 개최해 '시국 대응에 관한 건'을 논의했다. 이에 앞서 19일 오후 8시 천도교청년당본부는 긴급중앙집행위원회를 개최하여 「비상 시국에 대처하여 천도교청년당 결의」를 발표했다(7월 22일자).

『동아일보』는 8월 30일자 보도에서 "천도교청년당은 9월 2일 당 창립 4주년을 기회로 「시국 인식을 갱신하자」는 삐라를 전 조선에 뿌리는 동시에 국내외 200여 당부를 총동원하여 시국 인식에 대한 강연회를 일제히 개최하며 특히 동 당 본부로서는 전조선순회강연대隊를 조직하여 제1차로 아래와 같이 순강을 한다"고 보도했다. 제1대隊 강사는 백중빈, 제2대 강사는 임문호, 제3대 강사는 김병제, 임문호 두 사람이었다. 임문호가 포함된 제2, 3대의 일정과 지역을 보자.

▲ 제1대(평남북, 강사 백중빈)
▲ 제2대(함북, 강사 임문호)
▲ 종성(9월 5일), 회령(7일), 부령(8일), 청진(9일), 명천
(11일), 길주(12일), 성진(13일)
▲ 제3대(한남, 강사 김병제 임문호)
▲ 단천(9월 14일), 이원(15일), 북청(17일), 홍원(18일),
함흥(19일), 정평(21일), 영흥(22일), 고원(23일), 문천
(24일), 원산(25일)

한편 이 날짜 신문에서 천도교중앙종리원 명의의 삐라도
실려 있다. 총 5개항으로 전문은 다음과 같다(본문은 모두 한글로
풀었다).

「시국인식時局認識을 갱신更新하자」

一, 1개월 이전에 발생된 북지사변은 지나 측의 폭거 비
행의 속발로 인하여 북지사변이 드디어 전지사변으로
화하고 불확대 방침은 다시 응징주의로 변하였다. 시
국은 이제야말로 중차대하게 된 것을 재인식하자.
一, 제국의 세계적 지위 및 동양평화에 대한 사명과 지나

의 불령무상한 실정을 철저히 인식할 것은 물론이어니와 나아가서는 금회 사변은 상당히 장구한 기간이 계속될 것을 각오하여 극기적 인내와 보국적 정신으로써 시국에 처응하자.

一, 산업의 급속한 개발과 경제의 원활한 배양을 무도하여 국가의 물질적 원기를 충실히 하자.

一, 동양은 동양인의 동양이라는 의식하에 금차 황군의 성전은 대동양의 평화적 낙원을 건설함에 있는 것을 회득하고 차를 기원하자.

一, 비타산적으로 내선일체의 정신을 발휘하고 거국일치의 백력魄力을 고양하자.

소화 12년(1937년) 8월 일

천도교중앙종리원


천도교 간부 가운데서도 지식인에 속하는 임문호는 천도교 기관지인 『신인간新人間』에 시국이나 신앙 생활 관련 글을 더러 기고했다. 이 무렵을 전후해서 그가 기고한 글의 목록을 보면, 「서세동점西勢東漸의 사적史的 고찰」(117호, 1937. 7), 「국제 정세」(119호, 1938. 1), 「현하 교회의 청년 문제」(121호, 1938. 3), 「전당대회를 마치고」(123호, 1938. 5), 「보덕報德 생활」(124호, 1938. 6), 「아국체我國體와 일본 정신」(125, 1938. 8), 「신년을 맞으면서」(130, 1939. 1), 「지至와 정正」(131호, 1939. 2), 「순회잡감巡廻雜感」(132호, 1939. 3), 「수도修道와 감응感應」(133호, 1939. 4) 등이다.

내용을 검토한 결과 이 가운데 「국제 정세」, 「전당 대회를 마치고」, 「아국체我國體와 일본 정신」, 「신년을 맞으면서」 등은 친일 성향의 글로 보인다. 한 예로, 「아국체我國體와 일본 정신」에서는 "동서고금을 통하여 이 지구상에 나라를 이룩한 자 기천기만幾千幾萬이지만 유구한 3000년을 만세일손萬世一孫으로 이어 온 나라는 우리 일본을 제

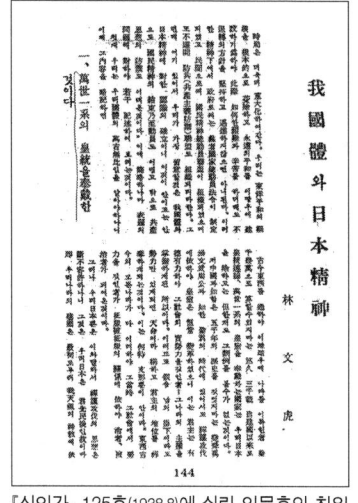

『신인간』 125호(1938.8)에 실린 임문호의 친일 성향의 글.

하고는 단 하나도 그 사례를 찾아볼 수 없다"며 황민화 정책의 나팔수로 나서고 있다.

또 「신년을 맞으면서」에서는 "신新지나 건설, 동아신질서 건설을 위해 정치·경제·문화 등 각 방면으로 싸우지 않으면 안 될 것이니, 신지나 건설에 있어 우리가 국가 총력전을 경주하지 않으면 안 된다"고 강조했다. 「순회잡감」은 천도교 관련 업무 차 지역을 순회한 후 쓴 글이었다.

일제 때 천도교는 신구파로 갈렸는데, 최린(1878~1958)이 우두머리로 있던 신파는 친일 노선을 걸었다. 임문호는 최린의 수하에서 '중간 보스' 정도의 위치였다.

"내 이름 빼면 그 책은 죽은 책이다"

한편 종국이 생존할 당시 그를 취재한 언론의 보도(「작가기자 나명순의 인간순례」 '일제 침략사 연구가 임종국 씨', 『주간조선』 1986. 8. 24) 에 따르면, "아버지는 의식 있는 조선인이었던지, 두세 차례 감 옥을 드나들었다고 한다. 일곱 살 때였던가. 형무소에서 아버지 를 면회한 기억이 있다"고 한다.

또 천안 시절 언젠가 종국은 막내 경화에게 "묵은 신문을 뒤 지다보니 아버지가 일경에게 고문 받은 기사가 나오는데 아버 지 제사에 물 한 그릇 못 떠놓는 내가 아버지 원수 갚게 『친일인 명사전』과 자료 수집이 필요하니 돈 400만 원만 빌려 달라"고 한 적이 있다(경화 증언). 이런 정황을 미루어 보면, 임문호는 언 제, 무슨 일로 인해서였는지는 몰라도 감옥살이는 사실인 듯하 다[종국(1929년생)이 '일곱 살' 무렵이었다면 1936년 전후인데 이 시기는 임문 호가 천도교에서 왕성하게 활동하던 시절이다. 이번 조사에서는 이와 관련한 내용을 확인하지 못했는데 추후 확인되면 개정판에서 보완하겠다].

끝으로 종국이 부친 임문호의 친일 행적을 『친일문학론』에 싣게 된 경위를 알아보자. 이에 대해서는 경화의 증언이 있다 (순화도 같은 증언을 했다).

"1966년 1월쯤이라고 생각됩니다. 오빠가 그때 코트를 입고 있었으니까. 『친일문학론』을 집필하면서 헌 신문을 뒤지다보니 학병 지원 연설(이건 경화의 착각이거나 종국이 잘못 말했을 가능성이 있다. 위에서 보듯 임문호의 지역 순회 강연은 '학병 권유'가 아니라 중일전쟁 직후 시국 관련 내용이다. 학병 권유는 1943년 말부터 1944년 1월 10일 이전에 행해졌다. 혹시 임문호가 학병 권유 연설도 했는지는 잘 모르겠다)을 나간 아버지의 기사가 났습니다. 오빠는 그 글을 쓰다말고 집(당시 종국은 하월곡동에, 다른 가족들은 송천동에 거주함)에 와서 아버지께 여쭈었습니다. '아버지! 친일 문학 관련 책을 쓰는데 아버지가 학병 지원 연설한 게 나왔는데, 아버지 이름을 빼고 쓸까요? 그러면 공정하지가 않은데…' 하자 아버지께서는 '내 이름도 넣어라. 그 책에서 내 이름 빠지면 그 책은 죽은 책이다'고 하셨습니다."

1970년대 당시 그는 주로 잡지에 기고 활동을 하며 자료 수집에 박차를 가했다. 그가 1980년대 들어 1년에 한 권 꼴로 저서를 낼 수 있었던 데에는 바로 이 시기에 자료를 축적한 때문이었다. 70년대에 그는 총 3권을 출간했다. 『발가벗고 온 총독 - 그 화려한 밤의 이야기』(선문출판사, 1970), 『한국문학의 사회사』

(정음사, 1974), 『취한醉漢들의 배』(평화출판사, 1978) 등이 그것이다. 이 가운데 마지막 것은 번역서다.

『발가벗고 온 총독』은 제목 그대로다. 이토伊藤博文 통감부터 우가키宇垣一成 총독까지 역대 총독들의 질탕한 '밤의 문화'를 기록한 것으로, 그가 자료를 수집하면서 얻은 '부산물'로 쓴 책이다. 그 역시 자서自序에서 "그저 밤의 심심풀이로 한 번쯤 읽어주시기를 바란다"고 적었다.

이 책은 「서문」을 쓴 사람이 좀 의외의 인물이다. 역사 소설 『조선총독부』를 펴낸 소설가 유주현(1921~1982)이 「서문」을 썼다. 『조선총독부』에도 총독부 고관이나 조선 내 유지들의 '밤의 이면사'가 적잖이 기술돼 있는데 아마 그런 인연으로 유주현이 쓴 모양이다(선숙과 박노준의 증언에 따르면, 종국은 신구문화사를 그만둔 뒤 당시 갈월동에 있던 삼중당에 잠시 근무했었다. 그때 유주현이 삼중당 편집장이었다).

유주현은 「서문」에서 "내가 알기로는 임종국 형은 일제 시대의 이면 삽화를 자료적으로 가장 착실하게 파헤치고 있는 학구學究다… 치자治者의 나상裸像을 쫓는 것은 그 시대를 탐색하는 측면적인 방편일 수 있다. 여기 이 나라에 와서 일제日帝를 경영했던 역대 총독들의 착도錯倒된 사생활의 감춰진 내막을 구태여 들춰보는 임 형의 의도는 그의 다음 작업을 위하여 긍정적인 것이다"라고 적었다. 유주현은 그의 이 같은 작업 역시도 나름의 의미가 있으며, 후속 작업에도 도움이 된다라고 비교적 긍정적 평가를 내렸다.

다음은 『한국문학의 사회사』. 이 책은 종국이 오래 전부터 쓰고 싶었던 내용이자 문학평론가로서의 전공(?)을 최대한 살린 책이었다. 『이상전집』 출간(1956년) 후 종국은 "문학과 사회의 관련성, 또 그것이 문학사회사의 문제로 발전하면서 나는 그것을 평생의 연구 테마로 결정했다"(「제2의 매국, 반민법 폐기」)고 썼다.

그리고 그는 1960년대 초엽 향토지 『경남문학』에 「물레방아론」을 발표했다. 이는 문학사회학적 방법으로 나도향(1902~1926)의 『물레방아』를 분석한 평론으로, 그는 이런 방법을 신新문학 전체에 적용해 '문학사회사'를 쓸 생각이었다. 그래서 나온 책이 바로 『한국문학의 사회사』다. 그런데 중간에 한일회담을 계기로 『친일문학론』을 펴내는 바람에 이 책 출간이 예정보다 늦어졌다.

그는 「서문」 첫머리에서 "문학도 광범위하게는 사회 현상의 일부문이라는 입장에서 나는 이 책을 시작했다"고 전제했다. 이어 그는 "이 책은 하나의 실험이자, 새로운 방법의 모색"이라며 "사회 백반의 사상事象을 통해서 그 유기적 일부분인 문학 작품을 인식하고 평가하자는 것이 이 책에서 견지한 필자의 태도"라고 거듭 밝혔다. 말미에서 "문학보다 사회 백반을 더욱 천착해 온 필자의 몇 해간 행적을 '외도外道한다'고 생각한 친지가 있다면 그런 오해도 일소해 주시길 곁들여 부탁한다"고 덧붙였다. 모르긴 해도 주변 친지(구체적으로 누군지는 모르지만) 가운데는 시인, 문학평론가인 그가 『친일문학론』 같은 책을 낸 것이 문학평론가의 본업이 아닌, 즉 '외도'라고 평한 사람이 있었던 모양이다.

# '문학평론가' 면모 보여 준 『한국문학의 사회사』

『한국문학의 사회사』는 『친일문학론』만큼이나 애착을 가지고 쓴 책이다. 즉 '문학평론가 임종국'의 진면목을 볼 수 있는 만큼 이 책은 목차를 소개하는 것도 의미가 크다고 본다. 간략한 내용 해설은 뒤에 덧붙이겠다.

제1부 서구와 한국의 갈등
　　제1. 어떻게 문학을 볼 것인가(나도향에 의한 서론의 장)
　　제2. 자유연애는 수입되지 않았다(이광수의 장)
　　제3. 희화로 옮겨진 감금 교육(현진건의 장)
　　제4. 가난한 사람과의 거리(전영택의 장)

제2부 실향과 유랑의 엘레지
　　제5. 식민지적 금광 경기景氣(김유정의 장)
　　제6. 보부상 정신의 타락(이효석의 장)

이상의 내용 가운데 나도향의 『물레방아』를 분석한 글 한편을 간추려 소개한다.


한 평론에 따르면 이 작품은 '사실주의적인 경향이 짙게 작용된' '향토적 비극을 실감 있게 터치한'(『문학춘추』, 1965. 6) 것으로 묘사돼 있다. 그리고 이런 류의 평가는 아직까지도 널리 통하고 있는 형편이다. 이에 대해 종국은 묻는다. "이로써 문학평론의 기능을 다했느냐?"고. 그리고는 "일례로 거론한 위의 평론이 대부분의 평자評者
나 마찬가지로 가설을 해답인 것처
럼 날조했다"고 단언한다. 그 이유
로는 『물레방아』가 '향토적'이고, 또
'사실적'이라면 그 어디가 '사실적'이
고 '향토적'인지, 또 그 '사실적' '향토
적'인 특성이 가지는 가치, 즉 문학
사적·정신사적 의미가 무엇인지도
밝혀내야 한다는 것이다. 그의 이런
비평 정신을 이해하고 그의 글을 들
여다보자 (참고로 『물레방아』의 줄거리는

『한국문학의 사회사』 표지

악질 지주인 신치규가 자기 집 막실幕室살이를 하는 이방원의 아내를 재물로 유혹하자 계집은 방원을 배반하였고, 그러자 방원이 자기 아내를 살해한다는 내용이다).

우선 그는 작중 인물들의 관계가 '지배와 복종'의 상하 관계이며, 둘째로 '계집'은 유부녀 신분을 가지고 이리저리 전전한 점, 셋째로 '계집'이 신치규에게 몸을 맡긴 동기는 고생하기 싫어서 신치규의 지위와 금력 앞에 굴복했다는 점, 넷째로 부부간의 갈등이 이혼이나 별거가 아닌 살인 행위로 해결된 점, 다섯째로 배경이 물레방아라는 점 등에 주목하고 있다. 그리고는 이들이 구체적으로 '한국적' 내지는 '향토적'인 소이所以라고 설명하고는 서로의 연관성, 즉 다섯 가지가 어떻게 '한국적' 내지는 '향토적'

인지를 탐색한다. 그리고는 다음과 같이 결론을 내고 있다.

첫째, 작중 인물이 '신분적 관계'로 등장하는 것은 1920년
대 한국의 현실을 반영한 것으로, 당시 하인이란 상전의 '다
만 재산'에 불과한 것인 만큼 하인배인 막실살이의 아내를
상전이 농락해도 당시로선 도덕적 비난의 대상이 되지 않았
다. 둘째로 '계집'이 유부녀의 신분을 가진 채 전전했다는 것
은 한국의 조혼早婚 풍습이 가져다 준 극히 필연적인 귀결이
며, 셋째로 당시 한국의 폐쇄된 생활 관습, 여성의 전근대적
인 교육 부재 등으로 독자적 생활 능력이 부족했으며, 넷째
로 부부 갈등이 살인 사건으로 비약한 것은 가장 한국적인
대목이다. 이런 전근대적인 시절에 한국의 여인들은 본부本
夫 살해 범죄를 저지르곤 했다. 다만 이 작품에서는 이것이
아내를 살해하는 것으로 변형됐을 뿐이다. 다섯째, 배경이
물레방아인 것도 한국적이다. 당시 한국 사회에서 밀회 장
소는 물레방아 뿐이었다.

이상에서 보듯 그는 전혀 문학이 아닌 부분 즉 경제사적, 사
회학적·범죄사적 부문을 동원해서 『물레방아』의 핵심적인 문제
들을 해명하였다. 그 핵심적인 문제는 『물레방아』는 "본부本夫
살해를 본부本婦 살해로 대치됐을 뿐, 모든 것이 한국적인 풍토
속에서 한국적인 애정 비극을 그대로 묘사해내고 있다"고 최종
결론을 내렸다.

# 일제 말 '한국 문단의 이면사'『취한醉漢들의 배』

마지막으로 번역서인 장편소설『취한醉漢들의 배』. 얼핏 제목만 보면 그가 '외도'를 한 듯 보이지만 사실은 그의 '문학 탐구' 맥락에서 나온 작품이다. 이 책을 한마디로 말하면, 일제 말기 한국에 체류했던 한 일본인(다나카 히데미쓰)이 당시 한국 문단의 실상을 작품화한 것으로, 줄거리는 논픽션, 등장 인물은 픽션이다. 이 책은 당시 한국 문단의 이면사를 엿본다는 점에서 시사하는 바가 크다.

작가 자신의 체험을 토대로 쓴 이 작품은 1948년 11월호 일본 잡지『종합문화綜合文化』에 제1장이, 다음해 12월 고야마小山 서점에서 단행본으로 낼 때 제2, 3장이 마저 집필되었다.『다나카히데미쓰전집』의 해설자 하리유우 이치로針生一郎는 "『취한들의 배』는 조선문인협회(1939년 10월 29일 결성) 시기의 숨겨진 우민憂悶과 단말마적인 행동을 확대 렌즈로 비춘 것처럼 클로우즈업 한 작품이요, 전쟁과 조선 문단의 귀중한 측면 사료"라고 평

가하면서 "전 해에 『군상群
像』에 연재돼 화제가 됐던
다케다 다이준武田泰淳의
『풍매화風媒花』에 자극된 바
많았으리라 생각한다"고
밝혔다.

이 소설을 쓴 다나카 히
데미쓰田中英光(1913~1949)
는 1935년 한국에 온 이래
8년간(북지北支에 가 있던 18개
월 포함) 한국('조선')에 체류

『취한들의 배』표지

했다. 1935년 창간된 동인
지『비망非望』창간호에 동인 자격으로 단편 「급행열차」를 발표
한 게 작가로서의 출발이었다.

이해 7월 서울에서 탈고한 단편 「하늘 부는 바람」이『비망』
제6호에 실리면서 그는 다자이 오사무太宰治의 인정을 받아 일본
문단에 얼굴을 내밀었다. 작가 초년병인 그는 1942년 9월 5일
이후 한 때 조선문인협회 총무부 상무간사를 맡기도 했다.

그리고 이해 11월 제1회 대동아문학자대회가 도쿄에서 열
렸을 때 그는 귀국하는 만몽화滿蒙華 대표들의 영접위원으로 백
철, 정인섭 등과 함께 부산까지 영접을 갔었다. 이런 문단 활동
을 통해서 그는 이석훈과 각별한 교우 관계를 맺었고 이광수,
유진오, 이효석, 이무영, 정비석, 조용만, 정인택, 최정희를 비롯

하여 상당수 한국인 작가들과 친교를 맺었다.

『취한醉漢들의 배』는 실제로 있었던 일들을 배경으로 삼았으나 그 중 상당한 부분이 작가의 편의에 의해서 변형되었다. 한 예로 이 소설의 배경이 된, 대동아문학자대회 참석자 환영 행사 때 출영 차 부산까지 출장을 간 사람은 문인협회 소속 김용제, 백철, 정인섭, 정인택, 다나카 히데미쓰, 오다케 다케오와 현대극장 배우 김웅선, 이용남 등이었으나 소설에서는 약간의 변형이 가해져 노천명, 이석훈, 정인섭, 최재서, 가라미사 교오, 다나카 히데미쓰 등 6명이 출영한 것으로 돼 있다.

또 대동아문학자 강연회를 성대(경성제대) 법문학부 대강당에서 개최했으나 소설에서는 이 강연회에 대해서는 언급이 없다. 대신 소설에서 다룬 환영 행사는 그날(14일)밤 명월관에서 문인협회와 관민 유지 공동 주최로 베풀어진 것으로 묘사돼 있다.

재미있는 것은 이 소설이 배경뿐 아니라 등장 인물들도 모두 실재하는 인물들이라는 점이다. 종국은 "이런 점에서 이 작품은 모델 소설이라는 호칭조차 합당할 만한 작품"이라고 평했다.

주요 등장 인물들을 실재 인물과 비교해보면, 우선 주인공 사카모도 교오기치坂本享吉은 작자인 다카나 히데미쓰가 모델이다. 다음으로 대학교수 가라시마唐島 박사는 경성제대 교수 가라시마 교오辛島驍가 모델이다. 또 청인초연맹의 쓰다 지로都田二郎는 녹기연맹 이사장이었던 쓰다 다카시津田剛가 모델이며, 『경성일보』다무라田村 학예부장은 『경성일보』 학예부장 겸 논설위원이었던 데라다 에이寺田瑛가 모델이다.

또 『조선문학』의 최건영 주간은 『국민문학』 주간 최재서가 모델이며, 박인식 즉 작중 창씨명 '요시야마'는 박영희의 창씨명 요시무라 고오도오芳村香道가 모델이다. 경성고전의 교두 안두창은 연전 교수 정인섭, 마키 도오루牧徹는 창씨명 마키 히로시牧洋인 이석훈, 정대택은 정인섭, 노천심은 노천명이 각각 모델이다. 즉 작자는 작중 인물들을 모델의 실명과 거의 비슷한 이름을 썼다.

한편 이 소설에는 작가의 기억 착오로 인한 오류도 적지 않다. 한 예로 김사량, 이태준, 유진오가 최후까지 민족주의자로서 지조를 지켰고, 해방 후 김사량은 북한의 예술대신(장관)을, 유진오는 남한의 사법대신을 지낸 것으로 나온다. 우선 김사량은 해군견학단, 이태준은 황군위문작가단의 산파역, 유진오는 문인협회·총력연맹·대동아문학자 대표로 참가하면서 모두 황민화 정책에 협력하였다.

이같은 오류에 대해 종국은 "당시 작가가 식민지 권력의 주구였고, 따라서 진실로 절개를 지킨 열사, 예컨대 노작(홍사용)이나 만해(한용운) 같은 사람들을 알 기회가 없었던 탓"이라고 풀이했다.

오류 하나 더. 이른바 「일장기 말소 사건」을 '3개 신문'이라고 한 것을 두고 종국은 '1개 신문'라고 주장했다[그러나 이 대목은 종국도 오류다. 당시 여운형이 사장으로 있던 『조선중앙일보』는 『동아일보』(8월 25일자)보다 12일 앞선 1936년 8월 13일자 지면에서 일장기를 지웠다. 따라서 '3개 신문'도 '1개 신문'도 아닌 '2개 신문'이 정답이다].

이 소설에 대해 번역자인 종국은 "배경·인물·사건이 대략 현실에 근거를 갖는 소설이지만 중요한 대목이 허구이기 때문에 '전쟁하 조선 문단의 측면사'라고까지는 할 수 없는 작품"이라고 평했다. 그러면서도 "이 소설에 등장하는 한국인들은 모두가 황민화의 주구이면서 차마 버릴 수 없는 민족의식을 위해서 갈등하고 행동한다. 그들이 왜 주구가 되었고, 무엇을 고민하면서, 어떻게 행동했는가? 누구도 입을 열기 싫어하는 시대의 생생한 분위기, 또 표면상 황민화된 그 내면의 깊숙한 고뇌를 보여주고 있다는 점에서 한국인들에게도 귀하게 읽혀질 작품"이라고 평가했다.

## 제 4 부

끝내 이루지 못한 꿈
-80년 천안행과
불발로 그친 『친일파총사』

"친일배족사 8권을 끝내기 전에는 고향(문학)이 그리
워도 갈 수가 없고, 죽을래야 죽을 수도 없는 것이다."

-「제2의 매국, 반민법 폐기」중에서

# 생계비 해결과 집필 전념 위해 '천안행'

지난 8월 중순 어느 금요일 오후, 나는 포항행 비행기에 올랐다. 바깥 날씨는 뜨거웠지만 비행기에서 바라본 창밖은 하얀 뭉게구름으로 가득찼다. 마치 알래스카에라도 온 듯한 착각이 들 정도였다. 이륙한 지 40분 만에 비행기는 포항공항에 나를 내려놓았다. 짐이랄 것도 없이 작은 가방 하나 달랑 메고 공항 대합실로 들어섰다.

반가운 얼굴이 나를 기다렸다. 김대기(1955년생) 선배다. 그러고 보니 우리 두 사람이 만난 지 벌써 여러 해가 되었다. 김 선배 모습은 예전 그대로였고, 나를 반갑게 맞아주었다. 공항을 빠져나와 김 선배 집으로 향했다(김 선배는 포항 시내에서 '요산재' 간판을 걸고 유기농과 우리농산물 채식 전문 음식점을 경영하는데, 김 선배가 지방에 내려와 사업을 하게 된 데는 결국 종국의 타계 후 연구소 설립과 관련해 곡절이 있었다. 이 이야기는 여기서 언급하지 않기로 한다). 우리는 2층에 자리를 잡고 차 한 잔을 마시자마자 곧바로 본론으로 들어갔다.

그러자고 내가 이 먼 길을 온 것이다.

종국의 말년 5년을 시봉한
김대기 씨

김대기는 가족이 아닌 사람으로서 종국의 '마지막 5년'을 곁에서 시봉侍奉한 사람이다. 물론 그 기간 가족이 그의 곁에 있었다. 아내와 아이들과, 그리고 당시 '혼자 몸'이었던 막내 여동생 경화도 이 무렵 5년여 그의 곁을 지켰다. 그러나 이들은 모두 피붙이들이다. 그래서 그의 진면목을 객관적으로 바라보기 어려운 면도 있다. 그리고 무엇보다도 피붙이들은 그의 작업에 대한 이해가 깊었다고 보기는 어렵다.

반면 김대기는 이른바 '운동권' 출신으로 역사 문제나 민족 문제에 종국 못지않은 안목과 관심을 가졌던 사람이다. 그런 점에서 김대기는 시봉자이면서도 그의 마지막 5년의 훌륭한 '관찰자'였다. 생전에 단 한 번도 종국을 만난 적이 없는 나에게 김대기는 더없이 좋은 증언자임에 두 말할 나위도 없다.

그가 종국을 만난 계기랄까, 인연이랄까 그런 것에 대해 먼저 질문을 던졌다.

"1983년 천안으로 내려가 처음엔 사업을 시작했습니다. '마당화랑'이란 간판을 걸고 중소도시에선 처음으로 그림 전

시와 함께 커피를 파는, 요즘으로 치면 화랑카페 같은 걸 차렸습니다. 값은 고가 전략을 취해 당시 커피 한 잔에 150원할 때 나는 500원을 받았습니다. 그런데 의외로 대박이었죠. 불과 1년 만에 형님한테 빌린 돈을 갚고 별도로 출판 사업 자금도 마련했습니다. 당초 천안 갈 때 임 선생님을 의식하고 내려갔었습니다. 천안으로 가던 그해 가을 임 선생님을 찾아가서 처음 뵈었죠. 오줌도 참고 꼬박 일곱 시간 동안 얘기를 나눴던 기억이 납니다. 그때 선생님은 이미 건강이 좋지 않았죠."

김대기의 증언은 차차 풀어내기로 하고 이제 종국의 '천안 시절'로 들어가 보자.

오전 11시경 합천을 출발해 오다가 거창에서 돼지고기 전골로 점심을 때운 나와 3남 정택은 그 길로 내달려 오후 3시경 천안 삼거리에 도착했다. 교통의 요지였다는 '천안삼거리'는 옛말이었다. 주변 도로는 한산했고, 오가는 사람도 그리 많지 않았다.

우리는 '천샛골 낚시터' '통일미륵사' 안내 간판이 내걸린 골목길로 접어들었다. 작은 마을(방죽마을)을 지나 굴다리를 하나 통과해 좌회전하자 다시 마을이 하나 나타났다. 다시 이 마을을 통과하자 언덕이 나타나고 저수지 댐 같은 게 하나 나타났다(참고로 나는 이곳을 세 번째 방문했다). 댐 둑으로 올라서자 저수지를 가득 메울 정도로 좌대가 가득했다. 이른바 유료 낚시터였다.

유료 낚시터로 변한 요산재 입구 저수지

　저수지를 우측으로 돌아 언덕으로 오르자 저기쯤 눈앞에 외딴집 한 채가 짙은 녹음 속에서 보일락말락했다. 이곳이 바로 종국이 1980년대를 살면서 친일배족사를 집필하던 '요산재'樂山齋다. 현재 행정구역상으로는 '충남 천안시 삼룡동 샛골길 284번지.' (종국이 살던 집에 '요산재'라는 현판을 내건 것은 아니나 그냥 그리 이름 붙여 불렀다.)

　서울에 살던 종국의 가족들이 언제 이곳으로 거처를 옮겼을까? 또 이곳으로 거처를 옮긴 이유는 무엇일까? 이 사안에 대해서는 누구보다도 그의 아내 연순의 증언이 가장 정확하다.

　"임 선생님이 50줄로 접어들면서 건강도 안 좋은데다 무엇보다 경제적인 문제가 가장 컸습니다. 아이들은 커나가는데 고정적인 수입이 없으니 날로 걱정이 늘어갔죠. 그래서 거짓말 안 하는 땅에 투자하기로 결정했습니다. 하필 연고도 없는 천안으로 자리를 잡은 이유는 서울을 하루 왕복으로 다녀올 수 있는 거리 정도를 찾다보니 그렇게 된 겁니다. 천안 땅은 1970년대 중반에 구입했습니다."

종국 일가는 1980년 늦가을(11월) 충남 천안으로 이사했다. 바로 직전 거주지는 서울 종로구 청운동 89-13번지, 경복고 바로 옆이었다(이 집을 두고 순화는 '효자동', 경화는 '체부동'이라 불렀다. 정택은 나중에 커서 이 집을 가보니 헐리고 없더라고 했다). 그 시절 더러 그 집을 방문했던 허창성의 기억에 따르면, 그 집은 과거 일본인이 살던 집으로 다 쓰러져 가는 꼴이었다고 한다.

그 무렵 종국은 돈만 생기면 자료 복사에 쏟아 부었는데, 허창성은 그때 더러 돈을 융통해 주었다고. 종국은 그런 허창성에게 늘 고마워했지만 마땅히 빚(?)을 갚을 방도가 없었다. 천안 시절 종국은 '특별한 선물'을 하나 준비해 놓고 허창성을 불렀다. 허창성이 들려준 얘기 한 토막.

"요산재 시절 언젠가 산에 술독 하나 묻어놨으니 나보고 내려오라고 하더군요. 뱀이 술을 찾아 술독으로 들어가면 그거 최곤데 그거 당신 줄려고 준비해 뒀다고. 그때도 내려 가진 못했는데 나중에 밤을 한 가마니 보내 왔더군요."

서울살이의 마지막인 청운동 시절의 일화 한 토막. 천안으로 이사하기 전 종국은 청운동 집을 잠시 전세를 내주었다. 아마 제 때 안 팔렸던 모양이다. 그러다보니 천안집과 합쳐 '1가구 2주택'이 돼 세금이 많이 나오게 되었다. 안 그래도 힘든 살림에 세금까지 중과되자 종국은 걱정이 늘어졌다.

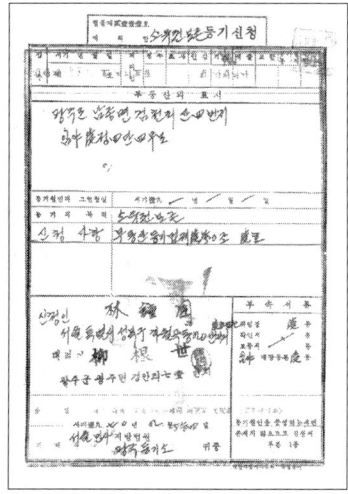

'양수리 땅' 등기권리증.
1970년 당시 종국의 명의로 돼 있다.

어느 날 경화가 오빠집에 들렀다가 이 얘기를 듣고는 '아이디어' 하나를 냈다. 세무서 직원을 직접 만나 사정을 얘기하고 선처를 구해보라고 한 것. 며칠 뒤 종국은 자신의 저서 두어 권을 들고 관할세무서 직원을 찾아갔다. 그리고는 한국에서 작가로 사는 게 힘들고 또 건강이 안 좋아서 임시로 천안에 내려가 살고 있으니 한번 선처해 달라고 호소했다.

그런데 지성이면 감천이라더니 종국의 얘기가 통했던 모양이다. 그 세무서 직원은 종국에게 매긴 세금을 10분의 1로 줄여주면서 게다가 분납 조치까지 해줬다. 이로써 며칠 수심에 가득 찼던 종국의 얼굴이 확 피어났다(경화 증언).

종국이 천안에 마련한 땅은 1만 8000평으로, 부친 명의의 양수리 땅을 매각한 돈과 유산으로 받은 얼마를 보태서 산 것이다. 종철의 증언에 의하면, 이 집안의 유산 분배는 종철이 일본서 귀국한(1973년 2월 26일) 후에 이뤄졌다. 양수리 땅은 종철이 귀국해 보니 이미 팔린 상태였다. 그가 생전에 인터뷰한 기사(「작가기자 나명순의 인간순례」 중에서)에는 1969년에 산 것으로 나와 있다. 당시 시가는 평당 100원.

그러나 종철이 보관하고 있는 서류에 따르면, 양수리 땅은 1970년 9월 14일 현재 종국의 명의로 돼 있다. 아내 연순도 천안 땅을 "1970년대 중반에 구입했다"고 말했다. 그는 서울 생활 중에도 수시로 천안을 왕래하며 밤나무 1000여 그루, 호도나무 400여 그루를 심었다. 그는 희망과 기대에 부푼 마음으로 천안 생활을 착착 준비했었다.

# 전기 · 전화도 없는 녹록지 않은 시골 생활

그러나 천안 생활은 예상만큼 성과가 좋지는 않았다. 우선 종국이 농삿꾼 출신도 아니어서 일도 서툴렀지만 이리 재고 저리 재도 수지가 맞지 않았다. 연순은 "일꾼 사서 밤 따고 농약값, 비료값에 인부 품삯 등을 제하고 나면 1년 생계비는커녕 수확기인 9월 한 달치 가용 쓰고 나면 남는 게 없었다"고 말했다. 종국도 "수입보다는 조용한 교외 주택에 사는 셈치고 지낸다"(오오무라에게 보낸 '편지' 중에서)고 밝혔다.

밤농사와는 별도로 식구들 양식용으로 인근 수신면에 논 10마지기를 갖고 있었다. 그러나 논농사를 직접 지을 형편이 못돼 도지(논농사 임대)를 줬는데 처음엔 6 : 4(종국이 6)로 하다가 나중엔 마지기당 한 가마, 그것도 농사지을 사람이 없자 그 뒤엔 다시 전체 다섯 가마로 받았다.

그러다보니 돈 되는 것이라면 뭐든지 해서 얼마라도 가용에 보탰다. 더덕을 키운 것도 이 때문이다. 5년여 요산재에서 같이

요산재의 새 주인인 박 할머니와 얘기를 나누고 있는 정택.

지냈던 경화는 "살림에 보태려고 밭에 더덕을 키워 내다 팔기도
했다. 더덕을 캐서 그냥 뿌리 채 팔면 값이 싸니까 껍질을 벗겨
그걸 싸리나무에 끼워 마치 산적처럼 만들어 팔았다. 그럭저럭
밭농사도 5, 6년가량 지은 것 같다"고 그때를 회고했다.

정택을 앞세우고 나는 요산재로 향했다. 저수지를 막 벗어
나 집으로 들어가는 도로 입구부터 풀이 무성했다. 사람 손길이
제대로 미치지 못한 탓이리라. 행정구역상으로는 충남 천안시
삼룡동 샛골길 284번지(당시 주소는 천안시 삼룡동 3-5번지). 집 외벽
에는 그냥 '샛골길 284번지'라는 팻말이 붙어 있었다. 현재 이곳
에는 전직 수의사 출신인 윤동호·박순환 부부가 1988년 종국으
로부터 이 집을 사서 이사 온 이후 18년째 살고 있다. 윤씨는 천

안 시내에서 동물병원을 크게 하다가 은퇴하면서 이곳으로 거처를 옮겨왔다.

어린 시절을 이곳에서 보낸 정택은 "옛집 모습 그대로"라고 했다. 변한 게 있다면 돈사豚舍는 차고로 개조됐고, 양계장이 창고로 바뀐 정도라고 했다. 옆에서 우리 얘기를 듣고 있던 박 할머니는 "우리가 와서 샘을 파고 수도도 연결했고, 전기도 달았다"며 많이 변했다고 했다. 전기가 들어오면서 사람 사는 집 모양새를 갖춘 모양이다. 박 할머니는 "이사 올 때만 해도 무서워서 혼났다. 지금은 아래 낚시터 인근에 집이라도 있어 덜하지만 그땐 너무 외딴집이어서 무서웠다"고 그때를 기억했다.

실제로 요산재 시절 그의 가족들은 촛불을 켜고 살았다. 전기를 끌어다 쓸 경우 비용이 부담이 됐던 까닭이다. 급한 전기는 아랫마을 이만봉 씨(종국보다 한 살 아래, 1930년생) 자동차 배터리에 연결해 백열등을 충전해서 썼다고 정택은 기억했다.

그런데 문제는 전화였다. 종국이 서울에 있는 신문사, 잡지사에 자주 글을 쓰다 보니 더러 그런 곳에서 급한 전보가 오는 경우가 잦았다. 급히 방문해달라는 것부터 더러 원고를 빨리 써달라느니, 이런 주제로 써달라느니, 이번엔 이런 내용으로 써보면 안 되겠느냐는 등 주로 편집자들이 보낸 것이었다. 글을 써서 먹고사는 사람으로서 이건 쉽게 생각할 수가 없는 문제였다. 결국 전화는 1985년에 가설했다.

아이들의 등하교도 보통일이 아니었다. 요산재 시절 정택은 마을 아래 청수국민학교(현 청수초등학교)에 다녔는데, 왕복 20리

시골 생활을 도와준 이웃 이만봉 씨와 함께.

길이었다(외딴집에 사는 그로서는 이웃이 거의 없었다. 아랫마을 이만봉 씨가 몇 안 되는 이웃 중 하나였다. 평소 우편물도 이 씨 집에 맡기면 아이들이 하교길에 찾아오곤 했다. 이 씨는 밭농사 경험이 없는 그를 이래저래 많이 도와주었다. 이 씨의 동생은 종국의 수신면 논을 부치기도 했다).

이번엔 정택을 앞세우고 뒷산 밤나무 숲으로 올라가 보았다. 중턱에 이르자 거기서부터 길이 묵어 있었다. 길 가운데로 수북이 잡풀이 자라 있었고, 누가 봐도 사람의 손길이 미치지 못하고 있다는 인상을 풍겼다. 안주인 박 할머니 말로는 이곳 밤농사는 공주 사람에게 맡겼다고 했다. 종국이 밤농사를 지을 당시 이곳에는 밤나무가 1200그루에 달했다. 그런데 그들 가운데 상당수는 이미 고목이 되어 방치돼 있거나 베어져 없어졌다.

대신 그 자리에는 박 할머니가 새로 심은 애송이 밤나무들이 몇 송이씩 알밤을 달고 서 있었다.

종국이 살 당시 밤나무는 뒷산 8부 능선까지 달했다. 매년 8월 25일경이 되면 밤 딸 준비를 하기 위해 밤나무 숲의 풀을 베어냈다. 온 식구가 동원되고 이웃 일손까지 빌려 밤따기가 끝나면 방죽마을 경운기를 빌려 밤을 싣고 천안시장으로 가서 내다팔았다.

종국이 다른 것도 아닌 밤농사를 짓는 것과 관련, 오오무라는 "연구자와 과수원 경영자, 이 두 가지 '직업'을 갖고 있었기 때문에 품이 많이 드는 복숭아나 배는 그만두고 밤만 주 수입원으로 삼고 있었다"(「임종국 선생을 그리며」, 『실천문학』81호, 2006년 봄호)고 분석했다.

종국은 밤 딸 때가 되면 더러 서울에 사는 지인들을 불러 이곳 중턱에서 가마솥을 걸고 불고기 파티를 열곤 했다. 그들은 돌아갈 때 밤을 가져갈 수 있을 만큼 넉넉히 가지고 돌아가기도 했다. 불고기 파티를 열던 중턱에는 산에서 내려오는 물을 받아먹던 우물이 하나 있었는데 물이 달고 맛있기로 소문났었다. 서울손님들 가운데는 이곳 물맛을 못 잊어 그 다음에 올 때는 물통을 가지고 온 경우도 있었다. 이번에 가보니 그 우물 역시 묵어 있었다.

밤 수확기의 풍경 가운데 하나는 '밤 지키기'. 종국의 가족들은 9월이 접어들면 산 중턱 원두막에서 망원경을 들고 온 가족이 밤을 지키곤 했다. 인근 동네 사람들 가운데는 몰래 밤을 따가는 사람들도 없지 않았다. 그러나 그들은 도둑이라기보다는 재미로 따가는 정도였다. 정택은 "어머니가 더러 그런 사람을 붙잡기도 했었다"고 기억했다. 정택은 "그때 하도 밤을 많이 먹어서 지금도 밤이 입에 물린다"고 했다.

종국이 삼룡동 집을 '요산재'樂山齋라고 부른 이유는 아마도 산속에 묻혀 집필하기 좋은 곳이라 여겼기 때문이 아닐까. 종국이 가족을 이끌고 이곳으로 내려온 또 다른 이유이기도 하다. 그러나 이번에 둘러본 요산재는 더 이상 그런 분위기가 아니었다. 3, 4년 전 요산재 코앞에 굿당이 하나 새로 생겨 대낮에도 요란한 징소리가 계곡을 가득 메웠다.

또 집 앞의 샛골저수지도 마찬가지였다. 몇 년 전에만 해도 한산하고 아담한 저수지에 불과했다. 그런데 지금은 유료 낚시 터로 변모해 둑방에는 낚시꾼들이 타고 온 차량들로 넘쳐났다. 이미 그 주변도 사람의 발길로 번잡해졌다.

한편 천안 시절 요산재를 방문한 인사들이 더러 있었다. 집필에 전념하기 위해 내려온 만큼 방문자가 그리 많지는 않았다. 서울서 천안역, 천안역에서 다시 버스로 천안삼거리에 와서 다시 2킬로미터를 걸어가야 그의 집에 도착한다. 따라서 특별한 업무가 아니면, 또 어지간한 성의가 없으면 오기가 쉽지 않았다.

그런데 이곳에 한 외국인이 찾아왔다. 그는 『친일문학론』이 출간된 지 10년 뒤인 1976년 일본에서 이 책을 번역판으로 출간한 오오무라 마쓰오(1933년생, 73세, 와세다대 명예교수)였다. 그가 이 집을 처음 방문한 것은 1981년 3월 1일이다. 오오무라는 그

종국의 '요신재'를 방문한 오오무라 교수가 대나무 작대기를 들고 밤을 따고 있다(1987.9).

의 사후 천안공원묘원에 있는 그의 산소를 찾은 것까지 총 세
차례 그를 찾아왔었다. 생전에 종국에게 오오무라는 동학同學이
자 이국의 귀한 친구였다. 그와는 자주 편지도 교환했다.

　　"임종국 선생과 언제부터 서신 왕래가 시작되었는지 확
　실한 기억은 없습니다. 임종국 선생에게서 온 편지 스물 세
　통이 현재 내 수중에 있는데, 초기 것은 몇 편 빠진 듯합니
　다. 고려서림高麗書林 간刊『친일문학론』이 번역되어 나온 것
　이 1976년 12월 10일이니, 번역 도중 편지로 이런저런 이야
　기를 나누었을 터인데 1976년 이전 것은 한 통도 남아 있지
　않습니다."

# 오오무라 교수의 편지에 그려진 '요산재' 시절

오오무라 교수는 그간 종국에게서 받은 편지 가운데 9통을 골라 이를 『실천문학』 81호(2006년 봄호)에 「임종국 선생을 그리며」란 제목으로 13쪽에 걸쳐 소개했다. 오오무라는 종국이 보낸 편지 원문은 물론 자신의 천안 방문 소감, 목격담 등을 적나라하게 묘사했다. 그의 글 속에는 종국에 대한 존경과 함께 절절한 그리움마저 묻어났다.

나로선 이미 종국이 미야다 세츠코(와세다대 강사)와 주고받은 편지 다섯 통을 입수해 놓은 상황이었지만 이번에 오오무라 소장 편지가 공개됨으로써 적절한 시기에 큰 도움이 됐다. 이 글은 심원섭(1957년생, 현 와세다대 국제교양학부 객원교수)이 한국어 번역을 맡았고, 김재용(1960년생, 현 원광대 한국어문학부 교수)이 기획한 것으로 알려졌다(3남 정택은 최근 내게 오오무라 교수가 지난 9월 초 한국 방문길에 자신이 보관하고 있던 부친의 편지를 복사해 건네주더라며 한 부 복사해서 내게 보내왔다).

大村益夫 先生

お手紙、有難く 拝見致しました。私の厚かましいお願い 快よく 御承諾下さった上、色々と御苦労なさって下さいまして 本当に感激致しました。心から お礼 申し上げます。

田中英一郎様には 仰せの通りに 私から 改めて お礼致します。尚、親日文学論の日本語判 一冊が 手許に 廻りますので 航便で 田中様に 送らせて頂きました。御諒知の程 お願い致します。田中様への 印税の件は 弊版社と 未だ まとまった話が 出来てないですが、とに角 こちらでも 何かの 誠意を尽すべきでしょう。今 翻訳中ですが、譯本が 出る なりに 何かの 礼儀を 尽す心算で おります。この件も 御諒承の程 お願い致します。

先日 お尋ね 申し上げました〝親方日の丸の連中〟など、御親切で 詳細な 御教示 全く 感謝の 至りでした。日本語は 若い 学校で 10年ばかり 習いましたし、未だ 講談社 発行の「荒鷲佐助」やら「宮本武蔵」、「播随院長兵衛」など 喜んで 讀みましたので ちょっとばかり しゃべれる心算で おりましたが、見た事も ない 聞いた事も ない 語彙が 出て来るので 全く 閉口致しました。幸いに 先生の 御教示で 意味が 分りまして 全く 助かりました。〝親方日の丸の連中〟は、く 悪役り 叔父高、職員真言つと 譯 ま
御教示に 従いまして

종국이 오오무라 교수에게 보낸 편지 중 하나.

그럼 『실천문학』에 소개된 편지 가운데 몇 편을 소개한다. 참고로 괄호 안의 내용은 독자들의 이해를 돕기 위해 내가 보충한 것이다(이름도 종국이 쓴 '오무라'로 살려두었다).

"오무라 선생님.

엄동 시절에 잘 지내고 계십니까. 전에 내한하신 고려(서림)의 사장님(박광수)으로부터 지갑 두 개, 시계 한 개, 크레용 두 개 감사하게 잘 받았습니다. 그렇게까지 마음 쓰지 않아도 좋으실 것을, 오히려 폐를 끼쳐드린 것 같아 죄송하기 짝이 없습니다. 어쨌든 제일 즐거워 한 것은 딸을 비롯한 애들이었습니다. 와이프도 대만족인지 외출하거나 시장에 갈 때는 정해놓고 선생님께서 주신 지갑을 꺼내들고는 저를 보고 생긋 웃습니다. 덕분에 우리 부부 사이까지 잉꼬부부가 되었습니다. 거듭 깊이 감사드립니다(1977년 1월 30일)."

오오무라는 고려서림 박광수 사장이 방한하는 인편에 몇 가지 선물을 보냈다. 물론 이는 일종의 '답례'였다. 앞서 종국은 『친일문학론』 번역판이 출간된 후 인세를 전해 받고는 감사의 표시로 오오무라 앞으로 소병풍 1개, 인삼과 인삼차 각 1상자, 연수정 목걸이 1개, 편지 1통을 보내면서 『동양지광』, 『국민문학』 여섯 권을 동시에 부탁하기도 했다. 그리고는 "방한할 기회가 있으면 번잡한 호텔보다는 제 집에 민박식으로 한번 모실 기회를 얻고 싶다"고 밝혔다. 위 편지는 번역본이 나온 뒤 한 달 정도 지나서 보낸 것이다.

그해 8월 23일자로 보낸 편지는 좀 독특하다.

　"… 이번 『대화』지에 제 원고가 실렸습니다. 보잘것 없습니다만, 선생님께 일독을 부탁드리고 싶어서 잡지 한 권을 별송합니다. 틈 나실 때 일독하시고 아무 때건 혹독한 편달 부탁드립니다.

　그리고, 이런 원고나 써대고 이놈은 반일가反日家로구나, 하고 선생님께 미움을 받을지도 모르겠습니다. 변명은 아닙니다만, 제가 반감을 갖고 있다고 한다면 그건 식민지 시대지 일본 자체는 절대로 아닙니다. 전후의 눈부신 발전상이든가, 그것을 이룩한 일본인의 저력 등에 대해서는 저 나름대로 경의를 품고 있습니다. 또 식민지 시대라 해도 결국은 자업자득이니, 일본만 미워할 수도 없는 일이겠지요(1977년 8월 23일)."

종국은 "변명은 아닙니다만"이라고 전제하면서 자신은 분별없는 '반일가'는 아님을 힘주어 강조했다. 이런 표현에 대해 오오무라는 특별히 멘트를 하지는 않았다. 그가 왜 이런 불필요한 얘기를, 즉 사족 같은 얘기를 했는지는 잘 모르겠다. 이미 오오무라 같은 사람 정도면 친일파 연구에 대한 역사적 당위성, 진실성을 충분히 이해하고도 남음이 있었다고 보이기 때문이다[참고로 당시 『대화』(1977년 8월호)에 실린 글은 「일제말의 친일 군상」이다].

다음은 오오무라 교수의 천안 요산재 방문 소감을 한번 들어보자.

"내가 처음 임종국 선생 댁을 방문한 것은 1981년 3월 1일이다. 천안역에서 버스를 타고 가다가 내려서 30분 정도 산을 넘어서 가는 곳으로, 차도 다니지 않는 곳이었다. 경운기로 집을 세울 재료를 날랐다고 한다. 하늘색 슬레이트 지붕에 장작을 지피는 온돌집이었다. 전기도 들어오지 않는 자가발전식이었다. 산 밑까지 전기가 들어오지 않았으며, 우편 배달도 되지 않았다. 산 아래쪽 가게에 우편물과 신문을 맡아 달라고 부탁해 놓았다가 하루 한 번씩 가지러 가는 생활을 하고 있었다. 책상도 없어 사과상자를 엎어놓고 쓰고 있었다. 이거야말로 멋지다. 대장부답다. 무서운 신념을 가진 이가 여기 있구나, 생각했다. … (중략) 장작 온돌은 기분이 좋았다. 부드러운 온기와 낙엽 타는 냄새 속에서 하루 저녁을 선생 댁에 묵었다."

경제적으로는 고달픈 생활이었지만 요산재 시절 종국도 더러 한 구석에선 시골 생활의 행복감도 없진 않았던 모양이다. 한 일간지 칼럼에 쓴 그의 글 한 토막.

"서울을 떠나 산가山家 한 채를 짓고 사니까 남들은 이웃을 아쉽게 말한다. 하지만 그건 모르는 말이다. 기쁜 소식을

80년대 초반 요산재 시절. 앞줄 왼쪽부터 3남 정택, 종국, 아내, 장녀 수연, 뒤에 선 아이는 2남 연택.

전해준다는 까치, 도천盜泉을 마시지 않는 산토끼보다 더한 이웃이 시정市井에 얼마나 될까? 오염되지 않은 곳에서 새, 짐승과 더불어 사는 것은 시정에서는 누리기 어려운 복福이 아닌가 생각해 본다." (「산토끼의 절개」, 『중앙일보』 1984. 7. 16)

자위라고 봐야 할지, 진짜 그리 생각했는지는 모르지만 이런 점도 전연 없진 않았으리라.

# 저술 활동 왕성했던 80년대, 매년 1권씩 출간

　　오오무라 교수와의 편지 얘기는 뒤에서 계속하기로 하고 그의 집필 얘기로 잠시 돌아가 보자. 천안으로 거처를 옮긴 이후 그는 거의 매년 한 권 꼴로 저서를 출간했다. 이 시기 그는 친일파 연구에 물이 오를 대로 한껏 올라 있었다. 또 그가 비록 전업 집필가(다만 '주경야독'임)이긴 했지만 그래도 정기적으로 연구서를 이처럼 내기란 쉽지 않은 일이다.

　　목록을 한번 살펴보자. 우선 저서로, 『한국사회풍속야사』(서문당, 1980), 『일제침략과 친일파』(청사, 1982), 『밤의 일제침략사』(한빛출판사, 1984), 『일제하의 사상탄압』(평화출판사, 1985), 『한국문학의 민중사』(실천문학사, 1986), 『일본군의 조선침략사 1』(일월서각, 1988), 『일본군의 조선침략사 2』(일월서각, 1989) 등이며, 또 편저로는 『정신대 실록』(일월서각, 1981), 『친일논설선집』(실천문학사, 1987) 등이 있다. 이 무렵 그는 지병인 폐기종으로 내쉬는 숨도 가빴지만 실로 그는 1980년대를 숨가쁘게 살아왔다.

먼저 1980년대 전반기에 나온 책부터 살펴보자. 가장 먼저 나온 『한국사회풍속야사』는 서문당에서 '서문瑞文문고 281'로 출간됐는데, 『발가벗고 온 총독』(선문출판사, 1970)처럼 연구 작업의 과정에서 얻어진 '부산물'로 펴낸 책이다. 내용은 우리 서민들의 옛 생활사를 다룬 것으로, 여러 잡지 등에 단발로 썼던 글을 묶었다.

종국은 「서문」에서 "택시를 타는 안목으로써는 가마를 타던 사람들의 고뇌와 사상을 제대로 이해할 방도가 없다"며 "필자의 본업인 문학 작품의 이해를 위해서 한 노릇"이라고 밝혔다. "난삽한 고증에만 치우치지 않기 위해서 되도록 일화·야화 등속을 많이 말했고, 따라서 읽기에 지루하지 않도록" 쓴 책이다. 이 책은 재일사학자 강덕상(1933년생, 73세, 현 시가滋賀현립대 교수)이 박해석과 공동으로 일본에서 번역 출간했다. 일본어판 제목은 『ソウル城下に漢江は流れる』(평범사, 1987).

두 번째 나온 편저서는 『정신대 실록』. 지금이야 우리 사회에 '정신대'(정확히 말하면 '구일본군 위안부'가 맞다) 문제가 광범위하게 인식되었지만 이 책이 나온 1981년 당시만 해도 거의 생소한 얘기였다. 단적으로 말해 '정신대' 문제를 우리 사회에 본격 거론해온 한국정신대문제대책협의회(약칭 '정대협')가 결성된 것은 1990년 11월 16일이다. 또 정대협 결성을 주도한 윤정옥(전 이화여대 교수)이 김혜원, 김신실 등과 함께 '정신대 발자취를 따라' 일본 후쿠오카에서 오키나와까지 답사를 한 시점이 1988년 2월 (12~21)의 일이다.

아무튼 그건 그렇다치고, 이 책이 놀라운 점은 방대한 자료를 참고해서 썼다는 점이다. 권말에 첨부된 자료 목록을 보면, 그는 단행본 24권, 관련 참고서 31권, 그리고 주간지 기사 20건을 참고해서 이 책을 엮었다. 거지반의 책들은 1950~70년대 일본에서 출간된 것으로, 한국에서는 이름조차 들어보기 어려운 서적들이다.

그는 「서문」에서 "우리는 이런 자료들을 엽기적 흥미로 읽어서는 안 된다"고 경고하고는 "약한 나라에 태어난 죄로 인간으로서는 도저히 상상도 할 수 없는 극한의 비극을 겪어야 했던 희생자들의 명복을 빈다"고 적었다.

다음은 1982년에 나온 『일제침략과 친일파』. 이 책은 그가 생전에 펴낸 친일파 관련 연구서 가운데서 최고봉이라 칭할 만하다(물론 그가 더 생존했더라면 이보다 더한 책도 냈겠지만). 다른 책들이 친일파 관련, 혹은 주변 연구서라고 한다면 이 책은 제목에서 보듯 '친일파'를 본질로 다룬다.

총 3편으로 구성돼 있는데, 제1편에서는 사상 침략과 친일파, 제2편에서는 자원 침략과 친일파, 제3편에서는 대륙 침략과 친일파를 다뤘다. 그는 일제 침략을 「병자수호조약」부터 쳐서 '36년간'이 '70년'으로 보고 침략의 골자로 사상 침략, 자원 침략, 대륙 침략, 종교 침략, 문화 침략, 경제 침략, 교육 침략, 기타 등의 8개 분야로 구분했다.

이 책에서 다룬 것은 앞의 세 분야다. 말년에 그는 이 8개 분야를 『친일파총사』로 엮어낼 계획이었지만 아쉽게도 그의 타계로 세상의 빛을 보지 못했다.

한편 「책 머리에」에서 그간 친일파 연구가 우리 사회에서 '공백'으로 남아 온 데 대한 그의 견해는 주목할 만하다. 첫째로 오욕의 역사여서 건드리고 싶지 않다는 '은폐론', 둘째로 당사자나 유족의 체면을 위해 덮어 두었으면 하는 '인정론', 셋째로 친일을 막연하게 스캔들 정도로 생각하면서 비방거리로 삼으려는 대중적 경향 등을 꼽았다.

『일제침략과 친일파』 표지

어찌 보면 일반론적인 얘기 같기도 하지만 사실은 정곡을 찌른 분석으로 판단된다. 과거, 적어도 1990년대 중반 이전까지만 해도 우리 사회 대부분이 이런 입장이었던 게 사실이다. 역사 연구가 기본인 역사학계는 물론 관련을 맺고 있는 정치학·사회학계도 마찬가지였다. 심지어 언론계조차도 입을 다물었던 상황이었다. 모두 하나같이 죽으라고 독립운동사만 파고들었을 뿐이다.

그가 「서문」에서 "70년의 친일을 어떻게 조감할 것인가? 그야말로 현기증이 날 지경"이라고 적은 걸로 봐 그로서도 이 책은 적잖이 부담이 됐던 모양이다. 우선 70년간의 자료를 뒤지자니 대상 기간이 결코 만만치가 않았다. 게다가 1940년 이후 문헌은 창씨개명 일색이니 일본인으로 혼동하기 쉬운 1차적인 난관이 있었다.

게다가 만주의 '공직자명감' 같은 것은 들여다봐야 누가 조선인이고 누가 만주인인지 구별조차 안 되는 경우가 한 둘이 아니었다. 일본인은 대개 이름이 넉 자 이거나 끝에 '~랑'郎 혹은 '~웅'雄으로 끝나니 더러는 구분이라도 되지만, 만주인은 이름도 석 자인데다 성씨까지도 우리와 비슷하니 그도 그럴 법했다. 다만 이 책에 실린 내용 가운데 더러는 그가 이미 잡지에 실은 내용도 적잖아 책을 펴내는 데는 조금은 수월했을지도 모르겠다.

그가 문인에서 친일파 연구자로 변신한 이유는 시인의 한계에서 비롯한 측면이 크다. 당초 그는 음악을 좋아했으나 음악으로는 세상을 바꿀 수 없다고 생각해서 변신한 것이 문학이었다. 그러나 처한 현실은 문학만으로도 만족할 수 없는 상황이었다. 그래서 다시 변신한 것이 역사 연구, 즉 친일배족사背族史 연구였다. 그는 인생 후반기에 쓴 자전적인 글에서 "남자 한 평생에 붓을 잡았으면 몇 천 장 전적典籍을 쓸 것이지, 원고지 서너 장을 시로 메운다는 것이 따분하다는 생각이 들었다. 역사의 현장으로 뛰어들어서 일제의 침략사와 우리의 반反민족사를 쓰자! 이리하여 나는 어느새 이사를 해도 문예지에 주소를 알리지 않는 괴팍한 인간이 되고 말았다"고 썼다(「술과 바꾼 법률책」 중에서).

그가 친일 문제에 빠져들고 또 영역을 확대해 나가면서 주변 사람들에게 자신의 입장(혹은 상황)을 얘기하기도 했다. 고대 동문으로서 같은 시인이자 절친한 벗이기도 했던 인태성에게 그는 "누군가 친일 문제를 연구해야겠는데 아무도 안하니 나라도 해야겠다. 문학은 잠시 제쳐두고라도…"라고 그때의 심경을 토로하기도 했다.

또 동생 종철에게는 처음엔 친일 문학만 하다가 나중에 분야를 넓혀간 이유 두 가지를 설명하기도 했다. "친일 문학 관련 자료를 수집하는 과정에서 다른 분야 자료가 자꾸 나온다. 또 하나는 문학인만 규탄해서는 공정하지 못하다. 그래서 앞으로 연구 대상을 전체 10개 분야로 넓힐 생각이다"라고 밝혔다.

그는 처음 문학 비평으로 시작해 친일 문학으로 좁혀지더니 친일 문제 전반, 나아가 정신대, 생활사 분야까지도 다루게 되었다. 여기엔 그에게 쏟아진 외부의 원고 청탁도 하나의 동력이 됐다고 본다.

다음으로 1984년에 출간된『밤의 일제침략사』 내용상으로는 1970년에 출간된『벌거벗고 온 총독』과 별반 차이가 없다. 굳이 차이점이 있다면『밤의 일제침략사』에서 미나미南次郎, 고이소小磯國昭, 아베阿部信行 총독 부분이 추가된 정도다.

이어 1985년에 출간된『일제하의 사상 탄압』은 그의 역저 중 하나로 꼽을 만하다. 앞서 다뤘던『일제침략과 친일파』의 내용 가운데 '사상 침략과 친일파' 부분을 돋보기로 확대한 책이라고 해도 무방하다. 다만 그렇다고 해서 내용을 재탕한 그런 책은 아니다. 앞의 내용을 기본으로 하되 완전히 다른 책이라는 느낌이 들 정도로 대폭 보강된 책이다.

총 3편으로 구성돼 있는데, 제1편에서는 독립 사상의 발전, 제2편에서는 일제의 사상 탄압, 제3편에서는 반독립 사상 파괴 공작을 다뤘다. 이 책에서 주목할 부분은 제3편이다. 일제는 사

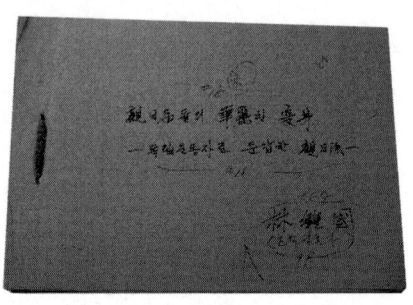

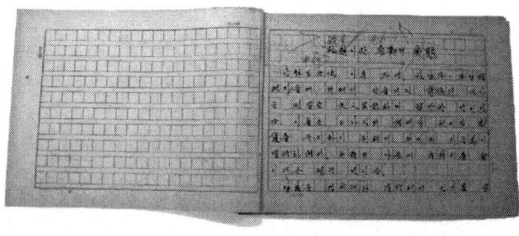

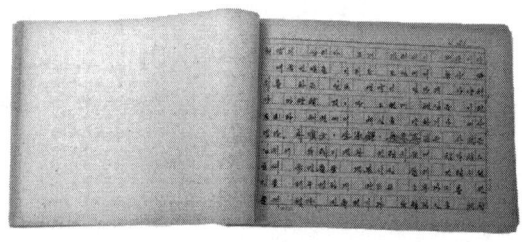

종국의 친필 원고. 이 글은 『순국』 1989년 5·6월호에 실렸다(저자 소장).

상 탄압을 위해 총칼을 사용하는 동시에 조선인들을 교묘히 이용해 친일파로 육성하는 한편 내부 교란(혹은 분열) 정책을 폈다. 우선 일제는 수신사, 유학생, 시찰단, 망명자 등을 개혁과 협력을 빙자해 친일·매판 세력으로 육성시켰다. 각종 친일 단체를 창설한 것은 물론이다.

아울러 일제는 민족 분열과 반反독립 모략 논리 개발에 진력했다. 일제가 '무단 통치' 정책을 이른바 '문화 통치'로 전환한 것도 한 사례다. 이 무렵 등장한 주장들로 '동양평화론', '한일안보연계론', '독립불능론', '총독선정善政설', '내선일체론', '실력양성론', '참정론', '내정독립론', '자치론' 등이 그것이다.

이 같은 주장의 골자는 조선인의 무능함을 강조하거나 일본의 우수성을 강조해 조선인들의 적극적 항일 투쟁 의지를 약화시키고자 함이었다. 아니면 극도의 제한적인 범위에서 조선인들에게 자율을 인정하였지만 그 역시 조선총독부의 손바닥 안에서 노는 꼴이었다.

예를 들어 일제 당시 실시된 지방자치제는 허울은 주민자치, 또는 지차제의 자율적인 의사결정을 표방하였지만 이는 허울에 불과한, 일종의 사기극이나 마찬가지였다는 사실이다. 그러나 조선 내 일부 세력들은 현실론을 주장하며 일제의 이 같은 책동에 놀아나기도 했다. 민족 우파들의 '실력양성론' '자치론' 등이 바로 그것이다.

그의 저서 가운데 드물게 전문가의 서평을 받는 행운(?)을 얻은 게 바로 이 책이다. 역사학자 조동걸(1932년생, 국민대 명예교수)

은『월간조선』1986년 3월호에 이 책에 대한 장문의 서평을 실었다. 조동걸은 서평에서 "임 선생은 대학 강단도 외면하고 시골에서 저술에 몰두하면서 특징 있는 저술로 독서계에 깊은 인상을 심었고, 특히 호소력 있는 문장으로 민족 양심을 불러일으키는 데 공헌한 바 컸다"고 전제하고는 "이번에 내놓은『일제하의 사상탄압』은 종래의 연구를 바탕으로 더욱 새로운 자료들을 분석하면서 사회과학적으로 접근을 시도한 역작"이라고 평가했다.

다만 그는 "제2편에서 일제 때의 법령과 탄압 기구 실태와의 관계에서 분석한 점은 입문서뿐 아니라 교양서로도 더없이 좋으나 다만 기구의 예산 같은 것을 포함한 운영 실태를 밝히면 금상첨화가 될 것"이라고 평했다. 또 "제2장을 좀더 많은 사례와 내용으로 엮든지, 아니면 그것을 제3장과 묶어 재구성했으면 좋겠다는 생각도 든다"고 덧붙였다.

# 자료 조사차 상경, 자취 생활 6개월에 병 얻어

1980년대 중반 들어 그의 왕성한 글쓰기는 동시에 엄청난 양의 자료 탐색을 수반하는 일이었다. 이미 1960년대 초반부터 그의 자료 탐색은 시작됐지만 글을 쓰면 쓸수록 더 필요한 것이 바로 자료다. 그의 삶은 그야말로 '자료와의 전쟁'이었다. 그는 집필과 자료 수집을 병행하였다.

80년대 중반 그는 중학교 휴학중인 둘째 아들(연택)을 데리고 서울로 올라와 자취를 하면서 6개월간 도서관에 처박혀 자료를 찾기도 했다. 이에 대해서는 그가 오오무라에게 보낸 편지에 그 실상이 잘 나타나 있다. 그럼 다시 오오무라의 편지 얘기로 돌아가 보자.

"…보고가 늦었습니다. 저는 지난 (1984년) 10월 말쯤에 서울로 올라왔습니다. 자료 조사 때문입니다만, 주머니 사정으로 미뤄온 계획이 어떻게 실현을 보게 되었습니다. 하지만 휴학중인 아들, 중학교 1학년생(연택)과 둘이서 하숙을 합니다만, 점심 제공 없는 하숙대만도 월 25만 원이어서 교통비, 점심값 따위로 월 40~50만 원이 지출되어 버립니다. 어쩔 수 없이 나이 오십 줄에 들어선 지 오래인 제가 방을 세 내서 자취를 하는 꼴이 되어버렸습니다.

그런데 요즘 두 달 정도 걸려서『총독부 관보』조사를 완전히 끝냈습니다만, 1년분 평균 600~700매를 복사했으니까 35년분 총계 2만 매 이상이나 되는 굉장한 작업이었습니다. 이것은 어떻든 완료 단계입니다만, 그 다음이『매일신보』로 종전 전前 약 10년분에 대한 조사입니다. 이놈은 복사도 할 수 없으니 할 수 없이 필사를 할 예정입니다. 아들을 조수로 삼고 2개월 정도 시간을 들이면 어떻게든 완성될 것으로 예정하고 있습니다. … (중략)

저는 현재 작업을 먼저 완료하기 위해서 내년 4월까지 서울에 체재하게 될 것입니다. 전후 6개월이나 집을 비웠으니, 그 사이에 와이프가 도망이라도 가면 참 큰일입니다만…. 하지만 머리칼이 반백이 된 인간이 쌀을 일구는 것도 그렇게 나쁘지만은 않은 생활입니다. 가족을 부양하느라 여기저기 신경을 써온 생활에 비해 지금은 밖의 일 걱정 없이 자료 조사에만 몰두할 수 있으니 마음이 자유롭고 넓어지는 참입니다. …(후략) (1984년 12월 17일)"

그의 평전을 쓰는 나도 이 대목에선 마음이 무겁다 못해 꽉

『매일신보』에서 친일 인사들의 행적을 찾아 메모한 내용.

막히는 기분이다. 자료 조사를 위해 오십 줄이 넘어 객지에서 어린 아들과 자취를 한 역사학자, 그 말고 우리 주변에 이런 사람이 과연 또 있었을까. 아무도 가지 않은 길, 돈도 명예도 안 생기는 그런 길, 그래서 그 길은 외롭고 험난했다. 아들을 조수로 삼고 하루 종일 먼지 구석에서 묵은 신문을 뒤적이는 그런 일이 설사 돈과 명예가 있다고 해도 과연 나설 자 몇 있겠는가. 돈과 명예를 모두 거머쥔, 이른바 '강단 사학자'들은 감히 엄두조차 내지 않는 그런 길을 그는 마다않고 홀로 걸어 갔다. 그는 그런 심정을 국내 인사도 아닌 일본인 연구자에게 토로했다는 사실도 우리로선 부끄러운 일이다.

당시 월 40~50만 원은 큰돈이었다. 그해(1984년)에 신문사(『중앙일보사』)에 공채로 입사한 나의 초봉이 40만 원이었다(당시 삼성그룹 초봉은 33만 원). 이 금액은 요즘 시세로 치면 200만 원 정도 되지 않나 싶다.

그가 편지에서 "주머니 사정으로 미뤄온 계획이 어떻게 실현을 보게 됐다"고 했는데 그럼 종국은 이 돈이 갑자기 어디서 났을까? 다름 아닌 막내 여동생 경화에게 400만 원을 빌린 것이다. 당시 경화는 종국에게 돈만 빌려준 게 아니라 수시로 반찬 심부름을 하기도 했다. 경화의 목격담을 들어보자.

"당시 오빠는 연택이(둘째 아들)를 데리고 서울 남산 국립 중앙도서관에서 자료를 복사하고 있었는데 내가 여러 번 반찬을 해서 갖다 드리기도 했습니다. 자취집엘 가보니 방 하나를 빌려 쓰고 있었는데, 방에서 전기밥솥으로 밥을 해 먹고 지냈답니다. 서울 올라가기 전에 오빠가 '아버지 원수 갚게 『친일인명사전』을 내야겠으니 돈 좀 빌려 달라'고 해서 400만 원을 빌려드렸습니다."

이듬해(1985년) 2월 다시 오오무라에게 보낸 편지를 보면 그는 이미 그 당시 자신의 건강 문제가 심각하다고 느꼈던 것 같다. 이후의 편지를 통해 보면 그때부터 그는 이미 서서히 병으로 죽어가고 있었다. 사신死神의 그림자가 이미 그를 덮친 것이다. 이는 젊어서 제대로 몸을 추스르지 못한데다 늙어서까지 이렇게 무리를 한 탓이다.

"제 일은 규모가 꽤 거창한 편입니다. 1876~1945년의 정치·행정·문화·종교 등 사회 전반을 대상으로 200자 원고지 1만 5000매 정도를 계획하고 있습니다. 탈고까지는 대략 5~6년 내지 7~8년이 걸릴 테지요. 연구 장려비 같은 걸 받을 수 있는 분야도 아니고, 개인 작업치고는 좀 요란한 거라서 낯선 홀아비 생활에 체중이 3킬로그램 정도 줄고 말았습니다. 저야 호리호리한 편이니 감량 3킬로그램 정도면 몸집 좋은 이의 10킬로그램 남짓은 되겠지요. 쉰여섯 살이 될 때까지 체중이 제일 많이 빠졌던 게 2킬로그램 남짓 빠졌던 게 유일하니까요.

5년 후에 한국에 오신다는 말씀 반가웠습니다. 그때까지 목숨을 이을 수 있을지 모르겠습니다만, 즐겁게 기다려지는군요. 밥벌레 수명이 쉰여섯 살이 되고 보니 슬슬 저세상 준비를 생각하게 되는 참입니다. 지금 작업도 실은 그것을 전제로 한 것입니다만…." (1985년 2월 5일)

'낯선 홀아비 생활', 즉 서울 자취 생활로 병을 얻어 결국 5월 말경 그는 '어중간한 상태'로 천안으로 내려오고 말았다. 그리고는 그 길로 한 달 남짓 누워 있었다(1985년 8월 18일 편지 참조). 이로부터 2년 뒤인 1987년 9월 4일 두 번째로 종국의 집을 방문한 오오무라의 눈에는 이미 그의 건강이 염려스러운 상황이었다.

오오무라는 귀국한 지 며칠 뒤 종국의 편지(1987년 9월 23일자)를 받았는데 요산재에서 천안 시내로 이사를 검토중이라는 소식을 접했다. 그리고는 1989년 3월 10일자로 그의 '마지막 편

1987년 9월 4일 두 번째로 종국의 요산재를 방문한 오오무라 교수 내외(가운데). 왼쪽 끝은 아내, 오른쪽 끝은 종국.

지'를 받았다. 그는 편지 첫머리에서 자신이 2월 21일부터 28일까지 입원한 소식을 전했다. 그는 "마아, 별일은 아니니 신경쓰지 마시기 바랍니다"라며 걱정하는 오오무라를 안심시켰지만 이해 11월 12일 그는 끝내 자리에서 일어나지 못했다.

"나의 세 번째 방문은 성묫길이 되고 말았다. 미야타 세쓰코宮田節子와 박광수朴光洙에게 부탁받은 부의금을 들고, 건강 문제 때문에 새로 이사했다고 한 천안의 그 댁으로 찾아갔다. 개인별 친일인명록 카드가 빼곡히 들어차 있는, 낯익은 수제手製 책장 한 쪽에 모셔진 검은 리본이 달린 임종국 선생의 영정을 뵈니 가슴이 복받쳐 올라왔다. 11월 하순의

김대기(왼쪽 끝)와 함께 종국의 묘소를 찾은 오오무라 교수 내외. 장례식 보름 뒤라 묘소가 아직 다듬어지지 않은 상태다(김대기 제공).

묘는 아직 잔디도 돋지 않은 상태였다. 찬바람만 스쳐 지나가고 있었다"

종국에게 오오무라는 동학同學이자 든든한 후원자이기도 했다. 국내에서 구하기 힘든 자료를 일본에서 구해서 보내주기도하고, 또 종국의 신간이 나올 때마다 이런저런 조언도 아끼지 않았었다. 오오무라는 두 번째 방한은 물론 성묫길에도 아내를 동반했다. 초겨울 날씨에 언덕배기 위에 있는 그의 묘소를 찾은 오오무라 내외의 모습을 담은 사진을 보자 나는 감사의 마음과 함께 진한 감동이 느껴졌다(이번 취재에서 오오무라는 연결이 되지 않아 만나보지 못했다).

# 미야타 여사와의 '우정'과 편지

　종국이 오오무라와 함께 연락하고 지냈던 일본인이 한 사람 더 있었다. 그는 오오무라가 성묫길에 방한했을 때 부의금 전달을 부탁했던 미야타 세쓰코宮田節子(1935년생, 여, 조선사연구회장)였다. 두 사람간의 인연은 종국이 먼저 1986년 9월 15일자로 편지를 내면서 시작됐다. 그 무렵 미야타 여사는『조선 민중과 황민화 정책朝鮮民衆と皇民化政策』을 펴냈는데 이 책에서 종국의 저서『친일문학론』을 더러 인용했다. 이를 계기로 종국이 미야타 여사의 책을 읽고 감상문을 편지로 보낸 것.

　지난 1996년 8월 취재차 방일했을 때 나는 도쿄 인근에 있는 미야타 여사의 집을 방문해 그간 종국에게서 온 편지를 복사해 받았다. 모두 다섯 통이었다. 물론 그건 보관분일 뿐 실지로 받은 것은 더 될 수도 있다. 종국은 편지에서 "제 연구까지 일부러 인용해 주셔서 너무 부끄러워 얼굴이 붉어질 뿐"이라며 근간(『일제하의 사상 탄압』인 듯) 한 권을 보냈다. 이후 매년 한 통 정도 편지를 주고받았다.

오오무라에게 보낸 편지와는
달리 시시콜콜한 내용이 더러 포
함돼 있는 것이 이채롭다. 이상 기
후로 12월에도 매화꽃이 피었다
거나, 새로 이사간 집(구성동)은 이
웃집 피아노가 시끄러워 걱정이
라느니 등등. 1988년 12월 20일
자 편지에서는 "숨이 차 방일 기회
를 포기하였다. 선생 쪽에서 내한

미야타 세츠코 여사
(1996. 8. 18. 저자 촬영)

할 기회가 있으면 살아생전에 만나 뵈올 행운을 받고 싶다"고 밝
혔다. 그러나 생전에 두 사람은 만나지 못했다. 일본서 그의 부
음 소식을 전해들은 미야타 여사는 계간 『민도民濤』 10호(1990년
3월호)에 「하얀 코스모스와 임종국 씨」라는 제목으로 그와의 추
억담을 실었다. 좀 길지만 전문을 소개한다.


『하얀 코스모스와 林鍾國 씨』

1989년 늦은 가을 어느 날. 나는 침묵하고 만 재일조선
인이 발행하는 어느 신문을 읽고 있었다. 그리고 무의식중
에 "엣" 하는 소리를 냈다. 신문 한쪽 구석에 林鍾國 씨의 부
보訃報가 있었다. "林鍾國 씨(문예평론가), 11월 12일 이른 아침,

서울 순천향병원에서 숙환으로 사거했다. 향년 60세."…'그 런 어처구니없는 일이 있나' 라며 혼잣말을 하면서 나는 창 밖을 보았다. 거기에는 씨를 받기 위해 남겨둔 바짝 말라버 린 코스모스가 바람에 흔들리고 있었다.

＊　＊　＊

林鍾國 씨는 시인으로도 불리고, 문예평론가로도 불리며, 때로는 군사사 연구가로 불리기도 했으나, 내게는 무엇보다 도『親日文學論』의 저자로서 뇌리에 새겨져 있다. 1960년대 한국에서 '항일 문학'이 아니라 바로 '친일 문학'으로 날카롭 게 파고들어간 林鍾國 씨의 훌륭한 역사의식에 깊이 경의를 품고 있었다. 일제하에서 저항으로 일관하며 옥중에서 죽거 나 망명한 시인과 문학자의 빛나는 업적을 발굴하는 작업은 물론 중요하다. 그것을 과소평가할 생각은 조금도 없다. 그 러나 그 이상으로 당시에는 '항일 문학자'보다 훨씬 더 다수 를 차지하고 있던 '친일 문학자'야말로 도마 위에 올려져야 했던 것이 아닐까? 물론 그것은 한국인으로서는 굴욕의 역 사여서 될 수 있으면 언급하고 싶지는 않을 것이다. 게다가 거기에 발을 들여놓기 위해서는 무엇보다도 자기 자신을 베 는 각오가 필요하고, 사회적으로 곤경에 처하는 일도 예상 된다. 그러나 그것은 누군가가 한번은 해야 할 일이 아닐까?

1966년에 출판된『親日文學論』(서울, 평화출판사)은 결코 친 일 문학자를 규탄할 목적으로 출판한 것은 아니다. 이 책에 「서문」을 쓴 廉武雄 씨가 "당시의 문학적 정황을 다룰 때 특정한 개인이나 단체를 비난·공격하는 일은 가장 쉬운 방법이지만 사실 큰 의미가 없다. 당시의 지식인이 그들의 역사의식·민족의식의 수준과 성격을 속속들이 드러내버리는 그런 범죄 가능성으로부터 오늘날의 우리가 완전히 자유롭다고 단언할 수 없을 것 같다"(大村益夫 역서)고 말한 대로다.

그 林鍾國 씨로부터 나는 돌연 편지를 받았다. 1986년 9월의 일이었다. 내가 그 전 해에 간행한 『조선 민중과 황민화 정책朝鮮民衆と皇民化政策』이라는 작은 책에 대한 감상을 보내주셨다. 본 적도 없는 내게 말이다.

나는 林 씨의 짧은 문장에서 내가 말하고자 하는 바를 적확하게 이해하고 있음을 느꼈다. 내게는 이 이상으로 이해하는 사람은 없을 것으로 생각되었다.

이렇게 해서 林 씨와 나의 제멋대로식 편지 왕래가 시작되었다. 때로는 받은 즉시 편지가 오기도 하고, 때로는 반년 이상 소식이 딱 끊어지기도 했다. 그런 가운데 특히 나를 즐겁게 해준 것은 아무 용건도 없는 편지였다. 당시 충청남도 천안에 살고 계셨던 林 씨에 따르면, 그 주변은 겨울 추위가 심해서 영하 10도까지 내려간다고, 하지만 어린아이들에게는 그런 날이 너무나 즐거워서 팽이치기와 썰매타기로 신이 난다고 한다. 그런 아이들을 보면서 林 씨는 "50여 년 전, 내가 골목대장이었을 때 한창 썰매를 타던 중 얼음이 깨져서 논물 속에 빠져서 물에 잠긴 일 등을 생각하며 쓴웃음을 짓곤 합니다. 앞으로 20년만 지나면 논 속의 그 개구쟁이들도 버젓한 신사(?)가 되겠지요." 그런 편지에 접하면 나는 무의식중에 호호 하고 웃고 만다. 그리고 나도 아무 용건도 없는 편지를 쓴다. "지금 내 방 앞에 코스모스 씨를 뿌렸습니다"라고.

그런데 이 편지에 대해 林 씨는 곧 답장을 주었다. "그대가 코스모스를 좋아한다는 것을 알고 대단히 기쁘다. 사실은 나 자신도 코스모스를 좋아하고, 특히 하얀 코스모스를 아주 좋아한다"고. 내 마음 속의 林 씨에 대한 이미지에, 하얀 코스모스를 좋아하는 林 씨가 포개져서 林 씨에 대한 像은 풍부하게 부풀려져 있었다.

林 씨를 아는 사람들의 이야기에 따르면, 그는 고려대학교 정치학과에서 수학하면서 1956년에 시『碑』를 발표하고 문단에 데뷔했다고 한다. 직업다운 직업을 갖지 않고 문필과 밤나무를 경영하여 생활을 유지하고 있다고 한다. "변절자" "이상한 사람"이라고도 불리는 모양이다. 그건 그렇겠지. 고려대학교 출신자이고, 고려대 총장이었던 유진오愈鎭午를『親日文學論』에서 도마 위에 올려놓고 있으니 속세에서 받아들여질 리 없겠지. 훌륭한 "변절자"라고 하지 않을 수 없다.

게다가 천식(사실은 폐기종이었던 듯하다)으로 밤알 하나를 줍는데도 10분 정도, 하~하~ 어깨로 크게 심호흡을 했다고 한다.

그 때문인지, 편지에는 건강에 관한 이야기가 많이 씌어 있었다. 그렇다 해도 조금도 어두운 데가 없고, 예를 들면 죽기 반년 전에도 입원하셨던 것 같은데, 그때의 일도 "얼마간이라도 고물 자동차의 일로 이따금 보링을 하지 않으면 움직이지 않기 때문에 잠시 정비공장에 갔다 온 셈입니다" 하고, 오히려 유머러스한 터치로 씌어 있었다. 그러니까 나도 설마 그 반년 후에 돌아가시리라고는 꿈에도 생각하지 못했다.

마지막 작업은 『일본군의 조선침략사』(일월서각, 1989년)가 아닐까? 그 책과 함께 보내온 편지가 결국은 마지막 편지가 되고 말았는데, 그 편지에서 林 씨는 그 책에 대해 말하며, "침략이라는 말이 상당히 사용되고 있습니다. 저는 '智者는 잘못을 자신에게서 찾는다'는 말의 신봉자이기 때문에 그런 말은 사용하고 싶지 않지만 지금 단계에서는 어쩔 수 없지 않겠습니까? 일단은 이런 단계를 뛰어넘어야 진정한 한일 친선과 이해도 가능하지 않을까 생각합니다"라고 씌어 있었다. "잘못을 자신에게서 찾는다". 너무도 『親日文學論』의 저자다운 말이다.

\* \* \*

"평생에 한 번이라도 좋으니 그대를 만나보고 싶다"고 말씀해주셨던 林鍾國 씨.

나 또한 꼭 한 번은 만나뵙고 싶었는데…" 내가 처음으로 손에 넣은 林 씨의 사진은 제단에 진열된 영정 속의 그것이었다. 너무나 원통함에 할 말도 없다(미야타 세쓰코).

미야타 여사가 본 종국의 영정 사진은 아마 오오무라가 찍어 전해준 것으로 추정된다. 종국과는 일면식도 없는 미야타 여

종국의 발인식에 참석한 유족과 지인들. 영구차 뒷편에 종국의 영정 사진이 실려 있다.

사가 그의 타계 소식을 접하고 "너무나 원통함에 할 말도 없다"
니…. 할 말이 없는 건 오히려 나다. 역사 연구자로 연락이 닿았
으나 끝내 서로 한 번 만나지도 못한 채 '그리움'만 간직했던 두
사람. 현해탄을 오간 두 사람의 우정에 가슴이 뭉클하다.

# '고향'에의 꿈 담은 『한국문학의 민중사』

그러면 다시 그의 1980년 저서 후반부를 마무리해 보자.

먼저 1986년에 출간한 『한국문학의 민중사』부터 보자. 먼저 결론을 앞세우면, 이 책은 그가 친일파 연구에 매달리던 와중에도 '고향' 즉 문학을 못잊어 잠시 귀향한 결과물이다. 「책 머리에」서 그는 "『친일문학론』을 내면서 나는 나의 문학쯤 희생을 시켜도 어쩔 수 없다는 생각을 했다. 밀려들 일세日勢와의 싸움인 침략·배족사의 규명이 더 시급하다고 생각했던 것이다. 그 후 침략·배족사에의 관심은 몇 개의 저술로 이어졌지만 그 사이 나의 문학은 계속 동면을 하고 살았다. 침략·배족사의 자료가 늘어갈수록 나의 문학서들은 서재에서 구석으로 구석으로 밀려만 갔다. 그러면서도 나는 언젠가는 고향(문학)으로 돌아가서 문학 사회사를 써야겠다는 꿈만은 버릴 수 없었다"고 밝혔다.

그는 이 책을 두고 "나의 문학적 성과라기보다는 내 문학의 묘비墓碑라 함이 더 적절할지 모른다"고 덧붙였다. 실제 그는 더 이상 문학 관련 저서를 남기지 못했다. 결과적으로는 그의 말대로 이 책은 '묘비'가 되고 말았다. 그 당시 그는 "이미 타향살이(침략·배족사)가 숫제 숙명처럼 되어 버렸기 때문"이다.

이 책과 유사한 책이 1974년에 펴낸 『한국문학의 사회사』다. 이 책은 그 후속편이라고 할 수 있다. 전체 1, 2부로 구성돼 있는

'고향' 즉 문학으로 돌아가고픈 꿈을 담아 펴낸 『한국문학의 민중사』

데, 제1부 '한국문학의 민중사'는 『한국문학의 사회사』와 거의 중복된다. 제2부 '모델 소설 연구'는 별도의 내용이다. 이 책은 그가 문학을 사회 현상의 한 분야로 보는 기본 시각에서 출발한다.

"배우(작가)의 역할을 보조하는 배경(사회현실)이 아니라, 배우의 역할과 혼연일체가 된, 연극(작품)의 일부로서의 배경 내지는 무대 장치…. 따라서 그것은 종래처럼 무대의 후면이 아니라 훨씬 전면, 배우와 동일한 위치로 끌려나오게 된다. 이렇게 된 사회 백반百般의 사상事象을 통해서 그 유기적 연결체인 문학 작품을 인식하고 평가하자는 것"이 그가 이 책에서 견지한 기본 자세였다.

이 책이 실천문학사에서 나오게 된 데는 일화가 하나 있다.

1983년 천안으로 내려가 '마당화랑'이라는 카페를 운영하던, 그의 '마지막 5년'을 시봉한 김대기는 1985년 1월 사업을 그만두고 천안에 출판사(준비 당시 명칭은 '지평출판사')를 설립할 계획을 갖고 있었다. 그러나 그 무렵 이른바 '창비創批 사건'으로 출판사 등록이 안 되던 시절이었다. 그러자 김대기는 출판사 등록도 하지 않은 채 책 출판 사업을 시작했다. 그러자 종국이 "첫 출판은 내 책으로 하자"고 제안해 놓고 있던 상태였다.

그런데 어느 날 김학민(1948년생, 전 학민사 대표, 현 한국사학진흥재단 이사장)이 종국을 찾아왔다. 운동권 출신인 김학민은 감옥에서 종국이 펴낸 『한국문학의 사회사』를 읽고 출옥 후 출판사를 차리고는 그 책의 후속편을 내보고 싶다고 밝힌 것. 그러나 이미 김대기와 얘기가 돼 있던 상황이어서 종국은 김학민의 요청을 거절할 수밖에 없었다. 그런데 문제는 그때까지도 김대기가 출판사 등록이 여의치 않았다. 그래서 김대기는 그와 지면이 있는 당시 실천문학사 김사인 편집주간(당시 송기원 주간은 '민중교육지 사건'으로 복역중)에게 부탁해 이 책을 거기서 펴내게 된 것이다(출판사 등록을 못하자 김대기는 대신 천안역 앞에 '지평서원'을 열어 1992년까지 운영했다).

다음은 1987년에 펴낸 『친일논설선집』. 이 책은 그가 펴낸 여러 권의 책 가운데 『이상전집』 『정신대 실록』과 함께 '자료집' 성격이 짙은 책이다. 『친일문학론』 출간을 전후로부터 시작된 그의 친일파 연구 과정에서 수집한 각 분야별 친일 인사들의 논설을 모아 집대성한 책이다. 이는 그들의 구체적인 친일 문장

사례를 적시했다는 점에서 대중들에게 끼친 영향은 적지 않았다. 이는 1차 자료가 가지는 파괴력 때문이다. 중복자를 포함, 연인원 89명의 글과 선언서, 결의문이 실렸다.

이 책의 백미는 본문보다도 그 앞뒤에 붙은 해제와 해설이다. 그는 「조선 책략과 친일의 등식」이라는 제목의 해제에서 "근세 일본의 조선 책략은 대동아공영권의 원형인 '동양평화론', 내선 일체의 원형인 '정한론'의 뿌리에서 출발했다"고 전제했다. 그리고는 이어 한말의 대일 자세, 1920년대의 반독립 노선, 1930년대의 황민화 정책 등을 파헤쳐 나갔다. 결론적으로 그는 '친일의 민족사적 문제'에 대해 다음과 같이 설파하였다.

"친일은 90퍼센트 이상이 침략 논리의 복창復唱이었다. 하지만 태반 이상의 친일자들이 그것을 복창이라고는 생각하지 않았다. 이들은 진심으로 동양평화를 믿었고, 황도조선을 예찬하였다. 태반 이상의 친일이 강제적 피동이 아니라 능동이었고, 가식假飾이 아니라 진정이었다는 것, 친일의 민족사적 문제점이 바로 여기에 있는 것이다."

이어 권말의 '수록 논설 해설'에서는 각 분야별 논설의 성격과 필자들의 약력을 곁들이고 있어 인적 정보에 대한 지적 호기심을 채워주기에도 부족함이 없다고 하겠다. 소항목을 살펴보면, ① 나라를 흥정한 문서 ② 기미년의 만세망동론 ③ 반독립 모략의 논리 ④ 황도아시아 건설론 ⑤ 내선일체가 살길이다 ⑥

만주의 변절과 '개척' ⑦ 미·영 타도 좌담회 기록 ⑧ 영광된 지원병으로 ⑨ 성은의 부르심이다(징병) ⑩ 학도여 성전에 나서라 ⑪ 종교의 임전체제 ⑫ 신민된 도리를 다하라 ⑬ 일본이 반드시 이긴다 ⑭ 각종 선언문·결의문 등이다.

실로 개인이 단기간에 결코 입수할 수 없는 분량일 뿐더러 내용도 고루 섭렵하고 있어 자료집으로 우수한 평가를 받을 만하다. 이 책에 실린 내용들은 원전 확인 없이 후학들이 활용하고 있는 실정이다. 그는 「서문」 말미에서 "민족 백년의 제단祭壇 앞에 허물 있는 자 허물을 벗어 도약의 제수祭需로 바칠 것이며, 허물 없는 자는 그것을 음복飮福하되 결의를 다져야 할 것이다"라고 썼다. 그가 친일 연구를 하는 목적을 가장 잘 압축한 문장이라고 본다.

한편 이 책과 유사한 형태의 자료집 하나가 한 해 앞서(1986년) 같은 출판사인 실천문학사에서 출간됐다. 제목은 『친일문학작품선집 Ⅰ·Ⅱ』(Ⅰ권은 3월, Ⅱ권은 8월에 각각 초판을 발행했다). 앞에서 소개한 책이 친일 인사들의 '친일론論 모음집'이라면, 이 책들은 친일 작가들의 '친일 작품 모음집'이다. 내용물은 달라도 전개 방식이나 형식은 같다.

그런데 편자는 임종국이 아니라 문학평론가 '김병걸·김규동 편'으로 돼 있다. 물론 두 사람 모두 문학평론가이니 이같은 책을 엮어낼 수는 있다. 하지만 그간 사전 연구가 없던 이들이 갑자기 이런 책을 펴냈다는 게 조금은 의아스럽지 않은가? 특히 '해설'의 내용은 종국의 평소 주장과 똑같았다. 대상 인물들의 소개 내용도 마찬가지였다. 그래서 혹시나 싶어 그 무렵 종국을 시봉했던 김대기에게 그런 의혹에 대해 운을 떼 봤다. 그런데 아니나 다를까 거기엔 곡절이 있었다.

# 다른 사람 이름으로 펴낸 『친일문학작품선집』

김대기는 자세한 경위는 출판사 측에 물어보라며 당시 실천문학사 편집책임자였던 김사인(1956년생, 현 동덕여대 교수)을 소개해 주었다. 지난 8월 중순 김사인과 통화한 결과 경위는 대충 이랬다. 다음은 김사인의 증언이다.

『친일문학론』 출간 이후 임종국 선생님은 문단에서 아주 외로운 상태였습니다. 그런데 그때 실천문학사 내부에서도 이런 작업의 필요성을 공감하고 있었죠. 그래서 이런 내용을 임 선생님과 상의했더니 책 편찬에는 동의하시면서도 책이 자신의 이름으로 나오는 것은 반대하셨습니다. 같은 사람이 같은 소리를 또 하는 식이 되면 효과가 반감된다고 하셨다. 즉 별도 작업으로 이뤄진 것처럼 해야 효과도 있고, 또 의미도 클 것이라고 하셨습니다.

결국 임 선생님이 책의 방향과 큰 틀을 제시하고 구체적인 자료 조사는 편집부에서 맡기로 의견을 모았다. 그래서 「책 머리에」에서도 임종국이라는 이름을 전연 거론하지 않았던 거죠. 그러나 실제는 임 선생님과 편집부의 공동 작업이었습니다."

『친일문학작품선집 1』표지

결국 김병걸, 김규동 두 사람은 '선의'에서 이름을 빌려준 셈이다. 그때만 해도 이런 책을 낼만한 출판사는 실천문학사 정도였다. 당시 실천문학사는 문단에서 '전투 집단'으로 평가받았다. 이 책이 나오고 난 뒤 해프닝도 있었던 모양이다.

한국 문단의 주류라고도 할 수 있는 미당 서정주의 제자들이 당시 실천문학사 이문구 사장, 송기원 주간에게 유감을 표명해 왔다고 한다. 미당 관련 내용은 제II권에 들어 있는데, 그에게는 대단히 '아픈' 내용이다. 인물 소개의 첫 구절만 소개하면, "(서정주는) 당시의 문단 비중에 비해서 상당한 분량의 친일 작품을 남겼다. 평론 1편, 시 4편과, 시인인 그로서는 안 써도 상관없었을 단편소설 1편, 수필 3편, 르뽀 1편 합계 10편이 현재까지 발견된 서정주의 친일 작품이다." 이는 바로 종국의 주장 그대로다. 종국은 이런 연유로 친일 작가 가운데서도 서정주에 대해 가장 비판적이었다.

이제 그의 저서 소개의 대미다. 그의 마지막 저서는 1988년, 1989년 2년에 걸쳐 두 권으로 펴낸 『일본군의 조선침략사 I·II』 다. 그는 II권을 내고 그해 가을 다시 오지 못할 길로 떠나고 말았다. 불과 환갑(10월 26일)을 보름 정도 지난 때였다(11월 12일 작고).

이번 평전 집필 과정에서 나는 그의 친구(대학 동기생과 선후배, 문우, 동학同學 등) 여러 명을 만났다. 대개는 70대로, 더러는 현직에, 또 더러는 일선에서 은퇴한(명예교수 등) 사람들이었다. 그들은 노후를 즐기면서 또 이런저런 활동도 하고 있었다. 그들을 만날 때마다 나는 종국을 떠올렸다. 올해로 그의 17주기인데, 그가 불과 5년만 더 살았어도 그의 필생의 작업인 『친일파총서』 를 그의 손으로 마무리하지 않았을까 싶다. 인명은 재천이라지만 아무리 생각해도 그는 너무 일찍 우리 곁을 떠났다.

다시 책 얘기로 돌아가자. 그는 생전에 일제 시대 연구의 골간으로 조선총독부, 동양척식회사, 재선在鮮일본군 등, 이른바 '식민지 조선' 통치의 3대 중추부를 꼽았다. 그러나 그가 이 책을 펴낼 무렵까지도 이런 주제와 관련된 연구서는 국내에서는 찾아볼 수 없었다. 이는 우리 역사학계가 모두 독립운동사 등에만 매달린 탓이다.

평소 주변 탓을 잘 안 하는 그였지만 이 책 「서문」에서는 처음으로 학계에 대해 '쓴소리'를 했다. 그는 "그럼에도 불구하고 이 부문(3분야)에 대해서는 이렇다할 한 편의 연구 논문이 없었다. 권좌를 뒤쫓는 장상將相은 많아도 민족의 내일을 근심하는 학구學究가 없는 상태에서, 70년 통한의 침략사를 망각의 피안으로 인멸시켜 가며 왔던 것이다. 이러고서도 쓸개가 있는 백성이란 말을 할 수 있겠는가 묻고 싶다"고. 이 대목은 우리 역사학계, 구체적으로는 '강단講壇 사학계'가 뼈아프게 새겨들어야 할 대목이다(이 점에 대해 역사학자 강만길도 비슷한 주장을 했다. 그는 친일반민족행위진상규명위원회 위원장 부임 후 위원회 직원 대상 특강 등의 자리에서 "친일파 연구와 관련해 국내에 변변한 논문 한 편이 없다"고 수 차례 말했다. 물론 임종국 사후 친일파 연구 관련 논문이 더러 나오긴 했지만 강만길의 발언은 국내 역사학계의 이 문제에 대한 '관심 부족'을 지적한 것으로 이해된다).

한편 이 책에서 다룬 분야는 그 세 분야 가운데 '일본군의 조선침략사' 편이다. 두 권을 합쳐 모두 제5편으로 구성돼 있는데, 제1편 주차군 전사前史, 제2편 전·후기 주차군, 제3편 일제 상주군, 제4편 제17방면군, 제5편 조선의 병참동원 등이 그것이다.

이를 책으로 엮어 내기에 앞서 그는 더러 이런 내용들을 잡지에 먼저 게재한 적이 있다. 대표적으로, 「조선주차군사령부」(『월간중앙』 1976. 8), 「조선주둔군사령부」(『월간중앙』 1978. 8), 「실록 조선군사령부」(『월간조선』 1982. 8), 「조선 주둔 60만 일군日軍의 행방」(『정경문화』 1984. 8), 「조선 주둔 일군日軍의 만행」(『월간경향』 1987. 3) 등이 그것이다. 위 예에서 보듯 그는 1970년대 중반 이후 이 문제에 대해 지속적으로 관심을 가져왔다. 그러나 일본은 물론 국내에서조차 선先연구 성과가 전연 없다 보니 힘이 들었던 모양이다. 「저자 서문」에 실린 그의 고백을 들어보자.

"필자의 재선 일본군 침략사의 연구는 1976년 8월 『월간 중앙』에 발표한 100매의 소론으로 소급한다. 그 후 12년, 이 방면에의 관심은 컸으나 연구를 진행할 만한 자료의 입수가 극난極難하였다.

어느 정도의 준비를 갖춘 후 일월서각 김승균 사장과 집필 계약을 한 것이 5년 전인데, 너무 겁 없이 덤벼들었다는 것이 현재의 감상이다. 1986년부터 본격적인 집필에 착수했지만 이런 저런 애로와 난관으로 탈고까지 2년이나 걸리고 말았다. 연륜에 비해서 초라한 열매라 책으로 하면서 일변 부끄러움을 느낀다."

일제 시대 연구를 위해서는 한국에서보다 일본으로 가야 한다고 혹자는 말하기도 한다. 그런 면이 없지 않다. 우선 내가 경험한 바로도 그랬다.

우선 일본 의회도서관 헌정자료실에 가면 한말~일제 때의 문서들이 상당수 보관돼 있다. 1990년대 초반 출장길에 그곳에 들러 친일파들이 일본 정계 거물들에게 보낸 편지 몇 통 열람 신청을 했더니 잠시 뒤 편지 원본을 내게 건네줬다(물론 요즘은 원본 대신 마이크로필름 상태의 것을 보여준다고 했다). 그때 그 감격이란 이루 형용할 수 없었다.

그런데 그런 곳이 비단 그곳만이 아니다. 도쿄 시내 학습원 대학에 가서도 총독부 시절의 공문서를 마찬가지로 원본으로 볼 수 있었다. 이곳 자료는 총독부 관리 출신 일본인들의 자료를 한데 모은 것이다. 와세다대학 도서관에 가서는 마이크로필름을 뒤지다 우연히 한 조선인 밀정의 '정보 보고'를 입수하기도 했다. 외무성사료관 역시 그 무렵에는 원본을 직접 보여줬는데, 그곳에서도 더러 귀한 자료를 찾아내 신문에 보도했던 기억이 난다.

이밖에 국립공문서관, 방위청사료관, 아리랑문고, 사이토문서관(미즈자와에 있는데 이곳엔 못가봤다) 등에도 수없이 많은 한국관련 자료가 있다. 그러니 일본을 두고 한국근대사 연구의 보고寶庫라고 하지 않겠는가?

종국도 생전에 일본을 꼭 한번 가보고 싶어 했다. 목적은 '자료 수집' 때문이었다. 그러나 그는 여건이 안 돼 가지 못했다. 경비도 문제였지만 나빠진 건강도 문제였다. 그는 미야타에게 보낸 편지에서 "지병인 만성기관지염으로 숨이 차기 때문에 방일 기회 등은 헛일이라고 포기하였습니다. 선생 쪽에서 내한 기회가 없으시다면 살아생전에 만나 뵈올 행운은 받지 못하겠지요. 일본에는 자료의 일도 있고 해서 꼭 한번 생각하고 있었습니다만 꿈이 되고 말았습니다"(1988. 12. 20)라며 아쉬워했다.

그는 오오무라나 미야타 등과는 동학同學으로서 '소통'도 하였지만 더러 자료 도움도 서로 주고받았다. 종국은 오오무라에게 『동양지광』, 『국민문학』(전체는 아니고 일부 결호인 듯) 등을 부탁해 도움을 받았고, 대신 『매일신보』 일부와 단행본 몇 권을 복사해서 오오무라에게 보내주기도 했다. 미야타에게는 자신의 저서를 보내주기도 했다.

# '요산재'와 '보림재'

저서 편을 마무리지으면서 그의 면모 편린을 읽을 수 있는 일화 하나를 소개한다.

책을 펴내는 사람들은 흔히 서문에 자신이 그 책을 집필한 곳을 말미에 더러 밝히기도 한다. 즉 'ㅇㅇㅇ에서 저자 씀' 하는 식인데, 더러는 자신의 당호堂號나 서재 이름을, 또 더러는 겸양의 표현으로 '우거寓居에서'라고 하기도 한다. 종국도 이 점에선 별반 다르지 않았다. 물론 그가 천안으로 내려가기 이전에 펴낸 책에는 문구에 관계없이 이런 내용이 전혀 없다. 서울 생활 당시 그는 '내 집'이라고 할 만한 집이 딱히 없기도 했었다.

그러다가 1980년 늦가을 천안으로 내려가 산속에 집을 짓고는 그 이름을 '요산재'樂山齋라고 붙였다(물론 이를 현판으로 내건 것은 아니고 그냥 그리 불렀다는 얘기다). 그리고는 1980년대 이후에 나온 자신의 저서 「서문」 말미에 '천안 요산재樂山齋에서'라고 쓰곤 했다(『일제하 사상 탄압』에는 이 문구가 없다. 이밖에 「서문」 작성 일자, '저자 씀' 등도 빠졌는데 이는 편집상의 실수로 보인다. 『한국문학의 민중사』「서문」에서는 '천안 누옥 요산재樂山齋에서'라고 썼다). 그런데 이런 문구가 그의 마지막 저서인 『일본군의 조선침략사 I·II』에서는 빠져 있다. 왜 그랬을까?

'요산재'樂山齋의 '요산'樂山은 '요산요수'樂山樂水에서 따온 말이다. 사전풀이로는 '산과 물의 자연을 즐기고 좋아함'이라는 뜻이다. 이는 흔히 조선조 풍류객들의 음풍농월吟風弄月이나 또는 은퇴한 인사들이 귀향해서 유유자적하며 노후를 즐기는 안거安居를 연상시킨다. 그런데 그가 이런 용어를 당호堂號로 사용한 데 대해 뒤늦게 문제 제기를 하고 나선 사람이 있었다. 그는 다름 아닌, 그의 '마지막 5년'을 시봉한 김대기였다.

김대기는 1991년 2월 '반민족문제연구소(현 민족문제연구소) 개소 기념 추모 자료집'에서 이 얘기를 언급했다. 지난 8월 중순 포항으로 그를 찾아갔을 때도 이 얘기를 들려줬다. 먼저 자료집에 그가 쓴 내용을 보자. (김대기는 『한국문학의 민중사』 출간과 관련해 종국에게 이런저런 도움을 주었고, 종국은 그에 대한 감사의 표현을 「서문」에서 두 번이나 언급했다. 또 『일본군의 조선침략사 I』「서문」에서는 "개인적 신변사에까지 세심한 배려로 격려를 베풀어주신 지평서원의 김대기金大起 씨"라고 적었다.)

"당시 선생의 거소는 천안 변두리 마을에서도 한참을 더 들어가 인적이 끊어진 산기슭에 자리잡고 있었습니다. 선생은 여기에 토옥 한 채를 지어놓고 밤나무 밭을 일궈가며 주

'요산재'를 찾아온 손님들(1980년대 중반). 뒷줄 왼쪽부터 김대기, 전합섭 목사, 종국, 윤병상 목사, 나도현 목사, 박일영 씨. 앞줄 왼쪽부터 3남 정태(서 잇는 어린이), 아내 연순, 장녀 수연, 맨 오른쪽 끝은 2남 연택(안경).

경야독의 생활을 한 것이죠. 그는 가을이 되면 몇 차례씩 친지를 불러 밤잔치를 베풀곤 하였는데 독립기념관이 자리잡은 흑성산을 뒤로 하고 조그만 저수지를 앞에 둔 이곳의 경관에 많은 사람들이 경탄을 금치 못하기도 했습니다. 선생은 이 토옥을 요산재樂山齋라 이름하고 쉴 새 없이 연구에 몰두하였습니다.

그러나 선생의 관심이 산이나 즐기며 독서나 하는 은자隱者의 생활에 머문 것은 아니었습니다. 선생이 쓰신『한국문학의 민중사』출판에 관여할 기회가 있었을 때의 일입니다. 그 책「서문」에 요산재란 서실書室명이 나오길래, "선생님! 이 이름은 아취雅趣는 있을지언정 선생님의 삶과 의식을 생각할 때 적합한 것이 못되는 것 같습니다"라고 말씀드렸더니 선생은 깜짝 놀라면서 부지불식간에 배어 있는 지식 기득권자의 풍류였다고 스스로 비판하면서 앞으로 이런 겉멋은 버리겠노라고 약속하시는 겁니다. 선생은 이렇게 아랫사람의 말도 경청할 수 있는 도량이 넓은 분이었습니다."

'요산재' 얘기가 나왔으니 '보림재'寶林齋 얘기도 한마디 걸치고 넘어가야겠다. 보림재寶林齋는 한때 내 개인연구실에 내걸었던 작은 현판이다. 보림재는 '임종국을 보배로 여기는 연구실'이라는 의미를 담고 있다. 종국의 12주기(2001. 11. 12) 무렵『시민의 신문』의 정지환 기자가 이런 내용을『오마이뉴스』에 기사화했었는데, 정 기자의 기사 일부를 인용해 보림재 설명을 대신하고자 한다(당시 나는『대한매일』(현『서울신문』)에 근무하고 있었고, 2002년 1월『오마이뉴스』초대 편집국장으로 자리를 옮겼다).

"친일 문제 연구가인 정운현『대한매일』기자와 북한 문제 연구가인 정창현『중앙일보』기자가 공동으로 운영하는 '현대사자료실'(한글회관 302호)에 들어서면 제일 먼저 정면 벽에 붙어 있는 작은 현판이 눈길을 끈다. 그 현판에 양각陽刻으로 부조浮彫되어 있는 글씨가 바로 '보림재'이다. 그렇다면 '보림재'의 뜻은 무엇일까. 정운현 기자는 그 의미를 '임종국 선생을 보배처럼 모시는 연구실'이라고 설명했다. 그래서

'보림재'寶林齋라는 것이다(임종국의 한자 성은 '임任'이 아니라 '임林'이다).

여기엔 전고前故가 있거니와, 유홍준의 『나의 문화유산 답사기』 1권에 이와 관련해 시사적인 대목이 등장한다. 전남 강진에는 천하명필로 알려진 추사 김정희가 정약용을 기리며 쓴 현판이 있다고 한다. 추사체로 멋들어지게 쓰여진 '보정산방'寶丁山

내 개인 연구실에 내걸었던 '보림재' 현판.

房, 이름하여 '정약용을 보배처럼 모시는 산방'이란 뜻이다(정약용의 한자 성은 '정鄭'이 아니라 '정丁'이다). 다산보다 스물네 살 연하였던 추사는 다산을 자신의 학문적 스승으로 섬기며 이런 현판을 남겼다고 한다.

보담재寶覃齋는 김정희의 또 하나의 호. 그것은 자신이 또 한 분의 학문적 스승으로 모시고 있는 청나라 학자 담계 옹방강을 기린 것이었다. 그런데 또 그 옹방강은 소동파를 보배처럼 모신다는 뜻에서 자신의 서재를 '보소재'寶蘇齋라 했다고 한다. 보소재-보담재-보정산방-보림재. 이것이 바로 한 사설 연구실에 '보림재'라는 별칭이 붙게 된 사연이다."(정지환, 「친일파 연구의 보배된 '넝마주이'」, 『오마이뉴스』 2001. 11. 9)

『서울신문』에 「흘러간 성좌」를 같이 연재했고, 그에 앞서서는 『한용운전집』을 같이 묶어냈고, 또 고대문학회 후배로서 젊은 날의 그를 비교적 가까이서 지켜본 박노준은 종국의 성품(혹은 기질, 면모)을 망라적으로 봐 다음과 같이 정리했다(앞엣 것은 9월 20일 전화 통화 때 들려준 얘기고, 뒤엣 것은 전화 통화를 한 다음날 종로 YMCA 구내 다방에서 만났을 때 정리해온 메모를 보고 그가 읽어준 내용이다. 박노준은 나와 전화 통화 후 선배인 종국에 대해 '사려깊은 회고'를 한 듯했다).

"아주 곧고, 유순하고, 원칙주의자임. 인정도 있으나 사회성 없음. 직장 생활 체질 아님."

"조용하고, 목소리는 작고, 말은 어눌한 편. 글씨는 꾹꾹 눌러 씀. 얼굴은 굴곡이 많아 험상險相, 첫눈에 보면 글쓰는 사람 같아 보이지 않음. 재능은 뛰어남. 성격이 소박하고 순수하고 선한 사람. 원칙주의자이며 타협을 잘 안함. 소심한 성격에 스스로 눈치를 봐 직장 생활 체질 아님. 지나칠 정도의 실증주의자. 상식에서 벗어난 일을 절대 하지 않으며, 법을 강조. 시인적 감성보다 학자적(평론가적) 이론파. 기행奇行이 없는 기인奇人. 사회·정치 현실에 무관심."

박노준의 '인상 비평'에서 보듯 평소 고집이 강하고 타협을 잘 하지 않는 그였지만, 설득력 있고 옳은 지적에 대해서는 누구의 얘기건 간에 군말 없이 이를 수용했던 그였다. 이런 자세는 사실 비판자의 가장 기본적인 덕목이다. 김대기는 "대부분의 지식인들이 자신의 지식을 팔아서 먹고 살고 또 이름을 내는데, 선생은 요산재 시절 자신의 피를 팔아서 자료를 사고 또 연구를 했다"고 기억했다.

김대기는 비록 '요산재'라는 명칭에 대해 문제 제기를 한 당사자이긴 하지만 한편으로는 그는 '요산재'라는 이름을 무던히도 아끼고 있었다. 요산재 시절의 종국의 모습, 한번 집필을 시작하면 곡기를 끊고 3일 낮밤을 글만 쓰던 그런 종국의 모습을 가까이서 지켜본 그로서는 요산재와 임종국을 따로 떼어놓을 수 없는, 남녀 사이로 치면 '깊은 정'情 같은 것이라고나 할까, 뭐 그런 '애틋함' 같은 것을 간직하고 있었다. 그가 버리자고 했고, 선생이 버린 '요산재'樂山齋를 그가 아직도 끼고 다니는 것도 바로 그런 연유에서다. 요산재는 그에겐 단순히 간판이나 현판이 아니라 가슴아픈 '회억'懷憶의 잔영殘影인지도 모른다.

# 감방에서 『친일문학론』보급(?) 앞장 선 백기완

'요산재' 얘기가 나온 김에 그 시절 얘기 한둘 더 들어보자.

요산재에 걸음을 했던 인사가 적지 않은데 그 가운데 한 사람이 통일운동가 백기완(1932년생, 통일문제연구소장)이다. 백기완은 "한국의 진보는 임종국부터 출발했다"고 말한 바 있다(김대기 증언). 80년대 중반 백기완은 김대기의 안내로 천안 요산재를 방문했다(1987~88년경 문익환 목사도 요산재를 방문해 이른바 '파스 요법'으로 종국을 치료해 주기도 했다). 당시 종국과 요산재에 같이 살면서 백기완의 방문을 목격했던 경화의 증언을 들어보자.

"1985년도인지는 모르겠는데 어느 해 2월이었습니다. 날씨가 좀 풀려서 오빠와 난 호스로 돼지우리를 청소하고 있는데 개가 짖어서 나가보니 어느 신사분과 아주머니, 그리고 초등학교 여학생이 집으로 들어오고 있었습니다. 남자분은 얼굴이 잘 생겼는데 지팡이를 짚고 다리를 절고 있었죠. 나중에 알고 보니 그 분이 백기완 선생이었습니다.

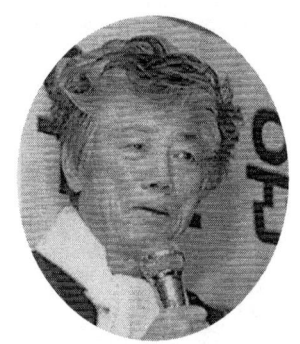

통일운동가 백기완

언니(아내 이연순)와 나는 점심 준비를 하여 그 분들에게 식사 대접을 했습니다. 백 선생님이 돌아가신 후 오빠가 말씀하셨습니다. 중정(당시는 안기부)에 송건호 씨(전 한겨레신문 사장)와 백기완 씨가 함께 끌려가 취조를 받고 매를 맞았는데, 동경제대 출신(이 대목은 경화의 착각임. 송건호는 1956년 서울대 법대를 졸업함)인 송건호 씨는 내가 그러고 싶어서 그런 것이 아니라 어쩌다 그랬으니 용서하라고 해서 매를 덜 맞았는데, 백기완 씨는 울뚝밸이 있어서 '요놈들, 정권이 바뀌어 내가 법무부 장관이 되면 네놈들 가만 안 두겠다'고 하자 '네가 법무부 장관이 되기 전에 내 손에 먼저 죽어라' 하면서 '무지막지하게 맞아 출소한 지 3개월이 됐는데도 아직 다리가 저렇다'고 했습니다. 그러면서 '임종국이는 나보다 더하는데 임종국이는 놔두고 왜 나만 가지고 괴롭히냐'고 하자 '그 사람 이야기는 하지도 말라'고 했다며 임 선생은 놔두고 나만 혼이 났다고 하여 다들 웃은 적이 있었습니다.

오빠는 매맞은 데는 뱀술이 좋다하여 풀을 깎다가 잡은 뱀으로 담근 뱀술을 드리자 백 선생이 '난 오늘 잠 못자요, 저거 마시고 싶어서' 하여 또 다들 웃었습니다. 오빠는 후에 사람을 치더라도 도망갈 구석은 놔두고 쳐야 되는데 백 선생과 다른 사람들은 도망갈 구멍도 막아놓고 치니까 저렇게 당한다고 하셨습니다."

하고많은 방문자 중에서 백기완을 먼저 거론한 이유는 비단 이런 일화 때문만은 아니다. 그는 감옥에 있으면서 『친일문학론』을 보급한(?) 숨은 공로자이기도 하다. 그가 KBS-1TV 「인물현대사—임종국 편」에 출연해 한 얘기를 한 토막 들어보자.

"(1970년대 말 감옥에 있을 때 감방 동료들에게) 박정희가 군사 독재를 하지 않냐 그랬더니 그(박정희)가 어떤 사람이냐는 거야. 그래서 그 양반은 왜정 때부터 친일파를 했는데 그 친일파의 뒤를 알아야 그 양반을 안다고 그랬더니 어떻게 알겠습니까 그래요. 그래서 야, 딴 거 말고 『친일문학론』이란 책이 있어, 그거 읽으라고 했죠. 그런데 도둑놈들이 『친일문학론』은 처음 듣고, 친일이 뭔지도 모르고, 문학이 뭔지도 모를 거 아냐, 그런데 그 책을 구해달라고 하는 거야. 그런데 그 책이 감옥 안으로 들어오기가 힘이 들었어, 그런데도 어떻게 어떻게 해서 그 책을 몰래몰래 들여다가 보면서 감옥에 번졌지. 그래서 (감옥 안에서) 이런 말도 들렸댔어, 『친일문학론』 판매 사원이 백 아무개라고…."

백기완의 이런 노력(?)에 대한 또다른 증언도 있다. 『친일문학론』을 펴낸 평화출판사 허창성 사장의 증언이다.

"그 무렵 백기완 선생은 양서조합운동을 하면서 『친일문학론』을 양서로 선정, 이 책 보급에 큰 기여를 하셨습니다. 실제 백 선생이 『친일문학론』을 주문하신 적도 있습니다. 백 선생이 설립한 백범사상연구소가 당시 광화문 네거리 국제극장(현 동화빌딩 자리) 골목 2층에 있었는데, 하루는 『친일문학론』 10권을 갖다달라고 해서 내가 직접 배달을 갔었죠. 그런데 백범사상연구소 사무실 입구에서 우연히 경찰관 하는 친구를 만났습니다. 그래서 여기 웬일이냐고 했더니 '백기완이 땜에 골치가 아파 죽겠다'고 하더군요. 당시 백 선생은 감시 대상 인물이었습니다."

백기완이 감옥에서 『친일문학론』을 보급(?)한 결과 이 책을 읽고 감화(?) 내지 충격을 받은 인물이 적지 않았다. 그 가운데 한 사람으로 김거성(1959년생, 현 구리구민교회 목사·투명사회협약실천협의회 상임집행위원)을 들 수 있다. 그가 「인물현대사」에 출연해 증언한 내용을 들어보자.

"뭐 밥 먹는 것도 잊고 이틀 동안 그 책을 읽었는데, 책을 읽고 나자 나는 지금까지 속아서 살아왔는가 이런 느낌이 제일 먼저 들었습니다. 우리가 지금까지 학교를 통해서 교육받아온 것, 기성 세대를 통해서 (교육) 받아 왔던 그런 것들 가운데 역사의 잘못된 것을 (제대로 교육) 받아왔는지를 생각하니 몸서리쳐졌습니다. 그 일로 며칠 식음을 전폐하고 누워 있었습니다."

그런 경우는 비단 김거성뿐이 아니었다. 이른바 '민비연 사건'으로 구속됐다가(1967. 8) 무죄선고를 받고 석방된 김도현(1943년생, 전 문화체육부 차관, 서울시 강서구청장)도 그런 경험을 했다. 김도현은 출감 후 한때 평화출판사 편집부에 근무했었는데 그때 자신도 감옥에서 『친일문학론』을 읽고 충격을 받았다는 얘기를 하더라고 허창성 사장이 내게 들려줬다.

책 얘기가 나왔으니 『친일문학론』 얘기는 아니지만 그가 쓴 글이 실린 다른 책에 얽힌 비화 하나를 기억해 두고 넘어가자. 그 시대의 아픔이 서린 얘기다.

# 김언호 사장이 문광부에 '도서 반환요청서' 낸 사연

　　종국은 1980년대 들어 매년 한 권 꼴로 저서를 출간하는 한편 각종 잡지 기고도 여전히 왕성했다. 그가 쓴 글들의 전체 목록은 부록에 정리해서 소개하기로 하고 여기서는 그가 썼던 글 가운데 논란이 됐던 글 한 편을 소개할까 한다. 1970~80년대 대학가에서 약칭으로 이른바 '해전사'라고도 불린 『해방전후사의 인식』(한길사, 1979)이 있다. 최근 우파 진영에서 이 책에 빗대 『해방전후사의 '재'인식』이란 책을 펴내 이 책이 다시 화제가 된 적이 있다. 바로 그 책의 제1권에 그가 쓴 「일제말 친일군상의 실태」란 글이 실려 있다[제2권(1985년 간행)에는 「제1공화국과 친일세력」이라는 글도 실려 있다]. 이 글은 제목 그대로 일제말 각계의 친일 인사, 친일 기관·단체를 망라한 것으로, 그의 친일과 관련한 지식의 '종합 선물 세트'라고 할 만하다. 분량도 무려 100여 쪽에 이른다. 그런데 이 글이 문제가 됐던 모양이다. 이 책이 간행된 시기는 10·26 직후, 이른바 계엄 상황이었다.

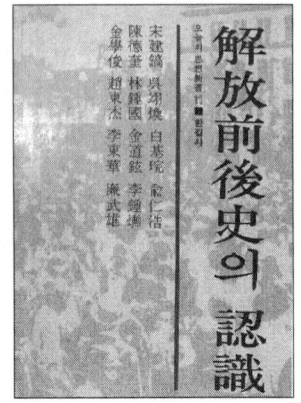

解放前後史의 認識

宋建鎬 吳瑛煥 白基玩 兪仁浩
陳德奎 林鍾國 金學鉉 李維楨
金學俊 趙東杰 李東華 嚴武雄

우리의 思想新書 1 / 한길사

『해방전후사』의 인식 표지

지난 2004년 5월 27일 김언호(1945년생, 61세) 한길사 사장은 당시 이창동 문화관광부 장관 앞으로 내용증명 등기우편 한 통을 보냈다. 그 속에는 『해전사』 제1권 초판 500여 부를 돌려 달라는 '도서 반환 요청서'가 들어 있었다. 대체 이게 어찌된 영문일까? 다음 날짜 『한국일보』 기사를 참고로 27년 전 상황으로 거슬러 올라가 보자.

1979년 10월 28일, 서울 서대문구에서 창고 하나를 빌려 출판사를 운영하고 있던 김 사장에게 문화공보부(현 문화관광부) 출판담당 공무원으로부터 전화가 걸려왔다. 급히 좀 보자는 것이었다. 김 사장이 급히 달려가 보니 문공부 사무실에는 군 관계자들이 나와 그곳 공무원들과 함께 출판물을 검열하고 있었다. 문공부 직원은 "친일 좀 했다는 것이 무슨 문제입니까?"라며 김 사장을 질책했다. 『해전사』 제1권에 실린 종국의 「일제말 친일군상 실태」를 두고 하는 말이었다.

계엄사에서 파견 나온 군인들과 문공부 공무원들은 종국의 글이 실린 『해전사』를 즉각 회수하라고 옥박질렀다. 이른바 '판매 금지' 조치인 셈이다. 일제 때나 있었던 일이 불과 27년 전에도 이 땅에 버젓이 횡행했었다. 사무실로 돌아온 김 사장은 재고를 체크해 보았다. 초판 5000부를 찍었는데 보름도 안 돼 4500권이 나갈 정도로 당시 그 책은 반응이 좋았다. 이리저리 긁어모아보니 남은 초판은 500권 정도였다. 김 사장은 책들을 다음날 용달차에 실어 문공부에 넘겨줄 수밖에 없었다.

당국에 『해전사』 초판 반환 요구를 한 것과 관련,

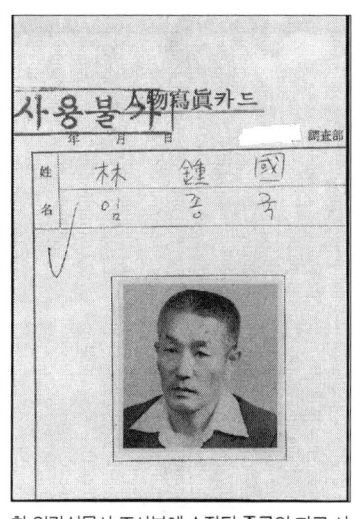

한 일간신문사 조사부에 소장된 종국의 자료 사진. 종국은 글은 물론 얼굴 사진도 한동안 검열 대상이었다.

김 사장은 "책이 당시 문공부 지하창고나 어디에 보관돼 있는지, 아니면 폐기처분되었는지는 모르겠지만 정부가 부당하게 압수해간 책을 돌려받겠다는 것은 한 시대 출판 문화의 정신을 돌려받는다는 의미"라고 밝혔다.

이후 한길사는 한동안 절판 상태로 있던 『해전사』 제1권 개정3판을 냈다. 1979년 출판 직후 판매 금지 처분을 받았던 이 책은 1980년 '서울의 봄' 시절 계엄사의 재검열을 거쳐 출판이 허락됐다. 그러나 그때도 종국의 글과 당시 구속중이던 임헌영 (1941년생, 문학평론가) 민족문제연구소장의 글은 실을 수 없었다. 빠진 글들은 1989년 개정 1판을 내면서 모두 복구됐다. 한국현대사 관련 서적들 가운데 이미 고전으로 평가받고 있는 『해전사』 제1권은 2004년 5월 현재 40만 권이 팔렸다고 한다. 인문 도서 시장에서는 결코 쉽지 않은 기록이다.

잠시 천안 시절, 즉 시기적으로는 1980년대 중·후반으로 다시 돌아가 보자.

종국은 천안 시절 자신의 필생의 업에 매달려 연구와 저술에 전력을 투구하면서 정신적으로는 회열을 느끼고 있었지만 경제적 문제 등 주변 환경으로 마음은 우울한 듯 보였다. 바로 그 시절 그는 짬짬이 몇 편의 시를 남겼는데 분위기가 대개 어둡다. 아마 현실을 반영한 탓이리라.

당시 그의 심경을 그때의 시를 통해 읽어보자. 유작은 모두 7편으로, 「투견鬪犬 1」(1987), 「투견鬪犬 2」(1987), 「바람」(1988. 11), 「동매冬梅」(1988. 12), 「동호冬湖」(1988. 12), 「허盧」(1988. 12), 「매화梅花꽃은」(1989. 2) 등이 그것이다(죽음을 목전에 앞두고 그는 생애를 마감하는 소회를 짧은 글로 남겼는데, 제목은 없으나 시 형태를 갖춘 것이 하나 더 있다).

이들 가운데 「바람」과 「허盧」 두 편을 골랐다. 그 시절의 그를 상징하는 언어이자, 서로 일맥상통하는 점도 있다고 나는 봤다.


「바람」


잎을 떨치는

저것이 바람인가
전선을 울리는
저것이 바람인가

모습을 잃어
소리로만 사는 것인가

바람이여
어디로 와서 어디로 가는 것인가

바람이고 싶은
나는 무엇인가

바람이어야 하는
나는 또 무엇인가

모습을 벗고
소리마저 버리면
허虛는 마냥 실實인 것이니

바람이여
가서 오지 않은들
또 어떤가

죽어서는 '바람'이 되고자 했던 종국. 요산재 옆 눈밭에 서 있는 그의 모습이 한없이 쓸쓸해 보인다.

「허虛」

티끌
세상이 싫어
산속에 숨었더니
요란한 까막까치
무슨 일로 와서 짖나

두어라
청하지 않은 손이니
탓해 무엇하리요

구름이 가면 가고
바람이 불면 가고

눈비 맞어 얼은 남기
소리쳐 울면 울고

나로서
되는 일 아니니
마음 두어 무엇하리요

흘러간 세월이 크니

오는 세월 또 클런가

걸어온 땅이 넓으니
바라고 갈
하늘 또 넓네

큰 세월
넓은 누리에서
바람처럼 잊으리로다

# 죽어서 '바람'이 되고자했던 그와 막내 여동생의 '진혼곡'

    나는 문학평론가는 아니나 이 두 편의 시를 읽고 이해하는 데 특별히 어려움을 느끼지 않는다. 그 이유는 쉬운 용어로, 그리고 간결하게, 또 마음이 가는 대로 쓴 시이기 때문이라고 본다. 그래서 마음을 열고 읽으면 글자가 읽히는 대로 그냥 술술 이해된다. 다만 나로서는 내용이 이해가 되는 만큼 내 마음이 아파올 따름이다. 아마 독자 여러분들도 나와 비슷하리라고 생각된다.

    조금만 눈여겨보면 두 시는 서로를 비추고 있다는 걸 알 수 있다. 즉 '바람' 속에는 '허'虛가 있고, 반대로 '허'虛 속에는 '바람'이 있지 않은가. '바람'은 그 자신이 바람이 되고 싶은 열망을 가장 허무적이고도 간절한 톤으로 그려낸다. 「허」虛는 이미 세상의 욕심을 벗어버린, 즉 관조자 입장에서 쓴 시다. 이 시를 쓴 후 11개월 뒤 그는 세상을 떠났다.

    이런 시가 나온 배경을 나 나름으로 분석해보면, 우선은 허허로운 그의 심사가 시상 저변에 깔려 있고, 이미 건강이 나빠져 남은 인생에 대한 비관도 어렴풋이 그림자를 드리우고 있다. 또 고향, 즉 문학에의 열망도 한 줄기 걸쳐 있다. 그런 복합적인 것들이 이런 형태의 시로 형상화된 것이 아닌가 싶다. 그의 지론처럼 이 시 역시 그 당시 그의 주변 상황을 잘 반영했다고 하겠다.

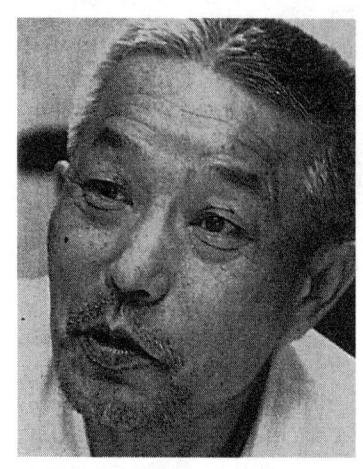
폐기종이 악화돼 얼굴이 부은 말년의 모습.

그는 생전에 이승의 삶에 대해 극도로 부정적이었다. 짐작은 가지만 정확한 것은 단지 유추할 뿐이다. 유추컨대 청년기의 불만과 불우한 경험, 결혼 생활의 실패, 사회(특히 문단)에서의 소외 또는 배척, 그리고 나빠진 건강 등 이런 것들이 현실의 자아, 즉 이승의 삶에 대한 비관으로 나타났다. 개똥밭에 굴러도 이승이 좋다는데, 그는 이승에 대해 한 점 여한(餘恨)도 갖지 않았다.

그와 비교적 말이 통했던 막내 여동생 경화에게 그는 더러 자신의 그런 심경을 토로하기도 했다. 언젠가 그는 경화에게 "죽어서 하나님 앞에 가서 너 다시 태어나고 싶으냐 하고 물으시면, 연자맷돌에 온 몸이 갈리더라도 다시는 태어나지 않겠다"고 말 한 적이 있다.

그런 그가 '바람'을 좋아했던 것은 결코 우연이 아니다. 다시 태어나서는 '바람'이 되고자 했던 그의 비극적 소망을 경화는 늘

슬퍼했다. 그는 아내에게도 생전에 "바람이 되고 싶다, 화장해 달라"고 말했다. 참고로 요산재에는 바람이 심했다.

　　"오빠는 바람이 되고 싶어 하셨습니다. 죽어서 바람이 돼 휘휘롭게 떠다니고 싶다고 하셨죠. 괴로울 때면 빨리 육신을 벗어버리고 싶다던 오빠는 지금 어느 산자락을 스치고 지나가는 바람이 되어 있을까? 묵은 옥양목 같이 갈갈이 찢어진 가슴 사이로 벌건 피가 스며 나오는데 그 상처를 가려주려고 손을 대면 더 찢어질 것 같아 손도 못 대고 그냥 들여다보는 수밖에 없었습니다. 찢어진 가슴을 지닌 막내 동생을 옆에 데려다 놓고 때로는 용기와 위로를, 때로는 희망을, 때로는 질책과 야단이, 또 어떤 때는 하소연으로, 한탄으로, 꾸중으로 이어지면서 나는 아픈 오빠를 더욱 아프게 했습니다…."

계속해서 분위기를 살려가자. 막내 경화가 그의 사후 오빠를 그리며 쓴 시 한 편이 있다.

　　「죽은 오빠를 위한 진혼곡」

　　하늘이 갈라놓아
　　이승과 저승으로
　　나누인 후,

밭은 기침, 땀에 젖은
목덜미 눈에 어리어
오늘도 가슴 저리고
지나가는 사람아!

전생에 연이 있어
한줄기에 태어나고
한솥밥 한 지붕 아래
가슴 나누며 살다
표표히 바람 따라
가버린 사람아!

시린 가슴 타는 갈증
몰려 올 때면
낮은 목소리
다정한 그 마음 생각나
오늘도 그리움으로
또 만나는 사람아!

나 또한 바람 되어 세상 등질 때
어느 산마루 부는 바람으로
다시 만날까?

(『샘터』 1993년 1월호)

경화는 시인은 아니다. 그냥 오빠를 생각하며 쓴 것이 시의 형태를 갖췄을 뿐이다. 경화가 종국의 동생이라는 걸 모르면 두 사람은 남매가 아니라 마치 연인인 걸로 착각이 들 정도로 시정 詩情이 애달프고 간절하다. 여기서도 두 사람의 대화 코드, 즉 접속점은 '바람'이다. 1980년대를 관통한 그의 키워드는 '아픔속의 투쟁'이었다면 지나친 비유일까? 시 얘기는 예서 그치기로 한다.

천안 시절 그를 찾아온 사람 가운데는 반갑지만은 않은 방문자도 있었다. 앞에서도 잠시 언급했지만 그가 외딴집에서 친일 연구를 해왔지만 신변의 위협을 받거나 항의나 협박을 받은 적은 없었다. 그는 강력한 힘을 가졌었는데, 그 힘의 원천은 다름 아닌 '자료'였다. 친일파(후손, 이해관계인 등 포함) 가운데 더러는 경위야 어쨌건 종국의 작업에 대해 불만이 있었을 수도 있다.

그런데 소문(?)에 "임종국이 잘못 건드렸다가 그가 가진 자료 다 공개하면 되레 똥바가지 뒤집어쓴다"는 얘기가 그 업계(?)에선 나돌았던 모양이다. 종국으로서야 참 다행스런 '뜬소문'이 아닐 수 없다. 그러나 그에 대한 테러 가능성은 늘 우려 대상이었다. 생전에 종국과 교류가 있었던 조문기(1927년생, '부민관폭파의거' 주역) 민족문제연구소 이사장은 그의 사후 "임 선생이 애써 작성한 저 인명 카드나 자료들이 화염병 하나면 모두 끝날 수도 있는데…" 하며 걱정하곤 했다.

# "증거 자료 보자"며 찾아온 어느 친일파 후손

협박이나 항의를 받은 적은 없지만 종국이 생전에 증거 자료 열람 요구를 받은 적은 딱 한 번 있었다. 종국은 1984, 5년경 김대기에게 자신이 겪은 얘기를 들려주었다. 김대기가 내게 들려준 얘기를 재구성해 보면 대충 이렇다.

1960년대 말 혹은 1970년대 초 무렵의 일이다(그때 종국은 서울 하월곡동에 살고 있었다). 자신은 종국이 쓴 책에 등장하는 친일 인사의 후손이라며 종국에게 좀 만나자는 연락을 해왔다. 그래서 종국은 그가 언급한 조상이라는 인물의 친일 행적을 입증하는 자료를 몽땅 싸들고 약속한 장소로 나갔다. 그랬더니 한 중년 부인이 나왔는데 같이 따라 나온 중년 남자는 어깨에 별 셋 (중장)을 단 현역 육군 장성이었다.

중년 부인은 자신은 할아버지가 훌륭한 사람으로 알고 컸다며 책에 쓴 내용을 입증할 수 있는 증거 자료를 보여 달라고 하더라는 것. 그래서 종국은 그 대상 인물의 친일 행적을 입증할 수 있는 각종 자료를 모두 제시했다. 그러자 그쪽에선 제대로 항변도 못하고 다음에 다시 만나자고 하고는 사라지더니 이후로는 아무런 연락도 없더라는 것이다. 그러면 대체 그 대상 인물은 누구이며, 또 별을 셋 달고 나왔던 동행자는 누구일까?

김대기가 전한 바에 따르면, 그날 종국을 찾아온 사람은 경북 영덕 거부 출신의 친일파 문명기(1878~1968)의 손녀 문 아무개였다. 그리고 '별 셋'을 단 동행자는 그의 남편 채명신(1926년생, 80세, 전 주월한국군 총사령관)이었다(채명신은 1965년 9월 주월한국군 총사령관 겸 맹호부대장으로 임명돼 3년 9개월간 파월 한국군의 최고지휘관을 지냈다. 1969년 제2군사령관에 임명된 그는 3년 뒤인 1972년 육군 중장(별 셋)으로 예편하였으며, 그해 10월 주 스웨덴 대사로 나갔다).

문 아무개의 오빠 문태준(1928년생)은 의사 출신으로, 박정희 전 대통령 시절 대통령 주치의를 지냈으며, 이후 7~10대 국회의원(공화당), 대한의학협회장, 세계의사회장, 보건사회부 장관 등을 지냈다. 결국 문태준과 채명신은 처남·매부 간인 셈이다.

그럼 문제의 인물 문명기는 누구인가? 이미 종국이 그의 저서에서 자세히 기술했고, 그의 사후 후학들도 문명기에 대해서는 여러 번 언급한 인물이다.

그 내용들을 종합하면, 문명기(창씨명 文明琦一郎)는 평남 안주 태생이다. 『조선공로자명감』(1935년 간행)에 따르면, 그는 스물아홉 살 때 제지업을 시작으로 자본을 축적한 후 광산업(금광)에 손을 대 큰돈을 번 것으로 알려졌다. 이후 그는 1935년 육·해군기 각 1대씩의 비용으로 당시로는 거금인 10만 원을 헌납한 이후 일제로부터 '애국옹'이라는 별명을 얻기도 했다. 이런 활동으로 명성이 높아지자 그는 '1군郡 1대臺 헌납운동'을 전개하는 등 친일 행위를 점차 노골화하였으며, 경북도회 의원, 중추원 참의로 피선돼 마침내 전국적 인물로 부각되기 시작했다.

그러나 당시 그에 대한 민중들의 평가는 따가웠다. '헌납병환자', 또 그의 이름을 빗댄 '야만기'野蠻琦가 그의 별칭이었다. 태평양전쟁이 막바지로 치닫던 1943년에는 비행기로는 부족하다고 생각했던지 '헌함獻艦운동' 즉 군함 헌납운동을 제창하고는 솔선하여 자신이 소유한 동광銅鑛 3개를 기부했다(『매일신보』, 1943. 1. 24).

해방 후 반민특위에 체포돼(1949. 1. 29) 심판대에 올랐으나 보석으로 석방되었다. 그는 천수를 누리다가 1968년 90세로 사망했다.

# '북한엔 비판적, 미국엔 우호적'인 정치적 성향

　종국의 일생을 돌이켜 보면 그는 늘 논쟁거리(혹은 화젯거리)를 제공하는 주체였다. 『이상전집』편찬으로 이상 연구에 불을 당겼고, 『친일문학론』출간으로 친일 문제에 대한 국민적 관심과 함께 논란을 불러일으켰다. 그러면 반대로 그 자신이 논쟁의 객체, 즉 대상(꼭 비판만의 대상이 아니라)이 될 일은 없을까? 그도 사람인데 왜 그런 구석이 없겠는가.

　그런 생각을 하던 중 지난 8월 중순 포항엘 가서 김대기와 대화하다가 그런 '거리' 하나를 발견했다. 김대기도 그 '거리'에 대해서는 종국에 대해 다소 비판적이었으며, 또 생전에 종국과 열띤 토론을 벌이기도 했노라고 했다. '친일파 연구가 임종국' 말고 '자연인 임종국'의 역사관, 정치 성향을 한번 짚어보자.

　고대문학회 후배 박노준은 앞에서 그의 성품(기질 혹은 면모)을 소개하면서 제일 마지막에 가서 '사회·정치 현실에 무관심'을 꼽았다. 꼭 맞는 지적이다. 그는 30대부터 생을 마치기까지

윤병상 목사의 초청으로 대구 시내 반석교회에서 강연을 하는 종국(1987년).

박정희─전두환─노태우로 이어지는 군부 독재 정권하에서 살았다.

그러나 지식인에 속하는 그가, 특히 민족 문제 등에서는 대단히 진보적 입장이었던 그가 단 한번도 민주화 투쟁을 위한 가두 집회나 관련 성명서에 이름을 올리지 않았다. 흔히 그를 '재야 사학자'라고 할 때 범汎재야권 인사의 범주에 포함시켜 생각하기도 하는데 그런 점에서 보면 좀 의외인 셈이다.

종국은 1965년 한일회담 반대 데모가 대학가에서 잇따르자 "대학생이 아니니 데모 행렬에 끼이기는 그렇고 해서 혼자서 '데모'를 좀 해봐야겠다고 다짐했다"고 쓴 바 있다. 그리고 그가 '혼자서 한 데모'가 바로 『친일문학론』 집필이었다. 물론 이 책은 대학생 수천 명이 데모보다 훨씬 더 큰 의미가 있었다. 그러나 그는 박노준의 설명처럼 평소 사회 현실에 대해서는 무관심한 편이었다.

이런 종국에 대해 김대기는 "1945년 이전 역사에 대해서는 대단히 과학적, 분석적인데 반해 해방 이후 미국의 신식민주의 세계 지배 체제에 대해서는 과학적 접근 경험이 부족해 보였다"고 분석했다. 그런 김대기의 분석에 나는 대부분 동의한다.

그런 김대기는 종국의 정치 성향에 대해서는 "북한 정권에 대해서는 비판적 입장이었으나, 상대적으로 미국에 대해서는 친미적 경향이 보인다"고 말했다.

언젠가 5·16 군사쿠데타의 성격을 두고 종국과 김대기가 논쟁을 벌였다. 그때 김대기가 "5·16은 미국의 작품"이라고 주장하자 종국은 "역사를 유추하지 말라"며 강한 반론을 폈다고 한다. 어찌 보면 종국의 이런 발언은 박노준이 지적한 '지나칠 정도의 실증주의자'에서 기인할 수도 있다.

그러나 김대기는 그걸 그렇게만 보지는 않았다. 즉 김대기는 종국의 태도가 미국에 대해서는 의존적이며, 더러 친근감조차 보였다는 사실이다(참고로 미 CIA 국장을 지낸 존 알렌 덜레스는 1964년 5월 3일 미국 한 TV방송에 나와 "내가 재임중 해외 활동에서 가장 성공한 것이 이 혁명(5·16쿠데타)이었다. 만일 미국이 속수무책으로 방관했었더라면 민중은 남북통일을 염원하는 '폭도'들을 지원하였을지도 모른다"고 밝혔다. 그밖에도 미국이 5·16을 암묵적으로 지원 내지 방기했다는 주장은 더러 있다).

종국이 북한에 대해 비판적인 입장을 가진 데는 개인적 경험이 상당히 작용했다. 우선 그는 1949년 7월부터 1952년 4월까지 약 3년간 경찰에 근무했다. 특히 이 기간 내에 한국전쟁이 터져 그는 '공비 토벌'에 참가했었고, 인민군에게 붙잡혔다가 풀려나기도 했다. 그에 앞서 경성사범 재학(1945. 9~1946. 5) 시절에는 '독서회'에 가입했다가 공산당 입당을 강요받자 자진해서 학교를 그만두기도 했다.

일단 그는 사상적으로는 사회주의(혹은 공산주의)에 대해 부정적인 기억을 갖고 있었다. 『친일문학론』에 서문 격으로 쓴 「자화상」을 보면 그는 해방 당시까지만 해도 자신이 신라, 고구려의 핏줄인지도 몰랐다고 실토할 정도로 그는 청년기에는 역사·민족 문제 등에는 이해가 깊지 못했었다(이런 자신을 두고 그는 '천치'天痴라고 표현했다).

게다가 그는 한국사 중에서도 관심 분야가 1876년 강화도조약부터 1945년 8·15 해방까지의 약 70년간의 일제 식민지 시기에 국한돼 있었다. 그러다보니 해방 후 한국전쟁과 국토 분단, 이후 남북한의 정치 상황 등 한국현대사에 대한 이해는 그리 높지 못했다. 앞서 김대기가 그를 두고 "북한 정권에 대해서는 비판적 입장이었다"고 한 얘기도 이런 맥락이라고 본다. 결국 이런 이유로 그가 북한을 객관적으로 바라보기보다는 부정적인 시각으로 접근하는 데 기인한 것이 아닌가 생각된다.

[종국의 '반복 성향'과 관련해 동생 종철은 다음의 일화 하나를 들려줬다. 그의 모친 김태강에게는 아끼는 친정 조카가 둘(두병·문병) 있었다. 두 사람은 일제 말기 모두 강제 징병됐는데, 두병은 필리핀에서 전사하고, 문병은 북지北支

에 파견됐다가 나중에 광복군에 들어갔다. 전쟁이 끝난 후 귀국한 문병은 부친이 계신 고향(평북 벽동)으로 귀향했다가 공산 지배에 실망한 나머지 동지들과 김일성 정권 전복 계획을 세웠다가 발각돼 신의주형무소에서 옥사했다. 두 아들의 전사, 옥사 소식에 분격한 외숙은 그 길로 단식, 스스로 목숨을 끊었다. 친정의 몰락과 총애했던 조카 문병의 사망 소식을 듣고 그의 모친은 몇 달을 울고 지냈는데 이때 모친과 공산주의와 관련해 대화가 가능했던 종국이 정신적 충격을 받고 이후 반북 성향을 갖게 됐을 것이라는 얘기다.]

　　1980년대 중반 천안 지역 대학생들이 그의 요산재를 방문해 그와 얘기를 나누던 중 한 학생이 "이북이 친일 청산도 먼저 한 것을 보니 민족의 정통성은 이북에 있지 않느냐"고 물었다. 이에 대해 종국은 "이북이 친일 청산을 해서 민족의 정통성을 살린 것이 아니고 지주, 부르조아 등을 숙청하다 보니 자연히 친일파들이 숙청되었다. 그들(이북)이 민족 정통성을 지키기 위해 한 것이 아니고 공산주의 사상을 펴기 위해 한 것이지 절대 민족 정통성이 있어서 한 것은 아니다"고 대답했다(경화 증언).

　　물론 종국의 주장이 전적으로 문제가 있다는 것은 아니다. 그의 주장대로 결과적으로 친일파 청산이 됐을 수도 있고, 또 북한 지도부의 정치적 목적이 있었던 것도 사실이다. 그러나 이런 종국의 발언은 자세히 살펴보면 부적절한 점도 없지 않다.

　　본론에 앞서 우선 당시로선 종국이 북한의 친일파 청산 배경이나 구체적 실태에 대해 뭐라고 말을 할 상황조차 되지 못했다. 그가 생존했던 시기(1989년 이전)까지만 해도 남한엔 '해방 후 북한의 친일파 청산'에 대한 정보(혹은 연구성과)가 거의 없었다.

그런 주제로 남한에서 연구 성과가 나오기 시작한 게 적어도 1990년대 후반 혹은 2000년대 들어서부터다.

이 주제와 꼭 맞아 떨어지는 글로는 김창순(1920년생, 현 북한 연구소 이사장)의 「친일파·민족반역자에 대한 숙청 북한에서는 어떻게 진행되었나」(『북한』, 2002, 364호)와 전현수(1961년생, 현 경북대 교수)의 「해방 직후 북한의 과거사 청산(1945~1948)」(『대구사학』, 2002, 제69집), 이 두 편이 처음이다.

물론 이 무렵 유사한 주제의 글이 한두 편 앞서 나오기도 했다. 김성보(1962년생, 현 연세대 교수)의 「북한 정치 엘리트의 충원 과정과 경력 분석 - 정권기관 간부를 중심으로(1945~1950)」(『동북아연구』, 1997, 3권), 유승훈의 「북한의 몰수재산 처리에 관한 연구」(대진대 석사학위논문, 2000) 등이 그것이다(김종수의 「북한의 친일파 처리에 관한 연구(1945~1948)」(『동국대대학원연구논집』, 2005, 35집)의 참고 문헌 참조).

김종수 논문의 참고 문헌에는 빠졌지만 강정구(1945년생, 61세, 동국대 교수)의 글도 포함시켜야 마땅하다. 강정구는 「해방후 친일파 등장의 재구조」(『친일파란 무엇인가』, 민족문제연구소 편, 아세아문화사, 1997)에서 북한의 친일파와 일제 잔재 청산 현황을 언급했다. 내용이 그리 자세하지는 않으나 초기의 문제 제기라는 점에서 평가할 만하다.

다만 강정구가 "구조 바꿈에 의한 친일 잔재 청산에 이어 북한 정권이 창출되는 과정에서도 친일파의 배제나 숙청은 철저히 구현되어 친일파 숙청과 일제 잔재의 청산이라는 민족사적

과제는 거의 완벽하게 실현되었다"고 한 대목은 조금 과장된 측면이 없지 않다. 결론적으로 말해 이런 상황에서 종국이 1980년대 중반 당시에 북한의 친일파 청산 실태에 대해 자신 있게 얘기한 것은 아무래도 지나친 면이 없지 않다고 본다.

『증언 반민특위-잃어버린 기억의 보고서』 표지

시기적으로는 김창순·전현수의 글보다 3년 앞선, 1999년 여름 나는『증언 반민특위-잃어버린 기억의 보고서』(삼인)를 엮어서 펴냈다. 그 책에 담긴 내용은 반민특위 관계자(당시 이원용 총무과장, 이병창 특경대 부대장, 임영환 서기), 당시 반민특위 취재 기자(조덕송, 오소백), 또는 주변인(김상덕 위원장 아들 김정육) 등의 반민특위 활동 당시의 증언들이다.

그런데 이 책의 말미에 좀 색다른 인물 한 사람이 포함돼 있다. 그는 북한 정권에서 고위직에 있다가 1980년대 초 제3국으로 망명, 이후 한국에 들어와 당국의 보호를 받고 있던 인물(가명 신경완)이었다(그는 1998년 6월 13일 나와 인터뷰를 가졌는데 그로부터 꼭 3개월 뒤인 9월 13일 작고했다).

1922년생인 그는 1945년 북조선공산당에 입당, 해방 후 북한 정권 핵심 부서에서 활동하였는데, '북한 현대사의 산 증인'으로 불릴 만한 인물이다. 나는 그에게 내 관심사인 '해방 후 북한의 친일파 청산 문제'에 대해 집중 물어보았다. 그때 이미 일흔여섯 살이었지만 그는 기억력도 좋고, 말도 조리가 있었다. 『증언 반민특위─잃어버린 기억의 보고서』에 실린 그와의 인터뷰 일부를 요약해 소개한다.

신경완에 따르면, 북한은 1945년 10월 10일 노동당을 창건할 때 친일파 처단과 친일 잔재 청산 문제를 혁명의 전략적 과업으로 삼았다. 그해 11월 공산당 2차 확대개편위원회에서는 4대 강령 과업을 책정했는데 그 중 제일 첫 번째가 친일파 처단이었다.

이를 위해 북한 정권은 친일파 인적 청산은 물론 물질적 근거, 나아가 잔재까지도 철저히 숙청 대상으로 삼았다(1948년 제헌국회에서 제정한 「반민법」역시 인적 청산은 물론 재산의 전부 혹은 일부 몰수 등 재산형까지 규정했다). 구체적 실행은 1946년 2월 북조선임시인민위원회 설립까지를 1단계, 이어 이듬해 2월까지 2단계로 처리하였다. 해방 후부터 1946년 2월 이전까지는 주민들이 인민재판을 하거나 더러는 소련 군대에 넘기는 식의 자연발생적인 처리 방식이었다.

본격적인 처리는 중앙정부가 수립돼 재판소, 검찰 조직이 조직되면서 이뤄졌다. 친일파 색출은 1946년 11월, 1947년 2월 두 차례의 선거를 거치면서 거의 이뤄졌다. 1급 친일파는 해방 후 대개 월남하였고, 북한에서 처리 대상이 된 자들은 대개 친일 단체에서 활동한 자들이었다. 친일파 가운데 최용달(일제 때 사법 관료 출신) 같은 양심적인 인사는 재활용했다.

특히 기술자, 의사, 과학자 가운데 악질이 아니면 대개 재고용했다. 그러나 독립운동가를 탄압한 사람들은 용서받지 못했고, 고등계 형사부장 출신의 최영이라는 자는 사형선고를 받기도 했다.

앞서 언급한 김종수의 논문 내용도 이와 크게 다르지 않다. 그의 논문 '결론'을 요약해 소개하면, 해방 후 북한에서는 '지주·예속 자본가·친일파·민족반역자'를 고립시키고 반제반봉건민주주의혁명을 수행하는 것이 긴급한 과업으로 제기되었다. 이에 따라 북조선임시인민위원회에서는 친일파, 민족반역자 척결을 위한 13항의 규정을 마련했다. 1947년 북조선노동당이 미소공동위원회에 회신한 친일파 처리 규정과 처리 방안은 북한에서 진행된 민주 개혁의 성과를 바탕으로 원칙적인 의견 제시가 이뤄졌다고 볼 수 있다.

해방 후 북한 주민 가운데 월남한 사람은 1946년 한 해에만 18만 5,000명으로, 그 중 다수가 '친일파'라고 알려졌다. 그러다 보니 1946년 11월에 치른 인민위원 선거에서 선거권자 451만 6,120명 가운데 '친일파'로 선거권이 제한된 사람은 575명에 불과했다.

이처럼 선거권 제한 대상자가 준 것은 선거 규정에서 범위를 대폭 제한한데다 건국 사업 기여자, 개과천선자 등에 대해 '감면' 조치를 한 결과다. 특히 경제적 필요에 따라 기술자에 대해서는 한정적으로 포용 정책을 펴기도 했다.

결론적으로 말해 북한에서도 친일파의 '선별적 수용'이 이뤄졌으며, 따라서 철저한 숙청은 아니라는 점이다. 북한의 이같은 처리 방식은 해방 후 중국 공산당 정부가 인민재판을 통해 친일파를 처단하면서 인민의 지지를 이끌어 낸 것과 유사하다고 할 수 있다.

# 납득하기 어려운 '대동아공영권' 동조 발언

끝으로 그의 세계관, 역사관을 엿볼 만한 사례를 소개하고 넘어가야겠다. 앞에서 나는 종국이 '친일 문학 공적론功績論'을 폈을 때 홍사중의 비판과 같은 입장에서 도저히 납득하기 어렵다는 견해를 피력했다. 그런데 내가 납득하기 어려운 점이 또 하나 있다. 일제의 '대동아공영권'에 대한 종국의 시각이다. 우선 종국이 오오무라에게 보낸 편지(1984년 6월 25일자) 원문을 보자.

"근대 한일 관계를 조사하고 있으면, '대동아공영권'이란 것은 이상理想 그 자체는 옳았던 것이 아닌가 하는 생각이 가끔씩 듭니다. 동아東亞 각국의 정황이든 일본의 군부 파시즘이든 그런 이상이 상당 부분 굴절되어버린 감이 없지 않습니다만···. 동아를 위한 동아라는 국민적 이상, 국민적 정열을 지니고 있었던 것만으로도 그 시대 사람들은 행복했겠다 하는 생각이 들 때도 있습니다. 이 시대 사람들은 한국인도 또 일본분들도 별로 이렇다 할 만한 국민적 이상이나 정열을 갖고 있지 않은 듯합니다만…. 인간이란 결국 신념—비록 그릇된 신념이라 하더라도 - 으로 불타오를 수 있을 때가 가장 행복한 것이 아닌가 생각됩니다만…. (이하 후략)"

사실 나로선 '친일 문학 공적론'을 접했을 때만큼이나 당혹스럽다. 대동아공영권의 이상이 옳았다니, 그 시대 사람들은 행복했겠다니, 또 비록 그릇된 신념일지라도 정열적으로 불타올라서 행복했다니…. 다시 생각해도 나로선 적잖이 당혹스럽다. 혹 '식민지 근대화론'을 펴는 사람들의 주장이 아닌지 착각이 들 정도다. 이것이 진정 '친일파 연구가' 임종국의 머리에서 나온 생각이란 말인가? 나도 이렇게 감정적인 투로 비판만 할 게 아니라 역사적 사실을 토대로 반론을 펴 보이겠다. 독자 여러분은 나와 임종국 가운데 누구의 주장이 더 일리가 있는지 판단해 보시라.

우선 논의의 핵심어인 '대동아공영권' 용어부터 정리하고 넘어가자. '동아'東亞는 동아시아의 준말로, 즉 일본·조선·중국·만주 일대를 지칭한다. 여기에 '대'大자가 붙은 '대동아'大東亞는 여기에다 프랑스령 인도차이나·타이·말레이시아·보르네오·네덜란드령 동인도·미얀마·뉴질랜드·인도까지를 포함한, 즉 동아시아에 동남아시아까지 더한 광대한 지역을 일컫는다.

실제 일제는 인도차이나, 미얀마(구 버마), 남양군도 등에까지 나아가서 전쟁을 벌였다. 조선인 여성 위안부가 일본군에 끌려가 버마 전선까지 투입됐었고, 조선인 징용자 가운데는 남양군도까지 끌려가 미군 포로 감시를 하다가 전쟁이 끝난 뒤 전범재판에 회부돼 이른바 'B·C급級 전범'으로 처벌되기도 했다.

남양군도를 여행한 사람들의 증언에 따르면, 어떤 지역에서는 1미터만 파면 조선인 징용자들의 유골이 나온다고 했다. 우리는 그들의 유골마저 아직도 수습하지 못하고 있는 실정이다.

다음은 '대동아공영권'의 탄생 배경과 경위. 이 용어는 1940년 7월 일제가 국책 요강으로 '대동아 신질서 건설'이라는 것을 내세우면서 처음 사용됐다. 이어 한 달 뒤인 8월 1일 마쓰오카 일본 외상은 담화를 통해 처음 '대동아공영권'을 주창했다.

그 이듬해인 1941년 12월 8일 일본 연합 함대 소속 공격편대가 태평양을 건너 미국 진주만 공습을 시작으로 일본은 제2차 세계대전에 참전했다. 그로부터 이틀 뒤인 12월 10일 이 전쟁을 '대동아전쟁'이라고 부르기로 결정하고는 다시 이틀 뒤인 12일에는 전쟁 목적이 '대동아 신질서 건설'에 있다고 주장했다.

앞서 일제는 1937년 7월 7일 중일전쟁(이른바 '지나사변')을 일으키고는 '동아 신질서'를 건설해야 한다고 부르짖기도 했다. '대동아공영권'을 토대로 한 '대동아 신질서 건설' 계획은 이렇게 숨가쁘게 진행됐다. 결국 중일전쟁 이후 일본이 동아시아에서 패권을 차지함으로써 일본 주도의 동아시아의 신질서에 의한 '신체제론'이 등장하게 되었다.

그런데 문제는 여기서 그 '신질서'가 누구를 위한 것이었느냐는 점이다. 전적으로 일본 군국주의의 야심을 채우기 위한 주장일 뿐이다. 일제는 대동아공영권을 창출하기 위해서는 이를 수호할 전쟁이 필요하였고, 여기에 본토와 식민지, 그리고 침략국 국민들을 대거 동원하였다. 일제는 이들에게 오직 '신체제 수립'만을 강요하며, 그들이 주장하는 '대동아공영권'이 아시아 국민들에게 행복과 안녕을 가져다 줄 것처럼 선전했다.

그러나 돌이켜보면 조선은 물론 일제의 영향 아래 있었던 대다수 나라의 백성들은 그들의 침략 전쟁에 징병, 징용, 학도병, 지원병 등의 이름으로 내몰렸다. 후방에 남은 대다수의 사람들도 전쟁 물자 동원으로 인해 극도의 궁핍을 강요당했다.

그가 비판의 대상으로 삼았던 친일파들은 바로 이 지점에서 「징병제 실시와 반도인의 감격」(서춘), 「황민됨의 책무는 크다」(김성수), 「가라! 청년학도여」(최남선), 「싱가포르 함락과 팔굉일우」(박희도), 「지원병을 아들로 두어」(조병상) 등의 나팔수 노릇을 하였다. 그럼에도 불구하고 임종국이 "대동아공영권이란 것은 이상理想 그 자체는 옳았던 것이 아닌가 하는 생각이 가끔씩 듭니다"라고 쓸 수 있단 말인가?

다음은 '정열로 타오른 그릇된 신념'과 관련해서다. 이 건은 그가 『친일문학론』에서 가장 비중 있게 다룬 인물인 춘원 이광수의 경우를 예로 들고 싶다.

그에 따르면, 이광수는 초창기 민족진영에서 활동하다가 변절한 것이 아니라 애초부터 민족정신이라고 할 건더기 자체가 없었던 인물이다. 1909년 안중근 의사가 하얼빈역에서 이토 히로부미를 처단하고 있을 그 즈음 그는 도쿄에서 일본인 사내아

이의 동성애 연애소설(원제 「愛か」)을 쓰고 있었다. 그것만으로도 춘원의 청년기 정신 상태는 대략 감이 잡힌다.

도쿄에서 「2·8선언문」을 작성한 인연으로 상해 임시정부 기관지 『독립신문』을 편집하던 그는 1921년 총독부의 묵인, 비호 아래 입국한 후 『동아일보』에 '민족적 경륜'을 발표하면서 자신의 본색을 드러냈다. 이어 1937년 '수양동우회 사건'으로 징역 5년을 선고받고 서대문형무소에 수감중이던 그는 이내 병보석으로 풀려난 후 마침내 노골적인 친일파로 활동하기 시작했다. 「만절晚節을 보고 초심初心을 안다」(종국이 『한국일보』 1988년 1월 30일자에 쓴 칼럼 제목임)고 했던가.

# '그릇된 신념'의 화신 춘원 이광수

춘원이 '향산광랑'香山光郎으로 창씨개명한 것은 알 만한 사람은 다 안다. 그런데 여기서 그의 일본식 성 '향산'香山을 두고 그가 평북 정주 출신이니 인근 '묘향산'妙香山에서 따왔을 걸로 추측하면 그건 큰 오산이다(2003년 평양엘 갔다가 묘향산에도 가보았는데 실제 북한에서 묘향산을 '향산'이라고 부르고 있었다).

춘원의 '향산'은 다름 아닌 일본 신무천황이 즉위한 '향구산' 香久山에서 따온 것이다. 바로 그 춘원은 창씨개명 후 이렇게 말했다. "나는 지금에 와서 이런 신념을 가진다. 즉 조선인은 전연 조선인인 것을 잊어야 한다고. 아주 피와 살과 뼈가 일본인이 되어버려야 한다고. 이 속에 진정으로 조선인의 영생의 길이 있다고….."(『매일신보』 1940. 9. 4)

심지어 춘원은 "조선놈의 이마빡을 바늘로 찔러서 일본인 피가 나올 만큼 조선인은 일본인 종신을 가져야 한다"라고까지 했다. 그런데 이런 그를 두고 혹자는 "춘원이 민족을 보전하기

위해 표면적으로 친일을 했을 뿐"이라
고 변호하는데 대체 제정신인지 묻고
싶다.

춘원 이광수

창씨개명도 조선인을 위해, 학병
을 지원하는 것도 조선인을 위해….
이 모두가 일제를 위해서가 아니라 조
선인을 위한 것이었다고 한다. 춘원의
경우 '어쩔 수 없이' 혹은 '먹고살기 위
해' 친일한 것이 아니라 조선인이 철
저히 일본인이 되면 그야말로 행복해질 것이라는 '자기 확신'이
있었기 때문이다. 설사 그 신념이 그릇될지라도. 그런데 그런
춘원의 '그릇된 신념'도 정열로 타오르면 행복한 것인가? 종국
이 『친일문학론』에서 춘원의 '그릇된 신념'을 비판한 대목을 한
번 보자.

"그럼 조선이 황민화되었을 때 이광수가 생각한 그런 결
과가 왔을 것인가? 그리고 나아가서는 조선인이 제2차 대전
에서 피를 흘림으로써 일본을 승리로 이끌었을 때 모든 점
에서 조선인은 권리 의무의 동등한 주체가 되었을 것인가?
혹은 또 그 무렵 일부가 생각했듯이 자치권自治權 같은 것이
라도 얻을 수 있었겠는가? 그러나 이 점에 관해서 필자는
그러한 생각이 사물의 일면만을 관찰한 데서 온 극히 희망
적인 욕심에 지나지 못했음을 지적하지 않을 수 없는 것이

다. 역사는 그들이 생각하던 반대의 길을 걸었다. 그리고 한국인은 한국인으로서 온전할 수 있었고, 조국은 독립되었다… (이하 생략)"

종국은 춘원의 생각이 '그릇된 신념'이었다고 확인하고는 이를 '희망적인 욕심에 지나지 못했다'고 지적했다. 종국은 심지어 "일본이 만약 '대동아전쟁'에서 이겼다면 일본인들은 일등국민으로서 더욱 교만해 갔을 것"이라며 춘원의 '그릇된 신념'을 가차 없이 비판했다.

그런 그가 "'그릇된 신념'일지라도 정열로 타오르면 행복" 운운하다니. 종국이 동학同學인 오오무라에게 군이 왜 이런 말을 사용했는지 그 속뜻을 참으로 헤아리기 어렵다. 이건 아부도, 성의도, 친근의 표시도 아니다. 필시 오오무라도 이에 동의하지 않았을 것이라고 나는 생각한다. 과공過恭이 비례非禮가 된 경우가 아닌가 싶다(사소한 것이지만, 이 편지에서 '한국인'의 대용어로 '일본인'이 아니라 '일본분'이라고 한 대목도 눈에 거슬린다마는 그냥 넘어가기로 한다).

사소한 사안 하나를 더 보탠다면, '침략'이란 용어에 대한 표현도 그렇다. 종국은 1989년 초『일본군의 조선침략사 2』가 발간되자 이를 오오무라와 미야타에게 보냈다. 그 무렵 오오무라에게 보낸 편지(1989. 3. 10)에서 "책 속에 '침략'이라는 말이 많이 사용되고 있습니다만, 이쪽 입장을 넓게 이해해 주시길 바랍니다. 저는 '지자智者는 허물을 제 안에서 찾는다'는 말을 신봉하는 자입니다. 그런 말을 쓰고 싶지는 않지만, 지금의 한국의 입장

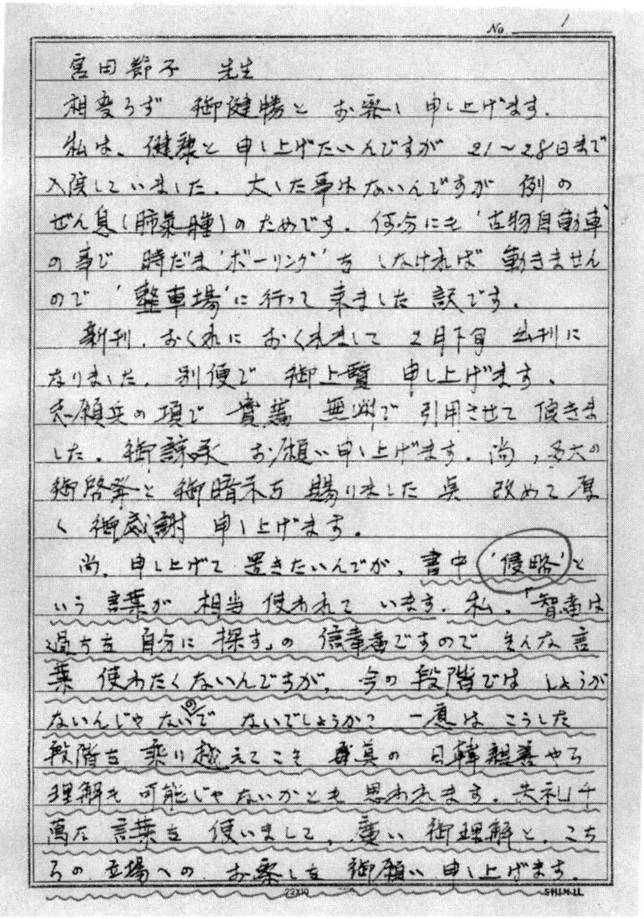

No. 1

宮田節子 先生

相変らず 御健勝と お察し 申し上げます。

私は、健康と 申し上げたいんですが 21～28日まで 入院していました。大した事はないんですが 例の ぜん息（肺気腫）のためです。何分にも '古物自動車' の事で 時だま 'ボーリング' を しなければ 動きません ので '整車場' に 行って 来ました 訳です。

新刊、おくれに おくれまして 2月下旬 出刊に なりました。別便で 御上覧 申し上げます。志願兵の項で 貴著 無断で 引用させて 頂きました。御諒承 お願い申し上げます。尚、多大の 御啓発と 御指示を 賜りました点 改めて 厚く 御感謝 申し上げます。

尚、申し上げて 置きたいんですが、書中 '侵略' という 言葉が 相当 使われて います。私、「智慧は 過去を 自分に 探す」の 信奉者ですので そんな 言葉 使わたくないんですが、今の 段階では しようが ないんじゃないで ないでしょうか？ 一度は こうした 段階を 乗り越えてこそ 真の 日韓親善やら 理解も 可能じゃないかとも 思われます。失礼千萬な 言葉を 使いまして、深い 御理解と こちらの 立場への お察しを 御願い 申し上げます。

22×10 SHIN.IL

미야타에게 보낸 편지(1989.3.6)에서도 종국은 '침략'이란 용어를 사용한 데 대해 다소 구차한 설명(밑줄친 부분)을 늘어놓고 있다.

에서는 아무래도 어쩔 수가 없습니다. 언제나 이런 단계를 넘어설 수가 있겠습니까"라고 밝혔다. 미야타에게는 4일 먼저 편지(1989. 3. 6)를 보냈는데, 여기에도 똑 같은 내용이 실려 있다.

앞서 언급한 대로 종국의 이런 표현은 부적절했다. 종국이 "지자智者는 허물을 제 안에서 찾는다"고 한 대목은 한말 조선 정부가 나라를 제대로 건사하지 못해 결국 국권을 상실했으니 그 책임이 우리에게도 있다는 얘기로 이해되는데 그 자체는 옳다는 생각이 든다.

그러나 그것하고 일제가 조선을 침략한 것 하고는 별개다. 일부 극우 사관을 가진 일본의 역사학자들 가운데는 '침략'을 '진출'로 쓰고 또 교과서에서도 그런 식으로 표기해 한국인들의 반발을 샀다. 그러나 그건 일본 역사학계 전반 혹은 주류의 해석은 아니다. 일본인들도 일본이 조선을 무력으로 침략했다고 보고(또는 쓰고) 있고, 더러 양심적인 사람들은 한국을 방문해 사죄를 하기도 했다.

사정이 이러함에도 종국이 '침략'이란 용어를 사용하면서 마치 부적절한 용어를 사용하기라도 한 듯 몸 둘 바를 몰라 하는 태도, 이 역시 납득하기 어렵다. 종국이 살아 있다면 토론이라도 한번 해보고 싶은 심정이다.

종국이 『친일문학론』을 출간한(1966년) 지 올해로 꼭 40년이 된다. 한 세대가 바뀐, 결코 짧지 않은 세월이 흘렀다. 그간 이 문제는 우리 사회 차원의 역사 논쟁이나 문단 자체의 역사 청산 차원에서 더러 논란이 되기도 했다. 친일 문학 연구는 문학평론가나 국문학자들 사이에서 종국의 성과를 뛰어넘는 결과가 더러 나오기도 했다.

다만 종국이 펴낸 『친일문학론』의 근간을 뒤흔들 만한 연구 성과나 새로운 주장은 나오지 않고 있다. 이는 그의 연구가 워낙 망라적인데다 또한 1차 자료를 통한 실증적 연구에 토대한 까닭이다. 그러나 지엽적으로는 더러더러 이견이 제시되고 있다. 서정주(1915~2000)를 둘러싼 논쟁이 그 대표적인 경우이며, 이른바 '경범죄 위반자'(유종호의 표현)들에 대한 이견도 제시됐다. 금년도 봄호 『시인세계』에서 기획특집으로 마련한 「친일 시인의 수용과 비판」을 한번 살펴보자.

# 유종호의 '친일 문서'론과 '몇 가지 소견' 비판

『시인세계』의 기획특집에는 총 다섯 편의 글이 실렸다. 「총론 - 친일시에 대한 소견」(유종호), 「자료 분석―친일시의 현황」(이재복), 「수용의 입장―친일문학론의 맹점」(이경호), 「비판의 입장―일제말 전시기의 친일시」(박수연), 「일문시의 문제―조선인이 쓴 일본어 시」(심원섭) 등이 그것이다. 이 가운데서는 '총론'을 맡아 문제 제기의 깃발을 높이 든 문학평론가 유종호(1935년생, 71세, 전 이대 교수)의 글은 주목할 만하다.

유종호는 「글머리에」서 "친일 문제에 대해 몇 차례 소견을 개진했으나 그것이 간혹 요약되어 지면에 소개될 때 아무래도 취지가 단순화되어 오해의 소지가 커지는 것을 경험하였다"고 전제하고는 "우리 사회에는 지금 그 어느 때보다도 민족주의 감정이 팽배해 있고 그것을 조장하는 정치적 기획도 곳곳에서 목도된다"고 밝혔다.

그가 말하는 '정치적 기획'이 구체적으로 뭔지는 알 길이 없지만 추측컨대 내가 근무하고 있는 '친일반민족행위진상규명위원회'나 최근에 발족한 '친일반민족행위자재산조사위원회' 등의 친일 청산 활동을 염두에 둔 게 아닌가 생각된다.

문학평론가 유종호

실제 그는 본문에서 "정치적 동기에서 나오는 역사 왜곡에서 완전히 자유로운 시대나 사회는 없었을 것이다. 그러나 역사 왜곡이 언젠가는 폭로되고 수정되는 것 또한 세상 일"이라며 위의 두 위원회의 활동에 대해 의심의 눈초리를 거두지 않았다. 이로써 그는 지금의 친일 청산 문제에 대해 비판적 입장임을 엿볼 수 있다.

그는 본론에 앞서 '몇 가지 소견'을 덧붙였는데 일단 그것부터 살펴보자.

1. 친일파를 양산한 것은 조선조의 몰락이다. 그러므로 조선조 몰락의 원인을 철저히 규명하고 원인 제공자를 가려내는 일도 중요하다. 인과관계의 규명 없이 사회 현상을 설명할 수 없다.

2. 친일파에도 원조가 있고 아류가 있다. 또 경중의 차이가 있다… (중략) 그런데 정작 원조 친일파에 대한 언급보다도 일제 말 전시 총동원 체제에 동원된 인사들을 주로 거론하고 규탄하는 것은 형평에 어긋날 뿐 아

니라 정치적 동기 혐의가 짙다.

3. 일제말의 전시 체제는 역사상 유례없는 총동원 체제로 일본 제국주의의 광기와 광란의 경지로 접어든 시기였다… (중략) 친일 추궁에서도 경중과 균형의 감감이 요청된다.

4. 문인들의 친일 행위는 몇몇 예외적인 경우가 아니면 일제 말기의 전시 체제의 산물이었다. 여기에도 경중이 있고 높낮이가 있다… (중략) 원조 친일파와 같은 수준에서 민족의 중죄인 취급을 하는 것은 가혹하다.

5. 일제 시대에 지역마다 악명을 날린 친일파가 있다… (중략) 초기의 헌병보조원을 비롯해서 이들은 하급자 가운데 많았다.

6. 사람을 심판한다는 것은 쉬운 일이 아니며 역지사지의 정신이 필요하다. 그렇지 않고 당대 상황에 대한 이해 없이 중죄인으로 일괄 처리하는 것은 사려깊은 행위가 되지 못한다.

전문을 옮긴 것은 아니지만 그가 앞에서 "간혹 요약되어 지면에 소개될 때 아무래도 취지가 단순화되어 오해의 소지가 커지는 것을 경험했다"고 해서 원문의 절반 이상을 옮겼고, 또 핵심은 전부 살렸다.

유종호의 '몇 가지 소견'에 대한 내 생각을 밝히면, '총론적'으로는 전부 옳은 지적이다. 즉 친일파에 대한 원조와 아류, 경중

문제, 또 일제 말기의 전시 총동원 체제에 대한 이해와 감안이 반드시 필요하다. 그러나 '각론'으로 들어가 따져보면 유종호의 주장은 허술한 구석이 한둘이 아니다(참고로 나는 여기서 친일반민족행위진상규명위원회 관계자 자격으로서가 아니라 적어도 1989년 이후 친일 문제에 관심을 가져온 '친일 문제 연구가'의 입장에서 주장하는 것이니 그 점 독자 여러분께 양해를 바란다). 유종호의 '소견'에 대한 내 반박은 다음과 같다.

1. 조선 왕조 책임론: 조선 왕조의 몰락, 국권 상실과 함께 일제 통치가 시작되었고 이후 친일파가 생겨난 것은 맞다. 그러나 이것을 친일파가 생겨난 '인과 관계'로만 보기는 어렵다. 똑같은 시대 상황 속에서도 독립운동에 나선 사람들도 있었다. 그간 조선 왕조 책임론에 대한 우리 역사학계의 연구가 부족했던 것은 맞다. 그러나 점차 관련 연구가 나오고 있는 것으로 안다. 이는 역사학계에 요구할 몫이지 친일파 연구자들을 향해서 할 주장은 아니다.

2. 원조─아류론: 맞는 말이다. 을사오적과 일제 말기에 마지못해 친일 성향의 시 한 편을 쓴 시인을 같은 반열에 놓을 순 없다. 그런데 이렇게 하는 곳이 어디 있는지 묻고 싶다. 해방후 반민특위에서도 「반민법」에 근거해 어느 정도 직위 이상이나 혹은 '악질적인' 친일파들만 조사 대상으로 삼았고, 이후의 민간 연구소나 개인 연구자들도 나름의 친일파 '선정 기준'을 정했다. 덧붙이면 친일반민족행위진상규

명위원회 역시 「특별법」에 규정된 대상자들만을 조사 대상으로 삼았다. 유종호의 이런 주장은 '전국민의 친일파화'를 통해 친일 청산을 반대하려는 사람들의 목소리에 편승한 것으로 자칫 오해될 수 있다.

3. 전시 상황론: 이것 역시 맞는 말이다. 실제 이 시기 일제는 '전 조선의 병참기지화', '전 조선인의 전력화' 등을 내세워 전후방 할 것 없이 전시 총동원 체제를 구축했었다. 그런 상황 속에서 몇 줄 글이나 쓰는 '힘없는' 문인들이 배겨날 방도가 없었다. 시쳇말로 까라면 깔 수밖에 없었다고 본다. 바로 그 점을 후세의 연구자들은 충분히 감안해야 한다. 맞는 말이다. 그런데 유종호는 이런 걱정 때문에 밤잠을 설칠 필요가 없다. 친일파 연구자들도 나름으로 이런 점을 충분히 감안하고 또 헤아리고 있기 때문이다. 만약 연구자들이 그런 점들을 충분히 감안하지 않아 객관성이 결여되고 또 설득력이 없다면 그 성과는 곧바로 비판에 직면하게 된다.

4. 위 항목에서 설명됨

5. 지역친일파론: 지역만을 따로 떼어내 강조할 사안은 아니다. 다만 중앙 무대에서 활동한 친일파들만 대상으로 할 것이 아니라 지역에서 활동한 자들 가운데 눈에 띄지 않은 자들도 자세히 살펴봐야 할 것이라는 지적 정도로 받아들인다.

6. 역지사지론: 원칙적으로 옳은 지적이며, 3번 항목과 중복

돼 이하 생략한다.

이제 유종호의 글 본론으로 들어가자. 유종호는 우선 친일 문인들에 대해 '유연한 입장'을 견지했다. 물론 그렇다고 해서 친일 문인들의 '무죄론'이나 '전면 사면'을 주장하고 있는 건 아니다. 그 역시 임종국의 『친일문학론』의 공로는 인정했다. "아직껏 친일 문학에 관한 표준적 저서로 남아 있는 임종국의 『친일문학론』에는 28명의 문인이 집중적으로 거론되고 있다. 일제 말기의 회귀한 출판물을 섭렵해서 작성한 이 책에는 참으로 민망한 글들이 적절하게 인용되어 있어 이른바 친일 문학의 실상을 엿볼 수 있게 한다"고 한 대목이 그것이다.

그래서인지 몰라도 『친일문학론』에 대한 정면 비판은 삼간 채 '측면 비판'만 할 뿐이다. 그러나 가시는 있다. 도서관에 가서 찾기만 하면 누구나 찾을 수 있는(그래서 임종국도 봤고, 김윤식도 봤고, 또 후학들도 본) 자료를 굳이 '회귀한 출판물'이라고 표현한 것이 그런 대목이다.

유종호는 임종국이 『친일문학론』에서 개별 작가론으로 다룬 28명과 「부록」의 '관계 작품 연표'에 등장한 110명, 기타 본문에서 거론한 신인 20명을 포함하면 범汎친일 문인에 드는 사람은 160명이나 되는데 비해 '영광된 작가'(윤동주, 변영로, 김영랑 등)는 모두 15명이라며 "'영광된 이름'의 주인공들은 너무 소수파란 생각을 금할 수 없다"고 적었다.

그의 '소수파' 발언은 보기 나름으로 여러 가지 생각을 하게 한다. 즉 친일 문인은 많은데 지조를 지킨 문인들의 수가 너무 적어 '안타깝다'는 해석이 그 하나이며, 다른 하나는 친일 문인들의 수를 그렇게 포괄적으로, 많이 잡을 필요가 있느냐는 식의 해석이 그것이다.

그런데 유종호의 기조로 보건대 후자, 즉 친일 문인의 수를 줄이자는 데 무게가 실려 있다. "당대 문인의 거의 대부분이 완전히 자유로울 수 없었던 친일 언행에 대해서 단죄 일변도가 아니라 당대 정황에 대한 면밀한 검토가 있어야 한다"는 상황론, 즉 친일 문인 변호론이 그것이다. 유종호는 결국 '면밀한 검토'를 거쳐 친일 문인 수를 줄이자는 얘기다.

유종호의 색다른 주장은 이 대목에서 이어진다. 임종국『친일문학론』이후 처음 나온 그의 '친일 문서'론을 들어보자.

"친일 작품의 대부분은 전쟁 말기의 소위 내선일체를 강조하거나 일본의 전쟁을 미화하면서 군인이나 군속으로 참여하기를 권고하는 등속의 명시적 선전물이다. 문학을 어떻게 정의하든 '문학'이란 말 속에는 일정 부분 평가의 함의가 들어 있게 마련이다. 볼품 없고 염치 없는 저급 선전물을 문학이라는 이름으로 지칭하는 것 자체가 비문학적 행동이며, 따라서 친일 문학 대신 친일 문서로 호칭하는 것이 좀더 적절할 것이다…."

'친일 문서'론은 문학평론가인 그의 나름의 생각이고 또 주장이다. 또 보기에 따라 일견 일리도 있어 보인다. 평자에 따라 논란의 소지가 있겠기에 여기서 당부當否를 결론짓는 것은 적절치 않다고 본다. 나 역시 이를 그의 주장으로 받아들이고 여기서 더 이상의 찬반 주장을 펼치지는 않을 생각이다.

유종호의 이제까지의 주장은 서론에 해당된다. 본론은 이제부터다. 『친일문학론』에 개별적으로 대상이 된 28명에 대해서는 그도 전반적으로는 동의(?)하는 분위기다. 그가 열을 내며 안타까워(?)하는 대상자는 이들이 아니라 '관계 작품 연표'에 올라 있는 110명이다. 유종호는 "『친일문학론』의 독자를 가장 안타깝게 하는 것은 「부록」으로 실린 '관계 작품 연표'"라며 이는 "당대의 거의 모든 문인 이름이 망라되어 있다는 점에서 그러하고 또 불과 한두 편의 시나 수필을 발표한 탓에 불명에 명부에 등재된 경우도 있어 그러하다"고 밝혔다.

'한두 편의 시나 수필을 발표'해 친일 문인으로 오해를 사고 있는 대표적인 억울한(?) 작가로 그는 시인 정지용(1902~1950)과 이용악(1914~1971)을 들었다. 우선 정지용의 어떤 시가 어떤 내용 때문에 그런 오해를 사는지, 또 이에 대한 유종호의 변호는 어떤 것인지 그의 글 속으로 들어가 보자.

# 정지용의 「이토」와 유종호의 변론

 

정지용은 태평양전쟁 개전 후 시 두 편을 발표했다.『춘추』(1942. 1월호)에 발표한 「창」과 『국민문학』(1942. 2월호)에 발표한 「이토異土」가 그것이다. 유종호는 "비록 전시하의 작품이기는 하나 전자(「창」)는 「백록담」 시편 흐름의 서정시다. 문제는 후자인 「이토」인데, 발표지가 『국민문학』이어서 의심의 눈초리가 쏠리게 마련이다"고 했다.

참고로 그가 의심을 살 만하다고 한 『국민문학』은 황도皇道주의와 내선일체를 표방한 친일 문학 잡지로, 최재서(1908~1964)가 주간을 맡았었다(이 잡지는 원래 1939년 10월 최재서가 창간한 『인문평론』이 모체이며, 1941년 11월 『국민문학』으로 개제됐다). 이 시는 2행 1연으로 된, 총 14행으로 구성돼 있는데, 유종호는 "모호하기 짝이 없어 그 의미를 종잡을 수가 없다"고 했다. 진짜 그런지 전문을 한번 보자.

「이토異土」

낳아자란 곳 어디거나
묻힐데를 밀어나가쟈

꿈에서처럼 그립다 하랴
따로젲힌 고양이 미신이리

제비도 설산을 넘고
적도직하에 병선이 이랑을 갈제

피였다 꽃처럼 지고보면
물에도 무덤은 선다.

탄환 찔리고 화약 싸아한
충성과 피로 感아진 흙에

싸흠은 이겨야만 법이요
시를 뿌림은 오랜 믿음이라

기러기 한형제 높이줄을 맞추고
햇살에 일곱 식구 호미날을 세우쟈

이제 이 시에 대한 유종호의 해석
(또는 변론)을 들어보자.

정지용 시인

　"군함 얘기가 나오고 충성심으
로 흘린 피가 나오는 것으로 보아
전쟁을 다룬 것이나 어디에도 일
본군을 찬양하거나 전쟁을 미화하
는 대목은 보이지 않는다. 또 정지
용의 솜씨로 보아 이렇게 앞뒤에 일관성이 없고 비약이 심
하고 모호한 대목을 포개어 놓은 것은 고도의 전략에서 나
온 것이 아닌가 생각된다… (중략) 따라서 일제 말기 국민
총동원 시기에 정지용 정도의 중진 시인이 협력의 시늉을
전혀 안 할 수는 없어서 의사擬似 전쟁시 한 편을 두루뭉수리
날조해서 납품했다는 것이 필자의 판단이다.

　정지용이 특히 반일反日적이었다는 것이 아니라 시사성
時事性 있는 시를 쓴다는 것 자체가 비위에 맞지 않아 모호성
을 연출한 것이다… (중략) 이러한 제반 사정을 고려할 때
「이토」를 친일 작품이라고 규정하는 것은 적정치 않은 일로
판단된다.『국민문학』같은 잡지에 원고를 주었다는 것이 빌
미가 되었지만 당대 상황에서 그것을 마다하기는 극히 어려
웠을 것이다. 확실한 증거가 없음에도 심증만으로 유죄로
판결하는 것은 인권 침해이다."

문학 작품 논평에 '인권 침해'까지 등장했다. 유종호는 이 시에서 일본군 찬양이나 전쟁 미화를 표방한 구체적 용어가 없는 점, 내용의 모호성 등을 들어 '정지용 무죄론'을 사실상 들고 나왔다. 모든 해석(혹은 평가)의 기본은 충실한 텍스트 분석에서 출발해야 한다. 그런 점에서 볼 때 유종호의 이런 주장은 상당히 설득력이 있다. 내 눈으로 봐도 일본군 찬양이나 전쟁 미화를 구체적, 사실적으로 언급한 문구는 안 보인다. 게다가 유종호가 이 글 곳곳에서 주장한 시대 상황에 대한 감안도 필요하다고 본다.

그러나 유종호가 너무 흥분하지 않았으면 한다. 임종국은 유종호를 포함해 국내 문학평론가 그 누구도 관심 갖지 않던 친일 문학 분야를 조사·연구하면서 정지용의 작품 가운데 이런 것도 있다는 식으로 자료를 제시한 것일 뿐이다.

종국은 그런 차원에서 정지용을 '28인' 가운데는 포함시키지 않은 채 부록편 '관계 작품 연표'('친일' 작품 연표가 아니라 '관계' 작품 연표다)에 포함시켰다. 다시 말해 종국은 '관계 작품 연표'에 실린 모든 작품, 또 그를 쓴 모든 작가들이 친일 문학, 친일 문인이라고 단정적으로 표현한 적은 없다. 심지어 종국은 개별 작가론을 쓴 28명에 대해서도 첫머리에서 "여기서 논의될 작가들의 전부가 친일 작가는 아니라는 것"(초판 191쪽)을 분명히 밝혔다.

다만 종국의 대상 작품 선정이 객관적으로 볼 때 섬세하지 못하다는 지적을 받을 수는 있겠다. 또 종국의 판단에 대해 다른 평자들이 이견을 제시할 수는 있다. 마치 유종호가 이런 문제 제기를 하는 것처럼. 그러나 평단評壇에서 종국의 업적은 눈

감은 채 아주 지엽적인 논쟁거리(혹은
실수까지 포함해서)를 들고 나와 마치 그
의 연구 성과에 결정적인 오류라도 있
는 것처럼 떠드는 것은 품위 있는 평
자의 자세가 아니다.

이용악 시인

결론적으로 말해 그가 이 분야의
선구적 연구자로서 후학들에게 그런
연구 대상거리(혹은 논쟁거리)를 제공한
것을 두고 이를 과過로만 지적하는 것은 적절치 않다는 게 내 판
단이다. 임종국에 대한 인물 연구는 '친일파 연구가'보다는 오히
려 '문학평론가'로서 나보다 훨씬 앞서 문학계에서 먼저 시도되
었어야 하는 게 아닌가? 정지용 얘기는 이 정도에서 그치자.

앞서 언급한 대로 유종호는 시인 이용악에 대해서도 '일부
억울함'을 토로했다. 이용악은 1942년에 발표한 「길」「눈 나리
는 거리에서」「불」 등 세 편이 혐의를 받고 있다. 이에 대해 유종
호는 "이 가운데서 「눈 나리는 거리에서」는 태평양전쟁을 찬양
하는 친일 문서임을 부정하기가 어렵고 시인 자신도 뒷날 시집
에 수록하지 않았다"고 했다.

「길」과 관련해서는 "나라에 지극히 복된 기별이 있어 찬란한
밤마다 / 숱한 별 우러러 어찌야 즐거운 백성이 아니리"라는 대
목이 오해의 소지는 있지만 '문학적 통행세'를 낸 것으로 보고
"어느 대목에서도 명시적인 시세 추수를 보이지 않았다는 점에
서 굳이 친일 시편이라고 간주할 필요가 없을 것"이라고 옹호론

을 폈다.

또 이용악의 「죽음」(『매일신보』, 1942. 3월) 같은 작품도 "부정적으로 비판적으로 보면 문제성이 있는 작품"이라고 전제, "청년들에게 죽음을 두려워 말고 전쟁에 임하여 나가 싸우라는 전언을 가지고 있는 시국 추수 시편이라고 타박할 수도 있을 것이다. 그러나 그것은 과도한 얽어 넣기이며, 문학적 중상中傷에 지나지 않는다"고 했다.

재밌는 토론거리가 하나 있으니 예서 잠시 쉬어가자. 딴 게 아니라 유종호가 위에서 사용한 '문학적 통행세'와 '문학적 중상'中傷이란 표현이다. 문학적 통행세는 '문학을 하기 위해' 할 수 없이 통행세를 낼 수밖에 없었다는 얘기고, 문학적 중상은 '문학을 이용한' 중상(중상모략)이라는 것으로 나는 풀이한다(혹 나의 오판일 수도 있음).

그런데 여기서 나는 유종호와 큰 인식차를 발견했다. 이제부터 그 차이를 설명하겠다. 우선 '통행세'부터. 유종호의 '문학적 통행세'(이런 형용이 가능한지도 모르겠지만)는 문학을 하기 위해 통행세를 낼 수밖에 없었다는 얘기다. 다시 말해 통행세를 내고라도 문학을 해야 했다는 얘기로도 들린다. 그런데 내 생각은 다르다. 그리고 그 답은 그의 주장 속에 있다. 유종호는 친일'문학'은 문학이란 이름으로 논할 가치도 없는 것이라며 친일'문서'로 부르자고 주장했던 사람이다. 긴 말 않겠다. 그런데 그런 걸 하자고 통행세를 냈다고?

다음은 '문학적 중상'. 네이버 '국어사전'에 '중상'을 쳐보면

"근거 없는 말로 남을 헐뜯어 명예나 지위를 손상시킴"이라고 나온다. 본론으로 들어가 보자. 이용악의 「죽음」의 원문 가운데 논란이 되는 부분은 "나라에 큰 난이 있어 사나히들은 당신을 향할지라도 / 두려울 법 없고 / 충성한 백성만을 위하야 당신은 / 항상 새 누리를 꾸미는 것이었습니다"라는 대목이다. 이에 대해 유종호 그 자신도 "부정적으로 비판적으로 보면 문제성이 있는 작품이며, 청년들에게 죽음을 두려워 말고 전쟁에 임하여 나가 싸우라는 전언을 가지고 있는 시국 추수 시편이라고 타박할 수도 있을 것"이라고 평가했다.

그런데 앞에서는 이렇게 문제가 있다(또는 '있을 수 있다')고 해 놓고 뒤에서는 이걸 '중상'이라니, 이건 대체 무슨 논리인가? 즉 비판의 근거를 자신이 제시해 놓고 바로 그 비판이 '남을 헐뜯어 명예나 지위를 손상시켰다'니. 이거야 말로 임종국에 대한 유종호의 '문학적 중상'이 아닐까?

# 문덕수의 '임종국 비판'과 '유치환 옹호'

유종호의 『친일문학론』 비판(혹은 임종국 비판)은 시각의 차이는 있을지언정 그래도 점잖다고 할 수 있다. 그 나름의 논리가 있고, 우리 문학사를 사랑하는 평론가의 입장에서 한 비판이라고 보이기 때문이다. 그러나 시인 문덕수(1928년생, 78세, 청마문학회장)의 임종국 비판은 상대적으로 저급低級해 보인다.

문덕수는 지난 2004년 10월 11일자 『경남신문』에 기고한 「한용운과 유치환」이라는 칼럼에서 임종국은 친일 안 했냐며 물었다. 문덕수가 임종국의 친일 운운하며 거론한 것은 종국이 『친일문학론』의 「자화상」에서 언급한 내용을 두고 한 것이다. 속셈은 '임종국 흠집내기'다. 더 본질적인 것은 한용운, 김정한, 백석, 정지용 등을 통해 청마 유치환을 옹호하려는 '물타기'로 보인다. 문덕수가 쓴 칼럼의 내용을 일단 보자.

"친일 문학의 불을 붙인 첫 화약은 임종국 씨의 저서 『친일문학론』(1966)이다. 이 책 속의 「자화상」에서 저자는 독자들이 궁금하게 생각할 것은 이 책을 쓴 "임종국이는 친일을 안 했을까?"라고 전제해 놓고서도 정작 자기의 친일 관련 언급은 없이 일인 소녀에의 연정, 근로동원, 총검술 등 당시의 어둔 상황만 약술하고 있다.

문덕수 시인

해방될 때 17세라면 식민지 때 교육을 받았고, 그때 교육을 받았다면 창씨개명은 물론이요, 학교 안의 신사神社참배, 일장기에의 경례, 「황국신민의 서사」 복창, 일본 국가 제창 등을 하지 않을 수 없었다. 『친일문학론』의 저자는 자신이 겪은 것으로 보이는 이러한 친일 관련 사항은 왜 언급하지 않았을까… (후략)"

1929년생인 종국은 해방 당시 만 열여섯 살이었고, 당시 경성공립농업학교 3학년에 다니고 있었다. 종국이 「자화상」에 언급했고, 또 문덕수가 다시 거론했듯이 그는 식민지 교육을 받은 것은 사실이다. 내가 여기서 확언할 순 없지만 종국이 학교 안의 신사참배, 일장기에 대한 경례, 「황국신민의 서사」 복창, 일본 국가 제창 등은 했을 것으로 보인다. 다만 창씨개명은 하지 않았다. 이는 내가 재동초등학교에 보관된 그의 소학교 시절 학적부에서 확인했다.

또 사춘기가 되자 이웃에 사는 소녀(일본인)에게 연정 같은 것을 느낀 것도 같고, 학교에서의 근로동원이나 총검술 훈련도 거부하지 않고 따랐을 것으로 보인다. 어린 시절 종국은 기성 제도에 반항한 사례가 없으며, 투철한 민족의식 또한 없었고, 우리 민족의 역사에 대해서도 문외한이었다. 종국은 자신이 고구려, 신라의 핏줄인 것도 몰랐음을 두고 '천치'天痴라고 스스로 비하했다. 그런 그이니 친일이고 뭐고를 할 형편도 되지 못했다.

종국의 「자화상」 가운데 관련 부분을 다시 살펴보자.

"독자들이 제일 궁금하게 생각할 것은 이 책을 쓴 임종국이는 친일을 안 했을까? 이것이 아닐까 한다. 이 의문을 풀어드리기 위해서 필자는 자화상을 그려야겠다.

1929년생―. 그 무렵 나는 신설정(현 신설동)에서 십대의 시절을 보냈다. 우리집을 가운데 두고 왼쪽에 만성루萬盛樓, 오른쪽에는 죽정竹井이라는 일인日人이 살고 있었다. 나는 어느새 그집 기대畿代라는 소녀와 가까워져서 흔히 연정 비슷한 감정을 느끼곤 했다.

그리고 얼마가 지났다. 근로동원을 가서 꾀를 피우다 으레히 '가찌노 고다까라'(조선놈은 씨알머리니까), '아래 요보상다요'(저건 조선놈의 종내기야)라는 욕을 먹었다. 그러면서도 나는 검도하며 총검술을 배웠다. 배낭에 99식 총과 대검을 찬 상급생들이 참 하늘만큼은 장해 보였다. '조센진도 멘따이와 다다께바 다다꾸호도 아지가 데루'(조선놈하고 명태는 두들기면

두들길수록 맛이 좋아진다)라는 그 유명한 격언(?)을 들은 것도 이
무렵이다… (후략)."

내가 문덕수의 비판 자세가 '저급'하다고 한 것은 친일 문제
를 접근하는 그의 자세가 전연 지식인답지 못하다는 점이다. 친
일 논쟁에서 혹자는 학교 선생이나 군청 서기까지를 친일파로
봐서는 곤란하다는 주장을 펴기도 한다. 그런데 이런 주장 역시
과도한 우려에서 비롯했다.

해방 후 반민특위 이래로 친일파를 규정(또는 조사)하면서 그
누구도 교사나 군청 서기 같은 하급공무원을 친일파로 선정한
경우는 없었다(물론 이들 가운데도 특별히 악질적인 행위를 한 사람이라면
얘기는 다르지만). 그런데 문덕수는 교사도 아니고 그 밑에서 교육
을 받은 학생을 두고 친일 운운했다.

임종국이 최소한 일제 당시 교육 일선에서 황민화 교육을
맡았던 교사라도 됐다면 그건 얘기가 조금은 다를 수는 있겠
다. 흔히 우리가 친일파라면 창씨개명을 한 사람을 지칭하기보
다는 앞장서서 창씨개명을 선전한 일제 앞잡이를 일컫는다. 또
「황국신민의 서사」의 경우도 마찬가지다. 이를 복창한 학생들
이 대상이 아니라 그와 같은 것을 만든 총독부 관리(김대우) 같은
사람을 우리는 친일파라고 부른다. 문덕수의 화살은 과녁이 틀
려도 한참 틀렸다.

일제 당시의 교사 얘기가 나왔으니 세상에는 이런 교사도 있다는 의미에
서 이 사람을 소개한다. 일제 때 국민학교 교사를 지낸 김남식(1918년생, 서울

거주)은 1985년 정년퇴직한 뒤 자신의 죄과를 사죄하는 의미에서 수십 년째 자신이 살고 있는 청량리 일대의 길거리 청소를 해오고 있다. 그는 후배 교사인 이치석(1954년생, 2004년 퇴직, 현재 저술 활동)과 함께 '국민학교 명칭 개정모임'을 결성하여 운동을 전개한 결과 지난 1996년에 '국민학교'를 '초등학교'로 바꾸는 데 크게 기여했다. 그가 길거리 청소를 하는 이유를 들어보자. "처음에는 간디가 제일의 봉사는 변기 청소라는 말을 한 적도 있어 나도 그런 일을 해보자고 해서 시작했다. 그러던 중 내가 왜정 때 학생들에게 일본말 쓰기를 시킨 것에 대해 벌을 받는 의미로 청소를 이어나가고 있다. 1939년 초등학교에 첫 발령을 받았는데, 일주일에 한 시간짜리 조선어 수업 말고는 우리말을 쓰지 않도록 하고 있었다. 주번 교사는 아침마다 4명의 주번에게 각각 '국어 상용'이라고 쓰인 손바닥만 한 크기의 패를 줬다. 주번은 우리말을 쓰는 친구를 발견하면 그 패를 그에게 건넸다. 운동장 구석에서라도 우리말을 쓰면 그 패를 받아야 한다. 그 패를 받은 아이가 다른 아이에게 하교 시간까지 못 넘기면, 최종적으로 교무실에 그 패를 들고 가야 한다. 늦게나마 '내가 교사로서 참 나쁜 짓을 했구나' '민족반역자였구나'라는 생각을 했다."(「한겨레21」, 2006. 3. 1)]

칼럼 초반부에서 문덕수는 대뜸 임종국을 향해 '너는 친일 안 했냐'는 식으로 따지고 들더니 뒤로 가면서 드디어 본심을 드러낸다. 이어지는 그의 글을 보자.

"임 씨의 『친일문학론』에는 김동인, 이광수, 최남선 등 소위 친일 작가 48명이 거명되어 있다. 그 뒤 서정주가 생존 시에 혐의를 받은 것은 「마쓰이 오장 송가松井伍長頌歌」를 비롯한 11편의 제목이 이 책의 부록으로 열거된 것이 그 계기이고, 청마가 논란이 된 시초도 「수」「전야」「북두성」 등 3편의 「부록」 기록에서 비롯된 것이다. 그런데 근래에 와서 한용운, 김정한, 백석, 정지용 등에게서도 친일 혐의를 받을 만한 자취가 발견되어 주목을 받고 있다…. (후략)"

# 유종호와는 다른 문덕수의 비판 자세

앞의 유종호라면 '영광된 작가' 범주에 드는 한용운, 김정한, 백석, 정지용 등의 친일 성향의 작품이 발견된 것을 두고 안타까운 마음을 금치 못했을 터다. 유종호는 친일 문인에 비해 '영광된 작가'의 숫자가 적음을 안타까워했다. 그런데 문덕수는 '한용운, 김정한, 백석, 정지용 등에게서도 친일 혐의를 받을 만한 자취가 발견되어 주목을 받고 있다'며 내심 반가워하는(?) 표정 같다. 왜 그럴까?

종국의 『친일문학론』에 개별적 작가론 대상으로 등장하는 28명은 1급 친일 문인이라고 쳐도(물론 김사량 같은 경우는 예외다) 그 뒤에 첨부된 신인(20명)들과 부록편의 '관계 작품 연표'에 등장하는 문인들은 상당히 억울하다는 입장이다(앞에서 유종호도 그 점을 몹시 중요하게 거론하였고, 심지어 '문학적 통행세' '문학적 중상' 운운하면서 이들에 대해서는 '우리 문학의 자산으로 수용하는 것이 온당하다'고 주장했다). 이들은 완전히 친일 혐의를 벗을 수는 없다고 해도 작품 수

가 현저히 적거나 내용상 논란의
소지가 있어 이른바 '경범죄 위반
자'(유종호 표현)에 해당하는 자들
이다.

청마 유치환

청마 유치환(1908~1967)이 바
로 그런 인물 중 하나다. 문덕수는
지금 그 청마를 변호하고 있다. 알
고 봤더니 문덕수는 1955년 유치
환의 추천으로 문단에 나왔으며,
청마문학회 회장(2004년 현재)을 맡고 있었다.

나는 이 글을 써나가면서 가면 갈수록 문덕수는 유종호와는
근본이 서로 다른 사람 같다는 생각이 들었다. 우선 유종호가
임종국의 『친일문학론』에 이견을 제기한 것은 문단 전체 차원
이며, 주장도 상당히 대승적이다. 즉 누구는 잘했고, 누구는 잘
못 했고 이런 식이 아니다.

반면 문덕수는 이 점에서도 다르다. 자기의 스승 격인 유치환
을 변호하기 위해 문단의 선배인 한용운, 백석, 정지용 등의 오점
을 부각시켜 이를 이용했다는 점이다. 그러면서 상대적으로 유
치환은 별 문제가 없다는 식이다. 이건 좀 곤란하다. 굳이 한용
운 등을 거론할 건 뭔가. 이런 게 흔히 말하는 물귀신 작전이고,
또 '물타기'다. 자신이 옹호하고 싶은 유치환에 대해서만 논리적
으로 해명하고 또 이해를 구하면 그뿐 아닌가? 그의 나머지 칼럼
을 보자(여기서 유치환 작품 「수」 등을 둘러싼 친일 논쟁은 생략한다).

"은인자중의 극極은 철저 응징의 국局을 짓게 하여 남북 전지南北全支에 뻗쳐 장병의 출정을 보게 되어 소기의 전과를 얻고 있는 것은 국민과 함께 감사하는 바로 정도征途의 장려와 전지의 혹열 아래서의 장병의 심신견고를 소원하는 동시에 후고後顧의 우려를 없이하는 것은 총후국민銃後國民의 의무가 되지 않으면 안 된다."(한용운, 「지나사변과 불교」, 『한용운전집』2. p.362)

이 글은 한용운韓龍雲이 중일전쟁(1937. 7. 7) 직후에 발표한 「지나사변과 불교」(『불교』1937. 10)라는 논설의 일부다. 일제의 중국 침략의 정당성에 입각하여 중국 대륙의 남북을 유린한 일제의 전쟁을 지지하면서 총후銃後 국민의 의무를 강조한 것인데 설마 이런 친일적 논설을 한용운이 썼을까 하고 의심할 이도 없지 않을 것이다. 지난 8월 백담사에서 개최된 만해축전에서 만해의 이 논문을 인용한 모 교수도 "이 논설이 만해의 것이라고 믿기엔 너무도 충격적인 내용을 담고 있다"면서 한용운의 친일 자취를 소개하고 있다.

요즘 한창 뜨고 있는 백석白石은 어떤가. 1940년 4월 5일. 『만선일보』에서 '만일문화협화와 만주문화'라는 제목의 좌담회를 개최했는데 여기에 조선 측 참가자로 박팔양, 이갑기 등과 더불어 백석이 참석했다. 그는 놀랍게도 '만주국 국무원 경제부' 공무원으로 소개되어 있다. 백석을 친일 시인이 아니라고 말할 수 있는가. 정지용은 일어로 20여 편의 작품을 썼고 이상 역시 마찬가지다. 임 씨의『친일문학론』에는 한용운, 백석의 이런 사실은 누락되어 있다.

청마의 작품「수」「북두성」「전야」는 직접적으로나 구체적으로 일본군이나 일본제국주의에 관련된 작품이 아니다.「수」에 등장하는 비적匪賊은 일본의 괴뢰 정부인 만주국 이전부터 있었던 것이니 항일 독립군으로 볼 수 없으며,「북두성」에 나오는 '두병'斗柄이나 '동방의 새벽'은 청마 개인의 의지적 표상이며, '전야'는 구체적으로 학병 출정을 장려한 대목을 발견할 수 없다. 이러한 작품을 일제 군국주의라는 당시의 각박한 상황 속에 넣고 무리하게 틀에 맞추는 식의 이른바 '맞춤풀이'로 '친일 운운' 하는 것은 설득력이 없다.

청마든 누구든 많은 작품에 비해 구우일모九牛一毛인 작품 한두 편을 가지고 그 사람 전체에 '친일' 딱지를 함부로 붙이는 것은 마녀사냥이나 다름없다. 일종의 매카시즘적 수법이다. 청마의 경우처럼 '다양한 해석 가능성'을 무시하고 친일 일방주의로 몰고가는 전제주의적 해석은 다원주의 시대에 용납될 수 없다. '협화회協和會 근무'라는 김소운의 약력 소개는 논리가 빈약한, 한마디로 난센스다. 청마를 정치적으로 이용하여 언론을 끌어들여 난도질하고 시국에 편승하여 '청마문학관'이 어떠니, '청마우체국'으로의 개명이 부당하니 하면서 목소리를 높이고 데모하는 짓은 바람직하지 않다. 그리고 친일 문제는 법에서 결론이 내릴 때까지 자중하여 기다리는 것이 양식에 걸맞은 행위임을 강조해 둔다."

# 건강 악화로 『친일파총사』 공동 집필 계약

  이제 그의 말년으로 접어든다. 우선 그의 건강 상황을 좀 짚어보자. 청소년기에 그는 건강한 체질이었다. 그러나 젊은 시절 방황기 때나 한국전쟁 직후 대구에서 고학苦學하면서 건강을 제대로 챙기지 못해 상당히 몸이 망가진 상태였다.

  선숙의 증언에 따르면, 1960년대 후반에는 하루에 담배 4갑을 피우기도 했다고 한다(반면 술은 별로 안 했다고 한다). 1968년 위토혈로 한 달여 입원한 것도 다 담배가 원인인 듯싶다. 게다가 기관지 천식을 앓고 있던 그에게 담배는 극약이나 마찬가지였다. 그럼에도 그는 담배를 즐겼는데 탐닉하기보다는 일종의 위안재였다.

  아내와 막내 동생 경화는 그런 종국에게 망개 열매로 조청을 만들고 진달래꽃으로 술을 담그는 등 등 천식에 좋다는 것은 뭐든지 해댔다. 그러나 신경이 날카로와지면 종국은 연신 줄담배를 피워댔다. 경화는 "성냥 하나로 피운 담배가 꽁초가 되면

새 담배에 불을 붙이고 다시 꽁초가 되면 또 새 담배에 불을 붙이고… 그럴 때마다 언니와 나는 간이 졸아들었다"고 말했다.

곁에서 보다 못한 경화가 "오빠, 담배 좀 제발 그만 피우세요!" 하면 "빨리 죽을라고 피운다, 이 한심한 세상 살기 싫다. 나라가 망해가는 꼴을 더 이상 못보겠다. 차라리 빨리 죽어서 이 꼴을 더 이상 보고 싶지 않다"며 죄 없는 막내 여동생에게 쏘아붙이곤 했다.

김대기에 따르면, 종국은 어디서 그런 얘기를 들었는지 "담배를 피우면 가래가 많이 떨어져 나온다"며 담배를 즐겼다고 한다. 즐겨 피운 담배의 종류는 가격으로 치면 최하위 바로 위 등급인 '은하수'(당시 330원)였다(정택의 증언). 아내가 담배 피는 걸 뭐라고 하자 더러는 아내 몰래 피우기도 했다.

해가 갈수록 그의 건강은 악화일로로 치달았다. 김대기는 "1985년경에 이미 200보도 계속해서 걷지 못했으며, 외출 시에는 길을 가다가 한참씩 쉬어가곤 했다. 매년 반씩 걸음걸이가 줄어들었다. 즉 작년에 200보라면 올해는 100보, 내년엔 50보 이런 식으로 걸음을 못 걸으셨다. 돌아가시던 해(1989년)의 경우 방에서 마루까지 나오시는 것도 힘들어 하셨다. 그런 상황에서도 지기知己를 만나면 두 시간이고, 세 시간이고 기력을 다해 통한의 역사를 토로하셨다"고 증언했다.

사실 그의 죽음은 이미 예고되었다. 그러나 그 역시 죽음의 그림자가 그렇게 빨리 덮칠 줄은 몰랐다. 다만 김대기만은 1984년경에 이미 종국이 5년 정도밖에 살지 못할 것이라고 내

80년대 중반 외부에 강연을 가다가 도중에 숨이 가빠 앉아서 쉬고 있는 종국. 왼쪽은 그의 말년 5년을 시봉한 김대기 씨(김대기 제공).

다봤다. 그래서 김대기는 종국을 만나자마자 연구소 설립을 제안했다. 당시 종국은 8개 분야, 15년 프로젝트를 세워놓고 있었다. '운양호 사건'(1875) 당시 일본 측 통역관을 하며 그들의 앞잡이 노릇을 한 김인승(생몰연대 미상)을 '친일파 제1호'로 잡은 종국은 이후 해방 때까지 70년간에 걸친 각 분야별 배족사를 쓸 계획이었다.

당시 종국은 항일 투쟁사는 이미 상당한 연구 성과가 나와 있고, 일제 지배정책사는 강동진이 대충 작업을 했으니 여기에 자신이 친일배족사 연구 성과를 보태면 일제 시대사의 3축軸이 어느 정도 가닥이 잡힌다고 생각했었다. 종국은 자신이 세운 집필 계획을 마무리할 수 있을 것으로 보고 김대기의 연구소 설립 제안에 그리 깊은 관심을 보이지 않았다.

그러나 종국의 집필 계획은 그의 뜻대로 진행되지 않았다. 나빠진 건강이 그의 앞길을 가로막고 나섰기 때문이다. 이미 집 안에 산소통을 비치해 두고 급할 때면 응급조치로 사용하기도 하던 때였다. 이제 다급해진 것은 종국이었다. 1988년 말경 종 국은 김대기를 급히 불러 같이 연구(집필)할 사람을 구해달라고 부탁했다. 김대기는 적절한 연구자를 물색하다가 우연히 알게 된 김승태(1955년생, 당시 독립기념관 교육과장, 현 한국기독교역사연구소 연구실장)를 종국에게 소개했다. 김승태의 증언을 들어보자.

"독립기념관 교육과장(후에 자료과장 역임) 시절 천안역 건 너편에 있던 지평서원(주인 김대기)에 사회과학서적을 구입하 러 더러 갔었습니다. 그 과정에 김대기 사장을 알게 됐고, 거 기서 임종국 선생님 책을 몇 권 샀는데, 우연히 임 선생님이 천안에 계시다는 얘길 듣고 한번 만나뵙고 싶다고 했더니 김 사장이 소개해줬죠.

1989년 초 자택(구성동)으로 찾아 뵈었는데 당시 건강이 아주 안 좋으셨습니다. 임 선생님께서 『친일파총사』 집필 계 획을 (건강 때문에 혼자) 완성하지 못할 것 같아 같이할 사람을 찾고 있다'고 말씀하셨습니다. 그래서 도와드리고 싶다고 말 씀드리고 얼마 뒤 다시 찾아뵈었더니 계획서를 보이며 쓸 수 있는 부분을 골라보라고 하시더군요.

김승태 씨.　　　　　　　　이명화 씨.

그래서 내가 한 사람 더 참여시키고 싶다며 동료 이명화 (1958년생, 현 독립기념관 연구위원) 선생을 추천했습니다. 그래서 이 선생을 동반해서 다시 방문했더니 "계약서를 쓰자"고 하셨습니다.

총 10권 분량인데 각 권 모두 필자 책임 아래 자료 수집과 집필을 하자고 제안하셨습니다. 그러면서 1만 5000명 분의 (친일인명) 카드를 작성해뒀는데 그걸로 인명사전 만드는 게 가능하니 마지막 권은 인명사전으로 하자고 하셨습니다. 나는 종교, 문화 분야를, 이명화 선생은 교육 분야를, 그리고 임 선생님께서 정치, 경제, 군사 분야를 맡기로 하셨습니다."

『친일파총사』 발간 계획은 1985년 3월 15일 세 사람이 정식으로 '공동연구 계약서'를 쓰면서 본격화됐다. 11개항으로 된 계약서에 따르면, 총 10개 분야(총론, 사상, 경제, 만주·중국, 문화, 동양종교, 서양종교, 사회교육, 정치, 1~4 공화국)에서 논저 1권과 자료집 1권씩 내기로 했다. 이 가운데 종국은 총론, 사상, 정치, 1~4 공화국을, 이명화는 경제, 만주·중국, 문화를, 김승태는 동양종교, 서양종교, 사회교육을 맡아서 집필하기로 정했다. 이와는 별도로 친일파 1~2만 명 규모의 친일 행적과 관련 용어해설을 담은 '사전'과 친일논설을 모은 자료집을 10권 규모로 내기로 했다.

분량은 사전과 자료집을 제외한 논저는 담당 집필자 책임하에 200자 원고지 2,000매 분량으로 하되 각자 연구(집필)에 소요되는 비용은 각자 부담키로 했다. 대신 연구 성과에 대해서는 각자 자유롭게 매체에 발표할 수 있도록 했다. 사전과 자료집은 논저 집필이 끝나면 2기 작업으로 진행할 예정이었다. 종국의 건강이 허락해 예정대로 진행됐다면 적어도 87년경에는 성과물들이 세상에 선을 보였을 것이다.]


당시 종국은 『친일파총사』 집필 기간을 2년 정도로 잡았으며, 출판은 평화출판사에서 할 작정이었다. 거기서 『친일문학론』을 내줬는데 그 책이 생각보다 많이 팔리지 않아 종국으로서는 마음의 빚이 돼 있었던 까닭이다. 그래서 이번엔 거기로 출판권을 주고 싶었던 것이다.

종국은 그런 얘기를 두 동반자(김승태, 이명화)에게 미리 해줬다. 허창성 사장은 "당시 집필진이 구성되면 회사 내에 별도의 집필실을 내주기로 임 선생과 얘기까지 됐었다"고 말했다. 그러나 이런 야심찬 계획은 그의 건강 악화 등으로 결국 수포로 돌아가고 말았다.

'요산재'는 산속인데다 바로 앞에 저수지가 있어 시내보다 기온이 낮았다. 주위에서 저온이 폐기종엔 해롭다고 하자 그는 거처를 옮기기로 마음먹었다. 1987년 9월 23일자로 오오무라에게 보낸 편지에서 그는 "산의 냉기가 기관지에 좀 해로운 느낌이 들어서 천안 시내 쪽으로 이사를 해볼까 생각하고 있습니다. 하지만 여기가 부동산 매매 경기가 좋은 편이 아니어서 생각만 하다 그칠지도 모르겠습니다"라며 이사 의향을 내비쳤다.

그러다가 이듬해 여름 무렵 천안 시내로 거처를 옮겼다. 1988년 7월 26일자로 미야타에게 보낸 편지에서 "이번에 아래에 적은 주소(충청남도 천안시 구성동 481-2)로 이사하였습니다. 예전 주소는 산중의 외딴집으로 원고 작업에는 안성맞춤이었지만, 마을보다는 3~4도 저온이어서 지병인 만성기관지염에 다소 영향을 주는 경향이 있습니다"라고 적었다.

편지를 보낸 날짜를 감안하면 그해 6, 7월경에 시내로 이사한 것으로 보인다. 그러나 이 무렵 건강은 이미 거의 회복불능 상태였다. 그러나 남에게는 그런 것을 보이고 싶지는 않았던 모양이다.

타계하기 8개월 전인 1989년 3월 6일자로 미야타에게 보낸 편지에서 "저는 건강하다고 말씀드리고 싶지만 21~28일까지 입원해 있었습니다. 대단한 일은 아니지만 예의 천식(폐기종) 때문입니다. 몇 번이고 '고물자동차'의 일로 이따금 '보링'을 하지 않으면 움직이지 않기 때문에 '정차장'整車場에 갔다 온 셈입니다"라며 딴엔 여유(?)를 부리기도 했다.

그러나 아내에겐 속마음을 사실 대로 털어놨다. 그는 시내로 내려오기 얼마 전 아내에게 "건강이 안 좋으니 매사에 자신이 없다. 게다가 밤농사를 지어보니 막상 생각한 것보다 수확도 제대로 나오지 않으니 산을 팔고 시내로 나가자"고 말했다.

# 건강·집필 전념 위해 천안 시내로 이사

　　요산재에서 구성동으로 이사한 것을 두고 김대기는 또다른 의미를 부여했다. 이사를 한 게 건강 문제가 한 요인이었던 점은 분명하나 거기엔 종국의 또다른 깊은 뜻이 있었다는 얘기다. 김대기의 얘기는 종국이 서울서 천안으로 내려온 뜻과 맥을 같이 하고 있어 상당히 일리가 있어 보인다.

　　우선 종국이 서울서 천안으로 내려온 것은 생활비 문제에 신경 쓰지 않고 연구와 집필에만 전념하기 위해서였다. 그런데 막상 농사일을 안 해본 그에게 1만여 평의 밤농사는 그리 녹록한 일이 아니었다. 주경야독晝耕夜讀, 말 그대로였다.

　　낮에는 산에 올라가 밤나무를 돌봐야 했다. 다른 수종에 비해 밤나무는 비교적 일손이 덜 가긴 했다(밤농사를 짓는 것과 관련, 오오무라는 "연구자와 과수원 경영자, 이 두 가지 '직업'을 갖고 있었기 때문에 품이 많이 드는 복숭아나 배는 그만두고 밤만 주 수입원으로 삼고 있었다"고 분석했다). 그래도 철철이 농약 치고 가을이면 일꾼들과 함께 밤 따

천안 시내 구성동 옛집

고 또 그걸 경운기에 싣고 시장에 나가 팔아야 했다.

특히 말년에 건강 문제까지 겹치자 그는 책 보고 글 쓸 시간이 그리 많지 않았다. 김대기는 그의 구성동 이사를 이렇게 분석했다.

"당초 서울서 천안 내려오실 때 땅 사서 농사지으면 거기서 식구들 먹는 것 나오고 밤농사 지으면 월 500 정도는 나올 걸로 생각하셨던 모양입니다. 그러나 그건 생각대로 되진 않았죠. 그래서 대우학술재단 같은 데서 연구비 지원을 받아보면 어떻겠느냐고 말씀드렸더니 지원받으면 글 쓸 때 붓끝이 떨린다며 끝내 사양하셨습니다. 그런데 아이들은 커나가 씀씀이는 늘고 건강은 안 좋은데 할 일은 쌓여 있으니 결국 결단을 내리신 겁니다.

내가 듣기로 밤나무 산을 판 가격이 7~8000만 원 정도였다고 했는데, 시내 구성동 집 사는 데 3~4000만 원이 들었다고 했습니다. 결국 5000만 원 정도가 남는데 그 돈으로 돌아가실 때까지 10년 정도 생활비로 쓰면서 연구에만 전념하실 생각이었던 것으로 보입니다. 말하자면 최후의 배수진을 친 셈이죠."

종국이 타계한 지 한 달여 만인 1989년 12월 중순, 나는 세 살배기 딸아이를 데리고 구성동 집을 방문했다. 남편상喪을 입고 부인 혼자 지키고 있는 집을 일면식도 없는 남자가 불쑥 방문하는 것은 실례라고 생각했다. 그래서 궁리 끝에 생각해 낸 것이 딸아이를 데리고 가는 방법이었다. 아니나 다를까 천안역에서 택시를 타고 구성동 집 근처에 도착해 사모님께 전화를 드렸더니 지금 혼자 집을 지키고 있다며 방문을 꺼리는 눈치였다. 그래서 내가 세 살짜리 딸애를 데리고 왔다고 했더니 그러면 얼른 들어오라며 도로 입구까지 마중을 나오셨다.

그날은 눈이 제법 내려 딸아이의 작은 구두가 눈에 파묻혔던 기억이 난다. 바로 그 구성동 집. 이곳은 종국이 생의 마지막을 불태웠던 곳으로, 그가 영면해 있는 천안공원묘원 가는 길목에 있다. 요산재에서 내려온 정택과 나는 묘소로 가는 길에 잠시 차에서 내려 구성동 집을 둘러보았다. 정택이 말로는 마당에 있던 살구나무, 앵두나무 등을 베어낸 것 외에는 외형은 별로 변한 게 없어 보인다고 했다(그의 사후 가족들은 1995년 서울로 이주했다).

건강 때문에 거주지를 옮길 정도였음에도 그는 더러 외출을 하기도 했다. 앞에서 조지훈 선생 부인 김난희 여사를 언급할 때도 잠시 언급했지만 그는 이 몸에 지훈 선생 댁에 밤을 가지고 찾아가기도 하고 더러는 신문사에 볼일을 보러 가기도 했다.

종국이 자주 발걸음을 했던 신문사 가운데 하나가 『중앙일보』사였다. 1970년대 중반 이후 그는 『월간중앙』에 더러 무게 있는 글(「중추원 참의」, 「징용」, 「학도지원병」, 「일제 고등계형사」 등)을 지속적으로 기고해왔다. 또 1980년대 중반에는 『중앙일보』의 「파한잡기破閑雜記」라는 코너에 고정 칼럼을, 또 「일日의 신新국가주의 이미 부활됐다」 등의 시론時論을 더러 쓰기도 했다. 그런 업무상 인연도 없지 않았지만 당시 『중앙일보』사에는 그의 지기知己가 한 사람 있었다. 당시 문화부 소속 이근성(1951년생, 현 『프레시안』 상임고문) 기자였다.

이근성은 그를 취재원으로서만이 아니라 마음으로 존경하고 따랐다. 종국은 1988년에 펴낸 『일본군의 조선침략사 1』의 「서문」에서 "희귀한 자료 입수에 힘을 써 주신 재일교포 박해석 씨와 『중앙일보』 이근성 씨, …"라며 그를 구체적으로 언급했다.

지난 9월 중순 전화 통화에서 이근성은 "80년대 중반 서너 차례 천안 선생님 댁을 방문했다. 특별히 도움을 드린 것은 없고, 도리어 내가 도움을 받았다. 서울 오시면 더러 『중앙일보』

를 방문하셨는데 돌아가시기 직전 무렵에는 편집국(3층)에 올라오시면서 거의 기절을 할 정도로 힘들어 하셨다"고 했다. 이근성은 "아무도 거들떠보지 않을 때 혼자 외롭게 자신의 생명조차 돌보지 않은 채 연구만 하시다 가신 분"이라고 그를 기억했다.

이근성 말고 임종국에 관심을 가지고 있던 기자가 한 명 더 있다. 『한국일보』 서화숙(1960년생, 당시 문화부 기자, 현 선임기자) 기자가 그 주인공이다. 서화숙은 정확히 언제인지는 모르지만 그의 대표작 『친일문학론』을 소장하게 된 이후 줄곧 그를 마음에 두었다고 했다. 종국이 옳은 얘기를 하는 건 분명한데 우리 사회의 주류 언론에서 받아주지 않는 것에 대해 서화숙은 답답함을 느꼈고, 그래서 자신이 소통의 통로가 돼보려고 노력했었다.

종국과의 본격적인 접촉은 1989년부터 시작됐다. 그해 8월 광복 44주년을 앞두고 당시 문화부 기자였던 서화숙은 천안으로 내려가 그를 인터뷰(8월 17일자에 보도)했다. 그해 2월에도 건강이 안 좋아 입원을 했다가 4개월 만인 6월부터 겨우 몸을 추스린 종국은 서 기자에게 "환갑치레를 톡톡히 하는 모양"이라고 가볍게 웃어넘겼다. 그러나 당시 그는 "담배도 끊었고, 아침 10시부터 저녁 7, 8시까지 꼬박 앉아 글을 써대던 옛날 버릇도 이제는 건강이 나빠져 쉬엄쉬엄 쓰는 것으로 바뀌었다"고 할 정도로 건강이 악화된 상황이었다.

서화숙이 광복 44주년을 맞아 그를 인터뷰한 기사는 결과적으로 그의 마지막 일간지 인터뷰가 됐다. 서화숙은 또 『주간한국』 부장에게 제안해서 그에게 원고 청탁을 해서 싣기도 했다

(「친일파와 그 자손들의 현주소」, 『주간한국』 1989. 9. 24). 서화숙은 그의 사후에도 두 차례나 비중 있게 후속 기사를 보도했다. 「고 임종국 씨 친일파 자료 후속 연구자 기다린다」(1990. 3. 14), 「역사학자 고 임종국 선생 유지 "결실", 친일 문제 다룰 연구실 생긴다」(1990. 4. 24) 등이 그것이다.

# 『조선』『동아』 기자들이 종국을 찾아온 사연

기자들 얘기가 나왔으니 이 얘기도 한 줄 걸치고 지나가야 겠다. 위의 이근성, 서화숙의 경우처럼 종국의 연구 작업에 깊은 관심을 가지고 취재를 온 경우 말고도 기자들이 '특수한 목적 때문에' 그의 요산재를 찾은 경우가 몇 번 있었다.

때는 1985년 봄 『동아일보』 『조선일보』의 이른바 '민족지 논쟁' 때의 일이다. 먼저 이 사건의 개요를 간단히 설명하자면, 일제 때부터 경쟁 관계였던 두 신문은 서로 자기 신문이 더 '민족적'이라며 논쟁을 해왔다. 그러다가 논쟁이 제대로 불거진 것은 1985년의 일이다.

먼저 포문을 연 곳은 『동아일보』 『동아일보』는 이해 4월 1일 자 창간 65주년 기념호에서 『동아일보』의 창간 과정을 언급하면서 『조선일보』를 친일 신문이라고 주장하고는 4월 12일자에 서도 같은 주장을 폈다. 이에 『조선일보』가 가만 있을 리 없었다. 『조선일보』는 4월 14일자 당시 선우휘 논설고문의 「동아일보 사장에게 드린다」는 칼럼을 통해 반격을 하고 나섰다. 되레 『동아일보』가 친일 신문이라는 것.

그러자 이번엔 다시 『동아』가 반격을 가하고 나섰다. 『동아』는 4월 17일자에서 「애독자 제현에게 알려드립니다」라는 제목의 글을 통해 "『조선일보』가 친일 신문으로 창간된 것은 사실 기록에서 착오가 없는 것"이라고 반박했다. 그러자 이번엔 다시 『조선』이 이틀 뒤인 4월 19일자에서 「우리의 입장 : 동아일보의 본보 비방에 부쳐」라는 제목의 글을 통해 『동아일보』 창간의 '반민족적 성격'을 들고 나왔다.

두 신문 모두 일제하에서 공로도 없진 않지만 흠결도 적지 않은 신문들이 서로 제 잘났다고 하니 그야말로 꼴불견이었다고나 할까. 바로 이 무렵 『동아일보』, 『조선일보』의 기자들이 서로 번갈아 가며 요산재로 그를 찾아왔다. 이 논쟁이 있기 1년 전부터 종국을 곁에서 시봉한 김대기는 그때의 일을 마치 어제 일처럼 뚜렷이 기억했다. 그의 증언을 들어보자.

"그 무렵 『조선일보』, 『동아일보』 기자들이 마치 경쟁이라도 하듯이 요산재로 선생님을 찾아왔습니다. 그리고는 선생님과는 안면도 없는 사람들이 서로 상대방 신문사를 공격할 수 있는 자료를 도와 달라고 부탁했습니다. 참으로 낯 뜨거운 일이 아닐 수 없었죠. 그러나 선생님께서는 그런 목적으로 자료를 모으고 연구한 것이 아니었기 때문에 어느 신문사에도 도움을 주지 않았습니다. 그 일이 있고 얼마 뒤 선생님께서 내게 '솔직히 얘기하면『동아일보』가 훨씬 더 (친일을) 했지'라는 얘기를 하신 기억이 납니다."

종국의 가족들과 요산재에서 같이 살다가 직장(국립보훈원) 때문에 나와 있던 경화는 휴일이면 천안 큰오빠네 집으로 달려가곤 했다. 그때 종국은 폐기종 말기여서 얼굴이 퉁퉁 부어 있었다. 아내는 장어며 좋다는 약은 다 해드렸지만 이미 때가 늦은 상황이었다.

1989년 늦가을로 접어들면서 죽음의 그림자는 자꾸만 그에게로 다가왔다. 불길한 예감을 가지고 하루하루를 지내던 막내 경화는 11월 5일경 급한 전화 한 통을 받았다. 전화 저쪽에서 들려오는 목소리는 한 살 아래 올케 언니였다.

"시누, 그이가 위독해서, (천안)순천향병원 응급실로 가셨어. 아직 시누만 알고 있어, (다른 형제들에게는) 알리지 말고…."

경화는 즉시 전화로 여기저기 형제들에게 알리고는 외출을 허락받아 천안으로 달려왔다. 병원에 당도해 보니 종국은 중환자실에서 목에 굵은 호스를 꼽고 있었다. 입을 쩍 벌린 채 혼수상태였다(입원 기간을 두고 경화는 '일주일', 김대기는 '보름 정도'라고 했다. 그래서 천안 순천향병원에 문의한 결과 마지막 입원 일자는 11월 5일, 퇴원 일자는 11월 11일이라고 알려줬다. 순천향병원에 입원한 횟수는 총 4회로,

1988년에 1회, 그리고 그가 타계하던 해인 1989년에는 3회였다. 아내의 얘기에 따르면, 순천향병원 이전엔 천안 시내 '중앙병원'엘 다녔던 모양이다. 아내는 "단골병원이고, 수시로 다녔다"고 했다. 그때 차편이 마땅치 않아 동네 경운기를 빌려서 병원까지 가기도 했다고 한다).

입원한 지 2, 3일이 지나 종국은 겨우 의식을 회복했다. 그를 시봉하던 김대기는 담당 의사를 찾아갔다(그의 담당 의사는 임종국이 누군지 잘 모르고 있었다). 그리고는 그의 대표작 『친일문학론』을 한 권 건네주면서 이런 분이니 각별히 신경을 좀 써달라고 부탁했다.

이튿날 종국은 김대기를 불러 "왜 그런 일을 하느냐, 우리가 이런 데 와서도 특별한 대접을 받아야 하느냐"며 김대기를 질책했다. 그 뒤 담당 의사가 교체됐는데 그 의사는 임종국이 누군지 알고 있는 사람이었고 그래서 나름으로는 신경을 써주었다. 그때 종국은 가족 면회만 허용되는 상황이었다.

그런데 김대기의 친구인 김거성, 윤병상 목사가 꼭 선생님을 면회하고 싶다고 부탁을 해 김대기는 김거성을 병실로 안내했다. 종국은 목을 뚫은 상황이어서 거의 말은 못하고 겨우 눈짓만 할 뿐이었다. 김 목사는 종국의 손을 잡고 병실에서 즉석 기도를 올렸다. 기도가 끝나자 종국은 김대기에게 펜을 달라고 해서는 종이에다 말 대신 글로 의사를 뭔가를 적어 내려갔다. 김대기는 아직도 그 내용을 기억했다.

"나를 좀 살려 달라. 아직 할 일이 많이 남았다. 살아서 나가면 내가 쓴 책을 다 드리겠다."

그의 병세는 호전되기는커녕 입원 1주일 만인 11일 들어 급속히 악화됐다. 저녁 무렵 담당 의사가 병실로 와서는 "여기는 시설이 없으니 좀 더 시설이 좋은 서울로 옮기는 게 좋겠다"고 제안했다. 그리고는 후배 의사 한 명과 함께 앰뷸런스로 옮겨주겠다고 했다. 가는 곳은 같은 계열인 서울 순천향병원으로, 그 담당 의사는 서울에 이미 연락을 해둔 상태였다.

앰뷸런스에는 종국과 의사 1명, 그리고 김대기가 타고 급히 서울로 향했다. 밤 9시가 좀 넘어 천안을 출발한 앰뷸런스는 한 시간 뒤인 밤 10시경 경기도 평택을 지나고 있었다. 내내 종국의 손을 놓지 않고 있던 김대기는 평택을 지날 무렵 종국의 체온이 급격히 떨어지고 심장이 더 이상 뛰지 않음을 감지했다. 동행한 의사도 그가 임종에 임박했음을 알려줬다.

밤 11시경 병원에 도착했을 때 그는 이미 숨을 거둔 상태였다. 그러나 일단 영안실이 아닌 응급실로 옮겼다. 뒤이어 가족들이 속속 서울로 도착했는데 그는 이미 싸늘한 시신이 돼 있었다(그의 사망 일자는 엄격히 말해 11월 11일 밤 11시경이나 장례식 일정 등을 감안해 일자를 넘겨 12일 0시 40분으로 결정했다고 김대기는 증언했다).

# 끝내 일어나지 못한 '마지막 입원'

마지막 입원을 할 당시 그의 병세가 급속히 악화된 데는 입원 당일 너무 무리를 한 탓이다. 당시 모 방송사에서 반민특위 특집을 한다면서 그를 인터뷰한 게 결정적인 화근이 됐다(경화 증언). 그 전날 종국은 청탁받은 120매짜리 원고를 힘이 들어 80매로 줄여 밤샘을 해서 겨우 마무리를 했다.

그런데 다음 날 방송사에서 와서 인터뷰를 요청하자 처음에는 기운이 없어서 못한다고 했다가 그러면 30분만 하자고 한 것이 두 시간이 걸렸다. 인터뷰를 마치고 방송사 사람들이 돌아가자마자 종국은 호흡곤란을 호소하며 입원시켜달라고 했다. 그리고 병원으로 가서는 숨이 가빠 못견디겠다며 죽어도 좋으니 수술을 해달라고 의료진에 간청했다. 그래서 바로 목을 뚫고 호스를 넣는 수술을 한 것이다.

올케한테 연락을 받고 급히 달려온 경화는 그의 사후에 그의 옷을 챙기다 뜨거운 눈물을 쏟았다. 작고하기 몇 년 전 청계

그의 빈소를 찾은 지인들. 왼쪽 두 번째는 소설가 이호철, 오른쪽 첫 번째는 한승헌 변호사.

천에 나가서 10만 원 주고 기성복을 한 벌 사다 오빠에게 드렸는데 종국은 마지막 입원 당시 그 옷을 입고 있었다. 그런데 그 옷이 온통 흙투성이였다. 병원으로 가다가 길에서 쓰러졌던지 코트며 바지가 온통 흙으로 범벅이 돼 있었던 것이다(종국을 힘들게 한 '마지막 인터뷰'는 즉시 방영되지 않았다. 유족들에 따르면, 그 방송사는 종국이 타계한 후 제법 시일이 지난 뒤에 이를 방영했는데 이 때문에 유족들의 원성을 사기도 했다).

그의 임종을 확인하자 김대기는 언론사와 가족들에게 연락을 취했다. 김대기는 또 백낙청 교수 등 평소 그와 친분이 있던 인사들에게도 연락을 취했다. 아침이 밝자 조간신문을 보고 문상객이 찾아오기 시작했는데, 제일착은 백범 시해범 안두희를 응징한 권중희였다.

권중희는 빈소에 도착하자마자 그의 영정 앞에서 엎어져 "친일한 놈들은 산삼 녹용에 팔, 구십을 사는데 선생은 어찌 이리도 선뜻 가시느냐"며 대성통곡을 했다. 뒤이어 문학평론가 김윤식 교수, 조동걸 교수, 박영석 교수(전 국사편찬위원장), 이종찬 전 의원, 문학평론가 유종호 교수, 한승헌 변호사, 소설가 이호철, 송건호 당시 한겨레신문사 사장 등이 찾아왔다. 송 사장은 당일 대구에 결혼식 주례를 가다가 차에서 종국의 부음 소식을 듣고 차를 돌려 잠시 들렀다.

장례는 3일장으로 치러져 14일 아침 발인을 했다. 장지는 천안공원묘원으로 결정했다. 갑작스런 그의 죽음으로 집안에 전연 준비가 돼 있지 않았으나 동생 종철이 가족용 묘지(72평)를 구입해 안장을 마쳤다.

그가 잠들어 있는 천안공원묘원은 구성동 집에서 서북쪽 20여 분 정도를 승용차로 달리면 도착할 수 있는 거리에 있다. 이미 두어 번 가본 적이 있지만 이번 여행길에 나는 3남 정택과 다시 묘소를 찾았다. 공원 입구에 있는 매점에 들러 소주 한 병과 과자 한 봉지를 샀다. 채 2000원도 안 되길래 조화 한 묶음을 사려고 했더니 정택이 말렸다. 얼마 전에 들렀다가 새 꽃으로 바꿔놨단다.

'무학지구 철쭉4단 1번'. 종국의 묘소는 공원묘지 내 높은 곳에 자리하고 있어 사방이 한 눈에 들어온다. 나는 소주 한 잔을 올리고 그가 생전에 그토록 좋아했던 담배 한 대를 붙여 소주잔

3남 정택이 부친 묘소를 살피는 모습.

옆에 놓았다. 누운 자는 말이 없었다. 죽어서는 '바람'이 되고 싶다던 그. 그러나 바람 한 점은커녕 30도를 훨씬 웃도는 찌는 날씨였다. 묘소 뒤 숲속에선 여름 매미 소리가 끊이질 않았다.

정택은 이곳에 오니 반가우면서도 한편으로는 마음이 무거운 듯 보였다. 살아생전에는 어렵기만 했던 아버지, 변변한 재산도 없이 겨우 집 한 채에 아내와 삼 남매를 남겨두고 떠난, 어찌 보면 무책임하고 또 무정한 그런 아버지였다. 그러나 정택은 부친의 묘소 이리저리를 돌며 많지도 않은 잡풀을 뜯고 있었다. 그건 벌초가 아니었다. 열여섯에 아버지를 여읜 아들이 아버지와 대화를 나누는 장면이었다. 정택은 요 전에도 묘소엘 다녀갔다고 했다. 비록 조화지만 하나도 색이 바래지 않은 묘소 앞 꽃이 그를 증명하고 있었다. 더러 답답한 일이 있거나 큰일이 생기면 이곳을 찾아와 아버지와 무언의 대화를 나눈다고 했다. 나는 그런 정택이 고맙고 기특하다는 생각이 들었다.

나는 정택을 묘소 앞으로 불러 앉히고는 취재 과정에서 들은 부친과 관련한 이런저런 얘기들을 들려 줬다. 그는 마치 큰형 앞에 앉은 막내동생처럼 내 얘기에 귀를 기울였다. 이윽고 떠날 시간이 다가오자 나는 가방에서 노트를 꺼내 바로 앞에 보이는 묘비명을 다시 한 번 옮겨보았다.

그는 詩人이요 史學者였고 民族主義者였다. 일찌기 詩「碑」로 文壇의 期待를 모았으나 이 나라 구석구석에 남은 日帝統治의 毒素를 말끔히 씻어내고 民族正氣를 되살리기 위해서 피나는 努力으로 방대한 資料를 찾아내어 文學뿐만 아니라 政治 經濟 宗敎 社會 등 모든 分野에서 親日의 實相을 낱낱이 밝히는 破邪顯正의 글을 쓰며 외로운 싸움을 맡았다. 그에게는 抗日獨立鬪爭은 끝난 것이 아니었다. 아쉽게도 뜻을 다 펴지 못하고 삶을 마쳤으되 서슬푸른 氣慨와 높은 뜻은 길이 이어지리라

著書

『親日文學論』『日帝侵略과 思想彈壓』『日本軍의 朝鮮侵略史』『日帝侵略과 親日派』『韓國文學의 民衆史』『韓國社會風俗野史』

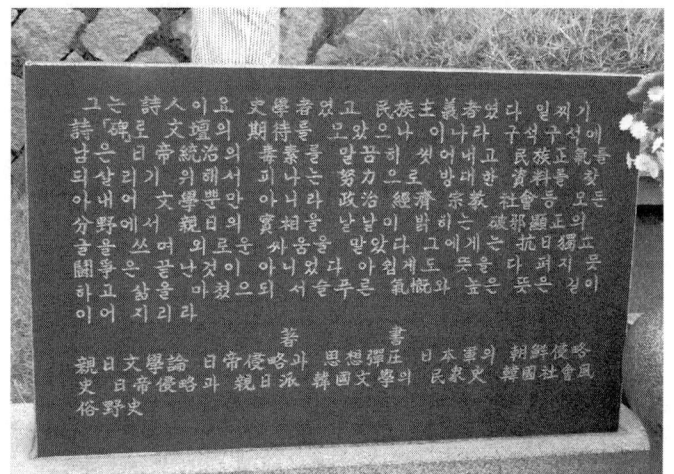

묘비명. 동생 종철과 종한이 함께 지었다.

　　종국의 묘비명은 동생들이 직접 지었다. 종철은 "동생 종한과 상의해서 지었다"고 말했다. 군더더기가 없으면서도 종국의 삶을 잘 압축한 글이라는 생각이 든다. 그의 묘소 바로 앞에는 종국보다 6년 뒤인 1995년 4월 29일 타계한 동생 종한의 묘소가 자리했다. 생전에 큰형(종국)과는 같은 문학도의 길을 걸었으며, 1960~70년대 서울 명동 바닥에선 두 형제가 이름깨나 날리던 시절이 있었다.

　　이번 취재 과정에서 만난 문인들 가운데서는 동생 종한의 이름을 기억하는 사람들이 적잖았다. 우리는 종한의 묘소에 가서도 술 한 잔을 올렸다. 생전에 고인과 만난 적은 없지만 사진에서 봐온 얼굴이기에 나로선 낯설지 않았다. 이제 우리가 고인들과 작별할 시간이 되었다. 운전하는 정택은 놔두고 나 혼자 남은 술을 모두 '음복'했다. 문득 그가 『친일논설선집』 머리말에 썼던 글귀 한 구절이 떠올랐다.

"민족 백 년의 제단祭壇 앞에 허물 있는 자 허물을 벗어 도약의 제수祭需로 바칠 것이며, 허물없는 자는 그것을 음복飮福하되 결의를 다져야 할 것이다."

삼우제三虞祭가 끝나고 종국의 위패는 아내가 평소 다니던 천안 시내 쌍용사에 안치했다. 요산재—구성동 집—묘소를 거쳐 천안을 빠져나오면서 나는 마지막으로 그의 혼백이 안치된 쌍용사까지 들러서 가자고 정택에게 제안했다. 정택도 언젠가 모친을 따라 한번 가본 적이 있어 찾을 수 있다며 앞장섰다.

그러나 그건 우리들의 욕심이었다. 그새 동네가 많이 바뀌어 있어 쉽게 찾을 수가 없었다. 114에서 전화번호를 안내받아 찾아간 곳은 조계종 산하 절이었는데 우리가 찾는 절이 아니었다. 급기야 정택이 서울로 모친께 전화를 걸어 위치를 물어보고 했지만 끝내 그 절을 찾을 수가 없었다. 결국 우린 제일 마지막 일정 하나를 아쉽게 허탕치고 말았다.

# "정체성 갖되, 그저 참고 겸허하게 살아야"

 

 

천안은 그에게 이승에서의 마지막 땅이자 그가 혼신을 다해 친일파 연구에 몸 바친 제단祭壇이나 마찬가지다. 생전에 그는 자신의 삶의 자취에 대해 겨우 두어 편의 글을 남겼을 뿐이다. 앞에서 더러 인용했던 「술과 바꾼 법률책」(『한국인』 1989년 1월호) 과 「제2의 매국, 반민법 폐기」(『문예중앙』 1987년 봄호)가 그것이다 (그 외 오오무라 등 지인들에게 보낸 편지와 칼럼 한둘도 참고는 된다). 모두 말년에 쓴 글들이다.

다행히 두 편의 글은 그의 편린을 엿보기에는 부족함이 없 어 보인다. 그 무엇에도 구애받지 않고, 그야말로 붓 가는 대로 쓴 '자화상' 같은 글이다. 청소년 시절 문학에 뜻을 뒀다가 한국 전쟁을 겪으면서 분노 끝에 고시 공부를 시작한 그였다. 그러나 가난으로 학업을 중단한 후 문학에 빠져 등단까지 한 그였지만 한일회담 등을 계기로 친일파 연구가로 거듭나 그 길에서 일생 을 마쳤다. 불만과 분노의 청년기를 산 그는 장년이 돼서도 밤이면 분노 때문에 글을 쓸 수 없을 정도로 분노로 일생을 살았다. 그런 그였기에 죽어서는 분노도, 거리낌도 없는 허허로운 바람이 되고자 했다.

건강이 악화돼 이미 생이 얼마 남지 않았던 말년에 그는 막내 여동생 경화에게 자신의 인생관을 가끔 내비치곤 했다. 이 무렵 그는 이미 세상을 달관한 경지에 오른 듯싶다. 그는 삶에서 무엇보다 겸손을 강조했다. 그의 오래된 분노는 그 시점에서 겸손으로 승화돼 있었다. 경화가 들려주는 그의 얘기 한 토막을 들어보자.

"어느 가을날 나는 오빠와 함께 밤나무 아래서 석양이 기우는 가을 하늘을 바라보았답니다. 그때 오빠가 내게 말했죠. 마음은 텅 비고 속은 꽉 차게 살아라. 그런데 보통사람들은 마음은 꽉 차고 속은 텅 비게 산다. 네가 만일 마음을 비우고 속이 꽉 차게 살 경우 세상 만물이 다 네 눈 속에 들어온다. 그러면 사람이 겸허해진다. 겸손과 겸허는 다르다. 가령 나무의 경우 속이 텅 빈 나무, 벌레가 다 파먹어서 속이 빈 나무에 가지나 잎새가 무성할 경우 세찬 비바람과 폭풍우엔 가지와 잎새의 무게를 이기지 못해 쓰러져 버린다.

흐르는 저 물이 바로 네 스승이다. 물에서 배워라. 물은 위에서 아래로 흐른다. 이것은 겸손을 뜻한다. 물은 겨울에는 얼고 여름엔 녹는다. 또 빨간색 물감을 풀면 빨간색이 되고 파란색 물감을 풀면 파란색이 된다. 하지만 얼마 안 있어

종국의 마지막을 보살핀 세 사람. 왼쪽부터 막내 여동생 경화, 김대기, 아내 연순.

본래의 모습이 된다. 너는 어디에 가서 살건, 환경에 어울려
서 살되 너라는 정체성을 버려선 안 된다. 또 있다. 인생은
무거운 짐을 지고 목적지까지 가는 길이다. 그 짐이 무겁다
고 내려놓을 수는 없다. 죽을 때까지 지고 가는 거다. 그저
참고 겸허하게 살아야 한다."

1965년초 박노준과 함께 『서울신문』에 연재한 「흘러간 성
좌」는 부제가 '오늘을 살고 간 한국의 기인奇人들'이었다. 당시
이 연재를 담당하던 『서울신문』의 박성룡 차장이 종국에게 "임
형은 '오늘을 살고 있는 기인'이오" 하자 종국은 "그래 그래, 알
어! 알어!" 하고는 웃고 말았다고 한다.

그와 함께 연재를 했던 후배 박노준은 "임 형은 특별한 기행奇行은 없지만 삶 그 자체가 기인의 삶이었다"고 술회했다. 내가 봐도 그의 삶이 범인凡人의 삶은 결코 아니었다. 소학교를 빼고는 어느 곳 하나 제때 제대로 졸업한 곳이 없는 '중퇴 인생'에다 어찌 보면 젊은 시절 자신의 꿈(음악, 문학 등)도 이루지 못한 실패한 인생이다.

그가 친일파 연구가로 삶을 마친 것은 그 자체가 주변 여건 때문이었으며, 보기 나름으로는 '외도'라고 할 수 있다. 그러나 그 '외도'는 누구도 감히 할 수 없는 것이었고, 또 그를 우리 현대사에 큰 족적을 남긴 존재로 만들어 주었다.

# '기행 없는' 기인의 삶… "60평생 후회는 없다"

이제 그가 말년에 쓴 글을 통해 그 자신이 평가한 삶을 최종적으로 정리해 보자. 먼저 「술과 바꾼 법률책」에 언급한 내용부터.

"60의 고개마루에 서서 돌아다보면 나는 평생을 중뿔난 짓만 하면서 살아왔다는 생각이 든다. 문학가를 꿈꾸던 녀석이 고시 공부를 했다는 자체가 그랬고, 『이상전집』이 그랬고, 『친일문학론』이 그랬고, 남들이 잘 안 하는 짓만 골라가면서 했던 것 같다. 타고나기를 그 꼴로 타고났던지 나는 지금도 남들이 흔히 하는 독립운동사를 외면한 채 침략사와 친일사에만 매달리고 있다. 『일본군 조선침략사』가 지난해 말에 출간된 터이지만 계획된 일을 완성하자면 앞으로도 내겐 최소한 10년의 기간이 필요한 것이다.

권력 대신 하늘만 한 자유를 얻고자 했지만 지금의 나는

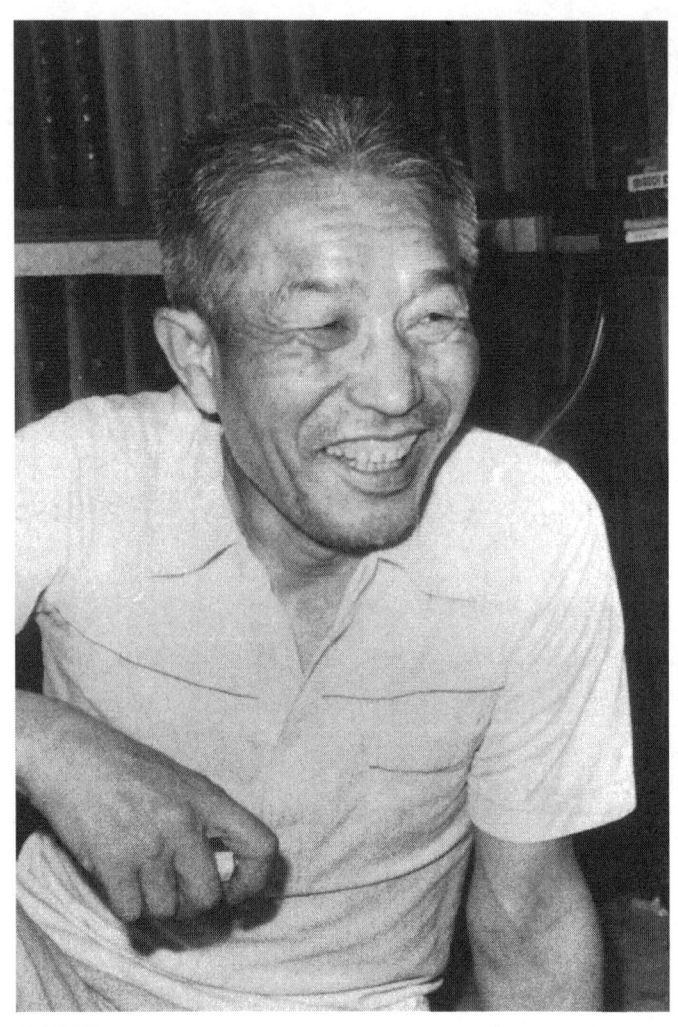

말년의 종국.

5평 서재 속에서 글을 쓰는 자유밖에 가진 것이 없다. 야인野人이요, 백면서생白面書生으로 고독한 60년을 살았지만 내게 후회는 없다. 중뿔난 짓이었어도 누군가 했어야 할 일이었다면 내 산 자리가 허망했던 것만은 아니라는 생각이 든다…."

다음은 「제2의 매국, 반민법 폐기」에서 언급한 것이다.

"혼이 없는 사람이 시체이듯이, 혼이 없는 민족은 죽은 민족이다. 역사는 꾸며서도, 과장해서도 안 되며 진실만을 밝혀서 혼의 양식糧食으로 삼아야 한다. 15년 걸려서 모은 내 침략·배족사의 자료들이 그런 일에 작은 보탬을 해줄 것이다. 그것들은 59세인 나로서 두 번 모을 수 없기 때문에 벼락이 떨어져도 나는 내 서재를 뜰 수가 없다. 자료와, 그것을 정리한 카드 속에 묻혀서 생사를 함께 할 뿐인 것이다.

나는 지금 65년에 걸쳤던 『주한일본군 침략사』 1800매를 반쯤 탈고했다. 일본의 군국주의 부활 경향에 신경이 쓰여서 예정에 없던 일을 시작한 것이다. 이것이 끝나면 1876~1945년의 모든 사회 분야에 걸친 침략·배족사 전 8권을 8년 작정으로 완결할 생각이다. 그러고서도 천수天壽가 남으면 마음 가볍게 고향(문학)으로 돌아가서, 잃어버린 문학사회사의 꿈이나 쫓고 싶다. 친일배족사 8권을 끝내기 전에는 고향(문학)이 그리워도 갈 수가 없고, 죽을래야 죽을 수도 없는 것

민족문제연구소에 보관된 종국의 유품들.

이다."

　그는 끝내 고향(문학)으로 돌아가지도, 친일배족사 전8권을 마무리하지도 못한 채 이승에서의 삶을 마감했다. 그런데 따지고 보면 이것은 그가 '임무'를 마무리하지 못한 게 아니다. 애초에 하늘은 그를 내면서 거기까지만 그에게 임무를 줬는지도 모른다. 나머지는 뒷사람들의 몫으로 남긴 채 말이다.

　저녁 7시경 천안 톨게이트를 빠져나와 서울로 향하는 우리 두 사람의 몸은 천근만근이었다. 새벽 4시 반에 출발해 꼬박 17시간을 강행군한 때문이다. 나는 도중에 더러 눈이라도 붙였지만 종일 운전을 한 정택은 나보다 훨씬 피곤했을 터다. 그러나 우리 두 사람 모두 기분은 좋았다. 그나 나나 두 사람 모두 '보고 싶은 그'를 만나고 오는 길이었기 때문이다.

한남대교를 건너 차는 강변북로를 타고 마포 쪽으로 향했다. 그때가 밤 9시경이었다. 나는 마포 근처에서 내리고 그를 바로 일산으로 보내고 싶었다. 피곤하고 시장하기도 하지만 만삭의 아내가 기다리고 있을 그를 한시라도 빨리 집으로 돌려보내주고 싶었다. 그러나 그건 내 생각이었다. 정택은 나를 독립문까지 데려다 줄 요량이었다. 한사코 데려다 주겠다고 떼를 썼다.

그래서 내가 제안을 했다. 정 그러고 싶다면 그리 하되 저녁을 먹자고. 그래서 마포 홀리데이인서울 뒤편에 있는 순두부집으로 차를 몰았다. 5000원짜리 순두부찌개가 나오자 나는 정택과 소주 한 잔을 나누고 싶었다. 그러나 아직도 그에겐 남은 여정이 있어 그럴 수도 없었다. 종국은 생전에 아내에게 "나 죽고 나서 50년은 지나야 (내 업적이) 빛을 볼 것"이라고 했다.

요며칠 있으면 정택에겐 첫아이가 태어난다. 비로소 종국의 3세가 세상에 태어나는 것이다. 첫돌 때 할아버지를 대신해 반지나 하나 사가지고 가서 축하해 줄까 한다. 그 손주는 할아버지의 힘들고 외로웠던 삶을 제대로 평가받는 그런 세상에 살 것이기 때문에.

부　록

"걸어온 땅이 넓으니 / 바라고 갈 / 하늘 또 넓네 //
큰 세월 / 넓은 누리에서 / 바람처럼 잊으리로다"

-「허虛」중에서

# 집필 일기

(이 글은 필자가 『임종국 평전』 집필차 지난 9월 2일~17일까지 16일간 오한흥 전 『옥천신문』 대표(현 『여의도통신』 대표)의 자택(충북 옥천군 동이면 석탄리 640번지 안터마을)에 머물면서 쓴 '일기'다. 오가는 날을 빼고 실제 집필 기간 14일 동안에 나는 총 1129매를 집필했다.

이 일기는 체류 5일째 되던 날 문득 '집필 일기'를 써보면 재밌겠다는 생각이 떠올라 그날부터 쓰기 시작했으며, 그 이전의 일기는 소급해서 썼다. 나는 하루에 16시간 정도를 집필하면서 평균 80~90매를 썼는데, 그 와중에 틈틈이 '재미로' 이 일기를 썼다. 참고로 필자가 머문 방('초근당')은

집필일기

집필 중 초근당 툇마루에 나와 담배를 피며 휴식중인 필자.

사랑채 끝에 붙어 있었는데, 툇마루 앞에는 두어 평 크기의 연못이 있고, 그 뒤로는 산책로가 난 동산이 있어 글쓰기에는 더없이 좋은 환경이었다. 게다가 넓은 마당, 닭장, 텃밭, 황토방, 개 네 마리, 개구리, 풀벌레 소리, 달님, 어둠, 찾아오는 손님 등과 더불어 필자는 체류 기간 동안 너무도 '행복한 글쓰기'를 했다. 말하자면 이 집필 일기는 『임종국 평전』의 제조 일지(?)인 셈인데, 그때의 추억들을 독자 여러분과 나누고 싶다.)

## 9월 2일 (토, 맑음) – 제0일차

2주일간의 일정으로 옥천행沃川行에 올랐다. 옷가방, 노트북, 각종 자료, 참고 도서 등 네 보따리를 들고, 메고 서울역에서 간신히 기차를 탔다. 당초 무궁화호를 탈 생각이었으나 (도착하기로 한 약속 시간보다) 너무 늦어서 KTX를 타기로 했다. 짐이 많아 오한흥 대표에게 마중을 부탁했고, 오 대표는 플랫폼까지 마중을 나와 나를 감격시켰다. 옥천역에 도착하니 오후 2시 반. 곧장 안터로 와서 짐을 풀고 휴식에 들어갔다. 정현(오 대표 장남)이 모친도 반갑게 맞아주어 마음이 편안했다.

저녁을 먹고 반딧불이를 보러 오 대표와 같이 산보를 나갔다. 몇 번 가본 계곡 쪽으로 향하다가 오른편 산속에 불빛이 보이길래 누가 사느냐고 했더니 산다고 했다. 그리고는 오 대표가 (그곳으로) 가보자고 해서 난 밤에 낯선 집에 가는 게 실례여서 머뭇거렸는데 괜찮다고 해서 따라 나섰다. 상현달인데도 시골이다 보니 달빛이 밝아 손전등 없이도 밤길을 걸을 수 있었다. 미대 교수·음대 교수(여) 부부가 사는 집이었다. 마침 거기도 모임이 있어 (우리는) 불청객이 되어 술 한 잔 얻어먹고 왔다. 오 대표와 그 쪽이 막판에 언쟁이 있었으나 별 일은 없었다. 오 대표는 술이 취해 오는 동안 내 손을 꼭 잡고 왔다. 첫날 밤 편안히 잘 잤다.


## 9월 3일(일, 맑음) – 제1일차

오늘부터 본격적으로 집필에 들어갔다. 오전 8시에 기상해서 아침밥을 먹고 내 방으로 돌아왔다. 일단 임林 선생의 출생에서부터 편년체식으로 전개하기로 했다. 도입부는 나와 3남 정택이 창녕 등을 답사한 내용을 풀어서 시작키로 했다. 기억도 생생하고 메모도 많아서 무리 없이 진행됐다. 당초 계획은 하루에 100매씩 쓸 작정이었으나 조금 힘들 것 같아 90매 정도로 잡았다. 오늘은 경성사범 시절까지 95매 분량으로 마쳤다. 밤 12시에 잠자리에 들었다.

낮에 오 대표 동생 가족들이 와서 저녁 식사를 황토방 앞에서 같이 했다. 위로 딸 둘에 막내 아들 하나였다. 귀여워서 그들에게 돈 1만 원씩을 줬다. 그리고는 옛날에 내가 집에 손님이 와서 돈 주면 그거 받는 재미가 있었다고 들려줬다. 형제들이 서로 오가고 하는 모습이 보기 좋았고, 또 부러웠다. 우리 형제도 저러면 좋을 것을.

연못의 개구리가 내 친구다. 한 이틀 있어보니 아주 정겹다. 툇문을 열어놓으면 그들이 노는 모습이 보인다. 큰 놈 세 마리, 작은 놈 두 마리. 낮에 작은 놈을 잡으려는 뱀도 봤다. 두어 평 남짓한 연못에 없는 게 없다.

오전 11시 반 경 천도교 창녕교구에 전화를 걸어 몇 가지 보충 취재를 했다.

저녁 11시경 연못 뒤에서 반딧불이 4~5마리를 봤다.

## 9월 4일(월, 맑음) – 제2일차

오전 7시 기상. 식사를 하고 바로 집필에 들어갔다. 어제 경성사범 독서회 사건으로 중도에 학교를 포기한 이후부터 시작해서 창녕 피난지 생활까지 190매를 무난히 썼다. 아직은 예정대로 진도가 잘 나가는 중이다.

집에 전화를 했다. 아내가 받았다. 안부를 전하고, 물었다. 이리 나와 있으면 가족의 정이 그립다. 어제 서인이(아들)가 중국어 시험을 봤는데 어땠냐고 물었더니 잘 봤단다. 다행이다. 어제 저녁에 서인이에게 문자를 보냈는데 답이 없어서 궁금했다.

방바닥에 앉아서 쓰다 보니 허리가 저렸다. 오 대표에게 얘

황토방

기하니 등받이 앉은뱅이 의자를 오후에 구해왔다. 안성맞춤이다. 감사하다.

피난 생활 부분을 쓰다가 궁금한 게 있어서 (임 선생) 막내 여동생 경화 씨에게 전화를 걸어 궁금증도 풀고 보강 취재도 했다. 여러 가지 증언을 메모로 건네줘 이번 집필에 큰 도움을 주신 분이다. 감사하다.

낮부터 정현이 모친이 황토방 앞 가마솥에서 뭔가를 했는데 가서보니 복숭아 잼을 만들고 있었다. 낯선 사람이 있어 물어보니 남동생 가족들이라고 했다. 저녁 식사도 그들과 같이 고기를 구워서 먹었다. 친정, 시집 식구들이 이리도 반갑게 오고가니 참 보기 좋았다. 오 대표는 이 집이 '본부'라고 했다. 집도 넓고, 교통도 좋고 해서 잘 온단다. 내 생각은 다르다. 차 대기 편하다고 오는 게 아니라 반갑고 편하게 대해주니까 오는 거다.

취침 전에 MP3를 틀어 놓고 (연못 앞에서) 허리운동을 10분간 했다.


## 9월 5일(화, 흐림) – 제3일차

아침 8시에 일어나 아침 식사를 했다. 점심용으로 정현이 모친이 라면이랑 사랑채 냉장고에 넣어둔 것을 생각이 없어서 끓여 먹지는 않았다. 대신 오후(2시경)에 오 대표가 법원(영동지원) 갔다 와서 심심하면 계란을 삶아 먹자고 해서 닭장에 가서 3개를 꺼내 와 삶아 먹었다. 난 껍질 채로 계란을 먹었더니(껍질 까기도 쉽지 않고, 또 문득 그렇게 먹는 게 생각이 나서) 오 대표도 따라 해보더니 그것도 좋다고 했다.

낮(12시경)에 두 사람이 출타중이어서 내가 대신 우편물을 '정운현'이라고 서명을 하고 수령했다(『한겨레21』 등 3종).

저녁답(7시경)에 정지환(『여의도통신』 대표 기자) 기자가 서울서 내려왔다. 그와도 모처럼 만의 해후다. 저녁에 황토방 앞에서 그가 사온 삼겹살과 복분자술로 4명(오 대표, 나, 정 기자 일행 등)이 야외 파티를 했다. 고기도, 감자도, 술도 모두 맛있었다. 정현이 모친이 마지막으로 솥뚜껑 위에 볶아준 밥도 일품이었다. 식사 도중 오 대표가 내 친구 김성장 선생에게 전화를 걸어 연결시켜주었다. 만나는 건 천천히 하더라도 일단 통화나 하라고 해서 간단히 안부 인사와 도착 신고를 했다. 적절한 때 김민수 교수 부부, 이명원·박형숙 부부 등을 초대해서 파티를 하기로 했다. 난 술이 취해서 먼저 일어서서 내 방으로 와서 쓰러져 잤다.

오 대표가 아침에 연못 뒤로 산책길을 터줬는데 제대로 가보진 못했다.


## 9월 6일(수, 비) - 제4일차

어제 저녁 정지환 기자가 가지고 온 복분자 술에 취해 일찍(저녁 9시반 경) 잠자리에 든 탓인지 새벽 5시 반에 잠이 깼다.

내가 짓고, 내 친구 김성장 선생이 쓴 '초근당' 당호를 오 대표가 방문 위에 붙이고 있다.

10여 분 뒤척이다가 문을 열고 나오니 이슬비가 내렸다. 연못 주변이 촉촉이 젖은 것이 기분은 상쾌하나 기온은 제법 낮아 쌀쌀하다.

선생이 '이상 연구'로 빠지는 부분 10여 매를 쓰고 나니 허리가 아파 나가서 운동을 좀 하고 마당을 둘러봤다. 모두 곤히 자고 있었다. 사랑채로 가서 변을 보고 양치질, 세수를 하고 나오니 오 대표가 방에서 나오면서 '초근당' 글씨를 보라고 했다.

간밤에 김성장(교사, 민예총 충북지부장, 서예가) 선생이 왔다 갔다. 그러잖아도 그가 왔다고 날 깨우러 온 걸 술이 취해 난 나가지 못하고 잠자리에 든 기억이 났다. 모처럼 날 보러 왔는데 나가지 못해서 미안했지만 조만간 볼 예정이어서 그리했다. 황토방에서 자는 정 기자를 깨우고 '초근당' 글씨를 가져와 내 방 앞에 오 대표가 압정으로 붙였다. 나는 휴대폰으로 그 장면을 두 장 찍어 뒀다. 나중에 기념이 되겠지. 이로써 내가 작명한 지 이틀만에 '초근당'이 등장했다.

어제 술을 많이 먹었다고 해서 아침 식탁에 해장국이 올랐다. 감자, 북어, 버섯을 넣고 함께 끓였는데 맛있었다. 버섯은 내 방 뒤에 있는 버섯종자나무에서 딴 건데 향이 좋았다.

아침을 먹고 휴식 시간 때 『여의도통신』(전체 16면) 신문을 정 기자가 보여주고 설명했다. 들어보니 장래가 유망해 보였다. 뭐든지 특성화하면 길이 보인다.

암탉이 꽥꽥 울어댔다. 다름 아닌 알을 낳았다고 유세를 하는 거라고 오 대표가 말했다. 그런 거 같았다.

어제 오후 집 뒤로 산보를 가다가 미끄러져 왼쪽 무릎이 까졌다. 오늘 보니 그새 딱지가 생기고 많이 나았다. 오 대표에게 그 얘길 했더니 괜히 흙길을 포장을 해서 그렇다며 안 그래도 이장에게 위험하단 얘길 했단다. 시멘트 포장길인데 윗 밭에서 물이 조금 나와 도로 일부분에 이끼 같은 게 끼어 미끄러웠다. 남들도 나처럼 실족할까 걱정이다.

이곳에 와서 처음으로 대변을 하루에 두 번(07:00, 10:35) 봤다. 그것도 오전에. 아무래도 어제 과음, 과식한 것이 원인인 것 같다. 정신이 맑으려면 소식小食해야 한다고 들었다.

12시경 담배 한 대 물고 툇마루에 앉았는데 새 소리, 매미 소리가 끊이질 않는다. 작은 개구리 두 마리가 말풀 위에 앉아 꿈쩍도 않고 있다. 요며칠 봤지만 개구리들은 의외로 잘 움직이지 않는 다는 걸 알았다. 저놈들은 저래가지고 뭘 먹고 사는지 궁금하다.

모두 출타를 해서 오늘도 내가 주인이다. 닭장에 구경 가야겠다. 개들도 이제 낯이 익었는지 날 보고 짖지 않네. 이제 나도 이 집 식구가 다 되었나 보다.

점심 식사 무렵 전미선 씨(내 비서)에게 식사 맛있게 하라고 문자를 보냈더니 답장이 왔다. 평소 나에게 최선을 다해줘 늘 고맙게 생각하고 있다. 내가 휴가 중일 때 좀 쉬라고 했는데 휴가를 내지 않은 모양이다. 늘 그의 마음씀씀이가 고맙다.

아침엔 비가 오고 오전엔 흐리더니 정오가 막 지나서 해가 났다. 개구리들이 연못에서 빠그락 빠그락 소리를 낸다. 우는 건가? 웃는 건가?


13:30 바람 쐬러 가는 길에 벗어 놓은 양말을 수돗가에서 빨아 널었다. 오는 길에 냉장고에서 포도 한 송이를 가져왔다. 껍질은 모았다가 닭에게 줘야지. 어제 그랬더니 닭들이 너무 잘 먹는 걸 봤다. 어제 알도 세 개 얻어먹었으니 나는 이거라도 줘야겠다.

며칠 수염을 안 깎았더니 제법 길다. 여태 이런 일이 없었다. 이번 보름 동안 안 깎고 길러볼 작정이다. 마음 같아선 머리에 물도 들여 보고 싶다.

두시 경 김영삼 전 KBS 노조위원장 일행 7~8명이 왔다. 그

중 한 사람에게 사진을 찍어 달라고 부탁했다. 나중에 어디 기록으로 두고 싶다.

오후 3시경 외출했던 오 대표가 내 방에 불쑥 들어와 벽에 뭘 걸어 놓길래 뭐냐고 했더니 한약재인 정향, 천궁이라고 했다. 방향제 역할을 한다는데 금새 방에 한약 냄새가 감돈다. 코가 상쾌하고 즐겁다. 오 대표는 내 코를 즐겁게 해주려고 구해 왔단다.

15:00 담배 한 대 물고 산보를 나갔다. 마당 입구까지 가서 개들을 불러 봤다. 네 마리(흰개 3, 검은개 1) 중에서 세 마리만 집에서 나오고 제일 안쪽 백구(진돗개)는 나오지 않았다. 웅크리고 앉은 폼이 새끼에게 젖을 먹이고 있는 것 같았다. 오면서 보니 오 대표와 KBS 사람들이 황토방에서 도란도란 얘기를 나누고 있었다.

오른쪽 무릎이 통증이 심하다. 파스를 한 장 더 붙여야겠다.

지금 『이상전집』 분야를 쓰는데 자료가 많아 진도가 잘 나간다.

연못을 보니 개구리 세 마리가 말풀 위에 엎혀 꼼짝도 않고 있다.

오 대표와 같이 내 방 앞 풀더미에서 지렁이를 잡아 닭들에게 줬다. 30여 마리를 줬는데 순식간에 먹어치우네. 닭이 우리에게 계란을 주니 우린 그런 거라도 줘야겠지.

19:30 식사하러 갔다. KBS 팀과 합석해서 오늘도 가마솥뚜

껑 삼겹살 파티를 했다. KBS 팀은 6명인데(女2) 김영삼 전 위원장이 팀장이고 전략기획 팀이라고 했다. 먼저 소개를 받고 내 소개도 장황하게 했다. 그들 중엔 나를 알고 있는 PD도 한 명 있었다. 그의 프로에 출연한 적도 있다. 오 대표가 일생에서 세 번 철이 든 얘기를 해서 재밌게 들었다. 9시 30분경 먼저 일어났다. 오늘 숙제가 아직 남았다.

이 집에서 담근, 덜익은 포도주 한 사발을 얻어 놨더니 방안에 포도주 냄새가 그득하다.


**22:20** 잠시 짬을 내 딸에게 문자를 보냈다. 10시면 우리 딸이 학원서 마치고 귀가하는 시간이다. 우리 딸은 지금 3수생이다. 올해는 부디 희망하는 대학에 들어가길 빈다.

오 대표와 KBS 팀들은 저녁 먹고 반딧불이 계곡으로 야간 산행을 갔다가 밤 12시가 넘어서 돌아왔다. 나도 여러 번 가본 곳이지만 아직 야간 산행은 해본 적이 없다. 다음에 나와 같이 한번 가기로 했다.

툇마루에 앉아 오 대표와 잠시 쉬는데 연못의 물배추가 움직이는 게 보여 자세히 보니 뱀이 한 마리 있었다. 1미터는 돼보인다. 독사는 아니고 꽃뱀 종류다. 오 대표는 잡으려는 걸 내가 괜히 찜찜해서 말렸다. 오 대표는 사람에게 해가 된다면서 뱀은 잡는다고 했다. 오 대표가 작대기를 가지러 간 사이 뱀은 연못 옆 바위틈으로 숨어 버렸다. 오 대표는 작대기를 방 앞에 세워두고는 이제 나보고 잡으란다. 닭이 (뱀을) 좋아한단다. 잡는 건 어렵지 않은데 괜히 마음이 찝찝하다. 잡을까 말까. 방문을 잘 닫고 자야겠다.

새벽 2시에 일을 마쳤다. 임종국의 첫 작품 『이상전집』을 대충 마무리했다. 피곤하다. 내일을 위해 이제 잠자리에 들어야겠다. 풀벌레 소리가 요란하다. 쟤들은 밤에 잠 안 자고 뭐하나. 오늘까지 360매를 썼다. 아직은 '1일 90매'를 탈 없이 유지하고 있다.


## 9월 7일(목, 흐림) - 제5일차

**09:30** 간밤에 늦게 잔 탓인지 아침 8시 20분에 깼다. 아침을 먹고 9시 30분에 노트북을 켰다. KBS 팀은 올갱이국 먹으러 오 대표 차를 타고 읍내로 나갔다. 밥상머리에서 나도 모르게 간밤의 뱀 얘기를 했더니 정현이 모친이 아연 긴장하는 모습이다. 오 대표에게 뱀을 쫓을 수 있는 백반을 좀 사오란다. 어제 저녁엔 농무가 끼더니 아침엔 흐리고 안개가 끼었다.

**10:30** 『시민의 신문』 관계자 5~6명이 차 한 대로 들이닥쳤다. 이들은 주차장 옆에 있는 내 방 앞에서 차에서 내려 방문 위에 붙은 '초근당' 글씨를 보고 신기해했다. 그리고는 옆에 있는 연못으로 와 '연못이 있네!' 하면서 반가운 표정이었다.

노트북에 내장된 CD가 튀어 나오길래 나온 김에 「심장에 남는 사람」을 재생시켜 들었다. 혼란스러워 한 곡만 듣고 껐다.

연못에서 '촐싹!' 하는 소리가 날 때마다 눈길이 그 쪽으로 향한다. 단순히 연못 구경이나 개구리 때문만은 아니다. 어젯밤에 왔던 꽃뱀 때문이다. 입 크기로 봐 큰 개구리는 못잡아 먹겠지만 중간 이하의 개구리는 잡아먹을 수 있겠다. 나타나면 잡아야겠다. 정현이 모친이 걱정이 늘어진 모습이었다. 나타나기만 해봐라.

하루에 16시간 정도를 앉아만 있으니 허리가 아프다(두 시간에 한 번 꼴로 나와서 허리운동도 하고 산보도 하지만 쉬 풀리지가 않는다). 어제 저녁에 정현이 모친이 맛보라고 갖다 준 수박의 껍질을 닭에게 주고 오는 길에 그릇이랑 씻어서 안채 식탁에 올려놓고 왔다. 조금 전에 오 대표가 잠깐 왔다가 앞으로 '회원 100가구' 계획을 얘기하길래 나도 좋은 계획이라고 맞장구를 치고는 '먹거리'도 연계시켰으면 좋겠다고 했더니 그리할 생각이라고 했다.


13:30  자전거로 마당을 다섯 바퀴 돌았다. 머리가 묵직하고 숨이 차지만 기분은 상쾌하다. 하루에 두 차례 정도만 해볼까? 오전, 오후 한 차례씩. (서울) 올라가면 무릎 치료를 서둘러야겠다. 뽕나무에서 매미 소리가 요란하다.


14:00  임종국의 문학사적 업적 가운데 양대 산맥인『이상전집』관련 부분을 마무리지었다. 실로 역작力作이 아닌가 한다. 황무지에서 보석을 캐낸 셈이다. 자료가 풍부해서 무난히 마칠

수 있었다.

마당에 차車가 네 대나 된다. 집주인 차(부인차는 지금 출근하고 없음),『시민의 신문』팀 차, 그리고 두 대輩나 더 있다. 이 집엔 손님이 끊이질 않는구나. 안팎으로 인심을 얻은 결과다. 가족(형제, 처가)도 자주 오고 외부에서도 자주 와 고요할 시간이 없다. 뭐 그렇다고 내 일에 방해되는 건 전혀 없다. 나는 내 일을 할 뿐이고, 서로 거리도 제법 떨어져 있다. 옛 말에 집안에 손님이 끊기면 망한다고 했다던가. 새겨들을 말이다.

**14:40** 점심을 안 먹다가 심심해서 라면을 하나 끓여 먹었다. 정현이 모친이 신라면, 진라면, 너구리라면 3개를 갖다 놓았다. 입맛대로 골라 먹으라는 배려다. 툇마루에 앉아 라면을 먹는데『시민의 신문』팀 1명이 와서 같이 식사하자고 한다. 그들은 솥뚜껑에서 파티를 하고 있었다. 성의도 있고 해서 소주 2잔, 고기 두어 점을 먹고 왔다.

정길화(MBC PD, 현 사장 특보)가 청계천(내 사무실이 청계천 입구에 있음)에 왔다가 전화를 했다며 음성 녹음을 남겨놔 통화를 시도했는데 여의치 않아 못했다. 여기선 내 휴대폰이 잘 터지지 않는다.

연못에 청개구리(콩잎에 앉는 작은 거 말고) 한 마리가 새로 등장했다.

**17:00** 오 대표가 만들어준 연못 뒤 산책길로 지팡이를 하나

짚고 올라갔다. 아무도 다니지 않아 정식 길은 아니었다. 20미터쯤 가자 묵은 묘가 하나 타나났다. 가까이 가보니 쌍분인데 묘가 제법 컸다. 묘 앞 양쪽엔 석물이 하나씩 있고, 묘지석도 있었다. 형조판서 송宋 아무개의 묘였다. 요즘으로 치면 법무장관을 지낸 사람이다. 누군지 모르지만 나는 목례를 두 번 했다.

연못 뒤로 난, 동산으로 오르는 산책로

최근엔 후손이 안 돌보는지 묘가 묵어 있어 보기 안 좋았다. 누군지 나중에 인터넷에 검색해 봐야지.

17:10 『시민의 신문』팀이 돌아갔다.

23:50 아내와 통화했다. 가족들은 다 잘 지내고 있단다. 임선생의 등단까지 435매를 썼다. 오늘은 황토방에서 잘 생각이다. 피곤하다.

## 9월 8일(금, 오전 흐림, 오후 갬) – 제6일차

평소보다 조금 일찍 잠자리에 든 탓인지 평소보다 조금 일찍 기상. 황토방에서 처음 잤는데 아침에 몸이 개운했다. 5분 정도 꾸물대다가 일어나 이불 개고 내 방(초근당)으로 건너와 시계를 보니 6시 45분이었다. 이내 양치질, 세수를 하고 연못 옆에서 '국군 도수 체조'를 1회만 했다.

아직 동쪽 산너머에서 해는 미처 솟아나지 않았다. 주인 내외도 아직은 기척이 없다. 산비둘기가 줄기차게 울어대고, 까마귀도 울어댄다(사실 황토방이 따뜻하고 포근했는데 풀벌레, 귀뚜라미 소리에 잠을 쉬 이루지 못했다. 그런데 컨디션은 좋았다). 어제 정량 미달(450매 중 435매)했으니 아침부터 시작해야겠다.

**07:30** 오 대표가 버섯을 두 개 따가지고 가다가 잠시 초근당에 들렀다. 내가 황토방에서 깨어나 눈을 뜨자 천정의 시야가 멋졌다고 하자 그건 '천상의 와이드 비전'이라고 자랑했다. 전파를 하늘에서 내보내주기 때문에 전원도 필요 없고, 같은 장면도 없다고 했다.

실제 그 방엔 전기가 연결돼 있지 않고 동쪽 창문틀에 작은 램프가 하나 있다. 이 방은 해 뜨면 사용하고 해 빠지면 쉬어야 하는 공간이란다. 모두 맞는 말이다. 문명 속에서 또 하나의 비非문명인 셈이다. 똑똑 떨어지는 낙숫물로 생기는 연못의 파문波紋이 예쁘다.

유리로 된 황토방 천장 사진

08:30 아침 먹고 좀 쉰 후 9시 10분에 내 방으로 왔다. 오다 보니 텃밭에 배추가 며칠 새 훌쩍 컸다. 채소는 농부의 발자국 소리를 듣고 큰단다. 즉 농부가 돌보는 만큼 잘 자라고 예쁘게 큰다는 얘기다. 여느 때처럼 9시 10분이 되자 안주인이 출근을 한다. 한 치도 틀림이 없다. 마치 시계 같다. 오늘은 제법 가을 기운이 난다. 오 대표는 감기가 걸렸는지 콧물이 난다. 환절기 다. 나도 감기를 조심해야겠다.

어제 잠자러 황토방으로 건너가다가 보름달에 취해 마당에 서 한참 서성였다. 누워서 시상이 떠올라 구상했던 것을 복기해 둔다.

「달빛, 그리움」

달빛에 이끌려
마당에 서니

둥근달 속에
두고 온 님 있네

객지에 머무는 몸
풍경소리에도 맘이 떨리는데

풀벌레 소리, 귀뚜라미 소리
나더러 밤새 같이 놀자하네

　11:20　잠시 휴식이다. 자전거를 타고 마당을 다섯 바퀴 돌
았다. 오전 내내 흐리고 해가 안 보인다. 더러 바람이 불어 풍경
소리가 정적을 깬다. 오늘따라 풀벌레 소리뿐 닭도, 개도 모두
꼼짝도 않는다.

　오 대표는 이번 주『옥천신문』에 난, 대청호 호수 옆에 산다
는 후배(한경환 씨 부부)를 만나러 갔다. 따라가고 싶었는데 시간
이 너무 걸린대서 다음에 따라가기로 했다.

　오늘도 이 집 주인은 나다. 오전에는 임 선생의 시詩 해설을
썼다. 복사할 당시는 시가 어려워 보였는데 이제 보니 모두 이

해(풀이)가 된다. 놀라운 일이다. 데뷔 당시 그의 시는 밝았다. '시인 임종국'의 면모도 밝혀봐야지. MP3로 노래 한 곡 들었다.

11:50 외출나간 오 대표가 돌아왔다. 차에서 천막 같은 걸 내린다. 내일 꼬마 손님 40명이 오는데 마당에 천막을 쳐준단다. 꼬마들이 재잘거리면 재밌겠다.

어제까지 쓴 글을 소설가 김지우 씨한테 보내주어 한번 읽어봐 달라고 했는데 문자로 답이 왔다. 재밌고 술술 읽힌단다. 글쟁이 얘기니 믿어야지. 재밌다니 다행이다. 자기도 여기 와서 장편을 쓰고 싶단다. 그러면서 이 집에 '작가의 방'을 유료로 하나 만들란다. 오 대표에게 얘기해 보겠다고 했다.

14:00 점심 대용으로 우유를 발효시킨 요구르트에 복숭아 잼을 얹어 먹었다. 안주인이 챙겨주었다. 맛도 있고 허기도 면해서 좋다. 밖에서 "강아지 삽니다. 염소 삽니다" 마이크 소리가 들리니 개들이 전부 짖어댄다. 난리다. 뭘 아나 보다.

17:00 오후엔 흐리다. 바람 한 점 없이 사위가 고요하다. 지나가는 사람이 없으니 개들도 조용하다. 오늘은 암탉도 알을 낳지 않았나 보다. 알을 낳으면 유세를 하던데(근데 암탉이 알 낳고 우는데(유세) 수탉은 왜 같이 따라서 울까? 자기도 뭐 기여한 게 있다 이건가? 웃긴다). 연못의 개구리 세 마리가 수초 위에 올라앉아 내 방을 지켜보고 한 시간 넘게 꿈쩍도 않는다. 마치 내가 열심히 쓰나 안

쓰나 감시하는 것 같다. 웃기는 녀석들!

어제 왔던 KBS 팀 가운데 한 명이 내 사진을 이메일로 보내왔다. 생각보다 잘 나왔다. 고맙다고 답장을 했다.

산에서 산비둘기 한 마리가 아까부터 계속 운다. 무슨 사연이 있나 보다. 그런데 우는 건지 노래를 하는 건지 정확히 알 수는 없다.


**21:00** 저녁을 먹고 막 내 방으로 돌아왔다. 이곳에 온 지 6일 만에 대문 밖으로 나가봤다. 오 대표 부부와 차를 타고 10여 분을 가서 추어탕을 먹고 왔다. 세 사람 외에도 합석자가 있었다. 근처에 사는 부부(남-시인, 여-동양화가)랑 같이 식사를 했다. 그 분들 인상이 참 좋았다. '안티 조선'에 대한 이해도 좋았다. 오는 길에 소화제와 물파스를 샀다. 안주인은 이 밤에 김장 김치를 담근다고 한다. 현재 490매다. 500매는 넘기고 자야겠다.


**22:36** 500매를 돌파했다. 입실 6일 만이다. 나머지도 예정대로 잘 쓰였으면 좋겠다. 임 선생이 신구문화사에서 『한국시인전집』 편집하는 시점까지 와 있다. 축하 담배 한 대 피워야겠다.


**01:40** 오늘은 514매로 마쳐야겠다. 갑자기 딸꾹질이 나고 서서히 졸립다. 이제 자야겠다. 또 내일이 기다리고 있다. 오늘은 신구문화사 근무 시절까지 마무리 하고 내일은 '결혼'부터 시작한다. 저녁에 과식을 해서 속이 좀 안 좋았는데 소화제를 한

알 먹길 잘 했다.


## 9월 9일(토, 종일 흐림, 이슬비) – 제7일차

**09:40** 어제 저녁에 좀 늦게 잔 탓인지 아침 기상 시간이 늦었다. 9시 10분에 기상했다. 평소 같으면 오 대표가 깨울 텐데 오늘은 토요일이라고 늦잠을 허락한 모양이다. 오늘 꼬마 손님 40명이 오후에 온다고 아침부터 천막을 치고 구들용 돌로 야외 고기불판도 만들어 놨다. 정현이 모친은 텃밭에서 가을무를 솎아서 아침상에 올린다고 한다. 맛있겠다. 아침부터 안개 같은 이슬비가 내린다. 아침 먹으러 오라고 안주인이 부른다.

**10:10** 식후 커피 한 잔을 마시고 있는데 김성장이 날 보러 온단다. 지난번에 일부러 온 걸 내가 술이 취해서 허탕치고 갔다. 반가운 얼굴을 보고 싶다.

**12:00** 친구 김성장 선생이 잠시 다녀갔다. 황토방으로 가서 오 대표랑 셋이서 20여 분간 잡담을 하다가 돌아갔다. 영동 사는 농민 시인이 직접 생산한 거라며 거봉포도를 가져와 셋이 먹었다. 달고 맛있었다. 내주 화요일쯤 다시 만나기로 하고 돌아갔다.

13:45   연못 뒤 산책로 입구에서 담배를 한 대 피고 들어왔다. 까마귀가 "까악! 까악!" 하고 울며 몇 마리가 산 뒤로 날아간다. 별로 기분이 좋지 않다. 오늘도 연못에 개구리 세 마리가 보초를 섰다. 아까 오 대표 부부는 어디를 갔었는데 차가 있는 걸 보니 들어온 모양이다. 담배를 한 보루 사왔는데 이제 한 갑 남았다.

15:00   오 대표와 같이 황토방 뒤편 텃밭에서 지렁이를 잡았다. 풀을 베어 쌓아둔 것을 들추자 지렁이가 무더기로 나왔다. 또 배추밭 골 사이로 낙엽을 거름용으로 뿌려놨는데 낙엽 밑에서도 솔찮게 나왔다. 순식간에 40~50마리를 잡았다. 닭들에게

사랑채 앞 텃밭의 배추들(한 달 뒤에 다시 가서 찍은 것임).

포식을 시켰다. 손톱에 흙이 끼었다.

지난 주말에 왔던 오 대표 막내 처남 가족들(4명)이 막 도착했다. 나와는 이제 구면이다. 제 발로 찾아오는 걸 보면 이곳이 참 편한가 보다. 아들 둘도 같이 왔다. 닭들이 요란히 우는 걸 보니 어느 암탉이 알을 낳았나 보다.

임 선생과 첫 부인의 '갈등기'를 쓰고 있어 내 머리도 복잡하다. 책갈피로 쓰라며 오 대표가 강아지풀을 두 개 꺾어왔다. 조금 전에 산책로 입구에서 청설모(? 알고 보니 족제비)를 봤다. 자주 오거라. 나랑 친구하자.


**16:30** 오전부터 흐리고 이슬비가 내리더니 마침내 비가 조용히 내린다. 개구리가 산에서 "꽥! 꽥!" 하고 울어 댄다. 처음엔 한 마리가 울더니 너댓 마리가 합창을 한다. 연못 위로 수많은 원이 생겼다가 사라진다. 안채에선 도란도란 얘기 소리가 들린다. 바람 한 점 없어 나무도 선 채로 미동도 않는다. 하늘은 잔뜩 찌푸리고 있고, 임 선생의 불행한 결혼 생활을 쓰고 있는 내 마음도 우울하다. 오늘은 진도가 잘 안 나간다.

포항 김대기 선배가 내주 화요일 6시경 도착하기로 했다. 격려차 방문이다. 그날 몇이 모여서 모처럼 하루 쉴 생각이다.


**18:30** 꼬마 손님들 한 떼거리가 우루루 몰려왔다. 초등학교 2, 3학년 정도 돼 보였다. 이들은 근처 대청호 구경을 갔다가 오는 길이라고 했다. 마당에 천막을 치고 잔치가 벌어졌다. 구들

장용用 돌에 삼겹살을 굽고 안주인은 아이들 먹을 반찬을 뷔페식으로 줄지어 배치했다.

나도 잠시 나가서 거들었다. 몇몇은 내 방을 들여다보기도 하고 연못에서 개구리 구경을 하느라고 정신이 없었다. 식사 시간이 되자 아이들은 일렬로 줄지어 섰다. 반찬이 10여 가지나 됐는데 그 중에는 맨밥에 고기 몇 점 얹어서 먹는 애들도 있었다.

내가 이것저것 먹으라고 해도 별 반응이 없었다. 아이들에게 가장 인기 있는 건 고기(삼겹살)였다. 저녁 7시 반이 되어서 아이들은 반딧불이 보러 뒷산으로 올라갔다. 날이 흐려서 달이 없는 게 조금 걱정이나 길잡이(오 대표)가 있으니 안심이다.

이 아이들은 과천 아이들로 과천시에서 경비를 보조하고, 공모해서 생태계 체험 교육을 온 아이들이라고 했다(교사 3명, 아이 38명). 나는 아이들 식사할 때 버스 운전기사와 같이 식사를 때웠다. 오늘도 여전히 맛난 식사를 했다. 온 집안에 고기 냄새가 가득하다. 아까 가져온 복숭아를 먹고 자야지.


**01:25** 오늘은 정량을 소화하지 못했다. 변명이 아니라 어제 무리를 해서 아침에 늦잠을 잔데다 김성장 내방, 꼬마 손님들 내방 등으로 시간을 조금 까먹었다.

게다가 임 선생의 첫 부인과의 이혼, 재결합 등을 다루는 대목이어서 조심스럽기도 하고 관련 자료도 부족했다. 오늘까지 568매를 썼다. 이제 잠자리에 들어야겠다. 내일을 위해서. 밖에 달이 밝다. 오늘이 음력 17일이다.

## 9월 10일(일, 맑음) - 제8일차

어제 좀 늦게 잔 탓인지 아침에 늦잠을 잤다. 8시 20분에 일어나 식사를 하고 빨래를 3점 한 후 국군 도수 체조를 1회 하고 들어왔다. 아침 날씨가 쌀쌀하다. 벌써 가을 날씨가 아침저녁으로 완연하다.

연못 옆에 심어놓은 벼가 고개를 숙이고 익어가고 있다. 연못에 물을 좀 빼고 분수를 틀었더니 분수가 내 키 두 배나 높이 올라간다.

새벽에 오 대표가 붕어 네 마리를 연못에 넣었단다. 볼거리가 하나 더 생겼다. 바람에 풍경 소리가 울려 퍼진다. 귀뚜라미도, 까마귀도 아침부터 요란하다. 가는 여름을 아쉬워함인가?

12:05 마당에 산보를 나갔다가 아롱이(진돗개) 집 주위에 울타리가 쳐진 걸 발견했다. 오 대표 왈, 강아지들이 기어 나오길래 설치했단다. 어제까지만 해도 눈도 못 뜨던 놈들이 벌써 기어 나오는 모양이다. 검둥이 2, 흰둥이 3, 모두 다섯 마리다. 나는 조석으로 아롱이를 쓰다듬어주곤 한다. 아빠도 없이 혼자 새끼 다섯을 키우는 모양이 대견스럽다.

담배 한 보루를 다 피우고 오늘 'ONE' 8갑을 새로 샀다. 오 대표가 사다줬다.

아침에 연못에 넣었다는 붕어를 만나고 싶은데 통 얼굴을 보여주질 않는다. 오늘 중에는 볼 수 있으려나. 고녀석들!

오늘부터 『친일문학론』 집필에 들어간다. 200매는 족히 나올 나올 듯싶다. 그 정도는 써야 한다.

14:30 오 대표와 산책로를 따라 뒷동산 산책을 나섰다. 바로 뒤편 송 대감 묘 바로 옆에는 그의 부친 송 아무개 좌의정의 묘(합장 묘)가 있었고, 또 그 아래에

사랑채 추녀 끝에 매달린 풍경.

는 같은 집안의 능참봉을 지낸 사람의 묘도 있었다.

능선을 따라 오르니 발 아래 대청호가 보이고 가을산의 정취가 좋았다. 낙엽이 쌓여 마치 스폰지를 밟는 것 같았다.

오봉산 정상으로 향하지 않고 대신 샛길로 빠져 내려오는데 수풀이 어떻게 무성한지 앞에서 오 대표가 길을 내지 않으면 한 걸음도 나아갈 수 없는 지경이었다. 혹시 뱀을 만나지나 않을까 걱정했는데 다행히 별일 없었다. 20여 분 거리였는데 산책하기엔 안성맞춤이었다.

17:00 외상으로 가져온 내 담배 값을 갚으러 오 대표가 가게에 갔다가 성묘 온 친구를 만나 막걸리를 한 잔 하다가 한 병 사와서 나도 한 잔했다.

황토방에서 쉬고 있는데 일가족 4명이 황토방을 구경하러 찾아왔다. 남편과 포도를 먹고 좀 있다가 나는 내 방으로 돌아왔고, 그는 집을 둘러보며 부러워했다. 오 대표 집은 부러워할 만한 집이다.

19:50 막걸리 한 잔 마시고 따뜻한 방에 앉았더니 졸려서 책상을 밀고 한 숨 자다가 식사하라고 깨워서 저녁을 먹었다. 식사 후 오 대표랑 반딧불이 계곡까지 걸어서 산보하고 왔다. 검은 고무신을 신고 갔더니 지압을 받은 기분이네.

바람도 고요하고 아직 달은 나오지 않았다. 언젠가 오 대표가 괜찮은 땅이 나왔다고 했었는데 가는 길목에 있어서 보니 위치가 포근해 보였다. 좀더 궁리해보고 적절하면 이곳에 집을 짓고 살리라. 오 대표 집과는 서로 마실가기 참 좋은 거리다.

02:45 어찌 글발이 붙어 늦게까지 글을 썼다. 『친일문학론』 『동아일보』광고 얘기를 하다가 '삼성 사카린 밀수 사건'까지 언급하게 됐다. 컨디션은 아직 괜찮으나 내일을 위해 잠자리에 이젠 들어야겠다. 여기 온 지는 9일차나 실제 글쓰기를 한 건 8일째다. 지금까지 644매를 썼으니 하루 평균 80매를 쓴 셈이다. 다행스럽다.

## 9월 11일(월, 흐림) – 제9일차

**08:40** 어제 저녁에 늦게 잤지만 오늘 아침엔 정상적으로 기상했다. 08시 20분경 날 깨우는 오 대표 목소리에 잠이 깼다. 식사를 맛있게 하고 담배 한 대 피고, 잡담 좀 하다가 세수, 양치질 후 내 방으로 들어왔다. 오늘 아침은 올해 들어 그중 쌀쌀하다. 찬물로 세수하고 머리 감는 게 조금 부담스럽다. 오늘은 700매를 넘겨야겠다.

**11:30** 마당에 산보를 나갔다. 오늘도 주인 부부가 출타해서 내가 주인이 되었다. 바람은 없지만 날씨는 쌀쌀하다. 방바닥은 따뜻한데 방 공기는 썰렁하다. 무릎에 이불을 덮고 집필중이다.

**13:00** 소변보러 나가는 길에 빈 물통 3개에 물을 채워 냉장고에 넣고는 대신 박카스 한 병과 복숭아 한 개를 씻어서 가지고 방으로 들어왔다.

연못을 내다보니 오늘은 개구리가 보이지 않는다. 어딜 갔나? 엊그제 오 대표가 붕어 4마리를 연못에 넣었다는 데 여태 구경을 못했다. 떠나기 전에는 한번 만날 수 있으려나?

**15:30** 출타한 오 대표가 아직도 돌아오지 않고 있다. 오늘은 나갈 때 어디 간다는 얘기가 없었다. 내가 알 바는 아니지만 하루 종일 집이 절간 같다. 내 글쓰기에는 더없이 좋다.

아까 씻어온 복숭아를 껍질을 안 까고 그냥 깨물어 먹었는데 맛이 너무 좋다. 크기도 내 주먹만해 반만 먹어도 배가 부르다. 옥천은 포도가 유명하다는데 복숭아도 꿀맛이네.

홍사중의 『친일문학론』 서평을 유용하게 활용했다. 내용도 상당히 알차고 글도 길어서 요모조모 쓸 곳이 많았다.

17:15  오후 다섯 시가 되었는데 아무도 돌아오지 않았다. 마당에서 자전거를 다섯 바퀴 돌고 오는 길에 양말을 걷어서 들어왔다. 그냥은 안 짖는데 자전거를 타고 있어서인지 개들이 날 보고 짖었다. 그러나 아롱이(진돗개)는 꼬리만 살랑살랑 흔들 뿐 짖지 않았다. 역시 진돗개가 영리한가 보다.

연못에 붕어가 통 보이질 않으니 내일은 지렁이를 잡아 나무에 매달아 한번 유인해 볼까 보다. 물론 낚시 바늘은 안 달고. 700매가 눈앞이다.

6시가 되기 전에 700매 돌파해서 오 대표랑 정현이 모친께 자랑해야지. 오늘 위원회에서는 1차년도 대상자 최종 확정하는 날인데 여기서 글 쓰고 있으니 조금은 미안한 마음이다.

18:20  6시에 정현이 모친이 귀가했다. 방금 700매를 돌파했다. 일단 좀 쉬어야겠다. 등받이 의자에 앉아 있어도 원래 허리가 좋지 않아 허리가 끊어지는 듯하다.

문을 열어놓으니 생선 굽는 냄새가 난다. 저녁 식사 맛있게 해야지. 그런데 이 집 바깥주인은 아직도 돌아올 줄 모르네. 멀리서 암소 울음소리가 들린다. 해는 벌써 졌고, 초저녁 날씨는 찹다. 평화로운 시골의 저녁 풍경이다.

**19:00**  정현이 모친이 식사를 하라고 해서 가보니 나 혼자다. 오 대표는 서울 갔단다. 며칠 전에 조동호 선생 추모식이 있다고 하더니 그게 오늘이고 서울서 행사가 있단다.

저녁상에 내가 좋아하는 갈치가 올라왔다. 반가웠다. 반찬 그릇 넷을 완전히 비웠다.

**22:00**  열시 경 오 대표가 귀가했다. 독립공원 내 독립관(거기라면 바로 우리집 옆인데)에서 열린 조동호 선생 추모학술대회에 참석하고 이어 신학림 위원장, 양윤모 선배, 혜문 스님 등을 만나고 왔단다. 오랜만에 서울 소식을 들었다.

오 대표는 서울만 가면 답답한데 집으로 돌아오면 즉시 편안해진다고 했다. 앞서 전미선 씨(내 비서)와 박현웅 기획총괄과장에게 오늘 11인위원회 회의 결과를 보고받았다. 이의신청 중 1건은 '인용'됐다고 한다.

**02:07**  오늘은 740매로 마감한다. 『친일문학론』의 대미를 장식했다. 내일부터는 다시 임·이 두 사람의 제2차 갈등기를 다뤄야 한다. 이 시기 종국의 편지 등 자료는 제법 확보돼 있으나 이선숙의 증언이 절실하다. 기본적으로 반론 기회는 물론 정확한 사실 확인이 필요하다. 내일까지 800매를 채워야겠다(개별 '작가

론' 28명 보완 哭!). 내일은 김대기 선배 등 손님들이 오는 날인데
어서 자야겠다. 내일을 위해. 암튼 큰 차질 없이 진도가 나가서
다행이다. 하늘에서 임林 선생이 돕고 계시나 보다.


## 9월 12일(화, 흐림) - 제10일차

08:20 기상해서 아침 먹고 황토방 앞에서 오 대표와 잡담 좀
하다가 씻고 양치질 하고 팬티 하나 빨아서 널고 내 방으로 들
어왔다. 저녁엔 김대기 선배 등 지인들이 격려차 방문한다.


10:30 오 대표가 (손님 맞을 준비하러) 외출한다고 해서 10만 원
을 드렸다. 안 받으려고 하는 걸 "오늘 손님은 내 손님"이라고
우겨서 겨우 손에 쥐어 드렸다. 그건 마땅히 내가 경비를 대는
게 맞다. 김대기 선배가 포항서 세 시간 걸려서 오는 건 날 보러
오는 것이다.


13:40 외출(시장) 나갔던 오 대표가 돌아왔다. 내게 2만 몇
천원을 건넸다. 아침에 10만 원 준 것 중에서 장보고 남은 돈이
란다. 다 써도 되는데. 여기 있으니까 돈 쓸 일이 없다.

오늘이 11일차인데 그간 쓴 돈은 담배값뿐이다. 마당에 나가
자전거 다섯 바퀴를 돌았다. 오는 길에 빨래를 뒤집어 주었다.

오늘 아랫도리가 좀 쉬원하고 가뿐해서 왜 그러지 했더니

아까 세수하고 나서 팬티를 빤 후 새 팬티를 꺼내 입지 않은 때문이란 걸 깨달았다. 팬티 안 입으니 이리 좋은 걸. 오늘은 그냥 이대로 지내 봐야겠다. 나 혼잔데 뭐 어때.

14:20 오 대표가 연못에서 낚시중이다. 아까 외출했다가 낚시바늘을 사온 모양이다. 얘기인 즉 내가 붕어가 안 보인다고 하니까 잡아서 보여줄 요량인 모양이다.

낚싯대를 물에 담궈 놓고 바라보는 재미가 있단다. 미끼는 떡밥을 했단다. 한번 나가 봐야겠다. 나가보니 낚싯대는 내 키만하고 낚싯줄도 길이가 그만한데 손가락 길이만한 나무 찌를 잘도 만들어서 지렁이 두 마리를 달아 물에 드리워 놓았다.

황토방 앞 목공소에서 쇠 자르는 소리가 요란하길래 나가봤더니 폐자전거에서 브레이크를 구해 와 뱀 잡는 집게를 만들고 있었다. 저 양반은 못 만드는 게 없다.

15:00 포항 김대기 선배가 전화가 왔다. 엊그제 먹은 것이 잘못 돼 식중독 증상인데 주변에서 안 가면 안 되느냐고 한단다. 나는 그러면 안 오시는 게 좋다고 했는데… 얘기 하다 보니까 결국 오기로 했다. 여기 모임 멤버들을 꼭 보고 싶단다. 오오무라 교수 사진도 하나 찾았단다.

17:20 오 대표가 시장하다며 짜파게티를 하나 끓여 와 툇마루에서 나눠 먹었다. 둘이 두 젓갈씩 하니 끝났다. 서천 양수철

씨가 허리가 다쳐서 오기 어렵다더니 이내 다시 전화가 와서 온다. 오 대표 왈 "올 사람은 다 온다."

연못에 낚시를 드리워 놨더니 찌로 자꾸 눈이 간다. 고요하던 연못에 '포인트'가 하나 생겼다.


01:00　이제 내 방으로 돌아왔다. 저녁 7시 김대기 선배가 제일 먼저 도착하고 이어『오마이뉴스』대전충남 팀(심규상, 장재완 기자)이 도착했다. 서천서 양수철 사장이 뒤이어 오고 이안재『옥천신문』사장, 김성장 선생 등이 그 뒤를 이었다.

양 사장은 전어회와 한산 소곡주 댓병짜리 2병, 이안재, 김성장은 포도 한 상자씩, 그리고 심규상은 소주 한 박스를 가져왔다. 먼저 삼겹살에 한산 소곡주를 마시고 이어 전어회와 소주를 즐겼다.

서로가 나눈 얘기는 여기서 다 적을 수는 없다. 김대기 선배는 식중독 증상이 완치되지 않았음에도 포항서 세 시간 운전해서 왔고, 양 사장은 허리를 다쳐서 거동이 불편한데도 서천서 예까지 와 주었다.

보고 싶은 얼굴들이 다 모였다. 김성장, 오마이팀, 이안재 사장 등이 내일 일과 때문에 12시경 일어서고 김대기 선배, 양 사장은 발이 묶였다. 오 대표가 오늘 술이 좀 과했지만 기분은 대단히 좋아 보였다. 좋은 기분에 술 한 잔 취하는 것은 멋이다. 즐겁고 감사한 날이었다. 오늘 (저녁) 7시까지 810매를 썼다. 나도 이제 자야겠다.

## 9월 13일(수, 맑음) – 제11일차

오전 9시에 일어나 아침을 읍내 올갱이집에서 먹었다. 오는 길에 양 사장은 허리가 안 좋다고 해서 '정철종한의원'에 들러 침 맞고, 나와 오 대표는 먼저 오고, 양 사장은 정 원장이 점심 때 데려다 준다고 했다.

아침에 일어나 보니 김대기 선배는 포항으로 가시고 안 계셨다. 어제 반가운 얼굴들을 만나서 반가웠다. 감사하다.

11:20  KBS '일요스페셜' 팀이 취재차 오 대표 집에 방문했다.

11:30  『오마이뉴스』 이한기 편집국장이 전화를 걸어왔다. 어제 다녀간 심규상 기자가 (사내용) 관리자 게시판에 내 근황을 올린 것을 봤단다. 책 나오기 전에 임 선생 얘기를 하나 써 달란다. 그러마 했다.

16:00  자전거로 마당 다섯 바퀴를 돌았다(참고로 이 집은 대지가 450평이다). 숨이 조금 가쁘지만 기분은 상쾌하다. 황토방 문을 열어보니 양 사장이 자고 있었다.

오 대표는 영동지원에 재판받으러 갔다. '풀뿌리옥천당'이 정당법 위반이라고 해서 재판중이다. 집안이 정적이다. 더러 이름모를 풀벌레 소리와 산비둘기 한 마리의 울음소리뿐이다.

이제 가을이 완연하다. 햇볕이 덥다기보다는 그냥 따사로운 느낌이다. 연못엔 미끼도 없이 빈 낚싯대가 드리워져 있다.

오늘은 임·이선숙 간의 2차 갈등기를 다루고 있는데 당시 편지 등을 읽다보니 집필에는 진도가 통 안 나간다. 오늘은 850매 정도에 만족해야겠다.

심심풀이 겸 휴식용으로 탄 자전거.

**16:40** 우체부가 왔는지 개가 짖어댄다. 나가보니 우체부가 오토바이를 타고 왔는데, 며칠 전에 본 그 양반이다. 편지 등을 받아서 안채 마루에 놔두고 나오는 길에 냉장고에서 포도 두 송이를 꺼내와 양 사장과 나눠 먹었다.

**17:00** 이장님 마이크 소리가 뒷산에서 들린다. 그곳에 (마이크가) 설치돼 있나 보다. "알려드립니다. 소금 신청하신 주민 여러분께서는 지금 광장으로 나오셔서 수령해 가시기 바랍니다. 한 포대 2000원이니 나오실 때 대금을 지참해서 나오시기 바랍니다. 다시 한 번 알려 드리겠습니다… ."

**17:40** 오 대표가 귀가했다. 재판 잘 받고 왔냐고 물으니 잘

받고 왔단다. 거듭해서 물어도 잘 받고 왔단다. 그렇다면 다행이다.

**20:50** 정철종한의원 원장이 저녁 식사를 내겠다고 해서 차를 타고 금강휴게소 건너편에 있는 쏘가리 매운탕집에 가서 저녁을 먹고 왔다. 음식이 참 깔끔하고 맛있었다. 식전에 밑반찬으로 나온 피라미 조림도 좋았다.

오 대표 부부, 양 사장, 나, 정 원장, 그리고 정 원장 아들(9세) 등 6명이 갔는데, 정 원장 아들 성준이가 재밌는 녀석이었다. 내가 '옥천 아들' 하자고 했더니 '글쎄요!' 하면서 애늙은이 같은 행동을 하는데 참 귀여웠다. 우리 아들 어릴 때 키우던 생각이 났다. 정 원장의 환대에 감사한다.

**00:20** 피곤하다. 오늘은 아침 늦게 일어나고 저녁은 외식하고 또 '편지' 보느라 시간이 필요했다. 870매로 마감했다. 두 사람의 이혼 건을 최종 마무리했다.

## 9월 14일(목, 맑음) - 제12일차

8시 20분에 기상해서 아침을 먹고 세수하고 9시 10분에 입실했다. 오 대표는 어디 대학에 특강 간다고 나가고 양 사장은 오 대표 차편에 읍내로 나가 침 맞고 오후엔 서울 볼일 보러 간단다. 안주인도 출근하고 다시 내가 이 집 주인이다.

세수를 하고 나서 거울을 보니 그새 수염이 제법 자랐다. 마치 철사 같다. 재미로 길러본 수염인데 그냥 재밌다. 토요일 집 사람이 내려와서 보면 깜짝 놀라겠지? 오늘은 좀 속도를 내야겠다. 950매는 넘겨야겠다. 내일이면 1000매 가능할 것 같다.

**11:30** 워드를 많이 쳤더니 손가락이 아프다. 또 담배를 피우니 입도 껄끄럽다. 쉴 겸 나가서 사랑채 냉장고에서 포도를 한 송이 가지고 와 툇마루에서 몇 알 먹었다.

연못가로 붉은색 고추잠자리가 며칠 전부터 보이기 시작한다. 이제 가을인가 보다. 바람도 선선하고 햇살도 가을 맛이 난다. 오늘도 집안이 텅 비어 적막강산이다.

집필에 매몰될 때는 내가 무엇을 하는지, 어디에 존재하고 있는지도 잠시 망각할 때가 있다. 오늘부터는 두 번째 부인(이연순)과의 새 삶을 쓰고 있다.

**11:50** 휴대폰에 문자로 이형모 『시민의 신문』 사장이 성추행으로 사퇴했다고 알려왔다.

**12:45** 갑자기 닭이 꼬꼬댁! 하고 요란하게 운다. 아마 알을 났나보다. 닭은 알 낳고 나면 꼭 저렇게 유세를 한다. 빈 낚싯대가 심심해서 바늘에 포도알을 반반 나눠서 미끼를 달아 던져 놨다. 당췌 붕어 얼굴을 볼 수가 있어야지. 이번엔 소식이 올까?

**14:20** 자전거로 마당을 일곱 바퀴 돌았다. 평소보다 두 바퀴 더 돌았다. 특별한 이유는 없다. 마당을 돌면서 보니 안채에 전화벨 소리가 계속해서 울린다. 문 열고 들어가서 받아 보고 싶지만 혹시 내가 모르는 사람이 "당신 누구요?" 하고 물으면 딱히 할 말이 없어서 그냥 안 받았다. 뭐 두 사람 다 휴대폰이 있으니까.

붕어는 포도도 안 좋아하나 보다. 통 찌가 움직이질 않는다. 늦여름 오후 매미가 간헐적으로 울고 암탉은 또 알을 낳는지 요란하게 '티'를 낸다.

**15:50** 오 대표가 외부 특강 갔다가 세 시가 좀 넘어 돌아왔다. 충북 청원 소재 주성대(2년제)에서 도민 상대 45분짜리 특강을 했는데 거기서 "『조선일보』는 신문으로 위장한 범죄 집단"이라고, 그것도 여러 번 공개적으로 말했는데 방영될지 모르겠다고 했다. 왜 그런고 하니 독립기념관에서 윤전기가 철거되고, 자사 기사에서 일제 때 10퍼센트는 범죄를 저질렀다고 이연 교수 글에서 자복했단다. 방영 여부는 두고 볼 일이다.

심심해서 닭에게 줄 지렁이를 잡자고 했다. 삽을 들고 마당 텃밭 구석 풀 베어놓은 곳으로 가더니 풀더미를 걷어내자 구더기가 수북했다. 그냥 삽으로 떠서 닭에게 줬더니 아주 맛있게 먹었다. 오 대표는 떡밥 사온다고 다시 차를 몰고 나갔다.

**16:30** 드디어 오 대표가 떡밥과 찌를 사가지고 와서 떡밥을

지렁이를 좋아하는 닭들

달아 낚싯대를 넣었다. 이젠 붕어 너희들은 다 죽었다! (5분 뒤) 툇마루 앞에 넣었더니 통 소식이 없어 건져보니 떡밥이 벌써 없다. 붕어가 먹었다기보다는 물에 풀어서 녹은 것이리라.

다시 떡밥을 달아 이제는 왼쪽 모퉁이 쪽에 넣었다. 거기는 소식이 올까? 둘이 툇마루에 앉아 찌를 쳐다보고 있다. 신선노름이 따로 없다. 집안에서, 그것도 툇마루에 낚싯대를 걸쳐놓고 있으니 말이다.

바람이 선듯 부니 찌가 기우뚱하다가 다시 꼿꼿이 선다. 연못에 작은 '사건' 하나가 생긴 것이다. 오 대표는 해가 넘어가면 '밤낚시'가 잘 될 것이라고 한다. 내일 열댓 마리 더 갖다 넣는단다.

**16:50** 새로 두 번 떡밥을 갈아 넣은 뒤 20분쯤 지나 찌가 조금 움직인다. 입질이 시작됐나? 나는 그 녀석 얼굴을 보려고 연못가로 가서 보았으나 안 보였다. 수심은 50센티미터 정도인데 보기보다 물이 시퍼렇다. 그렇다고 연못물이 탁하지는 않다. 조만간 소식이 올 모양이다.

**17:05** 소식이 통 없어 이번엔 동쪽으로 옮겼다가 다시 왼쪽으로 옮겼다. 이제는 들어가서 저녁 먹을 때까지는 써야겠다.

**20:20** 오늘 저녁은 멋진 식사를 했다. 그제 저녁에 양 사장이 서천서 전어회 두 접시를 가져 왔는데 하나 남겨 두었던 것을 황토방 앞마당에서 대나무 숯불을 피워 구워 먹었다. 물론 소주와 함께.

오 대표 부부와 셋이서 전어구이를 즐기고 있는데 동구 밖에서 차소리가 났다. 나가보니 조만희(교사) 선생이 왔다. 조 선생은 영동 거봉포도 한 상자를 가져왔다. 어디서 내가 왔다는 소식을 듣고 저녁 약속을 가다가 잠시 들렀단다. 넷이서 전어구이를 즐겼다.

조 선생은 가고 다시 셋이서 구이를 마무리하고 안주인이 볶음밥을 준비해 와서 배가 부르도록 먹었다. 방에 들어오는 길에 낚시에 떡밥을 새로 갈아주었다. 방 밖, 툇마루 위에 있는 불도 켰다. 이제부터 밤낚시다.

소주를 둘이서 한 병씩 마셨더니 기분이 알딸딸한 게 너무 좋다. 풀벌레 소리가 곳곳에서 들린다. 아직 달님은 모습을 드러내지 않았다. 9시는 넘어야 볼 수 있다. 깊어가는 초가을 저녁밤의 정취가 너무 좋다. 소주를 곁들였더니 좀 졸린다. 한 숨 자고 일어나서 쓸까?

21:50  한 숨 자고 있는데 오 대표가 불러 일어났다. 밤낚시 하잔다. 낚싯대에 미끼 갈아주고 헤어졌다. 내일 아침에 보기로 하고. 나도 오늘은 자야겠다.

헤어지기 전에 연못 옆 버섯나무에서 버섯을 따서 내게 반을 주는데 생으로 씹어 먹으니 향긋하고 맛있다. 이젠 자야겠다.

## 9월 15일(금, 낮엔 맑음, 저녁엔 비 · 흐림) – 제13일차

06:40  예초기 소리에 잠이 깼다. 부지런한 농부는 아침부터 저리 열심이구나. 앞방 문을 열고 나와 툇마루 쪽으로 가보니 오 대표가 벌써 와서 낚싯대를 돌보고 있었다. 그리고는 입질을 한단다.

나도 옆에 쪼그리고 있다가 소변을 보고 왔다. 소변을 모으기 위해 닭장 앞에 오줌통이 있는데 매일 아침 첫 소변은 나는 거기서 본다. 오 대표는 떡밥 대신 이젠 실지렁이를 미끼로 쓴단다.

산책로에 올라가서 내려다 본 초근당과 툇마루 옆 연못 풍경.

07:10 '온다! 온다!'. 오 대표가 온다길래 보니 입질이 온다. 움찔움찔 찌가 움직인다. 지렁이로 바꾼 후 가지고 노나 보다.

08:10 동네 입구에 사는 오 대표 친구가 대청호에서 매일 아침 물고기를 잡아온다길래 구경갔는데 방금 막 갔다고 해서 허탕치고 왔다.

대문 앞에서 아롱이 새끼들이 개집에서 나와 놀길래 흑·백 한 마리씩 데리고 놀았다. 어미가 새끼를 어찌나 물고 빨고 하는지. 자식 귀한 건 사람이나 동물이나 매 한가지다.

연못으로 와서 낚싯대를 살피니 입질은 계속하는데 미끼는 그대로다. 아마 붕어가 아니라 미꾸라지가 지렁이를 가지고 노는 것 같았다.

오늘 아침은 산보도 하고 낚시 구경도 하느라고 아침 '공부'를 못했다. 아침 먹고 와서 오늘 1000매를 넘겨야지. 오늘은 임문호부터 시작한다.

**09:20** 오 대표가 친구에게서 붕어, 잉어 8마리를 얻어 와서 연못에 넣었다. 크기는 내 손바닥보다 조금 큰 것, 20센티미터 정도 됐다.

이 녀석들은 연못이 낯선지 처음엔 물에 넣어도 물가에서 움직이질 않았다. 그러다가 오 대표가 물 안으로 밀어 넣자 수초 속으로 사라졌다.

이제 볼만 하겠군. 이러다 오늘 1000매 못 채우는 건 아닌지. 암튼 재밌겠다.

**09:50** 오 대표가 고기가 보인다고 해서 툇마루에 나가보니 진짜로 붕어 너댓 마리가 떼를 지어 유유히 유영하는 모습이 보인다. 아마 낯선 환경을 탐색중인가 보다. 낚시 찌를 지나서 그냥 간다.

이 집 둘째 아들(각현이)이 청주공항서 군복무하는데 오늘 휴가를 온단다(청주서). 9시 50분 차를 탔단다.

**10:05** 오 대표가 연못에 분수를 틀어 놨다. (물이 빠지면서) 분수 높이가 점차 높아져 처마 끝까지 올라갔다.

11:30 이 집 둘째 아들 각현이가 도착했다. 공군 일등병 오각현. 모자 속에 편지를 10여 통 담아 가지고 왔다. 집에 보관할 편지란다. 그는 집안을 휙 둘러보더니 툇마루로 와서는 한 달 만에 집이 많이 바뀌었다고 했다. 못쓰던 자리가 모두 쓸모 있게 되었다고. 이는 오 대표가 집안일을 한 때문이다.

(각현이는) 작년 8·15 행사 때 한 번 본 적이 있는데, 얼굴이 기억이 없다. 앳띤 얼굴이 마치 내가 군에 있을 때의 모습과 닮았다.

아직도 낚싯대에는 소식이 없다. 들어내 보니 지렁이는 뜯어 먹혔다. 다시 교체해주고 기다리기로 했다.

12:25 이 동네엔 까마귀가 많다. 아침저녁으로 까악! 까악! 소리를 듣는다. 그런데 갑자기 연못 뒤 나무에서 까치 두 마리가 짖다가 사라졌다. 무슨 좋은 기별이라도 오려나?

오 대표가 낚싯대를 내 책상 위까지 손잡이를 걸쳐 두고 갔다. 아직도 소식이 없다. 떠나기 전에 손맛을 한 번 볼 수 있을지. 그 녀석들 참 무정한 놈들이로고. 안 죽이고 살려준 대도 그러네.

12:55 오 대표가 아들과 함께 짬뽕 먹으러 읍내 나간다며 같이 가겠느냐고 하길래 난 사양했다(난 요즘 여기서 1일 2식 한다. 점심은 안 먹는다. 종일 앉아 있으니 소화도 잘 안 되고, 또 정신 집중을 위해서다).

대신 냉장고에 가서 복숭아 1개와 물 한 병을 가져왔다. 오늘 아침부터 수돗물이 안 나와서 복숭아는 안채 세면장에 가서 씻어왔다. 여전히 찌는 꼼짝도 안 한다.

각현이를 보니 우리 아이들이 보고 싶다. 책상에 있는 아이들 사진을 보며 그리움을 달랜다. 그리고 지영이(처제 딸, 세 살)는 그새 얼마나 컸는지 보고 싶다. 아직도 나를 '아이씨(아저씨)'라고 부르는지. 휴대폰을 켤 때마다 액정에 있는 지영이를 보면 보고 싶은 생각이 든다.

이리 멀리 나와 있으면 가족이 늘 그립다. 요즘이야 휴대폰에 인터넷이 되니 그렇다 치고 조선 시대 같은 때는 어찌 살았을까. 그래서 편지가 많이 오갔던 모양이다. 집에 편지라도 하나 보내볼까?

차타고 나가던 오 대표가 다시 집으로 돌아왔다. 돈을 안주인이 다 가지고 있다며 점심값을 좀 빌려달라고 해서 3만 원을 빌려 주었다(오후 2시경 갚음).

찌는 더러 움찔움찔하는데… 쑥쑥 들어가기도 하고… 고기들이 물 아래서 지렁이 가지고 놀고 있나 보다.


**14:20** 시장해서 복숭아를 하나 먹었다.


**14:25** 고기가 수초에 숨어서 잘 안 나온다고 했더니 오 대표가 장화 신고 연못으로 들어가 수초를 일부 낫으로 걷어냈다. 이제 숨을 곳이 적으니 잘 보이려나?

누가(?) 이제 그만 쓰고 빨리 서울로 올라오란다. 서울이…

**14:35** 연못에 빗방울이 떨어진다. 이슬비가 조금 내린다.

**14:55** 오 대표가 전기톱으로 뭘 자르나 보다. 톱 소리가 요란하다. 오 대표는 뚝딱 하면 뭘 만들어 낸다. 참 솜씨가 좋은 사람이다. 부럽다. 헬기가 날아가는 소리가 난다.

**15:20** 연못에 내리는 비의 양이 많아졌다. 수없이 많은 동심원이 연못에 나타났다 사라진다. 갑자기 개구리들이 울어댄다. 역시 개구리는 개구린가 보다. 비가 오니 울어대니까. 마음이 차분해진다. 내 담배 연기는 조용히 피어오른다.

**16:00** 빗속에 모자를 쓰고 소변을 보고 왔다. 거름으로 사용하려고 소변을 모은다고 해서 일부러 닭장 앞 오줌통까지 가서 누고 왔다. 지네들 먹이 주러 온 줄 알고 닭들이 우르르 몰려나왔다. 오늘같이 비오는 날은 이 집에서 아무데나 파도 지렁이가 나올 것 같다. 오 대표는 이 집을 '지렁이 공장'이라고 했다. 전혀 틀린 말이 아니다. 비가 아주 예쁘게 온다.

**16:40** 허리가 아파서 방바닥에 엎드려서『한국문학의 사회사』를 읽는다. 오 대표는 겨울 준비, 연탄 놓을 곳 준비에 바쁘다. 연신 전기톱으로 합판을 잘라서 이리 옮기고 저리 옮기곤 한다.

**17:30** 한 숨 자고 일어났다. 물을 한 잔 마시니 정신이 든다. 마당 한 바퀴 돌다 와야지.

**17:40** 마당을 한 바퀴 돌고 세수를 하고 냉장고에서 물을 한 병 꺼내 왔다. 황토방에 지핀 불로 연기가 피어오른다. 시골의 아름다운 저녁 풍경이다. 낚시를 수초 한 가운데로 옮겨 놓았다. 이른바 '적진 한 가운데'를 공략한 것이다. 반응이 어떨지 두고 보자.

강아지들이 앵앵거린다. 뭔가 불만이 있나 보다. 오른손 끝이 가려워 보니 모기가 앉았다. 이리 글을 쓰고 있는데도 모기가 문다. 잡았다. 피가 벌겋게 나온다. 이 녀석이 며칠째 나를 문 모양이다.

**18:05** 안주인이 귀가했다. 각현이 모친 귀가 시간은 5분도 차이가 없다. 찌는 여전히 꿈쩍도 않는다.

**18:40** 다시 미끼를 떡밥으로 교체했다. 인근 산에서 예초기 소리가 아까부터 들린다. 벌초를 하나보다. 해가 지면서 선선해져 일하기 좋은 시간이다. 조금만 더 있으면 어두워 작업하기 어려울 것이다.

**19:10** 저녁 식사를 마치고 나왔다. 각현이가 와서 식탁이 4명, 가득했다. 식탁에 별미로 오징어두루치기가 올랐는데, 내

입에 딱 맞았다. 각현이 모친이 음식 솜씨가 뛰어난 분이다. 오늘은 좀 시장했는지 한 그릇 다 먹고 좀더 덜어서 먹었다. 낚시보러 간다고 나 혼자 먼저 일어섰다.

오 대표는 얼음 얼기 전에 물 빼서 고기 잡아 매운탕 해 먹고 내년 봄에 다시 새끼를 넣어 키워서 다시 내년 겨울에 매운탕으로… 한단다. 툇마루에 와 보니 찌는 여전히 미동도 않는다. 얼굴 좀 보자는데…. 고기들이 싸가지(?)가 없다는 생각마저 든다. 얘들이 싸가지를 알까마는.

**19:20** 오 대표가 저녁에 모임이 있다고 나갔다. 각현이는 외삼촌네 간다고 같이 차를 타고 나갔다.

방금 미끼를 새로 갈아주었다. 야간 낚시 한다고 외등을 켰더니 연못 주위가 환하다. 휴대폰의 MP3로 음악 한 곡 들어야겠다.

**19:40** 툇마루에 모기장을 안 쳤더니 온갖 나방, 심지어 땅강아지란 놈도 날아서 방으로 들어왔다. 그 놈을 잡아서 방밖으로 내보내고는 모기장을 쳤다.

**21:10** 오 대표가 외출 나갔다가 귀가했다. 나보고 '소식' 없느냐고 묻는데 "그동안 나는 꼼짝 않고 집필만 해서 모른다"고 대답했다. 좀 쉬어야겠다.

초근당과 툇마루.

21:30 드디어 1000매를 돌파했다. 14일만이다. 잠시 바람 쐬러 나갔더니 황토방 앞에서 오 대표가 누군가와 얘기중이다. 초록정치연대 주요섭 씨다. 내가 원해서 '1000매 축하주'를 한 잔씩 먹자고 했더니 소곡주가 남았다고 해서 한 잔 먹고 들어왔다.

23:20 오 대표가 비스켓을 하나 갖다 줘서 간식으로 먹었다. 이제 '천안 시절'로 들어간다. 후반부로 접어든 셈이다. 전체적으로 1400매 정도를 쓰는 데는 무리가 없어 보인다. 방에 파리가 극성이다.

23:50  초가을 비가 촉촉이 내린다. 마음이 차분하다. 문득 시상이 떠올라 한 편 즉석에서 지어봤다.


「가을비」

산에는 풀벌레 소리
밤은 깊어가고

추녀 끝을 때리는
가을비 소리
그치질 않네

마음은 멀리
북녘으로 향하는데

가을비,
그리움,
연못 속 원圓으로 흩어지네


01:20  오늘은 여기서 끝내고 이제 잘까보다. 1015매로 마감한다. 순간 오 대표가 툇마루에 나타났다. 밤낚시 한다더니 진짠가 보다.

담배 한 대 물고 나가보니 잉어 한 마리가 유유히 놀고 있다. 낚싯대 근처까지 왔다가 돌아가곤 한다. 그래도 얼굴이라도 보여줘서 고맙다. 한번 상상해 보라. 초근당 뒤 툇마루 앞에 있는 두 평 남짓한 연못에서 새벽 1시가 넘은 이 시각에 이슬비를 맞으며 40대 후반 두 남자가 낚싯대 던져 놓고 쪼그리고 앉아 찌 쳐다보고 있는 모습을.

풀벌레 소리는 요란하고 빗방울, 낙숫물 소리 정겨운데 밤은 깊어 가고 있다. 신선이 따로 있을까? 암만 생각해봐도 이보다 더한 운치는 없는 것 같다. 오늘 1000매도 넘겼겠다, 나도 오 대표와 같이 밤낚시나 할련다.


**01:45** 이젠 자야겠다. 내일을 위해. 잉어 한 놈이 끝내 물에서 놀기만 한다.


## 9월 16일(토, 맑음/흐림) - 제14일차

예초기 소리에 7시 10분에 잠에서 깼다. 불과 다섯 시간 정도 잤는데 몸은 개운하다. 문밖으로 나오니 툇마루에 앉은 오 대표의 뒷모습이 보인다. 어제 나와 비슷한 시각에 헤어져 잠자리에 들었는데 벌써 일어났다. 아직 소식은 없는데 입질은 계속 한단다.

아침 공기가 상쾌하다. 오늘은 아내가 올 시각까지 열심히

써 보자. 아침운동을 좀 하고 식전에 몇 자 써야겠다. 자전거로 마당 다섯 바퀴를 돌았다.

**07:35** 어제 저녁에 우리들과 놀던(?) 잉어 한 마리가 연못 구석에 죽은 채로 발견됐다. 어제 보니 몸에 상처가 조금 있었는데 결국 죽었다. 어제 물 위로 뜨고 몸을 뒤집고 하던 것이 노는(?) 것이 아니라 컨디션이 안 좋았던 모양이다. 그것도 모르고 우리는 녀석이 '잘 논다'고 했으니 미안쿠나. 녀석을 닭에게 줬는데 닭들이 아직은 낯선지 몇 번 찍어보고는 다시 물러선다.

**08:50** 정택(3남)에게 전화해서 천안 내려간 시점, 청운동 집 얘기, 그리고 부인 출산 등을 물었다. 부인 출산은 오늘내일 한다고 했다.

며칠 전 일본 오오무라 교수가 서울에 와서 만났는데 70~80년대 임 선생이 보낸 편지를 복사해서 건네주더라고. 서울 올라가면 내게 주겠다고 했다.

오늘 아내가 내려오기로 했는데 밤에 지원이(딸, 삼수생) 기도하러 가기로 약속이 돼 있다며 못 온단다. 남편보다는 급한 딸이 우선인 게 맞다고 본다.

**11:50** 네이버에 보니 초강력 태풍 '산산'이 북상해 내일부터 직접 영향을 끼친다고 하던데 그래서인지 바람이 세차다. 방문을 열어 놨더니 자료들이 날아가고 난리다.

아침부터 예초기 소리가 요란터니 지금도 그치질 않는다. 벌초의 계절이 실감난다. 우리집도 내주말에 벌초를 한다고 들었다. 작년엔 못갔으니 올해는 가도록 해야겠다.

낚싯대를 다시 중앙, 수초 더미 속으로 옮겼다. 미끼가 지렁이던데 소식 오려나? 내일이 마지막인데 붕어 얼굴도 못보고 가게 생겼다. 오전엔 '천안 생활'을 썼다.

**13:40** 마당에 바람 쐬러 나갔다. 집안이 쥐죽은 듯 고요하다. 이 집 식구들 모두 외출했는지 차 두 대가 모두 안 보인다.

아롱이가 새끼와 놀고 있었다. 수컷 백구 한 마리가 제일 크고 왕성한데 그놈 하고 놀고 있었다. 새끼들이 못나오도록 개집 앞에 울타리를 오 대표가 만들었는데 아롱이가 그걸 넘어서 내게로 왔다. 며칠 낯이 익었다고 이제는 심야에 혼자 나와 서성대도 짖지 않는다. 나는 아롱이를 쓰다듬어 주면서 속으로 '애 키우느라 고생 많다' 하면서 어루만져 주었다.

텃밭의 배추가 하루가 모르게 쑥쑥 자라 제법 크기가 크다. 오늘로 15일째니 시간이 제법 흐르기도 했다. 뒷산에선 산비둘기가 울어댄다. 아침부터 흐리다. 바람은 스산하고 풀벌레 소리가 종일 끊이질 않는다. 낮이어서 다행이지 밤이면 쓸쓸할 뻔했다.

**14:05** 오 대표가 들어왔다. 차에서 네 사람이 내리는데 각현이 모친, 정지환 기자, 그리고 『시민의 신문』 백 이사가 같이

오 대표가 아롱이와 새끼들을 돌보고 있는 모습(한 달 뒤에 다시 가서 찍은 것으로 새끼 세 마리는 이미 분양돼 보이지 않는다).

왔다.

14:20  오 대표가 날더러 출출하면 와서 아침에 먹던 올갱이 국에 밥 말아서 먹겠느냐고 하기에 사양했다. 막 복숭아 반 개를 점심 대신으로 먹었기 때문이다.

좀 있으니 각현이 모친이 요구르트와 떡 한 접시를 가져와 서는 먹고 하란다. 고맙다. 책상에 올려놓으니 보기만 해도 배가 부르다.

15:05  자전거 타고 마을 입구 가게에 가서 담배 두 갑을 사

왔다. 꼭 두 보루 피우는 셈이다.

**16:05** 잠시 쉬면서 『오마이뉴스』에 들어가 보니 내 기사가 실렸다. 열어보니 며칠전 저녁 지인들 모임에 참석했던 심규상 기자가 썼다. 제목은 「친일연구가 임종국 선생 평전 나온다」. 읽어보니 군살 없이 잘 썼다. 심규상 기자에게 기사 잘 봤다고 전화해 줬다. 그리고는 사진 찍은 거 몇 장 보내달라고 부탁했다.

마침 안주인이 포도를 가져 왔길래 황토방 앞에서 오 대표, 정지환 기자 등과 나눠 먹었다.

잡담 중 책 제목을 『발로 쓴 임종국 평전』으로 했으면 한다고 했더니 신통치 않은 표정이다. '발로 쓴…'이 너무 흔하다는 것. 그래서 예전에 생각해 봤던 '벼락이 떨어져도 나는 내 서재를 뜰 수가 없다'는, 임 선생 글 중에서 따온 것을 얘기했더니 그건 좋단다. 출판사 측과 상의해서 결정할 일이다. 일행 세 사람은 산책길로 산으로 올라갔다. 나는 내 방으로 돌아와서 다시 작업을 이어간다.

**19:58** 오늘 오후엔 이래저래 먹은 것도 많은데 저녁엔 정지환 기자 일행과 또 삼겹살 파티를 했다. 여기 와서 거의 매일 파티를 했는데도 도통 질리지가 않는다. 여기선 모든 음식이 맛있다. 특히 두껍게, 껍질도 안 깎은 채로 솥뚜껑에 구운 감자가 일품이다. 여기에 소주 몇 잔 곁들이니 산해진미가 부럽지 않다. 서울로 올라가도 이 풍경이 그립고 또 오래도록 기억될 것이다.

나는 적절히 먹고 내 방으로 돌아왔는데 이번에는 여느 때처럼 솥뚜껑에 밥 비볐다고 또 먹으러 오란다. 크게 생각은 없지만 가서 한 술 뜨고 왔다. 내가 이름하여 '안터 솥뚜껑 볶음밥'이라고 했다. 오늘부터는 손목이 아프다. 손목이 아플 만도 할 것이다.

**21:35** 정지환 기자 일행이 돌아갔다. 오 대표가 그들을 전송하고 왔다. 다시 오 대표는 아들 각현이와 같이 피자 사러 읍내로 나갔다. 각현이가 피자를 먹고 싶단다. 각현이가 차를 운전하고 나가는 모습이 보기 좋다. 우리 아들도 언제 커서 나 차 태워줄까. 아들한테 전화나 한번 해야지. 못 본 지 오늘로 15일째다.

**23:12** 바깥에 나가서 바람 쐬고 맨손체조 한번 하고 들어오는 길에 툇마루에 앉아 휴대폰의 MP3 노래 두 곡을 들었다. 들어와서 간식으로 요구르트 한 통을 먹었다.

**02:40** 보름간 일정의 마지막 밤이다. 그간 큰 무리 없이 집필을 진행할 수 있어서 몹시 다행스럽다. 우선 준비가 착실했던 게 나의 공로라면, 집필하기 좋은 환경을 제공해준 공로는 오 대표 내외분이다. 감사드리고 싶다. 전체 분량 가운데 80년대 중반까지를 이곳 초근당에서 소화했다.

집필 14일째 1129매를 썼다. 나머지도 300~400매 정도는

오 대표의 아내와 처가 식구들이 함께 마당에서 콩타작을 하고 있다. 오른쪽에 보릿대 모자에 러닝 셔츠 차림으로 서 있는 사람은 오 대표.

되겠지. 여기서처럼 순차적으로 착실히 써 나가고 부족한(미처 인터뷰 못한 내용들) 부분 역시 차분히 챙겨서 이달 말까지는 무조건 원고를 마감해야 한다. 한마디로 초근당에서 보낸 보름간은 '행복한 글쓰기'였다. 놀고, 쉬고, 즐기는 가운데 내 볼일은 또 잘 봤다. 내일 아침 짐을 싸서 서울로 올라가면 그게 끝이 아니라 다시 일이 기다리고 있다. 이제 '컴'도 끄고 모든 일정을 마무리하자. 언제 다시 또 올거나. 초근당이여, 안녕!

2006. 9. 17. 02:54

옥천 안터마을 초근당에서  정운현

(1차 교정 작업이 끝날 즈음 저자가 집필 일기의 '후기'를 보내왔다. 꼼꼼하기로 정평이 나 있는 저자라 임종국 선생의 3남 정택의 아이 출산이 못내 반가워 글 끝에 넣고 싶었나 보다. 편집자 재량으로 집필 일기에 덧붙였다―편집자)

## 한 달 만에 다시 가 본 초근당

초근당을 떠나온 지 근 한 달 만에 다시 찾았다. 지난 10월 14일(토) 나는 작은 흥분을 갖고 다시 옥천 안터마을 초근당을 찾았다. 운전면허가 없어 평소 대중교통을 이용하는 나를 위해 오한홍 대표는 옥천역까지 마중을 나왔다.

오 대표의 상의가 러닝셔츠 차림이었는데, 무슨 일을 하다가 온 폼새였다. 짐작대로였다. 집에서 콩 타작을 하다가 왔단다. 늘 그냥 있는 그대로 맞아주고 대해주는 오 대표의 이런 점이 나는 좋다.

집 입구에 들어서면서부터 변화가 느껴졌다. 내가 떠나올 때 겨우 눈을 뜨던 아롱이(진돗개) 새끼들이 차가 들이닥치자 제 죽을 줄도 모르고 차 앞으로 우루루 달려 나온다. 그새 이만큼 컸구나. 오 대표는 운전석에서 내려 그 녀석들을 안아 제 집에 넣어주고는 차를 집안으로 몰았다. 마당에선 각현이 모친과 낯익은 오 대표 처남댁 등이 모여서 타작한 콩을 한참 고르고 있었다. 바로 옆에 있는 논에 심은 콩을 수확했단다.

오 대표의 말마따나 시골은 진짜 '역동적'이다. 며칠만 지나도 변화가 눈에 띈다. 집 앞을 지키던 큰 개 네 마리 가운데 세 마리는 그새 이미 다른 곳으로 가고 없었다. 아롱이 새끼 다섯 마리 가운데 두 마리도 분양됐다. 내가 떠나올 때 암탉이 알을 며칠째 품고 있더니 그새 병아리 일곱 마리가 닭장에서 '삐약삐약'거린다. 텃밭의 배추는 벌써 벌어

이웃집으로 분양돼 가는 아롱이 새끼.
뒤에서 바라보는 어미의 모습이 안쓰럽다.

져서 겉잎사귀가 땅에 끌렸다. 사랑채도 외벽 칠을 했고, 연못의 말풀과 물배추도 그새 두 배 정도 분량으로 번식했다. 도시에선 한 달 만에 이런 변화를 목격하기 어렵다.

저녁엔 황토방 앞에서 오 대표 내외와 가마솥 뚜껑에 돼지고기를 구워 소주 한 잔을 나눴다. 이미 나는 이 집 '명예 식구'인 셈이다. 세 사람은 밤늦게 도란도란 얘기를 주고받다가 10시경 나는 황토방으로 들었다. 아랫목 윗목 할 것 없이 방이 절절 끓었다. 날 위해 오 대표가 이미 군불을 때둔 터다. 방바닥에 누워 유리로 된 천정을 보니 내 시선이 곧바로 하늘에 닿았다. 새벽 세 시가 되면 천정 한 가운데 달이 나타난다는데 그때까지 기다릴 자신이 없어 곧바로 잠을 청했다. 잠을 설치게 하던 풀벌레 소리는 그새 현저히 줄어들었다. 계절은 이미 가을 속을 내달리

고 있다.

이튿날 새벽 대청호로 산보를 나갔다가 늦은 아침을 먹은 후 나, 오 대표, 조만희 선생 등 세 사람이 땅 구경(?)을 나섰다. 참고로 나는 은퇴 후 이곳 옥천으로 내려와 벗들과 이웃하여 살면서 여생을 보낼 생각이다. 오 대표 집에서 마실가기 좋은 거리 - 약 1킬로미터 - 에 700평 규모의 땅이 나왔는데 세 가구가 집짓고 살기에 적절한 크기란다. 일전에 밤길에 얼핏 보았었는데 그땐 포근해 보이는 게 마음에 들었다. 그런데 이번에 가보니 전망이 답답해 보이는 게 내 마음에 썩 들지 않았다. 그곳을 둘러본 후 다시 최근에 나왔다는 다른 곳 땅도 둘러봤다. 그 어디가 됐든 10년 쯤 뒤 우리는 이 인근에 모여 살게 되리라.

끝으로 종국의 3남 정택의 부인이 지난 9월 27일 딸을 출산했다. 산모와 아이 모두 건강하단다. 첫돌 때 나를 초대한단다.

2006년 10월 15일

**1929. 10. 26**
임문호와 김태강의 4남 3녀 중 2남으로 경남 창녕서 출생

**1932. 여름**
부친의 천도교 내 발령으로 일가족이 일본 고베(神戸)로 건너감

**1933. 2. 1**
동생 종철 출생

**1933. 8**
일본서 귀국, 이후 서울로 거주지 옮김

**1936. 4**
경성 재동소학교 입학

**1942. 3**
경성 재동소학교 6년 졸업

**1942. 5**
경성공립농업학교 입학

**1945. 7**
경성공립농업학교 초급 중학 3년 수료

**1945. 9**
경성공립사범학교 본과 입학

**1946. 5**
경성공립사범학교 본과 제1학년 중퇴

**1947. 3**
서울음악전문학원 첼로과 입학

**1947. 12**
서울음악전문학원 제2학년 중퇴

**1949. 7. 29**
경남 경찰국 경찰학교 입교

**1949. 8. 29**
경남 경찰국 경찰학교 수료
경상남도 순경을 명함
합천경찰서 근무를 명함

**1949. 9. 20**
합천경찰서 대병지서 근무를 명함(20호봉)

**1950. 6**
직할외근 근무를 명함

**1952. 4. 6**
순경 의원면직

**1952. 4. 16**
고려대학교 정치학과 입학

**1955. 12**
『고대문화』(제1집)에 「이상론 1」 발표

**1956. 7**
『이상전집』(전3권) 출간

**1957.**
신구문화사 입사

**1957. 5**
신구문화사에서 『한국시인전집』 발간(편집책임)

**1957. 8**
『문학예술』에 시 「비碑」 발표

**1960. 1**
『사상계』에 시「자화상」외 2편이 추천돼 문단 데뷔

**1960. 5. 8**
이선숙李善淑과 결혼

**1961.**
장남 지택 출생

**1962. 4**
이선숙과 협의이혼

**1965. 2**
모친 별세

**1965. 2. 11**
『서울신문』에 박노준과 함께「흘러간 성좌」연재 시작

**1965. 12**
이선숙과 재결합

**1966. 7**
『친일문학론』출간

**1968. 5**
이선숙과 협의이혼

**1968. 9**
고려대 정치학과 재입학

**1969.**
이연순李連順과 동거 시작

**1969. 9**
고려대 정치학과 졸업(21회)

1969. 11. 16
이연순李連順과 정식 결혼

1969. 12. 22
장녀 수연 출생

1972.
2남 연택 출생

1972. 8
부친 별세

1974.
3남 정택 출생

1980. 11
서울서 천안 삼룡동으로 이사(요산재)

1988. 7
요산재에서 천안 시내 구성동으로 이사

1989. 11. 5
천안 순천향병원 입원(마지막 입원)

1989. 11. 12
서울 순천향병원서 폐기종으로 별세(만 60세)

1989. 11. 14
천안공원묘원에 안장(무학지구 철쭉4단 1번)

1990. 10
『친일파―그 인간과 논리』출간(김삼웅·정운현·이헌종 공편, 학민사)

1991. 2. 27
반민족문제연구소 출범('95년 '민족문제연구소'로 개칭)

**1992. 5. 28**
고 임종국 선생 제6회 심산상 수상

**1994. 8**
반민연, 『친일인명사전』 출간계획 발표 기자회견

**2001. 12. 2**
『친일인명사전』 편찬위원회 출범

**2003. 8. 22**
KBS 1TV 「인물현대사 - 임종국 편 방영」

**2004. 1. 19**
『오마이뉴스』에서 네티즌과 함께 『친일인명사전』 편찬비 등 7억 원 모금

**2005. 3. 29**
임종국선생기념사업회 발족

**2005. 5. 31**
친일반민족행위진상규명위원회 출범

**2005. 8. 29**
『친일인명사전』 수록 예정자 명단 1차 보고회(3090명 명단 공개)

**2005. 10. 15**
고 임종국 선생 보관문화훈장 추서

**2005. 11. 11**
제1회 임종국상 시상식

**2006. 11. 9**
제2회 임종국상 시상식

**2006. 11. 12**
『임종국 평전』 간행과 17주기 추도식

# ●임종국 논저목록

## 저서

『親日文學論』 평화출판사, 1966.

『흘러간 星座』 국제문화사, 1966.

『발가벗고 온 총독』 선문출판사, 1970.

『한국문학의 사회사』 정음사, 1974.

『韓國社會風俗野史』 서문당, 1980.

『일제침략과 親日派』 청사, 1982.

『밤의 일제침략사』 한빛출판사, 1984.

『일제하의 사상탄압』 평화출판사, 1985.

『한국문학의 민중사』 실천문학사, 1986.

『ソウル城下に漢江は流れる』(일어판), 강덕상 역, 平凡社, 1987

『日本軍의 朝鮮侵略史 1』 일월서각, 1988.

『日本軍의 朝鮮侵略史 2』 일월서각, 1989.

## 편 · 역서

『李箱全集』(전3권), 문성사, 1966.

『醉漢들의 배』 평화출판사, 1978.

『정신대 실록』 일월서각, 1981.

『親日論說選集』 실천문학사, 1987.

## (반)민족문제연구소 편저

『실록 친일파』 돌베개, 1991.

『일제침략과 친일마적단』 지리산, 1991.

『한국문학의 민중사』 지리산, 1991.

『친일, 그 과거와 현재』 임종국선집 제1권, 아세아문화사, 1994.

『또 망국을 할 것인가』 임종국선집 제2권, 아세아문화사, 1995.

『생활과 풍속의 역사(상)』 임종국선집 제3권, 아세아문화사, 1996.

『생활과 풍속의 역사(하)』 임종국선집 제4권, 아세아문화사, 1996.

『親日文學論』 민족문제연구소 출판부, 2002.

『여심이 회오리치면 : 스캔들 근대사(上)』 임종국선집 제5권, 아세아문화사, 2006.

『여심이 회오리치면 : 스캔들 근대사(下)』 임종국선집 제6권, 아세아문화사, 2006.

## 논문 · 기타

「孤獨한 反抗兒 '李箱'」『사색하는 사람들』 안동림 편, 동서출판사, 1962.

「天才·碩學들의 讀書逸話」『대학생과 독서』 이회승 등 著, 세계사, 1968.

「빼앗기고 끌려가고—징용·징병·공출」『光復을 찾아서』 신구문화사, 1969.

「3·1運動 前後와 思想妓生들」『아아, 3月』 여성동아 편집실, 동아일보사, 1971.

「나혜석과 김일엽」『이땅의 사람들』 고은 外, 한국브리태니커회사, 1978.

「李箱」『한국근대인물백인선』 신동아 편집실 편, 동아일보사, 1979.

「日帝末 親日群像의 實態」『해방전후사의 인식 1』 한길사, 1979.

「民族 解放과 植民地 敎育의 殘滓」『교육과 사회』 한국기독교사회문제연구원 편, 민중사, 1983.

「거리의 왕자, 장철수」『한국의 괴짜』 사회발전연구소, 1983.

「세상을 거꾸로 살았던 이상」위의 책

「제1공화국과 친일세력」『해방전후사의 인식 2』 한길사, 1985.

「돈의 철학」『다정한 말 한 마디』 김동리 엮음, 현대문학사, 1987.

「일제시대 민족개량주의운동의 계보와 논리」『한길역사강좌 11』 한길사, 1988.

「군수공업화정책·김형섭·경신무격조합·국방보안법」『한국민족문화대백과사전』 한국정신문화연구원, 1991.

「시시했던 날의 시시한 이야기」『出版과 敎育에 바친 열정』 우촌이종익추모문집간행위원회 편, 우촌기념사업회 출판부, 1992.

## 기고문

『高大文化』
「李箱論—근대적 자아의 절망과 거절」 1955. 12.

『高友會報』
「역사의 뒤안길을 엮는 특별연재」 1970. 8. 5.
「왕조의 신분제도 및 인권」 연대 미상.

『나라사랑』
「朝鮮語學會사건과 침략의 극수」 1982. 3.

『대림』
「建設夜話」 1978. 가을.

『대화』
「일제말의 친일군상」 1977. 8.

『대학신문』

「3·1기념 특별대담―그 사적 맥락을 짚어본다」 고려대, 1983. 2. 25.

「일제의 잔재와 민족의 생존」 국민대, 1985. 6. 24.

「친일문학을 어떻게 볼 것인가」 목원대, 1986. 9. 1.

「제2의 침략―신식민주의」 부산여대, 1986. 9. 2.

「현대적 시각에서 조명한 친일문학」 단국대, 1986. 9. 2.

「反民法 제정을 통해 본 자유당 정권의 친일논쟁」 경원대, 1988. 4. 4.

「우리나라의 문화생산과 그 방향성」 부산여대, 1988. 6. 28.

「일제침략 1세기의 어제와 오늘」 경희대, 1989. 4. 3.


『道程』

「친일문학론 이후」 1967. 4.


『독립기념관』

「3·1운동은 성공이었다」 1989. 3.


『독서계』

「雜感: 閱覽生活 삼십년」 1973. 2.


『독서생활』

「시골선비 환영 받은 옛 書鋪」 1975. 12.

「개화기 前後의 書籍受難」 1976. 1.

「近代的 出版의 黎明期」 1976. 2.

「六堂과 新文館」 1976. 4.

「讀者와 필화」 1976. 7.

「1920년대의 出版廣告」 1976. 10.

「1930년대의 出版廣告」 1976. 11.

「일제말 암흑기의 序章」 1976. 12.

「암흑기를 낳은 3인의 黑幕人」 1977. 1.


『독서신문』

「廣告面에 나타난 社會의 變遷 上·下」 1971. 3. 21.

「新聞社說 70年에 비친 韓國女性 苦役史 上·下」 1980. 1. 17.


『럭키그룹 社報』

「돌무덤에서 피어나는 꽃」 1982. 2.

「앞서간 이의 엘리지」 1982. 9.

「克日의 길에 핀 매서운 여심들」 1982. 12.

『文藝』
「夏季號 東京裁判の "根"」 1988.

『문예중앙』
「제2의 매국, 反民法의 폐기」 1987. 봄

『문학예술』
「碑」(詩) 1957. 8.

『문학춘추』
「遺家族의 近況」 1965. 4.

『배달민족학교 자료집』
「일제 말 親日群像의 실태」 1988. 12.

『史談』
「淸華亭과 송병준의 倭姿」 1987. 9.
「병합청원」(倂合請願)의 곡예단, 일진회와 이용구의 눈물」 1987. 10.
「봉천 괴뢰정부와 쉬파리부대의 두목 '헨미'」 1987. 11.
「長江湖 天樂의 마적단」 1988. 1.
「滿·蒙 분리의 침략음모」 1988. 2.

『사상계』
「自畫像」(詩), 1960. 1
「꽃망울 序章」(詩), 1960. 1
「항아리」(詩), 1960. 1
「花甁을 主題로 하는 三章」(詩), 1960. 9.
「距離」(詩), 1961.12(100호기념 특별증간호)
「葡萄園 隨想 二篇」(詩), 1965.8.

『사회와 사상』
「역사는 되풀이 되는가」 1989. 10.

『사회주의통신3』
「倂合은 물리칠 수 있었다」 한국사회주의민주문화연구소, 1989. 7. 21.

『세대』

「한국의 才閥 1—이병도 일가」 1970. 11.

「한국의 才閥 2—윤일선 일가」 1970. 12.

「한국의 才閥 3—최남선 일가」 1971. 1.

「한국의 才閥 4—정명화 일가」 1971. 2.

「사회풍속야사 1—최초의 料亭 井門樓」 1971. 5.

「사회풍속야사 2—주막, 여관, 호텔」 1971. 6.

「사회풍속야사 3—도로망, 도로여행」 1971. 7.

「사회풍속야사 4—해수욕장」 1971. 8.

「사회풍속야사 5—연놀이」 1971. 9.

「사회풍속야사 6—그 화려한 迷夢」 1971. 10.

「사회풍속야사 7—헐값인 奴婢」 1971. 11.


『소설문예』

「文藝誌 今昔談」 1976. 7.

「文壇人口의 今昔」 1976. 8.

「體育과 理論의 落弟生」 1976. 10.

「留學生 金東仁과 日女」 1976. 11.

「長髮文學과 特權文學」 1977. 1.

「初期文學의 非現實性」 1977. 2.

「廉想涉의 고집과 文學」 1977. 3.

「韓龍雲의 抵抗과 文學」 1977. 5.

「'물레방아'의 裏面史」 1977. 6.

「初期문단의 亂脈相」 1977. 7.

「개벽'지 야화」 1977. 8.

「술의 抵抗」 1977. 9.

「문학과 연극의 교류」 1977. 10.


『수정』

「민족대표 33인의 毁節」 1984. 3.


『殉國』

「친일의 민족사적 문제점」 1988. 1~2.

「친일파들의 현주소」 1988. 3~4.

「先烈碑文 속의 친일망령」 1988. 11~12.

「러일전쟁의 요행」 1989. 3~4.

「친일자들의 화려한 변신」 1989. 5~6.

「친일, 그 背族의 실태」 1989. 11~12.

『신동아』
「作家의 제삿밥」 1966. 1.

『신여원』
「逸話로 엮은 돈 이야기」 1973. 7.
「呂太候와 則天武候」 1973. 8.
「한국사의 浮沈속에서」 1973. 9.
「실험실 속의 여인」 1973. 10.
「無冠의 帝王'아닌 女王」 1973. 11.
「정절과 슬기의 설화」 1973. 12.

『여고시대』
「김마리아의 생애와 일화—소래마을의 男裝處女」 1979. 3.
「尹心悳과 '死의 讚美'—挫折과 허무의 메시지」 1979. 4.
「눈물겨운 순교의 꽃봉우리」 1979. 5.
「韓末에 登場한 3인의 여성」 1979. 6.
「韓末에 登場한 3인의 여성」 1979. 7.
「무대의 여왕 배귀자」 1979. 8.
「玄岳에 핀 슬픈 傳說—女流 飛行士 박경원의 생애」 1979. 9.
「여류문학가 김명순의 생애—새시대와 구시대의 단층에서」 1979. 10.

『여성동아』
「신여성시대의 굵직한 연애사」 1967. 11.
「개화의 발자취 1—斷髮令 夜話」 1968. 1.
「개화의 발자취 2—洋裝女人의 첫 나들이」 1968. 2.
「개화의 발자취 3—隔世 70년」 1968. 3.
「개화의 발자취 4—쇠당나귀 달려가네」 1968. 4.
「개화의 발자취 5—양옥집 이야기」 1968. 5.
「개화의 발자취 6—閨房 노리는 시어머니」 1968. 6.
「개화의 발자취 7—花柳春夢 반백년」 1968. 7.
「개화의 발자취 8—치맛바람, 당나귀바람」 1968. 8.
「개화의 발자취 9—계급사회의 몰락」 1968. 9.
「개화의 발자취 11—僞幣萬能時代」 1968. 11.
「名妓列傳 1—妓生風俗圖」 1969. 1.
「名妓列簿 2—青山里 碧溪水야」 1969. 2.

「名妓列簿 3―妓生社會의 哀落」 1969. 3.

「名妓列傳 4―乙巳年 前後의 妓女들」 1969. 4.

「50년에 나타난 사건여성사」 1970. 4.

「사랑의 얼 담은 울밑에 선 봉선화」 1970. 12.

「한국의 門閥 1」 1971. 4.

「한국의 門閥 2―고려에 明滅한 榮辱의 구름」 1971. 5.

「한국의 門閥 3―이조초기, 전주 이씨 기타 功臣들」 1971. 6.

「한국의 門閥 4―燕山朝 전후의 무서운 輪廻」 1971. 7.

「한국의 門閥 5―庶出과 奴婢」 1971. 8.

「한국의 門閥 6―朋黨과 門閥」 1971. 9.

「한국의 門閥 7―隱逸한 자와 叛한 자」 1971. 10.

「한국소설의 풍토 1―'사랑인가' : 이광수 문학의 출발점」 1972. 8.

「한국소설의 풍토 2―김동인作 '붉은산' : 만주이민의 엘레지」 1972. 9.

「한국소설의 풍토 3―나도향作 '벙어리 삼용이' : 전통사회의 비극」 1972. 10.


『여원』

「萬姓에 얽힌 유래」 1967. 2.

「방응모―言論과 育英에 펼친 큰 뜻」 1967. 6.

「윤보선―3多2無의 안국동 8번지」 1967. 10.

「儒林에 핀 최후의 雄志―심산 김창숙」 1967. 11.

「비단장수 60년」 1968. 1.

「萬神을 사귄 세월」 1968. 2.

「태평의 꿈을 그려」 1968. 3.

「人倫大事의 哀歡따라」 1968. 4.

「한강물 따라 흐른 인정」 1968. 5.

「편작의 지혜를 밝혀」 1968. 8.

「한강수에 遊船을 띄우고」 1968. 9.

「어제와 오늘을 맺으며」 1968. 10.

「金箔花紋에 아로진 100년」 1968. 11.

「王城의 名匠과 名山」 1968. 12.

「官廳과 여인들」 1970. 1.

「가난한 生業」 1970. 2.

「울안에 갇힌 여성사」 1970. 3.

「형틀에 얽힌 處政의 자취」 1970. 4.


『여학생』

「도큐멘트 : 해방·전야 1~7 빼앗긴 시절의 이야기」 1971.

『역사춘추』
「조선돈을 위조해 먹은 일본」 1988. 5.
「수탈도 상거래인가」 1988. 7.

『옵서버』
「親日의 民族史的 問題」(유고), 1991. 3.

『월간간호』
「여자 挺身隊」 1986. 8.

『월간경향』
「朝鮮 駐屯 日軍의 蠻行」 1987. 3.

『월간방송』
「일제가 남긴 아픈 상처 이역만리의 이산동포들」 1983. 9.

『월간조선』
「일제하의 지식인의 변절」 1980. 6.
「사상탄압 3단계」 1980. 8.
「일제가 남긴 우리의 매듭」 1981. 4.
「獨立軍과 關東軍과 馬賊」 1981. 6.
「대륙의 풍운─마적의 정체」 1981. 7.
「한반도에 만발한 일제의 虐政·暴惡相」 1981. 8.
「관동군과 反滿抗日의 합성」 1981. 10.
「實錄 朝鮮軍 司令部」 1982. 8.
「3·1운동을 반대했던 추악한 한국인」 1986. 3.

『월간중앙』
「中樞院參議」 1973. 5.
「징용」 1974. 1.
「학도지원병」 1974. 3.
「일제 고등계형사」 1974. 8.
「일제하의 인력, 물자 이렇게 수탈됐다」 1976. 5.
「朝鮮屯軍司令部」 1978. 8.
「3·1운동의 허상과 실체」 1988. 3.
「고무신도 짝이 있는데」 1988. 9.
「日皇 히로히토 統治始末」 1988. 11.

「일본군의 朝鮮侵掠始末」1988. 12.
「日帝下 작위 취득─상속자 135人 賣國 전모」1989. 9.
「3·1운동 通說에 대한 3대 反論」(유고), 1990. 3.


『이코노미스트』
「武力獨立路線 택해 투쟁 獄死 신채호와 이광수」1987. 8.


『인물계』
「초기 종교침략과 친일파」1989. 1.
「날강도를 안방에 끌어들인 '사냥개들'」1989. 2.
「욕된 영달의 길을 간 軍權奪取 방조자들」1989. 3.
「친일거두로 변신한 갑신정변의 주역들」1989. 4.
「이인직은 한일합방의 주역」1989. 5.
「매국에 앞장선 보수는 쌀 몇 되 값」1989. 6.
「이또오 죽음에 '사죄단' 꾸미며 법석」1989. 7.
「孤兒 배정자를 이또오가 밀정으로 양성」1989. 8.
「일제 문화운동에 동원된 거물급 민족주의자」1989. 9.
「만주의 친일단체와 인맥」1989. 10.
「內鮮一體의 기수들」1989. 11.


『자유신문』
「이상 삽화─그의 2주기를 기념하여」1958. 5·16~18.


『전통문화』
「일제시대의 문화침략」1986. 8.


『정경문화』
「친일파군상」1982. 3.
「일제의 '여우' 密偵들의 罪狀」1984. 3.
「조선 주둔 60만의 일군의 向方」1984. 8.
「滿洲의 親日派 가면을 벗긴다」1985. 9.


『정경연구』
「指導者論」1967. 3.
『정우』
「동양평화론의 허상」1985. 8.

『정치문화』
「식민사관이 3·1운동을 平價切下했다」1989. 1.
「갑신정변은 종속적 친일정변이었다」1989. 2.
「청일전쟁은 이미 계획된 일제 침략야욕의 산물」1989. 4.
「倂合은 주체의식의 상실로 일어났다」1989. 5.

『조선일보』
「광복 35주년 특별대담―'植民本産'을 언제까지 중앙청으로 써야 하나」1980. 8. 15.
「민족문학 좌표를 설정하자」1982. 9. 28.

『주간여성』
「스캔들 근대사―여심이 회오리치면」(연대 미상)

『주간조선』
「8·15 특집」1970. 8. 16.

『주간한국』
「친일파와 그 자손들의 현주소」1989. 9. 24

『주류』
「오욕의 역사를 빚어낸 부끄러운 기독교」1986. 7~8.

『주부생활』
「70년대는 마이카시대―皇室 專用에서 女流 윤고라가 타기까지」1970. 1.
「암흑을 비친 女權의 빛」1972. 1.
「出家外人의 의식」1972. 2.
「왕에게 歎願한 離婚」1972. 3.
「남편을 출세시킨 슬기로운 여인들」1972. 5.
「깊은 궁궐 안의 슬픈 꽃바람」1972. 7.
「千一夜話」1976. 5.
「자식에게 당하는 어미의 꼴이 될 것인가」1986. 12.

『중앙일보』
「破閑雜記―도박판 입시」1984. 3. 1.
「破閑雜記―山토끼의 절개」1984. 7. 16.
「破閑雜記―역사용어의 혼란」1984. 9. 10.
「破閑雜記―선열들의 죄명」1984. 10. 25.

「破閑雜記─日皇의 '사과' 유감」, 1984. 12.
「해방정국의 쟁점 10─친일파 처단 공방(상)」, 1985. 11. 28.
「해방정국의 쟁점 11─친일파 처단 공방(하)」, 1985. 12. 9.
「破閑雜記─'抗日' 문패」, 1986. 5. 19.
「破閑雜記─교과서 왜곡의 '속셈'」, 1986. 8. 18.
「廣島'의 비극 다시 없길 바랐다」, 1986. 9. 8.
「日의 親國家主義 이미 부활됐다」, 1986. 10. 3.
「破閑雜記─매화타령」, 1987. 4. 20.
「日帝强占 막을 기회 2번 있었다」, 1987. 8. 14.
「3·1운동은 일제 군사점령에 대한 맨주먹 항쟁」, 1987. 8. 28.

『청년세계』
「가을 植民政略과 파벌」, 1989.

『청풍』
「충북의 친일과 군상 1」, 1987. 7.
「충북의 친일과 군상 2」, 1987. 8.
「충북의 친일과 군상 3」, 1987. 9.

『출판문화』
「한말의 독서계」, 1975. 5.

『한국』
「일제침략론과 조선언론─동양평화론을 중심으로」, 1987. 봄
「일제침략론과 조선언론─征韓論에서 內鮮一體로」, 1987. 여름
「일제침략론과 조선언론─同祖同根設을 중심으로」, 1987. 가을
「일제침략론과 조선언론─朝鮮春秋會 이후」, 1988. 봄

『한국문예』
「日帝下 抗日文學의 傳通과 本質」, 1976. 여름

『한국문학』
「이상의 소설이 지닌 현실성」, 1976. 6.
「모델의 사회성─나도향의 '벙어리 삼용'」, 1976. 7.
「모델소설과 작가의 기능─김동인의 '김연실'」, 1976. 8.
「잘못 인식된 비극성─김유정의 '솥'」, 1976. 9.
「가족의 윤리와 관용─방인근의 '방랑의 가인'」, 1976. 10.

「미곡수탈기지의 애환—채만식의 '탁류'」 1976. 11.
「비정한 방관의 이야기—전영택의 '김탄실과 두 아들'」 1976. 12.

『한국인』
「對日 底姿勢의 반성을 위해서」 1984. 3.
「이광수의 비극과 원천」 1985. 3.
「민족혼의 고귀한 혈통—항일문학」 1986. 8.
「일본을 알아야 일본을 이긴다」 1986. 11.
「왜 일본의 지도층은 망언을 일삼는가」 1988. 8.
「술과 바꾼 법률책」 1989. 1.
「한국인의 눈에 비친 일본인—호랑이보다 더 무서운 이웃 일본」 1988. 10.
「노자老子의 "도덕경"」 1988. 11.

『한국일보』
「우리가 우리 국기를 밟는다면」 1987. 11. 7.
「1988년의 德談」 1988. 1. 9.
「晩節을 보고 初心을 안다」 1988. 1. 30.

『한국 제이씨』
「다께시다의 계산된 발언」 1989. 3. 31.

『헌정』
「독립운동을 합시다」 1987. 가을

『현대공론』
「愛國者로 둔갑한 親日派 群像들」 1988. 8.

『현대시학』
「4月이 가까운」(詩), 1966. 8·9.

『アシア 公論』
「中樞院參議」 1973. 11.
「墓地의 諧謔·怪奇史」 1973. 12.
「女子挺身隊」 1974. 3.
「韓國人 徵用勞動者の 悲劇」 1974. 5.
「日帝의 特高刑事」 1974. 12.
「日本色と 日本の 殘滓」 1975. 3.

# 인터뷰 명단

## 가족

- 이선숙(첫 부인, 1933년생, 1968년 이혼, 경기 일산 거주)
- 이연순(두 번째 부인, 1947년생, 서울 거주)
- 임종철(바로 아래 남동생, 1933년생, 전 서울대 상대 교수, 서울 거주)
- 임순화(둘째 여동생, 1941년생, 서울 거주)
- 임경화(막내 여동생, 1946년생, 경기도 수원 거주)
- 임지택(장남, 1961년생, 학원 강사, 경기도 일산 거주)
- 임수연(장녀, 1969년생, 주부, 충북 음성 거주)
- 임정택(3남, 1974년생, 회사원, 경기도 일산 거주)

## 지인, 선후배 등

- 김난희(조지훈 선생 부인, 1922년생, 서울 거주)
- 박희진(고대문학회서 같이 활동, 시인, 대학동문, 1931년생, 서울 거주)
- 인태성(고대문학회서 같이 활동, 시인, 대학동문, 1933년생, 경기도 수원 거주)
- 신근재(전 『고대신문』 편집국장, 대학동문, 전 동국대 교수, 1929년생, 서울 거주)
- 윤광모(피난 시절 대구서 같이 자취 생활, 일신사 대표, 1927년생, 서울 거주)
- 허창성(『친일문학론』 출판, 평화출판사 회장, 1936년생, 서울 거주)

- 박노준(대학 후배, 「흘러간 성좌」 같이 연재, 전 한양대 교수, 1938년생, 서울 거주)

- 김윤식(도서관서 같이 자료 수집, 문학평론가, 전 서울대 교수, 1936년생, 서울 거주)

- 염무웅(신구문화사 직장 후배, 문학평론가, 영남대 교수, 1941년생, 대구 거주)

- 조정래(『한강』서 '임종국' 실명 등장, 소설가, 1943년생, 서울 거주)

- 원선자(신구문화사 직장 동료, 전 신구대 교수, 1936년생, 서울 거주)

- 권용태(전 국회도서관 직원, 시인, 1937년생, 서울 거주)

- 노동은(한국음악사 전공, 중앙대 음대학장, 1946년생, 서울 거주)

- 김대기(천안서 '지평서원' 경영, 말년 5년을 시봉, 1955년생, 경북 포항 거주)

- 이근성(전 『중앙일보』 문화부 기자, 1951년생, 서울 거주)

- 서화숙(전 『한국일보』 문화부 기자, 1960년생, 서울 거주)

- 김승태(『친일파총사』 공동 집필 참여, 전 독립기념과 자료과장, 1955년생, 서울 거주)

- 이명화(『친일파총사』 공동 집필 참여, 현 독립기념관 연구원, 1958년생, 충남 천안 거주)

- 강경수('대병지서'의 후신인 현 대병파출소장, 1961년생, 경남 합천 거주)

- 김광근(현 신구문화사 상무, 1961년생, 서울 거주)